マキアヴェッリの政治思想

佐々木 毅 著

岩 波 書 店

父母に捧げる

目　次

目次

目　次

マキアヴェッリにおける「政治観」の構造と展開

——哲学との関連において——

運命は私が》stato《について論ずべきであると定めており、私は沈黙を守るか、》stato《について論じなければならない。

——ニッコロ・マキアヴェッリ

序説

およそ政治学史上、俗流化されながら、しかも多岐なイメージを生んだ思想家として、ニッコロ・マキアヴェッリ(1469-1527)に如くはない。彼の著作は一方で研究者の間に極端に対立する幾つもの解釈を生み出しつつ、他方で民衆の間に広汎な「マキアヴェッリ神話」を形成せしめた。(1) このような状況を考える時、これまでの解釈の交通整理による問題の明確化と、それに対する本稿の位置を確定することは前提作業として不可欠である。それ故、以下㈠において伝統的解釈の発生と展開とを、㈡において現代の諸解釈とその特質及び問題性とを指示し、そして㈢において本稿の問題設定を明らかにしておきたい。

㈠　マキアヴェッリの著作が法王クレメンテ七世 Clemente VII の許可を得て発刊されたのは一五三二年であった。それまで手写本の形で回覧されていた『君主論 Il Principe』と『ティトゥス・リウィウスの最初の十巻についての論考 Discorsi sopra la prima deca di Tito Livio』(以下『リウィウス論』と呼ぶ)とは、初めてイタリア・ルネッサンス(以下単にルネッサンスと呼ぶ)の精神的風土から解放され、全ヨーロッパに流通することになった。早くも一五五九年トリエントの宗教会議がその著作を禁書目録 Index に入れたにもかかわらず、彼の著作は凄じい勢いで全ヨーロッパに普及した。人々はその赤裸々な世俗主義に全く新しいものを感じ、嫌悪と恐怖とからそれらを批判し、呪詛した。こうした批判と呪詛とは文学や演劇などを通じて民衆の間に広汎に定着した(2)ばかりでなく、その批判と呪詛との対象を著作から著者へと移し、こうしてマキアヴェッリは「悪魔」「暴君」「無頼漢」「詐欺師」などの代名詞となった。

このようなマキアヴェッリ像は今日まで多少とも存続しており、それはくり返し現われつつ、マキアヴェッリへの関心を不断に担保している。

対決はもとよりこうしたモラリズムよりする道徳的なものに限られなかった。やがてこのような対決と結合しつつ政治理論の領域で反論が発生して来た。最初に最も鋭い「反マキアヴェッリ論」が現われたのは、宗教紛争に苦しむフランスにおいてであった。「サン・バルテルミーの虐殺」から四年後の一五七六年、ジャンティェ I Gentillet はこの虐殺の責任を挙げてマキアヴェッリに帰し、『君主論』は「暴君の統治術」を示した著作であって、「政治学」の著書ではないと主張した(3)。こうしてマキアヴェッリに対する激烈なポレミークが始ったのである。中央集権化の推進による伝統的秩序の破壊と普遍世界の崩壊による政治的単位の多極化という状況下において、国家権力は所謂マキアヴェッリズムを国家理性 raison d'État, ragion di stato の名の下に仮借なく行使した。そのためモラリズムからする対決と「暴君の統治術」の主張者というイメージとは相互に増幅しつつ、十六―十七世紀におけるマキアヴェッリ解釈の主流を形成することになった(4)(フランシス・ベーコンの如き例外は存在したが(5))。

ところでこのようなマキアヴェッリ解釈が『君主論』を中心にしたのに対して、やがてこれに対立して現われた解釈の特色は『リウィウス論』を重視した点にあると言える。この方向でのマキアヴェッリの復権は十七世紀にハリントン(6)やスピノザ(7)によって開始され、ルソーに至って絶頂に達する(8)。かくしてこれまで「悪魔」と「暴君の助言者」との権化であった人間が今や「自由」の讃美者として登場した。そこでは『君主論』さえも君主に有益な教訓を与えるという口実の下に暴君の支配方法を暴露し、それによって人民に警告を与えようとした著書であると解釈された。その意味で『君主論』はそのままでは彼の真意を現わしたものとは評価されなくなった(9)。かつてデカルトがマキアヴェッリの著作の中に発見した二元的性格(10)は、こうした形で具体的に顕現したのであった。

第三の解釈はフランス革命とナポレオン戦争とによるドイツ及びイタリアのナショナリズムの爆発に伴って発生した。そこではマキアヴェッリは国家統一の問題との関連で論じられることになった。ヘルダー、ヘーゲル、フィヒテ、ランケと続くドイツの解釈は道徳的批判からマキアヴェッリを解放し[11]、分裂の中で未だ見えぬ祖国を先取りした思想家として高く評価し[12]、母国イタリアにおいては「神の如きマキアヴェッリ」とさえ呼ばれるに至った[13]。この解釈はこれまでの『君主論』と『リウィウス論』との二元的対立をイタリアというより高い次元で止揚し、同時にマキアヴェッリの理論の持つ特殊時代的性格を強調し、それ以前の一般理念的解釈に終止符を打った。そしてこの解釈は変容を受けつつも二十世紀において依然として存在している[14]。

(二) ドイツ・イタリアの統一達成と共にこのような解釈には退潮期が訪れ、三度新しい解釈を生み出した。それはもはや解釈においてマキアヴェッリの主導理念たる「暴君」「共和国」「民族国家」について争うものでない点に画期的意味を持っている。蓋し十九世紀から今日まで続く実証主義、科学主義はマキアヴェッリの中に恰好な先駆者を見出し、科学の名の下にこれらの主導理念を相対化した解釈を生み出した。マキアヴェッリは「政治の発見者」「国家の運動法則の発見者」と呼ばれ、その「合理的」「経験的」「現実的」「科学的」認識はガリレオに比肩すべきものと評価された。こうしてそれ以前の解釈が提示した熱情的マキアヴェッリに代って、冷徹にしてシニカルな理論家マキアヴェッリが登場する。そしてこの解釈は種々のヴァリエーションを含みつつも今日における通説的見解を形成している[15]。ここではまずこのような解釈の先駆者と目されるデ・サンクティス De Sanctis, F. の所説を紹介したい。

彼においてマキアヴェッリは近代の旗手として、中世の復活を企てるサヴォナローラに対立させられる[16]。この場合中世はスコラ学と彼岸主義とを基軸とする空想的、想像的、神秘的、思弁的世界として把握されている。これに対してマキアヴェッリの世界は此岸主義とそれに基づく人間の自立的活動との確立せる世界とされる[17]。しかし問題はこの新しい世界の具体的内容についてのデ・サンクティスの見解に潜む分裂にある。この分裂を典型的に示したのが『君主論』第十五章の次の叙述の解釈である。

「私の狙いはそれを読む人に有益な事柄を書くことであるから、私にとって物事の想像よりもその現実的真理 verità effettuale della cosa に向う方が役に立つと思う。多くの人々は実際見たことも体験したこともない共和国 repubbliche や君主的権力 principati を想像した。しかしどのように生きている come si vive かと、どのように生きるべき come si doverrebbe (vivere) かとは非常にかけ離れているので、為すべき事のために為している事柄を省みない人は、自己の保存よりもその破滅を招くことが知られる……。」[18](傍点—佐々木。本稿ではそれ自体争点となるコトバには試訳を付し、原語を添えることにした。但し訳を付けることが不可能なものはこの限りでない。)

この有名な宣言はデ・サンクティスにおいて二重に解釈される。即ち一方では中世の「あるべき世界」の主張に対する近代の「ある世界」の主張として[19]、他方では詩的なもの一般(=「あるべきもの」)に対立し、このような理念を排除した「現実」(=「あるもの」)を宣言したと解釈される[20]。かくてマキアヴェッリの世界はより具体的には一方で愛国主義、名誉、祖国の自由を意味し[21]、他方で「現実」に基づき目的と手段との連関に配慮しつつ行動する冷静な頭脳の世界、換言すれば感情、道徳、想像に惑わされないで単に「現実」の論理的連関によって行動する世界を意味する[22]。しかもデ・サンクティスにおいてこの二つの方向は結合されず、むしろ対立させられる。その結果後者の観点の優位が帰結し、『君主論』は第二十六章を持つが故にユートピア、幻想と判断され[23]、「現実」に対立する詩的要素を示すが故にマキアヴェッリにおいて非本質的なものと評価される[24]。このようにして最初マキアヴェッリの新しい意味として提示された諸理念は「虚妄」と解釈される。マキアヴェッリを道徳的価値 valore morale においてでなく、論理的・科学的価値 valore logico e scientifico において把握することによってのみその偉大さを復活出来る[25]、というデ・サンクティスの立論はこうした形で進められた。このような解釈を極端に押し進める時に現われるのが、『君主論』第二十六章は読むべからず[26]、という主張なのであって、この場合には『君主論』よりも喜劇『マンドラゴラ Mandragola』の世界こそ賞讃すべき著作となる[27]。

デ・サンクティスによって主張されたこの新しい解釈は、フライヤー[28]、カッシーラー[29]、シャボー[30]などによって最も典型的な形で発展させられた。「現実」の論理的連関の認識に基づく「政治学」「政治の技術」あるいは「国家の運動法則」の認識に基づく「医学」としての「政治学」などがそれである。ではこの「政治学」の諸内容を貫く基本的特質は何であろうか。それは世俗主義 secularism と非道徳主義 amoralism(＝状況に応じた伸縮自在の倫理学)とである。そして、「国家理性」「権力のデーモン」の発見者としてのマキアヴェッリというドイツの解釈は[31]、この非道徳主義という特質の認識から生まれた派生的形態と考えられる。ところでこの二つの特質を持つ「政治学」がマキアヴェッリ解釈の中心に据えられる時、当然伝統的解釈によって高揚された諸理念は相対化されるが、しかしその処理の仕方において多様化が発生する。即ち、諸理念を全く捨象してしまうか[32]、伝記の中に封じ込めてしまうか[33]、あるいは技術内容の叙述を通じて結果的に全面的復活を行なうか[34]、のいずれかであり、通説の持つ表見的ヴァリエーションは実はこの点に起因している。そして第三の方法を採用する場合に包括性と共に最もその無性格性が発生するのは当然である。

このような解釈に対しては勿論反論が存在する。例えば、もし科学が価値判断を排除するものであるなら、マキアヴェッリには数多くの価値判断が見られる故に彼は科学者ではない、というL・シュトラウスの批判[35]がある。しかしデ・サンクティス流の解釈に対する私の疑問はもとより上の点に限られるのではない。まず「経験的」「現実的」「合理的」「近代的」政治学者というような讃辞はしばしば何も明らかにしない、ということを指摘しなければならない。

蓋しこの種の魔術的なコトバは一般にその多義性と説得的効果とによって、最大の自己欺瞞と無性格とを隠蔽するにすぎない場合が少くないからである。マキアヴェッリについても、これらのコトバを使用することによって実は最も問題にされるべきものが自明の前提として扱われ、問題の蒸発は免れ難い。デ・サンクティスにおいては、理念(詩!)は科学と対抗関係においてのみ把握され、科学とは何よりも詩的なものを排除したもの、それ故に「現実的」「経験的」なものと考えられている。ここには自己の主張する「科学」や「現実」が詩的なものとは何等関係を有しないという認識が牢固として存在し、自己の「科学」や「現実」を支える詩的な要素に目を向ける余地がそもそも存在しない。このような解釈を支える思考様式こそは無前提的科学主義と評せられるべきものである。問題は今やマキアヴェッリを離れてこのような科学方法論一般の問題となる。

単に科学においては価値判断が排除され、「経験的」認識が要求される、と主張することは、実は科学方法論にあまり寄与しない。この場合には「経験」の成立についての問いは視野から消え、無前提的「経験」の成立が暗黙のうちに予想されている。しばしばこの観点から解釈されるM・ウェーバーの場合において、実はかかる無前提的科学主義は激烈な批判の対象となっており、無前提的であることと科学とは何等関係がないと主張されている。(36) しかもこのような「経験」の成立の論理的構造の把握が近代哲学の一つの中心課題であった事を考える時、単に、価値判断と事実認識とを峻別せよ、というテーゼのみをくり返す哲学は哲学としての資格を問われざるを得ない。近代自然科学の始祖達が自然科学的「経験」を創出するに至るまでにいかに大きな労苦を払ったかを無視し、自らの「経験」の一面性と作為性とを無前提的「経験」によって捨象し、自らの認識には理念、価値は全く無関係であると主張する態度は、人間の認識の持つダイナミズムを看過し、自らの認識を人間的認識から「超然化」せしめざるを得ない。そして当然のことながらこのような科学主義と結合した「現実的」なものの主張は絶対的現実主義に陥り易い。しかしながらそもそも「現実」が主体の欠落においてではなく、正にその参与を通してのみ成立し得、従って主体の思想・理念(詩！)との関連においてのみ可能であるという事情を考慮するならば、「現実的」なものを安易に主張することは無責任と無性格とへの可能性を潜在させ易い。このような方法によるマキアヴェッリ解釈に、マキアヴェッリの「政治」の持つ選択的契機を明らかにしてその全思想を原理的、統一的に把握することは到底企て及ぶところではないであろう。

このような科学主義の観点からする解釈はマキアヴェッリの中に「理念なき政治学」という怪物を発見した。伝統的解釈が政治理念を争点にしたのに対して今や解釈の重点は端的に「技術」に移る。なぜならば「政治」や「国家」は理念、価値との関連においてのみ存立し得るが故に、この解釈の下では「政治」や「国家」という基本概念の不明確化と空洞化とは避け難く、「政治の技術」とか「国家の統治術」とか称しても「政治」や「国家」は実に無意味な修飾語にすぎないのである。通説はこのような「技術」を医学に比すべきものとするが、この主張の中にその欠陥がより具体的に暴露される。私はマキアヴェッリが自説を医学と比べつつ展開していることを否定しないが[37]、しかし医学に目的が存在するが如く所謂「政治の技術」についてもその目的を問うことが可能にして且つ必要である。カッシーラーによれば、マキアヴェッリの「技術」はプラトンのテクネーの如く普遍的原理との関連において考えられない点にその独自性を持つ。即ち端的に「技術」である点に新しさがある[38]。しかしソクラテスが『ポリティア』や『ゴルギアス』で述べている如く、「政治」について知らない「政治の技術」とは一体如何なるものであろうか。しかも医学の如く目的が一義的に決定可能な場合と異なって、政治の世界では目的自体について対立、抗争が存在する以上、マキアヴェッリの「政治の技術」の普遍性の主張はいよいよその無性格性を露わにする。かくして無前提的科学主義の自己欺瞞と無責任とは無前提的「政治」や「国家」などの基本的概念の導入において絶頂に達する。ここにおいて最大の「科学者」と最大の「機会主義者」とは相結合する。

こうして「技術」は特定の目的を持たない自己目的的存在として現われる。そしてマキアヴェッリの「政治学」の特質はこの技術の属性にしか求めることが出来ず、しかも技術の具体的考察は諸理念の復活を惹起するが故に、技術特質は形式的、抽象的規定に止まらざるを得ない。こうしてそこから引き出されたマキアヴェッリの「政治学」の特質こそが前述した世俗主義と非道徳主義とである。世俗主義はマキアヴェッリを一読すれば何人にも明瞭であるばかりでなく、またそれ以前の解釈によっても再三指摘されて来た特色であり、それのみでは何等特別に注目すべき解釈ではない。問題はむしろそこに見られる世俗主義がどのような世俗主義であるかであり、この点を解明する場合にのみ、例えばアリストテレスやマルシリウスに対するマキアヴェッリの特質が抽出されるのであって、単に世俗主義と規定することはマキアヴェッリの思想の特質を何等解明する意味を持たない。第二の特質とされる非道徳主義は世俗主義よりは有効な指標と言い得る。そこから派生した「国家理性」「権力のデーモン」の発見者という解釈は、その問題提起の鋭さと卓抜な分析とにもかかわらず[39]、概念それ自体の超歴史性の故に、発見者マキアヴェッリにおける政治と道徳との絡み合いの性格を決して充分に把握していない。この欠点はまず問わるべきものが、マキアヴェッリにおいて「政治」とは何か、それはどのような構造を保有しているか、という問題であることを逆に示すものと言うべく、単なる非道徳主義という指標[40]の持つ限界を暗示する。所詮それはネガティヴな規定でしかあり得ず、彼の人間像における道徳的観念の有無、権力行動に対する倫理的批判の根拠を改めて問い直すことによってのみその意味が初めて認識され得る。

このように通説の持つパラドックスはマキアヴェッリに最大の讃辞を送ったにもかかわらず、否そのような讃辞の性格の故に、却ってマキアヴェッリの思想の統一的把握が不可能になった点に存在する。彼等はマキアヴェッリにおける視点の限定性と一面性との承認を拒み、事物の現実的真理 verità effettuale della cosa のあるがままの全体的認識という形でマキアヴェッリの認識の全面的「絶対性」を主張した。しかしこのような解釈は無規定、無性格と何等矛盾しないが故に、実はマキアヴェッリの「政治観」を全く蒸発させ、精々技術の属性としての世俗主義と非道徳主義とのみを導出し得たに止まった。ここに通説の持つ欠陥は充分明らかになった。

それではかかる通説の他に現代において如何なるマキアヴェッリ解釈が存在しているか。この点に関して注目すべき解釈は再度心情の人たるマキアヴェッリを復活させ、人間の悲惨さに対する救済者として評価する説である。(41) そこでは人間論が詳述され、人間と国家との関係が真正面から論じられ、通説が無視している論点を強論する意味で興味ある解釈と言い得る。しかしこの解釈の欠点は仮りに救済者という解釈の当否を問わないとしても、マキアヴェッリにおける人間と国家との関係を解明するのに重要な stato、共和国 republica、君主的権力 principato 等の諸概念に充分注意を払わず、その結果人間と国家との関係が恣意的に分析されることになる。

㈢　本稿はこのような研究の現状に鑑み、その批判と摂取とに基づいてマキアヴェッリの「政治観」の構造と特質とを明らかにすることを目的とする。およそ政治思想家を研究するに際して「政治観」と敢てことわらねばならないという異常な事態は、先に述べた如き先行学説の性格に起因する。マキアヴェッリの如く「政治的」と称せられる思想家の「政治観」が埋没しているという逆説的状況において、「政治観」を改めて問い直すことは実は新しい企てを意味せざるを得ない。次にその企図を達成するための基本的視角と操作とについて述べてみたい。

通説における如き「技術」の自己目的化と抽象化とを回避するためには二つの手続きを必要とする。第一の操作は諸技術をその目的に従って最初から分類する作業である。今それを『君主論』と『リウィウス論』とについて見てみたい。『君主論』は彼の手紙が示している如く、(42) 君主的権力 principato とは何か、その種類、その獲得、維持の方法、それを失う原因について論じている。(43) これに対して『リウィウス論』はもっと複雑な構成を持っている。マキアヴェッリの説明では、第一巻は共和政ローマの内政問題と公的分別 consiglio publico の問題とを扱い(第一巻第一章)、第二巻はローマ人がその支配権 imperio を拡大するのに用いた政策を(第二巻序文)、第三巻は個人の活動とローマの偉大さ grandezza の問題とを論ずることになっている。しかし『リウィウス論』ではローマ以外の古代の例や、ルネッサンス時代の実例が豊富に見出され、必ずしも共和政ローマのみが論じられているのではない。そこで先に述べた如く技術をその目的に従って分類を行なうと次の如くなる。㈠ 共和国 republica についての技術、㈡ 君主 principe と共和国双方に共通な技術、㈢ 君主についての技術、の三つに大別され得る(勿論、これ等に収斂され得ない一般的考察が存在しているものを否定するものではない。それは次の操作に入る)。このような形で諸技術の分化を予め認識しておくことは、これらの技術の全思想体系におけるコンテクストを認識する第一歩である。

次にもう一つ必要な操作が存在する。それはマキアヴェッリにおける原理的認識と状況的認識とを峻別することである。原理的認識は彼の選択と投企とを最も端的に提示したもので、通説の無前提主義に対してその認識の絶対性と一面性とを示すものである。これに対して状況的認識は一定の条件下で如何なる行動を行なうか、という設問への回答であり、主として実現可能性と成功とに関わる問題に止まる。しかもこの原理的認識と状況的認識とは常に緊張関係を構成しているのであって、状況的認識がしばしば招来する単なる機会主義と明確な一線を画している。マキアヴェッリの如く思想の抽象度が低く、しかも政治状況の真只中で思索する思想家の場合、この操作を自覚的に行使しないならば、しばしばその思想原理の研究は反映論と伝記主義とによって代行される恐れが存在する。(44) また『君主論』にしろ『リウィウス論』にしろ、この原理的認識と状況的認識という二つの視座の区別なくしては、決して統一的に理解し得ぬのである。(45)

ところでこの二つの操作は原理的認識の解明によって初めて体系的に結合され得る。蓋し原理的に如何なる「政治観」が可能かという観点の下に、技術の諸目的は単に羅列のままに放置されることなく、正に序列と相互関係とにおいて認識され得るものとなる。こうして問題の中心は原理的に可能な「政治観」へと帰着する。そして政治という人間の営みについての原理的把握は、それが根源的に遂行されるためには、人間の自己認識たる哲学へと回帰することが要求される。かくしてマキアヴェッリの哲学がその「政治観」の解明のための conditio sine qua non となる。

マキアヴェッリの哲学――それは改めて述べるまでもなく深遠な形而上学や壮大な体系でない。それは僅かに運命 fortuna と virtù とについての議論と欲望自然主義的人間像とを持つにすぎない。この中で前者の問題はルネッサンスにおいて広汎に観取されるテーマであり、この点に関してマキアヴェッリの独創的地位は承認し難い。これに対して後者の認識は極めて重要な問題を提示しているが、これまでは単にルネッサンスの世俗主義の一環としてその中に埋没させられていた。その結果哲学史におけるマキアヴェッリの地位はそもそも争点とさえならず、またマキアヴェッリ研究家においても(仮りにそれに言及したとしても)精々他の思想家の影響下に配列していたにすぎず[46]、総じて哲学者として語ることは問題にさえならない。しかし彼をしてルネッサンス唯一の独創的政治思想家たらしめたのはその哲学を措いてはなかった。従って私は一方でルネッサンス哲学の構造的特質との関連でその共通性を抽出すると共に、他方でその人間像の持つ意味を検討することによって彼の哲学を解明したい[47]。このような観点から考察する時、後述の如く彼の哲学はその感性的人間像とその自由や作為の特質とを通して、秩序問題への新しい展望の可能性を示すであろう。彼自身、自己の政治理論のみが事物の現実的真理を解明し得ると主張した経緯は実はこの哲学にのみ求められるのであって、その意味で先に引用した『君主論』第十五章の昂然たる自負はこれまでの政治学に対する戦闘的宣言であったのである[48]。ここにおいてマキアヴェッリの中に思想と理念とを全く排除した「政治の技術」を発見しようとした解釈の誤りと、自己の哲学の一面性を敢て担ったマキアヴェッリの厳しい姿とが白日の下にさらされる[49]。

本稿はマキアヴェッリにおける「技術」の存在それ自体を毫も否定するものではなく、それらの「技術」が如何なる哲学によって基礎づけられ、諸理念と如何なる構造連関において存在しているかを解明する意図を持っている。従って以上の如き経緯に基づきマキアヴェッリの基本的前提を抽出し、その上に「政治観」を再構成しようというのが本稿の課題である。(50)

以上の問題は次の如く整理される。まず原理的レヴェルで諸問題が解明されなければならない。それ故人間像と政治社会の構造との問題が取り上げられ、根源的人間像を素材にする時如何なる政治社会が発生し得るか、マキアヴェッリが stato, republica, principato と称したものは如何なる形で切断され、結合しているか、政治社会の目的とは何か、この政治社会は例えばアリストテレス、キケロ、マルシリウスなどの政治社会と如何なる差異を持っているか、「政治」というカテゴリーが如何なる形で伝統と断絶、連続しているか、この「政治」と道徳とはどう関係するか、などが当然問われざるを得ない。ここでは諸技術の中で原理的認識と目されるもののみが論じられる。この分析の終了後、所与の問題についてのマキアヴェッリの認識の分析に移り、彼がその原理的認識を如何なる形で状況とリンクさせているか、その原理的認識は如何なる形で状況的認識を貫徹しているか、が問われ、フィレンツェやイタリアの諸問題に対する彼の態度を通じて具体的に分析される。

本稿は以上の如き構想の下に、第一章ではルネッサンス哲学の特質をその認識理論の構造から考察し、第二章ではこれと関連させつつマキアヴェッリの人間像とその哲学的意味を提示し、第三章、第四章ではこれを前提としつつ原理的政治観の構造と展開とを示し、第五章において原理的認識と状況的問題との接触、それに伴う前者の屈折の問題を扱うことにする。

(1) 日本においてもかかる「神話」と俗流化とは広汎に存在している。しかしながら、マキアヴェッリに対する激烈なポレミークも専門的研究も発生しなかった点において、ヨーロッパのマキアヴェッリに対する態度と著しいコントラストを示している。日本におけるヨーロッパ諸思想に対する態度を考慮した場合、そのマキアヴェッリ受容の独自性は正に問題状況が充分に発生しなかった点に存在すると言うべく、従ってそのことは逆に日本の精神構造を考察するに際して一つの重要な指標たり得る。ところで問題状況が発生しないという事態は二つの意味に解釈される。まず、全く軽蔑すべきものでそもそも論ずるに足りぬ、と判断される場合があり、次にその思想が常識的、自然的な意味しか持たない場合がある。前者の場合には問題が発生しないのではなく、正に積極的に対決しないという形で外見上は「超然的」態度を取りつつも、実は自己の思想基盤の温室的性格と内面的緊張関係の弛緩とを示したものに他ならない。従ってマキアヴェッリ的自然主義の克服は遂に行なわれず、却って深遠な形而上学や壮大な観念論はしばしば砂上楼閣と化し、逆に逞しい自然主義によって使いこなされるという状況さえ発生することを許容する結果となる。そして第二の場合、即ちマキアヴェッリが即自的に肯定される態度は正にこの自然主義の肯認以外の何物でもあり得ないのである。このようなマキアヴェッリに対する態度は日本文化の重畳性という特質の裏面的表現と考えられる。

(2) これについては、Meyer, E., Machiavelli and the Elizabethan drama — Literarhistorische Forschungen, 1897, Bd. I. Praz, M., Machiavelli e gl'Inglesi dell'epoca Elisabettiana — Civiltà moderna, I–II (1929–1930) が参考になる。

(3) Gentillet, I., Discours sur les moyens de bien gouverner et maintenir en bonne paix un royaume ou autre principauté contre Nicolas Machiavel, 1576.

　この批判はフランスの伝統に対するノスタルジアを基軸としつつ、それがイタリア人によって破壊されているという意識を伴っている。彼の眼前でこの破壊を推進しているのがカトリーヌ・ド・メデシス Catherine de Médicis(彼女は『君主論』を献呈されたロレンツォ・デ・メディチ Lorenzo de' Medci の娘)であり、思想的にはマキアヴェッリだったのである。ジャンティエのこの批判については、Rathé, C. E., Innocent Gentillet and the first "Anti-Machiavel" —Bibliothèque d'Humanisme et Renaissance, XXVII, 1965. Panella, A., Gli antimachiavellici, 1943, pp. 39–43. Cherel, A., La pensée de Machiavel en France, 1953, pp. 62–4. Benoist, C., Le machiavélisme, 1936, 3 vols. 特に III. Après Machiavel, chap. II. Procacci, G., Studi sulla fortuna del Machiavelli, 1965, pp. 109–22 を参考とした。

(4) この傾向はボダン・ボテロ・カムパネッラなどを通じてフリードリッヒ大王にまで続く。この間の事情については、

Meinecke, F., Die Idee der Staatsräson in der neueren Geschichte, 1924. 本稿では一九五七年版を用いる。Raab, F., The English face of Machiavelli, 1964 及び(3)で挙げた Panella, Cherel, Benoist, Procacci の著書が有益である。

(5) ベーコンはマキアヴェッリを次の如く評価している。

「我々は公然且つ誠実に、人間が行なうべきことではなくて行なっていることを述べ、叙述したマキアヴェッリやその他の著作家達から非常な恩義を受けている。」——De aumentis scientiarum, lib. 7, cap. 2.

彼に対するマキアヴェッリの影響は Essay の中にも広汎に見られる。例えば Of Cunning, Of Negociating, Of Envy, Of Goodness and Goodness of Nature などがそれである。ベーコンにおけるマキアヴェッリの意味については、Willey, B., The English Moralists, 1964, pp. 136–147. Procacci, op. cit., pp. 220–7 を見よ。

(6) common right or interest による支配を生み出す ancient prudence の復興者としてマキアヴェッリは評価される(これに対して一部の利害による支配を生み出す modern prudence の主張者がホッブス)。——Oceana, I., The preliminaries. Cfr. Procacci, ibid., pp. 227–49.

(7) 「単に支配欲にのみ駆られている君主がその国家を強化し、維持し得るためにどんな手段を用いなければならないかについて明敏なマキアヴェッリが書いている。彼は恐らく、自由な民衆が自己の安寧を唯一人の人に絶対的に委ねてしまうことが如何に注意すべきことであるかを示そうと欲したのである。全てを委ねられた人間は……絶えず策略を恐れねばならず、従って民衆のために計るよりは自分のために用心し、自分の側から民衆に策略をめぐらすように余儀なくされている。マキアヴェッリは確かに自由の味方であったし、また自由を守護するために数々の有益な助言を与えているが故に、私はこの賢明な人間についてこのように信ずる気持になった。」——Tractatus politicus, V-7. Cfr. Procacci, ibid., pp. 289–300.

(8) 国王達は絶対的であることを望み、口では人民に愛されることを唱えつつも、自己の個人的利益に従って行動することを最高の格律としている。

「これこそサムエルがヘブライ人に強調した点であり、マキアヴェッリが明白に立証したところである。マキアヴェッリは王達に教示する体裁をしながら、人民に偉大な教訓を与えたのであった。彼の『君主論』は le livre des republicains である。」

「マキアヴェッリは立派な人間 honnête homme で、善良な公民 bon citoyen であった。しかしメディチ家に縛りつけられていたため、祖国の圧政の中で自由に対する彼の愛を偽装しなければならなかった。」——Du Contrat Social, III-6

（9） このような解釈はトスカーナにも広がり、祖国におけるマキアヴェッリの復権が開始された(Rosa, M., Dispotesimo e libertà nel Settecento : Interpretazioni《repubblicane》di Machiavelli, 1964)。

（10） 例えば一六四三年十一月二日、及び一六四六年九月のボヘミア王女エリザベートへの手紙を見よ(前者については渡辺一夫氏、後者については河盛好蔵氏の邦訳がある)。

（11） 例えばヘーゲルは次の如く述べている。フリードリッヒ大王は道徳主義的偏見の故にマキアヴェッリの真の意味を認識出来なかった。今や「手段はもはや問題ではない。」蓋し、国家は自己保存を何よりも最高の目的となし、これを脅かす存在は犯罪人として処罰出来るからである(Hegel, G. W. F., Die Verfassung Deutschlands (レクラム版)、SS. 127–9. Cfr. Meinecke., op. cit., S. 421)。

またフィヒテの同様の見解については、Fichte, J. G., Machiavelli, kritische Aufgabe von H. Schulz, 1918, SS. 27–8 を見よ。

なおドイツにおけるマキアヴェッリ復興の詳細については次の論文が参考となる。Elkan, A., Die Entdeckung Machiavellis in Deutschland zu Beginn des 19. Jahrhundert. — Historische Zeitschrift, CXIX 1919.

（12） 「ドイツはもはや国家ではない」という有名な序文で始まる『ドイツ憲法論』の中でヘーゲルはマキアヴェッリの理念を次の如く評価する。

イタリアが正に崩壊せんとし、他国の諸君主とその臣下とによって戦われる戦場となり、またイタリアが戦争のための手段を提供すると同時にその犠牲となり、全く外国人の力の下に圧殺される如き悲惨な状況の中で、冷静な判断力を持つ一人のイタリアの政治家が、一つの国家への統一によるイタリアの救済という必然的理念を考えた。それ故彼の思想を当時のイタリアの状況から切り離して論ずることは不可能である。

『君主論』はマキアヴェッリに先立つ数世紀の歴史と、当時のイタリアの歴史を考慮に入れて読まなければならない。そうすればそれ(=『君主論』—佐々木)は正当化されるばかりでなく、最も偉大で高貴な精神を持った真の政治的天才の考察であることが分る。」——Hegel, op. cit., SS. 126–8.

こうしてヘーゲルの中に組み込まれたマキアヴェッリは、『法の哲学』や『歴史哲学』を通じてその重要性を開示する。この点についてはマイネッケの研究を参考にせよ。

フィヒテの同様の評価については、Fichte, op. cit., SS. 5–6 を見よ。

(13) 最も詳細な研究としては，Curcio, C., Machiavelli nel Risorgimento, 1953 がある。その他，Procacci, op. cit., pp. 422–31.

(14) 後述する通説的見解の影響を強く受けているが，例えば，Ercole, F., La politica di Machiavelli, 1926. Fester, R., Machiavelli, 1900. Schubert, J., Machiavelli und die politischen Probleme unserer Zeit, 1929. Ritter, G., Machiavelli und der Ursprung des modernen Nationalismus — Das sittliche Problem der Macht, 1948 所収，などが挙げられよう。(34)で挙げる解釈との境界はかなり不明確になりつつあることは否定し難い。なおドイツとイタリアの解釈にこの傾向が強いことは注目すべきである。

(15) De Sanctis, F., Machiavelli — Storia della letteratura italiana, cap. XV, 1871. Alderisio, F., Machiavelli : L'arte dello stato nell'azione e negli scritti, 1930. Norsa, A., Il principio della forza nel pensiero politico di Machiavelli, 1939. Spirito, U., Machiavelli e Guicciardini, 1945. Russo, L., Machiavelli, 1945. Prezzolini, G., Machiavelli anticristo, 1954. id., Il gheriglio di Machiavelli, 1960. Montanari, F., La poesia del Machiavelli, 1953. Charbonnel, J. R., La pensée italienne au XVIe siècle et le courant libertin, 1917. Vignal, G., Machiavel, 1930. Renaudet, A., Machiavel, 1956. Butterfield, H., The statecraft of Machiavelli, 1956. Heyer, K., Der Machiavellismus, 1918. Freyer, H., Machiavelli, 1938. Cassirer, E., The myth of the state, 1946. Chabod, F., Scritti su Machiavelli, 1964.

(16) De Sanctis, Storia della letteratura italiana, pp. 487–8. ここでは De Sanctis, F., Opera 1961 を用いた。

(17) De Sanctis, ibid., pp. 488–9.

(18) Tutte le opere di Niccolò Machiavelli, a cura di F. Flore e di C. Cordié, vol. I, pp. 48–9.
なお以下原則としてマキアヴェッリの引用は Tutte le opere による。これは全三巻の予定であるが，未だ二巻しか刊行されていない。従って次の如き著作集を参考にする。
Opere, a cura di F. Gaeta.
Gesammelte Schriften, 5 Bde., 1925. The chief works and others, 3 vols., 1965.

(19) De Sanctis, op. cit., p. 489.

(20) De Sanctis, ibid., p. 499

(21) De Sanctis, ibid., p. 489.

(22) De Sanctis, ibid., pp. 499–503.

(23) De Sanctis, ibid., pp. 512-3.

(24) De Sanctis, ibid., p. 514.

『君主論』は政治人の冷徹な説得よりも高貴な魂の熱情を示しているが故に、マキアヴェッリ自身から逸脱していると評価されるのである。このようなデ・サンクティスの解釈における二極分裂を更に推進し、そのため全くのカリカチュアにまで化した典型が Janoska-Bendl, J., Niccolò Machiavelli: Politik ohne Ideologie — Archis für Kulturgeschichte, XL, 1959 である。

(25) De Sanctis, ibid., p. 484.

(26) このような見解の例は、Whitfeld, J. H., Machiavelli, 1965, pp. 66–7 sgg に多く挙げられている。

(27) De Sanctis, op. cit., pp. 514-23.

マキアヴェッリにおける喜劇と政治論との連関は多くの研究者によって指摘されているが、特に、Russo, L., op. cit., cap. II. Machiavelli, uomo di teatro e narratore. Fleisher, M., Trust and deceit in Machiavelli's comedies — Journal of the History of Ideas, XXVII, 1966. Ridolfi, R., Studi sulle commedie del Machiavelli, 1968 が詳しい。

(28) 「彼(＝マキアヴェッリ)は政治的行為が設定する目的の意味や正当さ、その価値や位階を問いはしない。……ある一つの目的を求めるという事実が、如何にしてそれを最上に行なうことが出来るかという問題を彼に対して提起する。……そうである限り、マキアヴェッリの学説は何よりも自覚的に政治行動の純粋技術 eine reine Technik des politischen Handelns である。彼の学説が提示する規則はその純粋な形において仮言的命法 der hypothetische Imperativ である。それらはA、またはB、あるいはCが真に求められる時、如何に振舞うべきかを示すものである。」——Freyer, H., op. cit., SS. 92-3.

ここには政治的行為の目的の完全な相対化が見られ、『君主論』と『リウィウス論』との二元論がヘーゲルの視点とは異なった根拠に基づき止揚されている。Freyer によればマキアヴェッリの意味は近代的思考に「政治的なるもの」を提示した点にこそ存する(ibid., S. 97)。彼の解釈は所謂素朴実証主義的解釈に対して一定の距離をとった、通説的解釈の中の白眉の存在であり、今日の政治学の観点からすれば極めて興味深い解釈である。しかし彼の言う「政治的なるもの」はマキアヴェッリの著作において、目的や理念との関連を全く喪失した形で存在しておらず、逆に両者の絡み合いこそが解明の対象とならなければならない。誤解を恐れずに敢て言うならば、Freyer の言う「政治的なるもの」は、虚言の使用や文芸の規制など甚だ興味深い内容を盛り込んだプラトンの『ポリティア』第三巻に既に鮮明に見られるのではないか。従って「政治的なるもの」の問題史を著述する際にはプラトンもマキアヴェッリ同様、その限りで対象となり得る。しかし一目瞭然の如くそのような観点からする解釈がプラトン解釈としてどの程度妥当性を持つかは根本的に疑問視されざるを得ない。同様の事情はマキアヴェッリ解釈においても存在し得る。以上のような私の Freyer に対する批判は、彼の解釈に徹底性と明晰さとが存在する故に初めて可能である。

(29) 「『君主論』は単に技術的な著作にすぎない。技術書のうちに我々は倫理的行為や善悪の準則を求めない。何が有益であり、無益であるかが判明すれば充分である。」——Cassirer, op. cit., p. 153.
　彼の場合においても Freyer 同様、政治行動とチェスとの類似性が強調され(ibid., p. 143)、マキアヴェッリの助言は「仮言的命法 hypothetical imperatives」と呼ばれている(ibid., p. 154)。

(30) Chabod, op. cit. は論文集であり、その中で英訳版(Machiavelli and the Renaissance, 1958)に含まれている Introduzione al Principe(1924), Del Principe di Niccolò Machiavelli(1925)は『君主論』についてのこれまでの研究中で最も秀れている。そこではマキアヴェッリのイタリア救済に対する情熱が正当に評価されており、この認識は Sulla composizione de Il Principe di Niccolò Machiavelli(1927)という論文によって一層進展せしめられている。しかし『リウィウス論』を含めた全体的解釈が問題となる時、二つの著作の間の調子《トーン》の相違が認識されるにもかかわらず、国家の運動法則の認識に基づく医学としての政治学にその基本的特質が存在するという解釈になる(Niccolò Machiavelli, 1934 を見よ)。そして Il segretario fiorentino(1953)という最後の論文では、右の如き基本的性格を押えつつ、その生成、発展が伝記的に論じられる。しかしその際「国家」という概念自体の分析が全く棚上げされることによって単なる「技術」説となる。彼の最後の論文を発展させた研究としては、Sasso, G., Niccolò Machiavelli: Storia del suo pensiero politico, 1958 がある。

(31) Meinecke, op. cit. Ritter, op. cit. 及び Ritter, G., Die Dämonie der Macht, 1948 がそれである。

(32) Freyer, Cassirer など。(28)、(29)を参照。

(33) Chabod, Sasso など。(30)を参照。

(34) Alderisio, Prezzolini など。

(35) Strauss, L., Thoughts on Machiavelli, 1957, p. 11.
Strauss 同様かかる通説に反対するものとして、Whitfield, op. cit. がある。前者がマキアヴェッリの中に悪の教示者を観取するのに対して、後者は善の教示者を見る。

(36) Weber, M., Wissenschaftslehre, 1922, SS. 175-7.
単に、事実と価値評価とを峻別せよ、という所謂「方法的二元論」があまりにも一方的に強調されるならば、ウェーバーの科学方法論の保持しているダイナミズムは恐らく全く看過されるであろう。このような傾向を有するものとして、碧海純一「社会科学における認識の客観性についての一試論――特に分析哲学の立場から――」。特に、(一)マックス・ウェーバーの「没価値性論」をめぐる若干の問題点(『法学協会雑誌』八一巻一号)、(二)ウェーバーの諸論考において基本的に重要と思われるテーマ(同上、八一巻二号)を挙げてよいと思われる。私は碧海教授が科学における価値の持つ意味を全く無視していられると主張するつもりはない。教授は一方でウェーバーと共に「事実をして語らしめる」という態度を批判され、他方それに対するウェーバーの態度を「経験的事実をそのあるがままの姿で探究し、認識し、指摘する」(傍点は碧海教授)ものと解釈される。そしてウェーバー的立場の「事実をして語らしめる」立場に対する優位は、前者における事実と価値判断との峻別に求められている。しかしその場合には事実と価値判断とが相互に否定的に規定し合うのみで、「あるがままの姿」としての経験的事実自体の論理構造は何等明らかにならない、これがウェーバー解釈において「方法的二元論」のみへと集中する態度の意味である。こうした解釈を例えば安藤英治氏のウェーバー解釈と比較する時、その問題性は明瞭となる。

「〝客観性〟は何よりもまず自己の立脚している前提、即ち価値理念を自覚することを基盤とする。そして認識の一面性を自覚して鋭い一義的な概念を構成し、そのこと自体によって、また、つねに概念の妥当性の限界を自覚し、同時に、常に現実によって自己を検証することを怠らない――という態度によってのみ客観性は保障される。」――安藤英治『マックス・ウェーバー研究』一九六五年、一五一頁、傍点原文。

安藤氏が鋭く指摘している価値理念の問題こそは、ウェーバーの方法論のダイナミックな性格を端的に示すものと言うべく、それはウェーバー流に言えば「文化人 Kulturmensch」という理念に関わり、一般に人間にとって「意味」が持つ意味、人間と価値との関係の様式という問題にまで波及する。従ってウェーバーにおける認識と価値との関係を単に否定的に把握する考え方は右の点を無視していると言える。

碧海教授が経験的実証的方法(観察または実験によるデータ収集——仮説形成——演繹——観察または実験による仮説のテスト、というシェーマで表わされる方法)と呼ばれるものにしても、「経験」自体が成立する論理根拠が捨象されている以上、科学方法論としては疑問を残さざるを得ない。

(37) 例えば「あたかも消耗熱について医者が言うように、病気の初期にはこれを治すことは容易であるが、診断は困難である。しかし時のたつに任せ、初期に発見せずして手当を怠る時は、診断は容易だが治療は難しい。cose di stato もこれと等しく、将来の変事を遙か以前に知ることが出来るならば——これは思慮ある人にして初めてなし得るところであるが——、速かにそれを治療することが出来る。それを予知することが出来ないで誰が見ても分るまで進行させたならば、今や治療の方法はない。」——Il Principe, III, vol. I, p. 10. その他、Discorsi, III-49, vol. I, p. 442 など。

(38) Cassirer, op. cit., pp. 154-5.

しかしながら(37)にも見られる如く、「技術」が関わるのは cose di stato である。この cose di stato こそがマキアヴェッリの関心であり、それは簡単に捨象され得るべきものでない。

勿論これまでの解釈がマキアヴェッリの「技術」の目的を完全に無視してきたのではない。例えば Norsa, op. cit. はこの「政治学」の原理を力 forza と考え、また、Heyer, op. cit. や Ritter, G., Machiavelli und der Ursprung des modernen Nationalismus, SS. 74-8. Schmidt, A., Niccolò Machiavelli und die allgemeine Staatslehre der Gegenwart, 1907, S. 28 などはマキアヴェッリにおける国家目的を権力それ自体と解している。しかしドイツの解釈はマキアヴェッリの国家を近代化したために、具体的構造連関においてその意味を実証出来なかった点に共通の欠点を持つ。その上、Norsa の解釈も含めてこれらの解釈は導出された結果をナチュラルと考えることによって、マキアヴェッリの政治理論の歴史的意味を完全に看過した。

(39) これは今世紀に入ってドイツ人によって問題にされた「西欧とドイツ」というテーマの一産物と言い得る。Meinecke, op cit. は第一次大戦と深く関わり合っており、ヘーゲル、ランケ、トライチュケを分析対象としながら、ドイツ国家論の持つ包括性と絶対性とに対して疑問を提出した。これに対して Ritter, Die Dämonie der Macht はヒトラーを体験した後に、アングロ・サクソンとドイツとの政治思惟の分極をトマス・モアとマキアヴェッリとに遡らせることによって分析した。このような形で問題化されたこと自体、ドイツの政治観の特質の認識なくしては理解され得ない。この間の事情は私見によれば次の如くである。ルターに見られる如き人間の内面性と国家との二元性の問題が、国家の超越化による解決を見出した時、この二つのモメントは今や上下関係を形成するが、国家はその超越性と暴力との体現者として人間の内面から疎外され、対立させられる。この二つのモメントの関係が癒着としてではなく対立として自覚される時、「国家理性」概念は改めて問題化する。そして歴史主義の影響下にその個体主義(Volk!)が対外的にも当然の如く主張される時、「国家理性」に対する自覚はいよいよ鋭さを増したのである。この点イギリスの伝統に最もラディカルに対決したホッブスに対するMeineckeの評価は特徴的である。その機械論的原子論と利己主義との上に樹立された国家論は、それが高次の精神的価値感覚や道徳的価値感覚を欠如するが故に、正に「国家理性」を最上位に置く意識を持たなかった、と述べる時(Meinecke, op. cit., S. 255)、それらの価値と暴力との体現者としての国家を持つドイツ的性格を逆証している。国家に精神的、倫理的尊厳を帰着せしめればこそ、「国家理性」のデモーニッシュな性格が意識され得るのである。従ってMeineckeはドイツ的国家論が倫理的価値自体に対して持つ危険性を知りつつも、決してこの国家論から離脱を試みてはいない。

ドイツのMachtstaat論とマキアヴェッリの政治理論との根本的相違については、d'Entrèves, P. A., The Notion of the State: An Introduction to Political Theory, 1967 pp. 44-9 の鋭い指摘を見よ。

(40) なおこの点に関してニーチェとマキアヴェッリとの関係が問題にされている(例えばFiggis, J. N., Studies of Political Thought from Gerson to Grotius, 1923, pp. 83-8)。この傾向はドイツで非常に顕著に存在しており、第二次大戦後、Ritterは俗流化したニーチェ的マキアヴェッリ観を批判しなければならなかった(Das sittliche Problem der Macht, SS. 51-2)。このマキアヴェッリ—ニーチェ問題は実はブルックハルトのルネッサンス解釈に関連を有する。ブルックハルトの解釈が惹起したルネッサンス観とニーチェとの関係についてはホイジンガの指摘参照(『文化史の課題』一九六五年、二〇二頁)。なおニーチェのルネッサンス観については、Wille zur Macht, § 740, 881, 1015 などを見よ。

(41) 例えばNamer, E., Machiavel, 1961. Mossini, L., Necessità e legge nell'opera del Machiavelli, 1962 などがある。

(42) 一五一三年十二月十日のVettori宛書簡(Lettere, a cure di Gaeta, p. 304)。この書簡はDe Principativusという小冊子を書きあげたことを伝えている。この小冊子こそ『君主論』である。

(43) 現代人は古代人を種々の領域で模倣しているにもかかわらず、マキアヴェッリの観点からすれば肝腎な点が模倣されていなかった。従ってこの肝腎な点こそが彼の課題を形成する。即ち、「王国や共和国 republiche によって、また祖国 patria のために尽した王、将軍、公民 cittadini、立法者 latori di leggi 等によって行なわれた事柄」であり、また、「共和国を組織すること、stati を保持すること、王国を統治すること、国民軍を組織し、戦争を遂行すること、臣民 sudditi を治めること、支配権 imperio を拡大すること」である。——Dis. I proemio, vol. I, p. 90.

(44) マキアヴェッリの場合、著作よりも人物に話題が集中し易いことは既に述べたが、更にヘーゲル流の解釈によってマキアヴェッリの特殊時代的性格が強調されるに至って、いよいよ思想の解明は人間と状況との分析に移行し勝ちとなった。そのため Cassirer が鋭く指摘した如くマキアヴェッリの動機の発見が中心となり、肝腎の思想分析は蒸発するという傾向を生み出した(Cassirer, op. cit., pp. 127-8)。しかし一般に伝記は思惟の心理的・事実的根拠を明らかにし得るとしても、その権利根拠と論理構造とを何等解明するものではない。それ故、マキアヴェッリについても伝記や社会状況についての研究は、思想分析の単なる補助科学 Hilfswissenschaft であることを改めて自覚する必要がある。右の如き理由でマキアヴェッリの伝記には非常に秀れたものが多い。特に次に挙げる三つの著作は定評がある。Villari, P., Niccolò Machiavelli e i suoi tempi, 3 vols., 1877-82. 2nd ed., 3 vols., 1895-97. 3rd ed., 2 vols., 1911-14. 4th ed., 2 vols., 1927. Tommasini, O., La vita e gli scritti di Niccolò Machiavelli nella loro relazione col machiavellismo, 1883-1911, vol. I, vol. II, 2 vols. Ridolfi, R., Vita di Niccolò Machiavelli, 1954.

(45) この点に関して重要な例は彼の popolo 観である。彼においては原理的人間像とその教育可能性とが常に問題となるため、この区別を捨象した popolo 一般という対象は一義的に確定し得ない。従ってそもそも popolo 一般を如何に評価していたか、という立論自体彼のダイナミックな論理を看過しているが故に、根本的欠点を持っている。Dis. I-53, 54, 57, 58 を比較検討せよ。

(46) Charbonnel, op. cit., p. 402. Mesnard, P., L'essor de la philosophie politique au XVIe siècle, 1936, pp. 19-20 はマキアヴェッリの哲学をパドヴァのアヴェロエス主義の影響を受けていると判断している。

(47) 本稿では「マキアヴェッリとルネッサンス」という問題は哲学に収約して解明される。これまではマキアヴェッリの思想に対するルネッサンスの心理的・事実的イムパクトを示すという方法が用いられ、従ってしばしばブルックハルトの描いたルネッサンスの暴君、教皇、傭兵隊長 Condottiere の諸群像が彼の思想を解明するものと考えられていた。しかしこの方法は(44)で指摘した、思想分析の伝記による代行主義の主張と全く同じ欠陥を持つと言わざるを得ない。

(48)『君主論』第十五章はこのような意味に解釈されるべきである。通説の如く解する時、この章は「隅の首石」の如く見えつつ、同時に「躓きの石」となる。

(49) マキアヴェッリの人間像がしばしば「現実的」と評せられているのは周知の通りである。先に批判した無前提的科学主義、素朴経験主義はそれをあたかも絶対的現実であるかの如く主張する。この点については再度批判する必要はないであろう。無前提的に「現実的」と「空想的」とを対立させる思考様式は日本ではかなり一般的であるが、しかし人間観についてさえも、その通用性、周知性とを論理的に絶対的な「現実」にすり換える発想は、無責任と自己欺瞞との頂点である。

(50) この「政治観」の再構成において重要な意味を持っているのはタームである。タームの分析は視点の限定性の故に却って空虚な全体像を拒否し、思想解明に確固とした地盤を提供している。例えば、Mayer, E. W., Machiavellis Geschichtsauffassung und sein Begriff virtù, 1912. Ercole, F., Lo stato nel pensiero di Machiavelli — Ercole, op. cit. 所収、などがそれである。しかしタームの諸連関を支える中心核が存在しない限り、タームの研究は全体への展望をもたらすことが出来ない。そのことは例えば Ercole の分析が全くの他の分析から孤立し、思想構造の解明に何等貢献していない点からも知られる。本稿はこの中心核を哲学に基礎づけることによって、ターム分析の有効性を最大限に発揮しようとするものである。

第一章　イタリア・ルネッサンス哲学における認識理論の構造

ブルックハルトの古典的名著『イタリアにおけるルネッサンスの文化』以来、イタリア・ルネッサンスについての見解は百花繚乱、止まるところを知らないが[(1)]、本章で対象とするルネッサンス哲学は過渡期という便利なコトバによって処理され易い上に、対象それ自身において画期的転換と体系化とを見出し得ないことによって、哲学史上研究対象として最も未開拓な領域の一つとなっている[(2)]。ところでルネッサンス哲学は中世哲学の伝統と古代哲学の復興とを基盤にして、多極的な問題関心と解決方式とを提示しており、その把握には何よりも分析視点の明確な確定が必要である。ここでは「個人の発展」「人間と世界との発見」というブルックハルトの有名なテーゼ[(3)]を考慮しつつ、ルネッサンス哲学が人間の認識の真理根拠をどう解決していたか、を中心に論ずることにしたい。蓋しこの問題への回答を通してのみ認識主題と客体との関係、認識の論理構造と認識内容との関係、そしてルネッサンス哲学の特質を最小限把握出来る。同時に本章は第二章の論理的前提としての性格を持っている。以下このような視点からプラトン主義、アリストテレス主義、自然哲学について論ずることにしたい。

ルネッサンス哲学の潮流として「ヒューマニズム」がこの他に存在しているが、「ヒューマニズム」はその内容的特質の故に本章では分析対象から除外し、主として第二章、第四章で論ずることにした。しかしルネッサンス哲学の理解にとって、「ヒューマニズム」の影響と衝撃とを認識することは不可欠の要件であり、それ故ここではこれら諸哲学の前段階として「ヒューマニズム」について若干言及しておきたい。

今日の「ヒューマニズム」というコトバの用法と異なって、歴史的概念としての「ヒューマニズム」は極めて限定された意味を持っている。このコトバは古典古代の studia humanitatis から発生したもので[4]、十五世紀においては文法、修辞、歴史、詩、道徳哲学をその対象とする研究活動を意味した。従って「ヒューマニズム」は何等かの思想体系であるよりも、開放性を伴った文化的、教育的活動一般を意味する[5]。「ヒューマニスト」は共和国の書記官や君主の秘書、更には外交官として社会において活動し、また教育者として教育過程を独占することによってあらゆる領域に間接的影響を及ぼした。彼等の活動によって古典古代の文献の発掘、文献批判及び刊行、その内容研究が前述の諸領域にわたって行なわれ、特にギリシャの文献は翻訳を通じて飛躍的に普及せしめられた[6]。しかも最も注目に値するのは彼等の道徳哲学の論文である。そこでは独創性、一貫性の欠如にもかかわらず、古典古代という新しい宝庫を駆使して「最高善」「自由と運命」「人間の尊厳」「人間の宇宙における地位」などの問題が縦横無尽に論じられた[7]。今日 civic humanism, umanesimo civile[8] と呼ばれているのはかかる道徳哲学の一部に他ならない。このような意味に解される「ヒューマニズム」は一方で文献学、修辞学への傾斜を内在させており、他方で論理学、形而上学、神学などを研究領域として除外しており、それ故「ヒューマニズム」=ルネッサンス哲学という図式は当然成立し得ない[9]。しかしながら研究の基本的作業の訓練、文献の飛躍的増大、道徳哲学における問題提起などを考え合わせる時、ルネッサンス哲学にとって「ヒューマニズム」の持つインパクトは決定的であった。蓋し、マネッティ Giannozzo Manetti の人間尊厳論とプラトン主義、アリストテレスの原典研究や註釈家の発掘とアリストテレス主義、ピッコロミーニ Enea Silvio Piccolomini の自然観察と自然哲学、これ等を切り離して考えることは不可能である。以下プラトン主義、アリストテレス主義、自然哲学の順にその認識理論を論じたい。

一　プラトン主義

西欧中世において知られていたプラトンの著作は『テマイオス』『メノン』などに限られ、その思想はアウグスチヌスなどを媒介にして伝えられていたが、アリストテレスの圧倒的優勢の下で思想的には新プラトン主義的神秘主義の形で影響を与えていたに過ぎなかった。それに対して「ヒューマニスト」の嚆矢たるペトラルカはアリストテレスに対してプラトンを賞讃し[10]、その原典研究の必要性を強調した。そして十五世紀前半にはペトラルカの後継者達、特にブルーニ Leonardo Bruni によって『ポリティア』『ノモイ』『ゴルギアス』などが翻訳され、プラトンは「ヒューマニスト」の道徳哲学の中に広汎に登場するに至った[11]。しかしやがてこの道徳哲学、政治哲学中心のプラトン受容に代って、活動生活 vita activa(実は政治生活 vita civile)に対する冥想的生活 vita contemplativa の優位[12]を媒介にして神秘主義的、アウグスチヌス的プラトン受容が発生し、フィレンツェの「プラトン・アカデミー」への道が開かれた。このような転換に際して重要な機能を果したのがビザンチンのプラトン主義であり、特に一四三八年のプレトン Gemisto Plethon(一三五五—一四五〇)のフィレンツェ来訪は、学説的には「キリスト教的プラトン主義」をもたらし[13]、またフィレンツェの国父 pater patriae たるコジモ・デ・メディチ Cosimo de' Medici への影響[14]によって決定的意味を持った。そして十五世紀後半にはメディチ一門庇護の下に、マルシリオ・フィチーノ Marsilio Ficino(一四三三—一四九九)を中心とする「プラトン・アカデミー」[15]が形成され、そこから生まれた哲学はその後の諸思想に消し難い刻印を与えた[16]。

㈠　マルシリオ・フィチーノの哲学[17]

フィチーノの主著『プラトン神学 Theologia platonica』は「霊魂の不滅について de immortalitate animorum」という副題を持っている。勿論それまでの哲学・神学においても霊魂不滅は一つの中心問題であったが、彼のこの問題への端的な問いとその回答様式とは、彼の形而上学と認識理論とに対して極めて重要な意味を持っている。[18] 前述の如き冥想的生活の優位を前提として、プラトン主義の伝統との結合において何よりも肉体からの霊魂の分離、超越が人間の理念として説かれる。即ち、物質的、可死的、有限な世界に埋没せず、不滅な、非物質的、知的世界への不断の上昇にこそ人間の最高理念が存在する。[19] そしてこの超越の終点が神であり、人間は神に到達し合一する。[20] しかしこのような人間の神への上昇自身はどう基礎づけられるか。フィチーノはこの行為を被造物たる人間の神への自然的欲求 appetitus naturalis[21] によって説明する。従って神との合一は実は予め人間の本質として神によって潜在的に設定されており、人間の行動はその現実化、本質の実現、神の創造物としての自己認識を意味する。このようにして神と合一した人間は神の秩序への展望を得る。そして神の秩序たる世界の認識は、マルブランシュの言う如く全てを神の中に見ることであり、また人間が神と合一している限りにおいて実は人間の自己認識である[22](潜在的生得観念の現実化とも言い得る)。従って人間の認識は神を媒介とする限り決して誤謬に陥らず、認識の主体と客体とは神の中で統一され、認識の真理は常に担保される。しかしこのような構造の下では認識論の優位へと向う cogito は発生する余地がない。[23]

以上のような性格にもかかわらず、フィチーノにおいて「人間の尊厳」論は独特の刻印をその思想内容に与えており、ルネッサンス哲学としての性格を顕著たらしめている。彼の宇宙像は神―天使―人間の霊魂―質―物体という五段階からなり、その中で人間の霊魂は中心的地位を占める。[24] 即ち人間の霊魂は肉体を媒介としつつ自己より下位の物質界を知ると同時に神へと到達出来、それ故、物質的なものと神的なものとの両極性を統一しており、その性質は不変にして可変、永遠にして一時的である。[25] 従って神的秩序としての宇宙の統一性[26]は神と物体との結合環たる人間によってのみ担われ得る。かくして人間は全宇宙の鏡となり、全てを神の中において認識することによって全てとなる[27]

(認識の前提条件は主体と客体との合一であるから)。そして全てとなった人間(=神の代理人)は神的秩序の現実界における実現を企て、人間の創造性は所与の世界の改造として開花する。即ち人間は文化を作る。[28] この過程において真理を求める知性と善を求める意志とは合一する。フィチーノはこのような人間の地位を称して「宇宙の中心」「万物の環」と呼ぶ。[29] この人間讃美こそは中世との比較において正にルネッサンスの決定的特質である。以上の如くフィチーノにおいては人間の認識、実践が神の秩序を前提としてのみ基礎づけられ得、人間はこの秩序自身の実現にこそ従っても、それを破壊したり、それから解放されることはそもそも問題とならない。蓋し、人間の尊厳はこの客観的・実体的秩序に何等矛盾せず、正にそれへの託身によってのみ獲得され得るのである。

(二)　ピコ Giovanni Pico della Mirandola(一四六三—一四九四)の哲学[30]　彼は人間の自由を強調し、ヒエラルヒーからの解放を最もラディカルに主張している。[31] しかしピコは同時に人間の自由を形式的自由のままに放置せず、人間の自己超越による神認識を人間の最高理念として提示する。従って人間は神与の自由を濫用することなく、正にこの目的に全力を集中すべきであり、地上的生活から解放されて神に至るべきである。[32] この飛揚を助ける諸哲学、宗教の理解・実践によって、人間は天使に勝る地位を占めることが出来る。[33] この論理はフィチーノに比べて人間の自由の創造性に重点を置くと共に、神へ到達する作業の緊張性を暗示している。この緊張性こそピコが人間の「選択の自由」として示した理念の持つイムパクトである。[34]

ところでピコにとって神に至る道は一つではなく、古代以来の全哲学、全宗教、更には魔術までが導き手となる。[35] ここにピコの折衷主義が開示される。フィチーノが「敬虔哲学 pia filosofia」の名の下に多くの神話、宗教を一つの神の顕現形態と考えた如く、ピコはこの「哲学の平和 pax filosofica」をより大胆に推進する(concordiae princeps)。[36] かくして古代以来の全思想、宗教、神話等は神を求める人間の自由な活動の諸結果となり、学説の相対化と哲学史への展望とが発生する。[37] このような過程を通してフィチーノのプラトン主義への固執という限界も取り払われ、全思想は「神の知的愛 amor Dei intellectualis」の表明となる。また逆にこれ等の思想は一つの神の象徴となり、認識の真理根拠は神の中にのみ求められ得る。人間が神と合一し神となった時、人間は魔術師として世界を支配し、世界霊魂との共感の裡に生きることが出来る。故にキリストは最高の魔術師と言える。[38] ピコは一方で人間の自由の名の下に有名な占星術批判[39]を行ないつつ、他方で魔術師を人間最高の理念と判断している。しかしこの二つは決して矛盾しない。蓋し、自由が神への自由である限り、それを制約する外在的要因に批判が加えられるとしても、神と合一した自由に内在的に潜む魔術は却って自由の顕現として把握されるからである。従って「人間の尊厳」と魔術とは相結合する。

二　アリストテレス主義

ルネッサンスを反アリストテレス＝プラトン復興、という図式で把握することは不可能である。[40] 特にパドヴァを中心とするアリストテレス主義は、ガリレオによって決定的打撃を受けるまで強固に存続していた。そもそも中世においてアラビアから入ったアリストテレスの著作は、一方でスコラ学に吸収される形で正統化されつつ(パリ大学中心)、他方で『自然学』の受容を媒介としつつ、所謂パドヴァのアヴェロエス主義[41]として定着した。[42] そしてルネッサンスにおける本格的アリストテレス研究はむしろフィンレツェを中心とする「ヒューマニスト」によって開始され、[43] 特に彼の政治学や倫理学は十五世紀前半において所謂 civic humanism の成立、発展に重要な意味を持った。[44] やがてパドヴァにおいてもこの影響下の、原典研究や註釈家(特にアレクサンドロス)の発掘が始まり、折からフィチーノ等によるアヴェロエス批判[45]も加わって、北イタリアのアリストテレス主義に転機が訪れた。このような状況の下に新しくアレクサンドロス主義が成立し、[46] 今やアリストテレス主義はその関心を自然学から霊魂論へと移し、十五世紀末から『霊魂について De anima』の解釈が中心問題となった。そしてアヴェロエス主義、アレクサンドロス主義、そしてトミズムがこの問題をめぐって激烈な議論を開始した。[47] このような自然から人間への関心の移行期にあって、アリストテレスの再解釈によってこの問題への回答を試みた最大の思想家がピエトロ・ポムポナッツィ Pietro Pomponazzi(一四六二―一五二五)であった。

ポムポナッツィの哲学　フィチーノにおいて既に見られた如く霊魂不滅の問題は単に倫理的、宗教的問題であるばかりでなく、人間の認識理論にとって決定的意味を持っていた。ポムポナッツィはこの問題について一方ではアヴェロエス主義を批判し、他方ではトミズムを批判する。彼はアヴェロエス主義に対してはトマスを引用しつつ、人間の認識における感覚的素材の必要性をアリストテレスに基づいて弁証し、知性がその存在においても機能においても肉体に依存することを強調した。[48] また知性の数量的統一性の理論の愚かさは、ソクラテスとプラトンとを同じ存在、同じように機能すると考えなければならない、という一事にも顕著に現われている。他方トマスは人間は可死的であると同時に不滅であることを認めつつ、無条件的に不滅であり、相対的に可死的であると考える。[49] これに対してポムポナッツィの批判は神の創造と結合した霊魂の無条件的不滅の主張に向けられる。彼はトマスの説が霊魂と肉体との分離説に傾斜していること(その意味でアヴェロエス主義に近づく)を指摘しつつ、綿密な反駁を加え、[50] 無条件的可死、相対的不滅を自説として主張する。彼は知性の機能にとって肉体的感覚が不可欠の素材であることを認めつつ、知性の機能自身は肉体から独立していると指摘する。即ち人間の知性は肉体を「客体」として必要とし、この点肉体を全く必要としない(「主体」としても「客体」としても)「純粋知性」と、機能自身までも肉体に依存する(「主体」「客体」双方として必要)感覚的魂(＝動物)との「中間的」地位を占める。[51] この場合人間の認識の真理は如何にして可能か。人間は個々の感覚を通して継続的にのみ真理を蓄積せざるを得ず、[52] 宇宙を直観において直接的、全体的に把握する「純粋知性」[53]と、単に特殊的感覚に埋没している動物とに対して、特殊の中に宇宙の真理を認識するという中間性を持っている。[54]「純粋知性」が自己自身を直接知り得るのに対して、人間知性の限界が特殊的感覚を通しての媒介的認識にある限り、認識の真理は実は世界を支配する知性への参与、合一によってのみ得られる。[55]従って感覚と知性という二つの契機は相互に機能的に関係し合うことなく、感覚は人間知性の「純粋知性」への回帰 reditus の手段にすぎず、[56]従って経験的認識は形而上学によって圧殺される。

ポムポナッツィの理論は霊魂不滅の否定を帰結するが故に、同時に倫理的、宗教的責任を問われざるを得なかった。[57]これに対して彼は人類の「共通の利益」の増進という新しい世俗的な人間の使命を設定した。[58]しかし彼は最後に至って、霊魂不滅、可死の問題は自然的理性によって最終的に証明出来ない中性的問題であると述べ、信仰と啓示、神自身による決定に委ねる。[59]

三　自然哲学

中世のスコラ的＝階層的思惟において自然は最下層に位置し、自立的根拠を持った領域として確立し得ず、「永遠の真理 veritates aeternes」との関連においてのみその存在意味を獲得していた。従って人間にとって自然それ自身は呪詛すべき危険な存在であった。ペトラルカにおいて自然は「自我」の反映として、中世的侮蔑意識から解放されたが、しかし彼のアウグスチヌス主義は自然自身に没入する態度を阻止するという二重構造を持っていた。[60]これに対して十五―十六世紀には自然の復権と人間の「母なる自然」への没入とが主張され自然の「生命化」が進行した。[61]このような自然観を背景に十六世紀においてユニークな自然哲学が発生した。自然哲学は十五世紀の自然観察の持つ個別認識的制約を脱し、「世界霊魂 Weltseele」と個物とが「力」を通じて相結合する全自然の調和を主張する。[62]自然哲学は認識理論の側面から考察すれば感覚的表象への絶対的信頼を基盤とし、[63] アリストテレスの認識理論の包含する二面性をアヴェロエス主義と対極的な形で解決しようとするものである。従って前述のプラトン主義、アリストテレス主義が人間の知性を中核としていたのに対して、自然哲学は感覚的な対象の確実性を出発点とする限り、明白な対照を示している。このような自然哲学者としては、フラカストロ G. Fracastro(一四八三―一五五三)、テレジオ B. Telesio(一五〇八―八八)、カルダーノ G. Cardano(一五〇一―七六)、パトリッツィ F. Patrizzi(一五二九―九七)、ブルーノ G. Bruno(一五四八―一六〇〇)、カムパネッラ T. Campanella(一五六八―一六三九)などが挙げられる。ここではF・ベーコンが「最初の近代人」と呼んだテレジオと、自然哲学の完成者であると同時にその止揚者でもあるカムパネッラとを検討したい。

㈠　ベルナルディーノ・テレジオの哲学　反アリストテレス主義を掲げるテレジオは、万物の能動的原理たる寒・暖と受動的原理たる資料とをもってその自然哲学を基礎づけ、アリストテレスの階層論的発想に対抗した。[64] 全ての物はこの二つの能動的原理の相互結合の差異によってのみ区別され、認識はこの物的特質が精神的実体に転化することによって発生する。外的物体は人間の霊魂 spiritus の物質的性格によって媒介され、[65] 認識主体において何よりも感覚として表象される。この場合、霊魂が客観的自然界に対応する諸特質を予め保持していることが予想されており、[66] その限りにおいて感覚的認識の真理性が担保される。[67] しかしかかる説明は生理学的、唯物論的でこそあれ、決して認識論的ではない。従って霊魂に付纏う物質的側面と感覚的側面との断絶は決して埋められず、[68] 単に両者の即自的結合が見られるのみである。テレジオにおいては、一見甚だ感覚主義的な言辞にもかかわらず、自然学のドグマと結合した霊魂の性格が人間の認識の存在論的安定を支えている。[69] 従って感覚主義の持つ判断の主観化への傾向は全く顕在化せず、客観的秩序の牢固とした支配が貫徹しており、特にそのことは実践理論において極めて明瞭な形で現われざる

を得ないのである。(70)

㈡　トマッソ・カムパネッラの哲学　彼はテレジオの唯物論的感覚主義から出発し、認識主体と客体との間に対応関係を設定し、主体の客体化(71)という形式で感覚の成立を基礎づけようとした。彼のこのような方法はテレジオの霊魂概念の具体化を企てつつもその根本的限界を脱し得ず、感覚の絶対性と知性の機能に対する蔑視とが発生せざるを得ない(72)。しかし彼は認識の確実性に関して懐疑主義(73)との対決を迫られており、それ故主体と客体との区別の自覚化の上に改めて両者を媒介する神を考え、やがてフィチーノの如く神の中に全てを直観するという形而上学に到達する(74)。即ち、個別的存在は神の根源的規定力たる力 potentia、知慧 sapientia、愛 amor に参与しつつ、全体として有機体を形成しており、人間はこの有機体的秩序に合一することによって認識の真理根拠を確保することが出来る(75)。このようにカムパネッラは神を導入することによって、テレジオの唯物論を汎心論 Panpsychismus、接神論 Theosophie へと転換する。しかしこの展開にもかかわらず、主体の客体化による認識という基本的原理は一貫して維持される。ところが懐疑主義との対決を通して新しく自己意識の観念が発生し、この自然哲学的体系に衝撃を与えることになった。蓋し、デカルト的な「我々はこの物あの物が存在しないと考えることが出来るが、我々自身が存在しないとは考えることが出来ない。何故なら存在せずして如何にして考えることが可能であろうか(76)」という判断が成立するならば、それまでの如く主体の客体への転化という形式においてのみ認識を論ずることは出来ない。テレジオにおいて存在のレヴェルでは独立しつつも、認識のレヴェルでは全く客体に埋没していた主体が、今やこの自己認識において認識と存在とを統一するに至ったのである(77)。しかし彼はこの新しい認識を基礎にその体系の根本的改変を遂行し得ず、プラトン的直観主義の形でこの新しい認識を前述の如き形而上学に繋ぎ止めた(78)。その結果として知的直観主義と感覚主義との矛盾(79)が発生し、彼はこの二つの原理を全く恣意的に調合せざるを得なかった(80)。このような転換と矛盾とにもかかわらず、その認識理論においては神を媒介とする主体客体一元論が貫徹しており、一見フィチーノと正反対の方向から出発したかの如く見えつつも、結果的には実はほとんど同じ論理構造を持っていたのである。

中世に対するルネッサンスの最も鮮明な特質は、プラトン主義と自然哲学とによって提示された如く、人間の自然的能力の創造性の承認と自然の自立化とに現われている。その限りにおいて、「恩寵の王国 regnum gratiae」に対する「自然の王国 regnum naturae」の勝利と考えることが出来る。「人間の尊厳論」は原罪主義・恩寵の克服によるペラギウス的性格[81]と、プロメテウス的英雄主義[82]との結合である。しかし前述の如くルネッサンスにおいては「神は死んだ」という思想は全く生ぜず、却って人間の尊厳は(或る種の)神との合一の裡にのみ存在し得た。また自然哲学に見られた如く自然の復権は何等神との断絶を意味せず、却って神の自然への内在化を帰結している。従って哲学と神学とは相対立することなく、また神学は抹殺されず実は神学の哲学化において統一されている。このことは換言すれば「神の自然化」に他ならない。そして認識の真理根拠は精神から出発するか自然から出発するかに関わらず、正にこの「自然化した神」においてのみ担保され得る。即ち、認識の真理性は認識主体の裡に自立的根拠を持ち得ず、「自然化した神」に体現される存在論体系への託身において初めて獲得される。このような神観念を中心とする形而上学はルネッサンスにおいて全く崩壊せず、所謂「認識論優位の哲学」としての近代哲学の方向はかかる構造の下でその萌芽を摘み取られている。従って内容上の世俗化にもかかわらず、論理構造の側面に関する限り伝統的哲学の根本的前提は依然として維持されている。ルネッサンス哲学の性格はこのような二つの側面において把握されなければならない。

ところで「自然の王国」の勝利は新しい問題を提起した。前述の如き神観念を中心とする形而上学において、精神と自然とは共に存在の一領域として連続しつつ相対立する。[83] このような構造の下では、超越的人格神の汎神論化（＝「神の自然化」）を通して汎心論、アニミズムが当然発生せざるを得ない。即ち、自然哲学に典型的に現われる「世界霊魂」の支配と万物の霊化とがそれである。その意味でルネッサンスにおける「魔術からの解放 Entzauberung」の欠如は極めて明白である。むしろ超越的人格神の消滅によって前代未聞の魔術の時代となる。[84] しかし同じ魔術的なものでも、ルネッサンスにおける精神と自然との関係をより具体的に考察するに際しては、所謂魔術と占星術とを区別しなければならない（逆にこの区別が意味を持ち得た点こそ正に問題である）。所謂魔術は人間の神化による認識という論理構造と、神の自然化による内容のアニミズム化との結合から発生し、全存在を精神に収斂させることによって精神と自然との対立を止揚するものに他ならない。従って人間の尊厳の高揚と魔術師の理念とは正に結合する。[85] しかしポムポナッツィの如く人間の自然的能力の神化を容認し得ない場合には、精神に対する自然の支配としての占星術が登場する。[86] 換言すれば、プラトン主義や自然哲学がミクロコスモス論の形で人間を位置づけることによって魔術師への可能性を開いたのに対して、単に中間的存在として人間を規定したポムポナッツィの場合には、人間が完全に純粋知性へと転化する能力を持ち得ず、全存在を包括する能力を否認される結果、精神に対する自然の疎外が発生し、逆に自然による精神の支配としての占星術が現われる[87]（従ってこの相違は霊魂不滅論の内容と密接に関連している）。この魔術と占星術との問題は実はルネッサンスにおける「自由」・「必然」論に他ならない。ピコの魔術讃美と占星術批判とが、彼の人間尊厳論に基盤を有しているのはここからして明らかである。魔術師として精神の支配を貫徹するか、逆に自然の必然法則の下に精神が全く屈服するか、はルネッサンス哲学の構造を前提とする限り二者択一とならなければならなかった。更に精神の自由と自然法則とが両立し得ない結果、社会と自然とのカテゴリッシュな区別も不可能となった。

次章はこの基本的構造と特質とを前提としつつ、ルネッサンスの実践理論を検討する。

(1) これらの諸見解についての簡便な手引としては次のようなものがある。Ferguson, W. K., The Renaissance in Historical Thought: Five Centuries of Interpretation, 1948. Angeleri, C., Interpretazioni dell'Umanesimo e del Rinascimento Grande autologia, filosofica, vol. VI, Il pensiero della Rinascenza e della Riforma, 1964, pp. 91–270. 森田鉄郎『ルネッサンス期イタリア社会』一九六七年、第一部「ルネッサンスとはなにか」。

(2) そもそも中世との断絶を最も鮮かに描いたブルックハルトにおいて、正に哲学は自立的対象領域として確立せず、各個人の個々的反応の叙述の中に解消している。ルネッサンス哲学の研究史、研究傾向、現状については、Kristeller, P. O. & Randall, J. H., The Study of the Philosophies of the Renaissance — Journal of the History of Ideas, 1940, vol. I が適切である。以下の叙述では次の如き概説書を参考にした。Dilthey, W., Auffassung und Analyse des Menschen im 15. und 16. Jahrhundert — Gesammelte Schriften, II 所収、Cassirer, E., Individuum und Kosmos in der Philosophie der Renaissance, 1927. id., Das Erkenntnisproblem in der Philosophie und Wissenschaft der neueren Zeit, 1922, Bd. I. Ruggiero, G. de, Rinascimento, Riforma e Controriforma, 1930. Garin, E., L'Umanesimo italiano: Filosofia e vita civile nel Rinascimento, 1952. Saitta, G., Il pensiero italiano, I. L'Umanesimo, II, III. Il Rinascimento, 1961. Kristeller, P. O., Eight Philosophers of the Iialian Renaissance, 1964. Seidlmayer, M., Wege und Wandlungen des Humanismus, 1965. Buck, A., Die humanistische Tradition in der Romagna, 1968.

(3) ブルックハルトは次の如く述べている。

「中世においては意識の両面——外界に向かう面と人間自身の内部に向かう面——は一つの共通のヴェールの下で夢みているか、半ば目ざめている状態であった。そのヴェールは信仰と小児との偏執と妄想とから織りなされていた……。人間は自己を種族、国民、党派、団体、家族として、あるいはその他何らかの一般的な形を通してのみ認識していた。

イタリアで初めてこのヴェールが風の中で吹き払われる。国家及び一般に此岸の全ての事物の客観的考察と処理とが覚醒する。更にそれと併行して主観的なものも力一杯立ち上がる。人間が精神的個人となり、自己を個人として認識する。」——Burckhardt, J., Die Kultur der Renaissance in Italien, 2. Aufl., 1869, S. 104.

(4) 中世において humanitas は単に vita humana として、divinitas に対して有限性、肉体性を意味しており、あくまでも克服の対象であった。それが十四世紀から固有の倫理的価値を有する規範として再生した(Buck, A., Menschentum und Menschheit in der humanistischen Tradition Italiens vom 14. bis 18. Jahrhundert — Buck, op. cit., SS. 25–6)。

なお「ヒューマニズム」の発生基盤としては次の三つが考えられる。

(一)イタリア中世の dictator　これは ars dictaminis 即ち手紙を書くことについての理論、実践を教授する人間で、法王や君主、共和国の書記官として活躍した。当時公文書は一定のモデルに従って書くことを要求され、それは私的書簡についても要求された。その意味で dictator は社会的に重要な意味を持っていた。その後 ars arengandi 即ち演説術をも教えるに至ったが、折からコムーネ制の発展と対応して、その活動範囲は急速に拡大した。しかしその様式は古代的洗練さから全く乖離していた。

(二)フランスにおける古代研究　カロリンガ王朝以来、古代ラテン語を使用して、古代の散文、韻文の模倣が行なわれていた(十二—十三世紀まで)。しかしスコラ学の登場と共に没落し、研究の中心はイタリアへと移行した。

(三)ビザンチンのギリシャ研究の流入　十四世紀のイタリア人は大部分ギリシャ語を知らなかった。やがてコンスタンチノープルとの密接な関係が成立し、ギリシャ語の学習、更にはギリシャ文献の利用が容易になった。——Kristeller, op. cit., pp. 160–4 及び Kristeller, P. O., Renaissance Thought, I, 1961, pp. 120–3.

(5) 教育理念、方法については、Garin, E., Educazione umanistica in Italia, 1949. Buck, A., Die《Studia Humanitatis》 und ihre Methode — Bibliothèque d'Humanisme et Renaissance, 1959, XXI. Vasoli, C., Il problema dei rapporti tra filosofia e filologia — Grande autologia filosofica, vol. XI, Il pensiero della Rinascenza e della Riforma, 1964, pp. 1–164. Bertin, G. M., La pedagogia umanistica europea nei secoli XV e XVI — ibid., pp. 165–338 を見よ。なお第二章第二節、第四章第一節を参考にせよ。

(6) 中世においてもラテン語の文献はかなり知られていたが、この時代に至ってルクレティウス、タキトゥスが初めて知られ、キケロの『ブルトゥス』や書簡、演説も発見された。ギリシャ語の文献はコンスタンチノープルからの流入によって飛躍的に増大した。ホメロス、ソフォクレス、ヘロドトス、ツキュディデス、イソクラテス、プルタルコス、エピクロス、デモステネス、プロチノス、そしてプラトンの多くの著作が初めて西欧に登場した。その他自然学、医学などの文献も多数流入した。

(7) 具体的内容については、例えば Kristeller, P. O., Moral Thought of Renaissance Humanism — Renaissance Thought, II, 1965 所収、を見よ。詳細は第二章第二節で述べる。

(8) 第四章第一節で論ずる。

(9) このような「ヒューマニズム」解釈は決して一般的でない。本稿の解釈は、Kristeller, P. O., The Humanist Movement — Renaissance Thought, I 所収、id., Humanist Learning in the Italian Renaissance — Renaissance Thought, II 所収、id., Eight Philosophers, pp. 149-59. id., The Plaec of Classical Humanism in Renaissance Thought — Journal of the History of Ideas, 1945, IV などに基づく。

これに対して、Garin, L'Umanesimo italiano は「ヒューマニズム」=ルネッサンス哲学、という図式を採用している。しかし Kristeller の「ヒューマニズム」概念の開放性は、プラトン主義、アリストテレス主義等と連続し得る側面を持っており、Garin の「ヒューマニズム」もプラトン主義、アリストテレス主義を内包しており、実質的相違はあまり存在しない。これに対して Gentile, Saitta の解釈では「ヒューマニズム」に対置されるのが「ルネッサンス」である。蓋し、中世の超越主義に対立する内在主義が人間に適用されるのが「ヒューマニズム」であり、人間を一環として含む全自然に拡大される時「ルネッサンス」と呼ばれる(Gentile, G., Giordano Bruno e il pensiero del Rinascimento, 1920, pp. 243-4. Il pensiero italiano del Rinascimento, 1955, pp. 17-8)。また Weise は道徳理念の観点から「ヒューマニズム」と「ルネッサンス」とを全く対立的に把握する。即ち、「ヒューマニズム」においては人間の品位、偉大さが追求され、調和に基づいた徳の涵養が理念となり、この際古典古代が規範として妥当した。これに対して「ルネッサンス」は個人の解放の極限、即ち、あらゆる規範や道徳から離脱した「自然主義」の時代であり、「ヒューマニズム」から「ルネッサンス」の転換は十五世紀後半に訪れる(Weise, G., Der Humanismus und das Prinzip der klassischen Geisteshaltung — Bibliothèque d'Humanisme et Renaissance, 1954, XVI)。

(10) ペトラルカのプラトン讃美は、一方で不純化したアリストテレス主義(=スコラ学)、自然主義化したアリストテレス主義(=アヴェロエス主義)への反対、他方でアリストテレス自身への反論を通じて鮮明に出て来る。空疎な論理と自然研究とに全く埋没し、真のアリストテレスを知らずして、その名のみを盲目的に唱えるアリストテレス主義者に対して、彼は次の如く述べる。

「彼(=アリストテレス)が偉大な人間であったことを私は知っている。しかし私が述べて来た如く彼は人間であった。——Scio maximum, sed, ut dixi, hominem. 私は彼の著作から多くの事柄を学ぶことが出来ると考えている。しかし彼の著作の他にも多くの学ぶべきものがあると確信している。なぜならば、アリストテレスが書き、研究し、生まれる以前にある人々は多くの事柄を知っていたのは確実である。例えばホメロス……、ソクラテス、そして哲学の王たるプラトンがそうである。——De sui ipsius et multorum ignorantia. Martellotti, et al. (ed.), Prose, 1955(伊訳付き), p. 750 及び Cassirer, Kristeller, Randall (ed.), The Renaissance Philosophy of Man, 1948, p. 107.

こうしたアリストテレスの相対化を通じてペトラルカが求めたのは、人間の幸福と救済との問題への回答であった。このテーマを彼は論理学や自然研究と明確に対立させつつ追求した。その際、アリストテレスは信仰、不死について何等関心を払わないが故に全く寄与するところがない (Martellotti, et al. (ed.), p. 720. Cassirer, et al. (ed.), ibid., p. 75)。これに対してペトラルカが導き手としたのがキケロとアウグスチヌスとであり、そしてこの二人によって高く評価されたプラトンであった(ローマにおいてはアリストテレスよりもプラトンが圧倒的影響を持っていた)。

「プラトンはより偉大な人々によって賞讃され、アリストテレスは多くの群衆によって高く評価された。そして彼等(古代の哲学者及び教父)は『神の如きプラトン』『悪魔の如きアリストテレス』と呼んだ。」——Martellotti, et al. (ed.), p. 754. Cassirer, et al. (ed.), ibid., p. 111.

(11) この時代のプラトンの翻訳の状況については、Garin, E., Richerche sulle tradizione di Platone nella prima metà del sec. XV — Medioevo e Rinascimento. Studi in onore di Bruno Nardi, 1955, vol. I 所収を見よ。後の「プラトン・アカデミー」によるプラトン受容と、この初期における受容とのコントラストを提示したものとして、Garin, E., Donato Acciaiuoli cittadino fiorentino — Medioevo e Rinascimento, 1954 所収がある。

(12) フィレンツェにおいてこの転換は Umanesimo civile の没落を意味する。この転換を端的に示す著作がランディーノ Cristofolo Landino(1424–1504) の『カマルドゥルス人の論議 Disputationes Camaldulenses』(一四七五)であった(この著作の詳細は第四章第一節に譲る)。この中でランディーノは、活動的生活が人類に対して一時的貢献しかしないのに対して、哲学的思弁が永遠に貢献することを強調し、世俗的生活から脱して思索に没入することを勧説した。その結果 civis Cicero は piens Cicero に対して屈服し、人間の理想は洞窟に降りて行って悪戦苦闘する人間でもなければ、ポティデアの戦闘でアテネ人の範となったソクラテスでもなく、単に学識ある僧侶に近づいた(Garin, L'Umanesimo italiano, pp. 100–5. Baron, H., Das Erwachen des historischen Denkens im Humanismus des Quattrocento — Historische Zeitschrift, 1932, XLVII)。

(13) プレトンの哲学及びそこで発生したプラトン、アリストテレス優劣論争の内容については、Ruggiero, op. cit., pp. 117–25. Garin, L'Umanesimo italiano, pp. 97–100. Cassirer, Erkenntnisproblem, SS. 82–3 に譲る。その他にフィレンツェのプラトン主義に重要な影響を与えたと考えられるのは、クサヌス Nicolaus Cusanus (1401–64)である。彼については Cassirer の二つの著作に卓抜な分析がみられる。

(14) この間の事情については、Della Torre, Storia della Accademia Platonica, 1902, cap. III, § 1 を参照せよ。

(15) これは厳格な組織ではなく、フィチーノを中心に広汎な問題について自由な会話、演説を通して議論するサークルである。その構成員及び具体的活動については、Della Torre, ibid., cap. V, § IV, V を見よ。

(16) 特に「愛」の問題は重要である(Garin, L'Umanesimo italiano, pp. 138–48)。

(17) フィチーノについての研究書としては、Kristeller, P. O., Il pensiero filosofico di Marsilio Ficino, 1953(この英語版は一九四三年に出版されており、イタリア語版はそれを増補したものである。英語版に対する Cassirer, E., Ficino's place in intellectual philosophy — Journal of the History of Ideas, 1945, VI は非常に秀れた書評である)が最も包括的である。
本稿では資料と時間の関係上、参照した原典は次のものに限られている。Cassirer, et al. (ed.), op. cit. 所収の論文。Garin, E. (ed.), Prosatori latini del Quattrocento, 1952 所収の論文、Journal of the History of Ideas, 1944, V 所収の Theologia Platonica の部分訳。

(18) 認識論と「霊魂不滅」の持つ意味との関係を極めて鋭く指摘したのは、Cassirer, Erkenntnisproblem, SS. 89–90 である。

(19) この問題は感覚から知性への上昇としても説明出来る。感覚が一時性と動揺とに対応するのに対して、知性は永遠と不変とに対応する。従って感覚から知性への上昇という運動は運動自体を止揚するための運動と言い得る(Cassirer, et al. (ed.), op. cit., pp. 198–9. Kristeller, Il pensiero, pp. 218–45)。しかしこの図式は何もフィチーノに独特なものではなく、実はギリシャ哲学以来の基本的発想である。プラトンの『パイドン』に典型的に現われる如く、感覚への従属は「万物の流転」をもたらし、真理、善の基準をおよそ不可能たらしめる。従って人間認識の確実性と人間存在の意味付けとは、正に感覚的相対性の世界から切断された客観的、究極的存在への到達によってのみ可能となる。このような思考様式の下では人間の諸能力が存在論的ヒエラルヒーへと転化する。

(20) 「確かに各々の物の原因を求め、原因の原因を求めるのが我々の知性の自然的な性格である。そのため、原因の原因たる原因を発見するまでは、我々の知性は決して休むことをしない。この原因こそ他ならぬ無限の神である。……人間(の知性と意志と)は無限の真理と善とにおいてのみ安らぎを見出し、無限それ自体のみを目的とする。」——Cassirer, et al. (ed.), op. cit. p. 201.

この上昇の詳細については、Kristeller, Il pensiero, pp. 246–73.

(21) この理論はプラトンの「想起説」と比較検討されなければならない。この理論については、Kristeller, ibid., pp. 180–212. id., The Theory of Immortality in Marsilio Ficino — Journal of the History of Ideas, 1940, vol. I.

この理論によって人間の地上生活における「異邦人」としての性格が鮮かに現われると共に、所謂「自然宗教」への傾向が顕在化する(Kristeller, Il pensiero, p. 367. The Theory. p. 310)。この傾向は既にクサヌスに見られるが(Cassirer, Erkenntnisproblem, S. 61. Individuum und Kosmos, S. 32. Seidlmayer, „Una religio in rituum varietate". Zur Religionsauffassung des Nikolaus von Cues — Seidlmayer, op. cit., SS. 215–70)、フィチーノにおいてはキリスト教の相対化がより進行し、アウグスチヌス流の Extra ecclesiam nulla salus という論理は放棄され、普遍宗教 religio communis(これを基礎づけるのがフィチーノにおいてはプラトン主義の哲学、即ち、「敬虔哲学 pia filosofia」である)を基礎に、各種の神話、宗教はその具体的顕現現象として評価される。かくしてピタゴラス、オルフェウス、ゾロアスター、ヘルメス、などの古代の神話、秘儀はユダヤ教、キリスト教と同じ権利根拠を与えられ、所謂「信仰の平和 pax fidei」「哲学の平和 pax filosofica」が説かれる。この意味で寛容理論の一つの原型を作っている(Kristeller, Il pensiero, pp. 16–20. この点についてはピコ参照)。更に歴史的コンテクストにおいては、アヴェロエス主義、アレクサンドロス主義の霊魂不滅問題についての見解への根本的反対を企図していると言い得る(Kristeller, Il pensiero, p. 377. The Theory, p. 317. Saitta, L'Umanesimo, p. 524)。また appetitus naturalis の理論は当然恩寵の地位の弱化を招かざるを得ない(Saitta, ibid., p. 529)。勿論かかる結果はフィチーノに至って初めて生じたのでなく、『プロメティウス神話』の解釈に見られる如く、ヒューマニストの中にその淵源を有している(第二章第一節(15)(16)参照)。

(22) Cassirer, Erkenntnisproblem, SS. 94–6. 存在論的枠組に認識が封じ込められることによって、誤りは仮象となる(Kristeller, Il pensiero, pp. 40–51. Saitta, op. cit., pp. 566–7)。

(23) 勿論フィチーノにおいてこの担保を前提とした上で、表見的には人間の認識の自立性が確立する(Cassirer, Erkenntnisproblem, SS. 89–94)。

(24) 宇宙論の詳細は他に譲る(Kristeller, Il pensiero, pp. 66–87)。一言で言えばこの階層は一と他とによって、即ち、unum—unum multa—unum et multa—multa et unum—multa という各特質によって規定されている。しかしこの構造のみでは人間の霊魂の地位は中世新プラトン主義の如く単に経過的段階と考えられる。ところがフィチーノの場合、人間が神と合一することによって全存在への展望を持つ以上、人間の中間的地位は中心的地位への展開の可能性を内包している。この二つの地位の表見的矛盾は実は神概念の二重性に反映している(即ち、全存在を内包する神＝中心的存在と、存在の序列において最高の存在たる神と)。

(25) 肉体と霊魂との関係は神への上昇の論理のみを考慮する限り、単に否定的にのみ把握される。しかしそれを一旦経過した後には霊魂の優位の下に肉体の復権が行なわれる(Cassirer, et al.(ed.), op. cit., p. 211)。肉体と霊魂との結合関係は霊魂が不可分の全体として肉体全体に存在するという形で成立している。この場合、霊魂は肉体という分割可能なものに入ることによって外観上分割可能な性格を提示しつつも、その存在はあくまで自立的であり、その活動は常に自由である。かくして死滅すべきものに浸透しつつも不滅であり、肉体を支配しつつ神的なものに従う、という二面性を持っている(Theologia Platonica — Journal of the History of Ideas, 1944, vol. V, pp. 229–31)。

(26) フィチーノにおいて全存在を包括する結合原理は「愛」であり、神と世界とは相互に愛し合っている(所謂 appetitus naturalis はこの原理の一環にすぎない)。この相互反射関係を中心に考える時神の超越性は消滅し、世界霊魂の支配が顕現する。従って当然「魔術」への方向が開かれる(Saitta, op. cit., p. 538)。

(27) 所謂ミクロコスモス論である(Cfr. Theologia Platonica, op. cit., pp. 236–7)。

(28) Theologia Platonica, ibid., pp. 232–5. 従ってフィチーノの場合単に禁欲主義的とは言い得ない。

(29) 「それ(＝人間の霊魂)はそれ自身宇宙の絆であるから、あるものに変形しつつも他のものを看過せず、個物に入り込みつつも同時に全ての事物を保持する。それ故まさに、自然の中心、全存在の中点、世界の鎖、全てのものの顔、宇宙の結び目であり、絆であると呼ぶことが出来る。」――Theologia Platonica, ibid., p. 231.

(30) ここでは「九百命題」への序文として付加された。有名な『人間の尊厳についての演説 Oratio de dignitate hominis』を中心に論ずる。

テキストとしては、Garin, E.(ed.), Pico della Mirandola, G., De dignitate hominis, Heptaplus, De ente et uno e Scritti varia, 1942 (伊訳付きのため、引用のページに不都合が起る)。Cassirer, et al.(ed.), The Renaissance Philosophy of Man, 1948 所収の英訳を用いる。

ピコについて参照したモノグラフィーは次の二点である。Cassirer, E., Giovanni Pico della Mirandola — Journal of the History of Ideas, 1942, vol. III. Garin, E., Giovanni Pico della Mirandola, 1963.

(31) 神は次の如く述べた。

「アダムよ、我々はお前に何等一定した居所も独特な性質も、特殊な機能も与えなかった。それはお前が自分の欲求と判断とによって、自分の欲する居所、性格、機能を得るためである。他の全存在の自然は我々が設定した法則の範囲内に制約、限定されている。しかしお前だけは如何なる制限によっても拘束されない。我々がお前に与えた自由意志に従って自分の自然を自分に対して設定すべきである。世界の中にある全ての物を容易に観察出来るように我々はお前を世界の中心に据えた。我々はお前を天上的でも地上的でもない、また可死的でも不滅的でもない、存在として作った。それはお前が自分自身の創造者、形成者として、自分の選択の自由と名誉とによって、自分で好むような形に自分を合致させるためである。お前は動物的な低い生活様式に落ち込む力を持っている。お前は自分の魂の判断によって高尚な、より高い生活様式に再生することも出来る。」

――Garin(ed.), ibid., p. 104, p. 106. Cassirer, et al.(ed.), ibid., pp. 224-5.

(32) ピコは人間が神に近づくことも可能であるということを述べた後で、次の如く語る。「我々はむしろ預言者アサフの言葉『汝は天使なり、非常に貴きものの子なり』が適用されるように努めるべきである。それ故、我々は父の寛大さを濫用してその贈物たる選択の自由を有益なものたらしめる代りに有害なものたらしめないようにしよう。高貴な欲求をして我々の魂を動かさしめよう、そうすれば平凡なものに満足せずに我々は非常に高きものを喘ぎながら求め、全力を尽してそれを獲得するように努力するだろう……。この世のものを軽蔑して世界の彼方にある至高の神に近い宮殿へと急ごう。」――Garin(ed.), ibid., p. 110. Cassirer, et al.(ed.), ibid., p. 227.

(33)　天使の生活を知りこれを堅固な意志をもって模倣する限り、人間は天使の後塵を拝するものではない(Garin(ed.), ibid., p. 110. Cassirer, et al.(ed.), p. ibid., 227)。天使の生活とは次の如き生活を意味する。

「我々は地上においてケルビムのような生活を心がけ、道徳哲学によって情念の激動を抑え、弁証法によって理性から迷霧を追い払い、無知と悪徳との穢を洗い流すことによって我々の魂を清らかにするように努めよう。そうすれば情念は盲目的に荒れ狂わず、理性は無知によって堕落することはないだろう。」――Garin(ed.), ibid., p. 112, p. 114. Cassirer, et al.(ed.), ibid., p. 229.

(34)　フィチーノの appetitus naturalis の理論と比較せよ。神への方向が自然秩序的に担保されないために、却って人間の自己創造性が強調される(Cassirer, Pico della Mirandola, p. 322)。そして恩寵に対する彼の態度は必ずしも一定しないが(Saitta, op. cit., p. 509)、ペラギウス的発想であることは確実である(Cassirer, Pico, pp. 329–30)。

(35)　ピコによれば「魔術」には二種類あり、一方は全く悪魔の力と作用とに基づく反自然的なものであり、他方は自然哲学の最高の完成としての性格を持つ。前者はキリスト教を初め、あらゆる立法及び国家によって弾劾されたものであり(欺瞞的且つ浅薄)、後者は賢人によって是認され且つ天国や神的なものに至ろうとする諸民族によって愛されている(哲学より神聖)。従って前者は人間を神から離反させ、人間を神の敵に渡すものであり、後者は人間を創造主の作品に対する驚異へと導き、そこから慈愛、信仰、希望を生み出すものである(Garin(ed.), op. cit., p. 148, 150, 152, 154. Cassirer, et al.(ed.), op. cit., pp. 246–9)。

(36)　ピコはアリストテレス、カバラ、アラビアの哲学などを新しく付加した(Kristeller, Eight Philosophers, p. 161)。彼が博学多識のあるのはこの「哲学の平和」の理念に結合している。その広汎な学究の過程については Garin, Pico を参照せよ。

(37)　Cassirer, Pico, p. 323 及び Saitta, op. cit., pp. 595–6 はピコの中に時間概念の相対化を見ているが、この時代の時間、歴史概念からすれば何等独自な見解ではない。むしろ一つの学説の絶対化に対するピコの反対こそが意味あるものであり、時間は単にそれに付随するにすぎない。この学説の相対化(これは懐疑主義とも結びつき得る)を通じて哲学史への展望が開ける。そしてこの時代に最初の哲学史を書いたのは他ならぬピコの甥にして懐疑主義者たる Francesco Pico(1469–1533)であった。

(38)　Cassirer, ibid., pp. 338–41. Saitta, ibid., pp. 597–8, pp. 616–8.

(39)　単に所与たる自然と自由な人間との混同の上に成立するものとしての占星術。この批判の根拠は何よりも「人間の尊厳」

であり、そこから副産物として経験的自然学が出て来る(Cassirer, ibid., pp. 143–4. Saitta, ibid., pp. 628–34. Cassirer, Individuum und Kosmos, SS. 121–6)。占星術の意味については第二章第一節を見よ。

(40) Cassirer, Erkenntnisproblem, S. 98. Kristeller, Renaissance Thought, I, pp. 24–5.

更にこの時代のプラトン主義とアリストテレス主義との共通項を抽出しつつ、この名称の存在意味を改めて問い直したものとして、Garin, E., Aristotelismo e Platonismo del Rinascimento — Rinascita, 1939, II がある。

(41) パドヴァのアヴェロエス主義についての詳細は、Troilo, E., Averroismo e Aristotelismo padovano, 1939. Nardi, B., Saggi sull'Aristotelismo padovano dal secolo XIV al XVI, 1958. Kristeller, P. O., La tradizione aristotelica nel Rinascimento, 1962 などに譲る。

ここでは行論の必要上、所謂アヴェロエス主義について若干言及しておきたい。

アヴェロエス主義は二重真理説と超越的知性(＝活動的知性 intellectus agens)の数量的統一とによって特徴づけられる。二重真理説は自然的、理性的認識を神学の論理から解放することによって、自然現象の自立的研究への道を開いた(この時代のパドヴァの科学論については、Randall, J. H., The Development of Scientific Method in the School of Padua — Journal of the History of Ideas, 1940, vol. I を見よ)。しかしアヴェロエス主義自身は世界の永遠性(創造説に対立)を中核とする形而上学であり、従って経験的自然研究へのイムパクトはその思想内容よりも概念形式、理論的枠組の産物であった(Cassirer, Pico, pp. 135–6)。他方「活動的知性」は個々人から独立した一個の実体として存在する。それ故、単に肉体とそこから発生した感覚、想像(＝受動的知性 intellectus passivus)との複合体たる人間は、この「活動的知性」と存在的ではなく機能的にのみ関わり得、この関わりによってのみ真理認識を獲得出来る。人間に「可能的知性 intellectus possibilis」が認められるとしても、「活動的知性」が数量的に一つであることによって、それへの参与は実は肉体的存在としての個人の否定の上にのみ成立し得、従って認識はこの独立、一個の知性の自己認識に他ならない(Cassirer, et al.(ed.), op. cit., pp. 260–5)。かくして個人は死滅し、「活動的知性」のみが不滅である。このような学説に対して「個人の霊魂不滅」というキリスト教の立場から批判が行なわれたのは当然であった。中世では特にトマスの批判が有名である(De unitate intellectus contra Averroistas. Summa theologiae par. 1 qu. 76 art. 2. Contra Gentiles par. II など。Cfr. Cassirer, Individuum und Kosmos, SS. 134–5)。またダンテもアヴェロエスを批判し(Purgatorio, XXV, 61–66)、地獄に落した(Inferno, IV, 142–4)。

ペトラルカはアヴェロエス主義者が自然研究に完全に没入し、人間の幸福や霊魂の問題に考慮を払わない点を指摘しつつ、次の如く批判する。(10)参照。

「彼等(アヴェロエス主義者)は野獣とか、魚とか、鳥とかについては多くの事柄を知っている。……しかし仮りにそれらの知識が真実であったとしても、幸福な生活とどんな関係があるだろうか。私は疑問と感じざるを得ない。もし我々が人間の本質を知らず、なぜ我々は生まれたか、何処から来て何処へ行くのか、という事に何の関心も持たず、獣や魚や蛇の性質を知ったとて、それは一体何のためになるだろうか。」——De sui ipsius et multorum ignorantia. Cassirer, et al.(ed.), op. cit., pp. 57–9. Martellotti, et al.(ed.), ibid., p. 712, p. 714. Cfr. Buck, Die humanistische Polemik gegen die Naturwissenschaft — Buck, op. cit., SS. 150–65.

なおアリストテレスとの関連で考えた場合、アヴェロエス主義はアリストテレスの個物主義、感覚主義的側面とイデア論的側面との二元主義(アリストテレスにおいては段階的発展論がこの二つを媒介する)のプラトン的解釈と、認識主体の能力(=知性)の客体化の極限形態との結合と言い得る(Cassirer, Erkenntnisproblem, SS. 98–105. Individuum und Kosmos, SS. 131–4)。(19)を参照。

(42) この受容の相違は大学の構造に基づく。北イタリアの大学では法学と医学とが中核であり、神学は独立の学部を形成していない。そのためアリストテレス受容の際にも、論理学と自然学とは神学との関係においてではなく、医学への前段階として考えられた(Kristeller, Renaissance Thought, I, pp. 36–7)。

(43) 「ヒューマニスト」によるアリストテレスの新しい翻訳については、Garin, E., Le traduzioni umanistiche di Aristotele nel secolo XV — Atti e memorie dell'Accademia Fiorentina di scienze morali "La Colombaria", 1947–50, vol. XVI を見よ。

(44) フィレンツェのヒューマニストはキケロを修辞学の師と仰ぎ、アリストテレスを倫理学の師とした。この二つの要素の結合が「国家生活 vita civile」を成立せしめており、政治と道徳とは一致している。かくしてアリストテレスは「国家論」の師となり、自然学者としてのアリストテレスは無視される(Garin, La fortuna dell'etica aristotelica nel Quattrocento — La cultura filosofica del Rinascimento italiano, 1961, pp. 60–71)。

(45) ニコラウス・クサヌス、及び「プラトン・アカデミー」によるアヴェロエス主義批判は、「活動的知性」の閉鎖性に向けられ、個人の回復を目的とする(Cassirer, Individuum und Kosmos, SS. 135–41)。この復権という点に関して言えばポムポナッツィも同じ志向を持っている。勿論フィチーノの超自然主義、形而上学に対して、ポムポナッツィの自然主義、心理学という方向の相違は存在するが。

(46) これはギリシャのアリストテレス註釈家アレクサンドロスの解釈に基づいて成立したもので、十五世紀末から十六世紀に広汎に普及した。彼の学説はアヴェロエスの「活動的知性」の超越性を否定し、その意味でより自然主義的、生物学的発想を持つものと観念されていた。それ故パドヴァの哲学者達はその中に感覚主義的知性否定論を観取し、認識の真理根拠の壊滅を恐れ(アヴェロエス主義が個性を否定しつつも、認識の真理根拠を確固として保持しているのと対極をなすから)、抵抗を示した。しかしやがてポムポナッツィやザバレラはアレクサンドロスの中に知性の独自な機能、永遠なものへの志向が存在していることを認めるようになった(Randall, J. H., The School of Padua and the Emergence of Modern Science, 1961, pp. 84–6)。

(47) この論争については、Garin, L'Umanesimo italiano, pp. 156–70. Saitta, II. Il Rinascimento, pp. 339–463. Ruggiero, op. cit., pp. 310–11 を見よ。

(48) De immortalitate animae — Cassirer, et al.(ed.), op. cit., pp. 286–96. これによって知性の数量的統一性を否定しつつも、肉体に対して外在的な操作者としての知性を、肉体の数だけ考える説も批判される。蓋し、「考える自分」と「感ずる自分」とを区別するのは如何にして可能か(ibid., p. 298)。

(49) ポムポナッツィはトマスの見解を次のように整理している。

一、知的、感覚的なものは人間において同時に存在する。

二、霊魂は真にそして無条件に不滅であり、相対的に可死的である。

三、そのような霊魂は人間の形相であり、単にそれ(=肉体)を動かすものではない。

四、そのような霊魂は個人の数だけ存在する。

五、この種の霊魂は肉体と共に存在し始めるが、それは外から神によってのみ、即ち生殖によってではなく創造によってのみ産出される。それ故肉体と共に死滅せず、その(創造の)時より永遠である。——Cassirer, et al.(ed.), ibid., p. 300.

(50) ここでは第二命題の反論に重点がおかれる。第五命題については「自然の限界」を考慮に入れながらも、アリストテレスとトマスとの神観の相違を鋭く意識しつつ、トマスを批判する。何よりもまず「世界の永遠」説と「創造」説との対決、神の世界への秩序的介入と直接介入（奇蹟！）との対立などが、争点として明確に自覚されている（Cassirer, et al.(ed.), ibid., pp. 311–3)。

(51) Cassirer, et al.(ed.), ibid., pp. 315–9.

宇宙には三つの存在がある。即ち肉体に全く依存しない永遠の存在、全く肉体に依存している可死的存在（動物）、中間としての人間(ibid., pp. 327–8)。

ポムポナッツィの宇宙論における人間の中間性とフィチーノの人間の中心性とを比較したものとして、Kristeller, P. O., Ficino and Pomponazzi on the Place of Man in the Universe — Journal of the History of Ideas, 1944, vol. V. 後に Renaissance Thought, II に所収、がある。

(52) 人間は知性によって真理に到達出来る限りにおいて不滅的であるが、この不滅性は肉体的感覚なくして成立し得ない。その意味で人間の霊魂は絶対的可死、相対的不滅と呼ばれざるを得ない。

(53) Cassirer, et al. (ed.), op. cit., p. 320.

(54) Cassirer, et al. (ed.), ibid., pp. 330–3. (50)の存在の序列は同時に認識能力の序列である。

(55) 「純粋知性の痕跡、影としての人間知性」(Cassirer, et al.(ed.), ibid., p. 322)という表現に端的に現われる。

(56) しかしながら、それが人間の個性の回復（アヴェロエス主義に対して）であることは否定出来ない。(44)参照。

(57) 今や徳 virtus 自身への自己目的的献身が主張される。なぜなら人間の徳、悪徳に対する外的報復は報復として非本質的なものに過ぎず、最大の報復は自己自身の良心の中にのみ存在し得る以上、彼岸の存否は行為の善悪に対するサンクションとしての意味を持たない(Cassirer, et al.(ed.), op. cit., pp. 359–63)。

(58) 人間にとって「純粋知性」の体現者たることは不可能であり、また単に動物的な生産的知性に埋没することも許されない。それ故、正に人類の共通善を基準とする善、悪に従って行動することが人間の使命となる(Cassirer, et al.(ed.), ibid., pp. 350–9)。

(59) Cassirer, et al.(ed.), ibid., pp. 377–81.

ポムポナッツィにおける二重真理説の解釈は三つに分れている。一つは信仰への言及は全くの lip service であり、自然的理性と哲学との絶対性がその真意であるという解釈であり、第二の解釈は中世の所謂アヴェロエス主義者と同様、人間知性の信仰に対する屈服が最終的に生じたとし、第三の解釈は理性と信仰との激しい対立を認識しつつも、敢てそのディレンマを解決しようとしなかったと解している(Pine, M., Pomponnazzi and the Problem of "Double Truth" — Journal of the History of Ideas, 1968, XXIX を見よ。第1の解釈の例としては Saitta, II. Il Rinascimento, pp. 295–6. 第三の解釈の例としては Kristeller, Eight Philosophers, pp. 84–90 が挙げられる)。

(60) Cassirer, E., Individuum und Kosmos, SS. 151–3. ペトラルカにおける自我と自然との関係を象徴的に示すものとして、ヴァントゥ山頂での体験がある(Cassirer, et al.(ed.), op. cit., pp. 44–6)。

(61) この過程の詳細については次の著作を参照せよ。Hess, H., Die Naturanschauung der Renaissance in Italien, 1924, SS 20–43. ここから自然と人間の自由との関係を如何に考えるかという深刻な問題が発生する。特に占星術と自由との対抗関係、及び運命の問題が鋭く自覚されざるを得ない。

(62) Hess は十五世紀における自然の個別的讃美とこの自然哲学とを区別し、その相違を解明している(ibid., SS. 78–9)。そしてこの二つの時期の間に、自然からの人間の逃避、即自的な自然讃美の消滅という特質を持つ時期として、ボッチチェッリの絵画に代表される「プラトン・アカデミー」の自然観を考えている。この観点からフィチーノとピコとの中世的性格が強調される(ibid., SS. 62–5)。なお自然哲学の一般的特質については、Cassirer, E., Erkenntnisproblem, SS. 205–25 を参照せよ。

(63) 後述する如く、この態度は自然への人間の没入、主体の客体化(それは客体の主体化を当然招来するのだが)を内包している。そしてルネッサンスの自然学には、このような立場と数学を道具として自然の論理的再構成を行なう立場という二つの潮流が存在している(Cassirer, Individuum und Kosmos, SS. 57–9)。この後者を代表するガリレオ的自然学が、自然に対する態度、認識主体と客体との関係、認識の真理根拠などの点において新しい展開への志向を内包していたことは、カッシーラーによって鮮かに分析されている(Erkenntnisproblem, Kap. II, Die Entstehung der exakten Wissenschaft. id., Individuum und Kosmos, SS. 161–83)。これに対して自然哲学における「自然」の概念は、近代自然学との対比で改めて問題とされなければならない。

(64) この他に彼の反アリストテレス論において注目すべき点としては、「時間」と「空間」とを物体の存在や運動によって規定するというアリストテレスの論理から解放し、真空の肯定と「時間」「空間」概念のニュートン化への道を開拓したことが挙げられよう(Cassirer, Erkenntnisproblem, SS. 258–60. Kristeller, Eight Philosophers, pp. 103–4)。

(65)　一種の「接触説」である。触覚から全ての認識が発生する以上、例えば視覚の場合には光を通してのみ接触が可能となるが故に、光の理論がまず登場せざるを得ない(Cassirer, ibid., SS. 236–7. Saitta, III. Il Rinascimento, pp. 50–1)。

(66)　Cassirer, ibid., S. 242. この問題はカムパネッラにおいてより具体的に展開される。

(67)　感覚は霊魂と正に一体であるが故に、最も確実な認識をもたらすことが出来る。そして人間の判断機能はこのような感覚の記憶に基づき新しい感覚を整除することに限定され、知性は直観的感覚から離脱する性格を具有するために常に誤謬と不完全な認識との源泉とならざるを得ない(Cassirer, ibid., SS. 234–5. Saitta, III. Il Rinascimento, pp. 53–4. Kristeller, Eight Philosophers, p. 100)。数学も感覚主義的に基礎づけられる(Cassirer, ibid., SS. 237–8. Saitta, ibid., pp. 54–6)。彼の霊魂は動植物と共通な可死的、物質的性格を具有するが、同時に彼はこの霊魂と全く断絶した形で神によって吹き込まれた、人間に特有の不滅、神聖な「知性」を考えている。そしてこの二つはその機能の対象と方式とにおいて全く異なっている(Saitta, ibid., pp. 61–2. Ruggiero, op. cit., pp. 423–4. Kristeller, ibid., pp. 100–1)。

(68)　Saitta, ibid., p. 145. Ruggiero, ibid., pp. 420–1. Kristeller, ibid., p. 105.

(69)　Cassirer, Erkenntnisproblem, SS. 235–7.

(70)　彼の霊魂は快苦の客観的原理の伝達をも担っている。従って彼の快楽主義は霊魂を媒介にして客観的秩序へと収斂され、秩序自体がそもそも問題化しない(Saitta, ibid., pp. 64–7. Ruggiero, ibid., pp. 422–3)。この点マキアヴェッリと比較せよ(第二章第二節参照)。

(71)　Cassirer, Erkenntnisproblem, S. 241. Saitta, ibid., p. 249. Ruggiero, ibid., p. 542.

(72)　テレジオと同様である。(67)参照。

(73)　「各人は特有の哲学を持っているため、物によって感覚的に異なった形で規定されるだろう」という表現に典型的に示されている如く、懐疑主義は認識主観の特質による認識内容の多様化を主張するという形で、テレジオ的な認識理論を破壊した。それ故、この個人的制約を超越するより高い意識への要求が切実とならざるを得ない(Cassirer, Erkenntnisproblem, SS. 245–7)。

(74)　Cassirer, ibid., SS. 247–9.

(75) ここでは汎神論と流出論とによって、「世界霊魂」の支配が自然哲学に典型的な形で出現している(Ruggiero, op. cit., pp. 553-5. Saitta, III. Il Rinascimento, pp. 233-8, pp. 254-8)。この調和的世界の論理を把握し、操作するのが魔術師である。魔術師は神に最も緊密に合一しているが故に人間の理想となる(Ruggiero, ibid., pp. 547-53)。

(76) Cassirer, Erkenntnisproblem, S. 249 から引用。

(77) 形式的にのみ存在と認識とは区別され、実在的基本的には同一である。――realiter ergo et fundamentaliter cognoscere et esse : formaliter vero distinguitur(Cassirer, ibid., S. 250 から引用)。

(78) Cassirer, ibid., SS. 251-2.

(79) Ruggiero, op. cit., pp. 245-7. Saitta, III. Il Rinascimento, pp. 245-5. 今や外的事物は知的直観の発動の機会原因であるに過ぎず、認識の真の源泉は精神の認識能力にのみ求められる。こうして今や知性は単に「不完全な感覚」という地位から終局的に解放されることになる(Cassirer, ibid., SS. 252-3)。

(80) 典型的なのは数学の感覚論的基礎づけとプラトン的イデア論的基礎づけとの並存である(Cassirer, ibid., SS. 254-6)。

(81) この傾向については、Cassirer, Individuum und Kosmos, SS. 67-76, SS. 98-103 及び第二章を参照せよ。

(82) この英雄主義的側面はジョルダーノ・ブルーノに典型的に見られる(Garin, L'Umanesimo italiano, pp. 243-5. Gentile, G., Giordano Bruno e il pensiero del Rinascimento, pp. 57-62)。

(83) Cassirer, Individuum und Kosmos, SS. 149-50.

(84) 魔術の繁栄の具体的内容については、Ruggiero, op. cit., pp. 179-93. Garin, E., Considerazioni sulla magia — Medioevo e Rinascimento 所収、を見よ。

(85) この結合関係を最も鋭く指摘したのは Garin である(Magia ed astrologia nella cultura del Rinascimento — Medioevo e Rinascimento 所収)。

(86) ポムポナッツィによれば、全ての出来事は星の支配の下に起る。宗教の発生及び滅亡もこの法則を免れ得ない。従ってキリスト教の滅亡も星の運動から計算可能である(Saitta, II. Il Rinascimento, pp. 311-38)。

(87) これは regnum naturae 内部での一種の自己闘争としての性格を持ち、ルネッサンス哲学の構造をもってしては、論理的に根本的な解決は不可能な問題であったのである(Cassirer, Individuum und Kosmos, SS. 106-7)。

第二章　マキアヴェッリの哲学

第一節　運命と自由

前章においてルネッサンス哲学の認識論的構造の下での「自由」「必然」概念の特質について若干言及したが、ここではこのルネッサンス的「自由」「必然」概念を前提としつつ、マキアヴェッリの「自由」論の哲学的性格を検討したい。それにはまず魔術師的「完全自由」論と占星術的「完全必然」論とに対して、「運命 fortuna」対「自由」という図式の持つ意味が解明されなければならない。このような作業を前提することによって、マキアヴェッリにおける「運命」対「自由」というシェーマの具体的内容が確定され得るのである。

一　前史とその意味

論理的観点からすれば「運命」対「自由」という図式は、「完全自由」論と「完全必然」論との中間形態であり、歴史的に考察すればこの図式は中世キリスト教との対決の中で発生した「完全自由」論の先駆的存在である(先駆的であって完全に哲学的に同じ意味を持つものではない)。そこでまず中世キリスト教哲学と「運命」対「自由」という図式との連続面と断絶面とを「運命」概念の展開を中心に分析し、次にルネッサンス的「自由」「必然」論に対してこの図式が占める独自の地位を確定したい。

「運命」の問題は既にギリシャの諸哲学に現われ[1]、特にストア哲学においては中心問題であった[2]。そしてキリスト教はストア哲学において神と同義に化していた「運命」を超越的人格神の意志の下に把握し直し、それまでの「運命」論に付纏っていた単なる力としての性格を有意味なものに転換させた[3]。トマス[4]は「運命」を「神の摂理 providentia divina」[5]に還元し、「運命」を全く「上位の因 causa superior」に還元しないキケロの主張[6]と、「星々の構成 dispositio siderum」という「上位の因」に還元する占星術[7]とに反対した。彼においては、「神の摂理」は「中間因 causae mediae」を通じて実現され、この「中間因」において考察される限り「摂理」は「運命」として表象されるにすぎない。かくして一方で被造物において「運命」と表象されたものは「摂理」に従属するが故に「条件的必然 conditionata necessitas」と考えられ[8]（蓋し、「神が予知するならば」という条件を持つ）、他方それ自身において考察される限り、偶然的可動的なものと判断される[9]。従ってトマスの場合、「運命」の偶然性と浮動性とは究極的に「摂理」に収斂され、それ故永遠の救済を求める人間にとって「運命」との激烈な対立・闘争は本質的に問題となり得ず、人間の活動と「運命」とはコスモスの中で調和する。また、ダンテの場合、「運命」は神が地上の事物を司る使命を与えた存在と考えられている[10]。神は人間がこの「運命」によって地上的情念の空しさを知り、それへの執着から解放され、自己の浄化を行なうことを期待する[11]。従って「運命」は人間にとって単に無意味な、外在的なゲヴァルトとは表象されず、「運命」と人間とは常に全被造物を慮る神の意志の下に和解する[12]。

しかしペトラルカ[13]やボッカッチョ[14]に至って人間の活動と調和した「運命」観は崩壊し始めた。この崩壊は次の如き思想の展開を前提としている。即ち、前章で考察された如く思想内容の世俗化が進行し、「アダム神話」に対する「プロメティウス神話」の優位が確立し[15]、超越的人格神は今や世界に内在化しつつ人間に近づき、人間は逆に世俗的秩序を直接的に神化して自己の手に担い、神の義認の下にその自然的能力を用いて創造的活動を開始した[16]。今や人間的なるものこそ神的であり(「神の自然化」!)、人間と神との関係はここに一変した。このような地上的価値の高揚はダンテの述べる如き地上の支配者としての「運命」と真正面から衝突せざるを得ない。そして人間の神への接近というオプティミズムにもかかわらず、人間の実践的能力が神の如く全能たり得ないことが極めて明白であるが故に、人間と神との断絶が「運命」として出現する。この断絶はルネッサンス哲学の論理構造を前提とする限り魔術師という形においてのみ解消可能であったが、常に一個の肉体的存在として自力でその理念の実現を企図する活動的生活においては、「運命」の実践的(思弁的ではない)克服のみが最高の理念となる。かくして全体的存在としての神を分有する「自由」と「運命」とは、「自然の王国」の内部で絶望的な自己闘争を不断に行なわざるを得ない。ここに二つの方向が示される。即ち、この闘争で「運命」に屈服して「自由」を「内面」へと退行させ、現実世界における「運命」の支配を容認し、ストア的な「内」「外」の論理に接近する立場と、徹底的闘争による「運命」の実践的克服、ルネッサンス的な人間の神化を現実化しようとする立場とが発生する。

前者の如き「運命」観の代表者としてはポンターノ Giovanni Pontano(一四二六—一五〇三)が挙げられる。彼においては「幸福 felicitas」は「徳 virtus」とそれに基づく行動とにのみ存在し、情念を抑制し、「理性 ratio」に従う「善き魂 bona anima」が人間の理想となる。[17] この内的な善に対して「運命」に支配される外的な善は本来的に人間の能力によるコントロールが不可能であり、[18] 従って政治的幸福 civilis (politica) felicitas に全生活を集中させる生活態度は人間を幸福から疎外する。[19] 蓋し、自然の衝動としての「運命」[20] は我々の想像を絶した力を持ち、人間の技術や能力はその前に全く無力である。[21] ここにストア的な「運命」観が帰結するが、しかし一旦人間の地上的活動における自由と創造性とが承認され、確立された以上、「運命」への屈服は宇宙論的調和よりも諦観として現われざるを得なかった。[22]

これに対して活動的生活を讃美し、「運命」との激烈な闘争、その征服を主張したのがアルベルティ Leon Battista

Alberti(一四〇四―七二)である。[23] 彼は人間の理想的能力たる「徳 virtu」[24]に立脚することによって、「運命」の征服が可能なことを次の如く説く。

「多くの人々によってその根拠がないにもかかわらず、運命は幾度も非難されて来た。自らの愚かさによって不幸に陥り、自ら飛び込んだ(何と愚かな！)波に揉まれながら、運命をかこちつつ自滅してゆく多くの人々を私は見た。それら無能な人間は自己の失敗の原因があたかも他の力による如く話す。しかし注意深く……観察する人々には、人間がその幸福と不幸との原因を保有しているのが判明する。[25]」

従って「運命」は我々人間の無能の反映に他ならず、従って実は仮象にすぎない。実際愚かな人間は自分の生活が全く「運命」に基づいて進行しているかの如く考えているが、

「運命は自分に屈服しようと欲しない者を容易に屈服させることは出来ない。運命は自分の前に首を垂れる者にのみ首枷をはめることが出来る。[26]」

かくして「徳」を持った人間は自力によって、至高のもの、広大な王国、永遠の名声、不滅の名誉などを得ることが可能である。この「徳」は人間の不断の自己訓練によってのみ得られ、従って人間の全活動の基礎はかかってこの「徳」を求める意欲と努力とにのみ存在する。[27] しかしアルベルティの活動的な「徳」の主張は、他方で人間能力の限界(神に対する)を承認することによって、事実的な運命征服論に止まり、論理的な「運命」の解消は遂に帰結しなかった。[28]

ところで「自由」対「運命」という思考様式は如何なる哲学的意味を持っているだろうか。前章で述べた如くルネッサンス哲学における「自由」は神的秩序たるコスモスと何等矛盾せず、却ってコスモスへの託身において人間の尊厳が成立した。そしてこの自然化した神との合一、その意味での「自由」の極致が魔術師に他ならず、その対極が「自由」の圧殺＝「自由」に対する「必然」法則の支配としての占星術であった。十五世紀の「ヒューマニスト」はロレ

ンツォ・ヴァッラ Lorenzo Valla の如き例外を除いて、人間の「自由」の主張、その自然的能力へのオプティミズム[29]を懐いていた。それ故「ヒューマニスト」は早くから一貫して占星術を批判し、同時に実践活動の担い手でもあることによって魔術師的「完全自由」論とは異った独自の道を歩むことになった。蓋し、実践的活動を中核に据える結果、何よりも人間存在の空間的限界が痛切に意識され、またその作為は競争関係にある他人との緊張を不断に持続させ、それ故魔術師的な全存在の自我への還元(=自我と対象との区別意識の消滅)、自我のコスモロギー的蒸発・拡散は遂に不可能であった。かくして「ヒューマニスト」の態度は、一方で自己に同化した神的秩序を持ち、他方で自己の活動の相対性(自分から独立した存在があるが故の)を鋭く自覚するという、根本的矛盾を内蔵していた。そしてこの矛盾が神的秩序からの自我の疎外形態としての「運命」において顕現する。こうして結果的に生じた「運命」と「自由」との対立・闘争は、ルネッサンス的な思惟構造の下で実践的活動を擁護する限り実は必然的に発生し得るものであって、「運命」の実践的な完全克服を志向する「自由」の主張は、その意味で正に悲劇的な闘争宣言に他ならない。そして人間能力の神性の主張が昂進すればするほど、闘争状況はいよいよ悲惨とならざるを得ない(熱狂的な実践的活動において破滅するか、人間の有限性を謙虚に承認するか、が二者択一となるから)。その意味において「徳」の下に「運命」の完全征服を唱えたアルベルティが、結局神と人間との合一を否定して事実的な「運命」の征服を主張するに止まり、遂に「運命」の論理的消滅という結論を導出しなかった、という事態は極めて注目に値する。勿論このアルベルティの態度はルネッサンス的「自由」の完成形態たる魔術師の観点からすれば、「自由」の制約と考えざるを得ない。しかし正にこの制約こそが自我の鮮明性と実践的作為性とを保持せしめ、アニミズムの拡散を一定の限度に抑制する意味を持っていた。また逆に「ヒューマニスト」の観点からすれば、魔術師の論理は「自我」を宇宙論的に拡散させるものであり、実践的人間存在の持つ根本的不安を安楽椅子の中で思弁的に解消したものに他ならない。従って極言すれば、「自由」対「運命」という図式と魔術師の論理とは、ルネッサンスの人間尊厳論が活動的生活と思弁的生活とにおいて採り得る二つの形態に他ならなかったのである。

二　マキアヴェッリにおける「運命」と「自由」

アルベルティの高らかな「運命」征服論に対して、マキアヴェッリは著しくペシミスティックな見解を述べる。彼にとって、世上の出来事は全く「運命」と「神」とによって支配され、人間の「思慮 prudenza」をもってしてはその克服は不可能であり、拱手傍観、宿命に任せ切る他なし、という主張は決して一笑に付し得るものではなかった(31)。彼の「運命」には大別して二つの意味がある(32)。第一はしばしば「神 Dio」「天 Cielo」と共に用いられ、「運命」の超越性、その意味で人間に対する外在的必然性を意味する。この場合「運命」は自己の企図を貫徹するため、これに合致した能力を持つ人間を取捨選択し、もし対抗すれば殺し、その能力を削除する。従って「運命」の意図が隠蔽されている限り淡い希望を持ち得るが、同時に「人間は『運命』に従い得るが逆い得ず、その秩序を織ることは出来てもそれを引き裂くことは出来ない(33)」という宿命論が帰結する。

第二は人間行動の変動する与件が「運命」と呼ばれる。この意味での「運命」に対しては、人間は「時勢 tempo」にその行動様式 modo del procedere を合致させることによって没落を防ぎ(34)、「好機 occasione」を捉えて栄光を獲得出来る(35)。従ってこの意味での「運命」に対しては人間の征圧が可能であり、その勝敗は人間の行動能力たる所謂》virtù《の試金石となる。しかし人間は自然によって授与された性格を容易に転換出来ず、また先人が成功した方策と異なった手段を採用することに逡巡し、それ故「時勢」の流れに適応出来ずに没落し(36)、また「好機」を看過して後悔する(37)。かくしてこの第二の意味での運命に対しても人間の能力は必ずしも充分とは言えない。

以上二つの意味を内包する「運命」はその力によって万物を支配し、善人を没落させて悪人を蔓延させ、国家を好むがままに転落させ[38]、「時勢」を思いのままに操り、慈悲や正義、理性を無視して兇暴に自己の支配を貫徹する[39]。野心と欲望とに満ちた人間に「運命」の宮殿の門は開かれている[40]。その中では好意と残忍という「運命」の二つの顔が人間を弄び、嘆息・罵倒・怒りが絶えない[41]。そしてしばしば人間は善を自己に帰し、悪を「運命」に帰するがそれは自己欺瞞に過ぎない[42]。かくして世界において永遠なるものなく、「運命」はその転変を通して自己の力を誇示し[43]、勝利の絵画で自己の王国を飾り立てる[44]。エジプト王国からローマ帝国までを「運命」は全て操作し[45]、アレクサンドロス、カエサルもその力の前に屈した[46]。人間は「運命の輪」[47]の動きを見定め、その動きを敏感に洞察して輪から輪へと常に飛び移ることによってのみ幸福であり得るが、しかし「運命」の神秘的力 occulta virtù はかかる人間の能力を否定する[48]。

「運命」が現状に「退屈」し[49]、洪水の如く地上を変化させ、荒廃させる[50]のに対して、如何にすべきか。洪水は護岸や堤のない防衛力の虚弱な場所においてその猛威を振うのであり、従って防禦工事によってある程度のコントロールが可能となる[51]。かくして人間はその「自由意志 libero arbitrio」[52]に基づいて自立的な作為の領域を確立し、「運命」の力の相対的削減を企図すべきである。そのためには鋭い状況洞察と自己の自然的傾向からの自由とが必要であり[53]、自己の情念に盲目的に従う行動と単なる用心深さとは禁物である[54]。ここから、

「我々の自由意志が消滅しない限り、『運命』は我々の行動の半分について裁定者であり、他の半分、あるいはそれより少いかも知れないが、それは我々の支配に属する、と考えるのが正しいと思われる[55]。」

という結論が導出される。この結論は決してスタティックな支配領域の折半理論ではなく、正に両者の恒常的な緊張関係を前提にした上での一般的テーゼと言い得る。人間は「運命」に対する死活の闘争を通じてのみ、自己の相対的安定性を確保し得る。最大の悪徳は何等行動せずして「運命」のままに漂うことである。この断固とした行動主義は、

国家の危機を高利貸や肉の罪に帰し、その繁栄を断食喜捨、祈りなどに求める態度(56)（サヴォナローラ！）と真正面から衝突する。人間においてこの「運命」に対抗し得る力こそ》virtù《であり、それは人間存在にとって唯一の確固たる基礎である。(57)

ここではこの》virtù《について特に論じないが（次節参照）、マキアヴェッリの「運命」論とアルベルティのそれとの相違は実は人間論に起因する（そして》virtù《は人間の能力である）。次節を先取りして敢えて述べるならば、マキアヴェッリにおける人間の欲望自然主義の肯定は、人間尊厳論に付纏う秩序主義的理性を破壊して徹底的な「状況化」を導出した。そのため実践活動における不確定要素を著しく増大させ、それが「運命」の支配力の増大として表象されたのである。しかし彼においても形式化された世界の秩序が存在し、その意味では上述した「自由」対「運命」論の哲学的意味は妥当する。アルベルティはその人間自由論においてフィチーノやピコに接近しつつも基本的断絶面を持っていた。これに対して感覚主義的なマキアヴェッリと自然哲学とはルネッサンス哲学における実践的志向と思弁的志向とのシェーレをより尖鋭に示している。即ち、一方では実践的生活に伴う神からの基本的疎外と、人間の情念の解放に伴う社会的「状況化」とがいよいよ人間の実践能力の限界性の認識を昂進させ、他方では神との合一と魔術師的全能性とが主張される。このように論理的に容易に想像される厳しい限界に加えて、更に政治生活における彼の挫折と絶望とは、マキアヴェッリの運命論の悲劇的性格をいよいよ増大せしめた。(58)蓋し、人間の自然の神化（＝世俗化）、コスモロギーの存在というルネッサンス哲学の論理構造と、しかも世俗化がコスモロギーの融解を帰結した状況（＝情念の解放と秩序の自明性の崩壊）との下で、実践理論を構築する作業の実存的限界が彼の「運命」論に集中的に現われていると言い得る。

「運命」に対する人間の「自由」の確立は政治理論の大前提である。しかし「自由」が一旦確立した以上、問題は如何なる理論的内容が成立し得るかに移る。そして「運命」の問題は彼における「状況的論理」の分析に至るまで一応議論の外におかれる。

(1) ホメロス以来のギリシャにおける「運命」の問題については、Greene, W. C., Moira, Fate, Good and Evil in Greek Thought, 1944 を参考にせよ。

(2) 例えばエピクテトスは次の如く述べる。

「神は諸存在のうち、或物を我々の能力内におき、或物を我々の能力内におかなかった。神は最も美しい、最も大切なもの……つまり心像の使用を我々の能力内においた。というのはこれが正しく使用されるならば、自由であり安静であり、爽快であり、剛毅であり、正義であり、法であり、節度であり、また全ての徳だからである。だが神は他の一切を我々の能力内におかなかった。それ故、我々は神に適応しなければならない。そして事物を以上の如く分類して、我々の能力内にあるものはあらゆる仕方で努力し、我々の能力外のものは宇宙に委せねばならない。そして宇宙が子供を要求しようと、祖国を要求しようと肉体を要求しようと他の何物を要求しようと喜んで渡さねばならない。」エピクテトス『人生談義』岩波文庫、三〇二頁(一部改語)、ここに現われる宇宙・神はストア哲学では自然、運命、ゼウスなどとも呼ばれ、απάθεια という人間の理想は運命との対決においてではなく、正にそれに耐え、且つそれを欲するところに成立する(Greene, ibid., pp. 331-98. 鹿野治助『ストア哲学研究』一九六七年、一八―九頁)。

(3) 例えば Augustinus, De civitate Dei, V-8. Boethius, De consolatione philosophiae, II-6. IV-6 などが、キリスト教の「運命」論として先駆的なものである。これ以後、「自由」対「運命」という関係は、人間の「自由」と神の全能性との関係へと置換される。

(4) ここでは、Summa theologica, Pars 1. Quaestio 116, De fato を中心に論ずる。なおこの問題については、Pars 1. Quaestio 22, De provibentia ; Quaestio 23, De praebestinatione ; Quaestio 83, De libero arbitrio などがレファランスとして重要である。

(5) Pars 1. Qu. 116, Art. 1.

(6) Cicero, De divinatione, II-6. 10. これに対するアウグスチヌスの反論は、De civitate Dei, V-9, De praescientia Dei et

liberta hominis voluntate contra Ciccronis definitionem に見られる。即ち、彼によればキケロは人間の「選択自由」を擁護するために神の「予知 praescientia」を否定し、その結果「運命」は神から切断された単なる力となった。その結果、神の存在を容認しつつもその「予知」を否定するという矛盾を伴った(Nam et confiteri esse Deum et negare praescium futurorum apertissima insania est. — Augustinus, ibid.)。

(7) トマスの占星術についての見解は、Summa theologica, Pars 1. Qu. 115, Art. 4, utrum corpora caelestia sint causa humanorum actum に示されている。それによれば、天体の物体に対する影響は直接的であり(Pars 1. Qu. 115, Art. 3)、霊魂の能力も身体的器官に繋がるものであれば(例えば動物の自然的本能 naturalis instinctus)天体は影響を与え、その限りにおいて天体は人間の選択や行為の原因であり得る。そして人間の知性 intellectus や意志 voluntas も身体的器官に結合している下位の諸力から影響を受けるが、人間行動の近接因 proxima causa humanorum actum たる意志は知性に比してこれら下位の諸力の影響を受けず、かくして人間行動に対する天体の支配は根本的限界を持つことになる。

(8) トマスはアヴェロエス主義的な世界の合理主義的見解に反対し、「中間因」に関しては「摂理」が「運命」として貫徹することを承認しつつ、同時に神の無媒介的介入を主張している。その意味で「運命」の連鎖の限界と神の超越性とが明瞭に存在している(Pars 1. Qu. 116, Art. 3, 4)。

(9) トマスは次の如き比喩を用いて「運命」を説明する。

ある二人の家僕が彼等の主人によって、一方は他方のことを知ることなしに同一の場所に遣わされた場合、彼等二人の出会いは、それが家僕に関しては全く偶然的なことであるが、それを予め企図した主人にとっては偶然ではなく、意図的・作為的な事である(Pars 1. Qu. 116, Art. 1)。

(10) 「先生、私に教えて下さい。今ちょっと洩された運命とは何ですか、どうして世界中の宝を持っているのですか」と私は彼に言った。すると彼は私に言った。「おお、愚かな者よ、何と大きな無智が君を妨げていることか、以下私が述べる言葉をよく味わう必要があるようだ。叡智が万物に勝る彼の者(=神)は諸ゝの天を創造しそれらに指導者を与えたので、全ての階級の天使は等しく光を放出して、諸ゝの天を輝かしている。その者は同様に世俗的な光についても、秩序の遂行者と案内者とを任命したが、彼女(=運命)は人間の智慧の及ばぬところで、時に応じてはかない富を人から人へ、民族から民族へと流転さすのである。それ故、草叢の蛇の如く隠れた彼女の判定に従って、ある者は権力者になり、ある者は衰亡する。お前達の智慧は彼女に到底太刀打ち出来ない。彼女は他の神と同様、自分の王国で予見、判定し、遂行する。その変転は止まるところを知らず、必然はそれを迅速化し、ある者はしばしば本来の状態を変えられてしまう。十字架につけられた者は彼女を不当に侮蔑し罵倒するが、実は彼女を称讃すべきである。」――Divina comedia, Inferno VII, 67–93. 野上素一訳(一部改訳)

(11)　地獄篇第七曲は蓄財と浪費とを求める人間の没落を描き、「運命」に左右される富に埋没する人間の束の間の戯れ、その不幸を余すところなく暴露する。誤った浪費と蓄財とは彼等から美しい国(=天国)を奪い、永遠の格闘を続けさせているのだ、よいか、君は運命に委ねられた富をめぐって人間が奪い合いをする茶番劇を見たわけだ。それと言うのも、今も昔も月の下にある全ての黄金が、これらの疲れた魂の唯一人をも休息させることがないのだ。――Inferno VII, 58–66. Cfr. Boethius, op. cit., II–2. Dante, Convivio, IV–12.) そして、この「運命」の支配に対して「良心」の自立が期待される(私の良心が責めない限り、私は運命に対して従順でありたいという覚悟を持っていることを承認していただきたいと思います――Inferno XV, 91–3)。こうして「運命」からの自立と共に、神を媒介とする両者の和解が成立する。

(12)　このようなトマスやダンテの見解に見られる如く、古典古代の fortuna はキリスト教的教義の下にその本来の意味を喪失しつつ組み込まれた。この間の詳細な事例については次の文献を参照せよ。Doren, A., Fortuna im Mittelalter und in der Renaissance — Vorträge der Bibliothek Warburg, II, SS. 75–95.

(13)　「現世の事柄を我物顔に、乱暴に、盲目的に、気まぐれに覆す運命を憎まずにいられるだろうか。」――De secreto conflictu curarum mearum — Martellotti, et al.(ed.), Prose, 1957 所収、p. 110.

「運命は非常に貪欲で、不公平で、傲慢で、残酷である。」――Martellotti, et al.(ed.), ibid., p. 110.「気儘な衝撃のために僅か一日で私も、私の希望も、あらゆる富も、家族も、家も倒れる時、継母なる運命のあの無慈悲さをあなたは知らないのか。」――Martellotti, et al.(ed.), ibid., p. 118. Cfr. Doren, ibid., S. 107.

(14)　『デカメロン』に見られる本能的情念(=自然的なるもの!)に駆り立てられる人間にとって、「運命」は今や全く外在化し、人間はそれを利用するか、それと徹底的に闘争するか、二者択一に迫られる。例えば、第五日第一話を参考にせよ(Cfr. Montanari, F., La poesia del Machiavelli, 1953, pp. 34–43)。Cfr. Doren, ibid., SS. 107–9.

(15)　Cassirer, E., Individuum und Kosmos in der Philosophie der Renaissance, 1927, S. 97. Ruggiero, G. de, Rinascimento, Riforma e Controriforma, 1930, p. 104.

古代神話の復活はボッカッチョに始まり、コルッチョ・サルターティによって発展させられた。勿論ヘラクレスやプロメティウスなどの神話は中世にも存続していたが、それはあくまでもキリスト教の教義の下に組み込まれていた。しかし今やキリスト教に対して自立的な価値を有するものとしてこれらが復活し始めたのである。ボッカッチョは『異教の神々の系図四巻 Genealogie deorum gentilium libri IV』の中で、聖書が詩の形式で神を叙述したものであると解釈し、神の認識の方法として詩と神学とは同じ価値を有するものと主張した。ここから聖書は他の古代の詩人の創造せる『物語 fabula』と同列におかれることになった。しかもこれらの『物語』は実は一つの神的本質の詩的表現として平等な価値を与えられたのである(Seidlmayer, M., Religiös-ethische Probleme des italienischen Humanismus — Wege und Wandlungen des Humanismus, 1965, SS. 282–6. Saitta, G., L'Umanesimo, 1960, pp. 119–25. Garin, E., Le favole antiche — Medioevo e Rinascimento, 1954, pp. 66–89)。このような前提の下で生じた彼のプロメティウス像は、一方では中世的伝統の継承として神に対立せる自然の秩序の中に埋没しているが、他方で homo doctus として homo naturalis を homo civilis に導く文化の担い手、教師として現われ、その意味で「ヒューマニズム」の理念の体現者と観念され、しかもプロメティウスはあらゆる罪、刑罰から解放された存在として描かれている(Buck, A., Über einige Deutungen des Prometheus-Mythos in der Literatur der Renaissance — Die humanistische Tradition in der Romagna, 1968, SS. 93–5)。古代神話に対するキリスト教の優位の動揺、異教の神々の復活と是認、更には理想化という傾向はヘラクレスの場合にも生じた。古代ローマにおいてヘラクレスは人間性と徳との権化として神々の生活に適うものと考えられていたが、アウグスチヌスの異教攻撃の下で急速にその神性を剝奪され、暴力、好色の象徴となり、精々その肉体的力量が評価されるに過ぎなくなった。中世においてヘラクレスは他の神話同様キリスト教の教義に下属せしめられ、その原義を喪失して名前のみが流通していた。このヘラクレスの原義を再認識したのがペトラルカ、ボッカッチョであり、その完成者がサルターティであった(Gaeta, F., L'Avventura di Ercole — Rinascimento, V (1954), pp. 227–60)。こうしてヘラクレスは自らの作業の偉大さにより不滅を獲得した人間となった。

(16)　この点を最も明瞭に指摘したのが、Garin, E., Problemi di religione e filosofia nella cultura fiorentina del Quattrocento — Bibliothèque d'Humanisme et Renaissance, XIV, 1952 である。彼はこの間の事情を次の如く解釈する。人間の積極的価値の肯定としての人間の発見は、人間の神聖な価値を讃美する形で宗教の人間的側面を強調した。その結果、神的なものは深き人間性であり、全人類を結合する絆であり、人間の内なる声であり、人間をして時間と場所とを超越させるもの、と解釈されるに至った。従って神的なものこそ、人間の確実性、人間の活動と希望との基礎であった。このことは逆に宗教的経験を人間の限界に限定するという結果をもたらし、神的なものは排除されることなく、地上的現実へ没入し、人間とその生活とを確認する意味を持った(ibid., pp. 96–8)。

(17) Quod cum ita sit, virtus ipsa affatim cuncta sibi sufficiet eritque eadem ipsa perfectus et undique consummatus finis, cui etiam nihil desit ad bene feliciterque vivendum. — De prudentia, II-12. Gentile, G., Il pensiero italiano del Rinascimento, 1955, Appendice 所収、p. 396.

Sic quidem censemus nosta esse bona quaecumque animi tantum sunt quaeque in nostra sunt potestate collocata; eae autem actiones ipsae sunt hominum, quae a voluntate atque electione secundum rectam rationem proficiscuntur, cum cetera quidem fortunae dicantur. — De fortuna, II-4. ibid., p. 403. なおポンターノの運命論については、Doren, op. cit., SS. 121–8 を参照せよ。

(18) Bonorum autem externorum nomen ipsum aperto quidem declarat ea iuris nostri non esse, nec nostris subesse consillis aut electionibus, quocirca nec etiam rationi, cui et consilia inhaerent nostra, deque ea actiones homines temperantur et ab eadem ipsa rationales ipsi dicimur. — De fortuna, I-27. Gentile, ibid., p. 403.

(19) ギリシャ人及びローマ人は二つの幸福について論じている。1つは政治的(国家的)幸福 felicitas civilis (politica)であり、もう1つは contemplatio における幸福である。

… civilem felicitatem sine bonis externis nequaquam posse perfici, … Quo fit ut civilis felicitas, quo perfectior sit magisque illustris appareat, bonae quoque fortunae praesidiis indigeat. — De fortuna, II-6. Gentile, ibid., p. 404.

(20) この impetus naturalis は当然 sine ratione である(De fortuna, II-12. Gentile, ibid., p. 403)。

(21) 政治や軍事の領域、あるいは医学の領域においても、「運命」の力によって人間の作業が無意味にならない領域が一体存在し得るだろうか(De fortuna, II-14. Gentile, ibid., pp. 405–6)。

(22) この点、Pontano, G., Ad Alfonsum Calabriae ducem de principe liber — Garin(ed.), Prosatori latini del Quattrocento 所収、は興味深い。ポンターノが De fortuna での「運命」論を維持する限り、彼の「君主論」はそもそも如何なる意味を持ち得るだろうか。この「君主論」では De fortuna に見られる深刻にして諦観的な「運命」論は一見消滅し、君主が理性と正義とに従って情念を抑制する限り、「運命」の介入は発生しない、と考えられている(ibid., pp. 1028–32)。しかしこれは人間の力の範囲内にあるものを積極的に基礎づけようとしたものに他ならず、そのため「君主論」は倫理学の書物となり、この倫理修養のための手段としての studia humanitatis の弁護、讃美とならざるを得ない。

(23) アルベルティの「徳」、「運命」論については次のものを参照せよ。Gentile, op. cit., pp. 86–8. Garin, E., L'Umanesimo italiano, 1952, pp. 74–80. Saitta, G., L'Umanesimo, 1961, pp. 406–9.

(24) アルベルティにおける「徳」は倫理的な意味と計算能力・実践的有能さとを内包している(Garin, ibid., p. 77)。詳細は次節。

(25) Della famiglia, Grayson, C. G.(ed.), Opere volgare, 1960, vol. 1 所収、p. 4.

(26) Grayson(ed.), ibid., p. 6.

(27) Grayson(ed.), ibid., p. 9.

(28) 「あきらめよ。人間よ。神の秘密は断念して自らに相応しきものを求めよ。汝等の肉に捕われた心には視野の彼方に隠されたものを明らかにすることは許されない。」——De fato et fortuna — Garin(ed.), op. cit. 所収、p. 646.
　ここから哲学に対する懐疑的態度、不安と動揺とが帰結する。この人間の神化の不完全性はピコやブルーノと彼との決定的差異である(Garin, E., Dal Medioevo al Rinascimento, 1950, pp. 66–73)。

(29) ヴァッラはその『自由意志について De libero arbitrio』(Garin(ed.), op. cit. 所収)の中で、全能なる神の「予知」及び「予定」と人間の自由との関係を考察している。この問題についての彼の徹底的な反ペラギウス主義的見解は、神学の哲学化(前章参照)に対して決定的に対立している。この神の超越性と人間の有限性、神の恩寵と人間の謙譲との首尾一貫した主張は、後にルターやカルヴァンによって高く評価された(Luther, De severo arbitrio 邦訳『ルター著作集』第七巻、一七五頁、Calvin, Institutio Christianae religionis, Pars III, cap. 23, sec. 6)。

(30) 「ヒューマニスト」の反占星術論争は、アウグスチヌス、ボエティウス、スコラ哲学による批判の摂取の上に行なわれた。このことはペトラルカの最も偉大なる後継者であるサルターティ Coluccio Salutati において極めて明瞭である(Gaspereti, L., Il "De Fato, Fortuna et Casu" di Coluccio Salutati — La Rinascita, IV, 1941. Rüegg, W., Entstehung, Quellen und Ziel von Salutatis 'De Fato et Fortuna' — Il Rinascimento, V, 1954)。既にトマスの反アヴェロエス主義論に見られた如く、

サルターティの場合にも意志の自由論が根底に存在している。

libera tamen semper nostra voluntas in sue electionis arbitrio relinquitur ut eligere possit quod agendum proponitur — De fato, II, 6f.

si libertatem abstuleris, voluntas omnino non sit, ut fatale et necessarium sit voluntatem nichil agere nisi libere — ibid., II, 8f.,

そしてソクラテスの死こそこの意志の自由の最も偉大な例示である(Garin, E., I trattati morali di Coluccio Salutati — Atti dell'Accademia Fiorentina di Scienze Morali 'La Colombaria' 1943)。反占星術論争において「ヒューマニスト」がキリスト教の伝統と結合した事実は、元より「ヒューマニスト」の哲学の一つの側面にすぎない。蓋し、そこで主張された意志の自由論が恩寵や原罪の問題と如何に関係するか、という両者の対立・緊張関係を内包する別の側面が存在するからである。

(31) Il Principe, cap. XXV. Tutte le opere, a cura di F. Flora e di C. Cordiè, vol. 1, p. 78. (以下特に断らない限り、この全集でページ数を示す。)

(32) このように二つに分ける見解としては、Mayer, E. W., Machiavellis Geschichtsauffassung und sein Begriff virtù, 1912, SS. 57–60. Russo, L., Machiavelli, 1945, p. 171 などがある。

(33) Discorsi sopra la prima deca di Tito Livio(以下、Dis. として引用する), II–29, vol. I, pp. 314–6.

この章は素材としてガリア人のローマ侵入を用いている。》virtù《あるローマ人の想像を絶する数々の愚行がガリア人の侵寇を招来したが、この愚行は、ローマ人の高慢を罰し、更に大きな繁栄を享受させようとする「運命」の企図によって解釈される。かくしてリウィウスの述べる如く(Adeo obcoecat animos fortuna, cum vim suam ingruentem refringi non vult — V 37)、人間は「運命」によってその本来の能力を失い、盲目となる。

人間を偉大ならしめるのは人間の「思慮」ではなくて「運命」である、という考えは、その他、Vita di Castruccio Castracani, vol. 1, p. 647 にも見える。人間世界全体の支配者としての「運命」というイメージは、Vita di C. C., vol. 1, p. 667 に見える。

(34) 「人間の運不運の原因は時勢にその行動様式を合致させるか、否かによる。」——Dis. III–9, vol. 1, p. 362.

「時代の情勢 le qualità de' tempi に順応して行動する君主は幸福であり、これに逆って行動する者は不幸である。」——Il

Principe, XXV, vol. 1, p. 79. 同旨、ピエロ・ソデリーニ宛書簡、Lettere, a cura di F. Gaeta, p. 231.

(35) イタリア救済の occasione という訴えは典型的である(Il Principe, XXVI, vol. 1, p. 84)。

(36) Dis. III-9, vol. 1, p. 362. ソデリーニ宛書簡、Lettere, op. cit., p. 230.

(37) 人間は occasione の接近に気付かず、occasione の女神が通り過ぎたり、後を見せたりした時にそれを捕えようとするが、この女神の後頭部には髪がなく、もはや捕捉することは出来ない。かくして occasione が手の中をすり抜けているのに気付かない(Dell'Occasione, vol. II, p. 719)。

(38) Costei spesso gli buon sotto i piè tiene ; Gl'improbi innalza : e se mai ti promette ; Cosa veruna, mai te la mantiene ; E sottosopra e regni e stati mette ; Secondo ch'a lei pare, e giusti priva ; Del bene che agli ingiusti larga dette ; — Di Fortuna, 28–33, vol. 2, p. 708.

(39) Costei il tempo a suo modo dispone ; Questa ci esalta, questa ci disface ; Sanza pietà, sanza legge o ragione ; — ibid., 37–9, vol. 2, p. 709.

(40) ibid., 46–51, vol. 2, p. 709.

(41) Qualunque vuole entrar benigna ascolta ; Ma con chi vuole uscirne poi s'adira ; E spesso del partir gli ha la via tolta — ibid., 58–60, vol. 2, p. 709. Sospir, bestemmie e parole iniuriose ; S'odon per tutto usar be quelle genti ; Che dentro al segno suo fortuna ascose — ibid., 64–6, vol. 2, p. 709.

「運命」の二つの顔——温和と残忍——は力、名誉、富、健康と屈従、不名誉、貧困、病気とに対応する(ibid., 94–6, vol. 2, p. 710)。

(42) ibid., 67–72, vol. 2, p. 709.

(43) Non è nel mondo cosa alcuna eterna ; Fortuna vuol cosi che se n'abbella ; Acciò che' l suo poter più si discerna, — ibid., 121–3, vol. 2, p. 711.

高い地位にある者を没落させて喜び(ibid., 181–3, vol. 2, p. 712)、卑しき者を高き位に上げる(ibid., 184–6, vol. 2, p. 712)。

(44) ibid., 127–9, vol. 2, p. 711.

(45) ibid., 130–48, vol. 2, pp. 711–2.

(46) ibid., 166-8, vol. 2, p. 712.

(47) マキアヴェッリは人間の目標達成方法と同数だけの輪を考えている(ibid., 61-3, vol. 2, p. 709)。「運命」はこの輪を全く恣意的に回転させるので、仮りに一つの輪の頂点に居てもその幸福の安定性は非常に低く、しばしば上から下に没落するだろう(ibid., 109-11, vol. 2, p. 710)。

(48) Peró se questo si comprende e note; Sarebbe un semplice felice e beato; Che potessi saltar di rota in rota; Ma perché poter questo ci è negato; Per occulta virtù che ci governa; Si muta col suo corso il nostro stato — ibid., 115-20, vol. 2, p. 711.

(49) この興味ある表現は、ソデリーニ宛書簡(Lettere, op. cit., p. 230)にある。

(50) Il Principe, XXV, vol. 1, p. 79. Di Fortuna, 151-9, vol. 2, p. 712.

(51) Il Principe, XXV, vol. 1, p. 79.

(52) この表現は、Il Principe, XXV, vol. 1, p. 79, XXVI, vol. 1, p. 82 に見られる。

(53) ソデリーニ宛書簡 Lettere, op. cit., p. 231.

(54) Dis. III-9, vol. 1, p. 362.

この二つの態度は共に充分ではないが、その上で「衝動的、激情的 impetuoso」態度と、「慎重な、用心深い rispettoso, cauto」態度とが比較される。Principe, XXV は次の如く述べる。「『運命』は女性であるから慎重であるよりも果断である方がよい。蓋し、女神を支配するためには殴ったり、突いたりする必要があるからで、『運命』は冷静に事を処理する人間よりも、こうした人間によく服従するようである。それ故、『運命』は女性と同様、常に若者の友である。なぜなら若者は思慮浅く(meno rispettivi)、荒々しく、極めて大胆に彼女を支配するから。」——vol. 1, p. 81. また「運命」の宮殿の最高の召使いは大胆さと若さとであり、臆病が最も軽蔑される(Di Fortuna, 73-7, vol. 2, p. 709)。アレクサンドロスとカエサルとの幸運は、「運命」を突き動かした行動による(ibid., 163-5, vol. 2, p. 712)。

(55) Il Principe, XXV, vol. 1, pp. 78-9.

(56) 黄金の驢馬 Asino d'oro, V, 106-11, vol. 2, p. 770.

この見解に対してマキアヴェッリは次の如く反論する。即ち、自分は全く努力を怠り怠惰の中に没していながら神が自分に代って闘争してくれるだろうと信ずる態度こそ、最も数多くの国家を滅亡させたのである(ibid., V, 115-7, vol. 2, p. 770)。またもし彼の家が壊れたなら、神は(下敷になった人間の)支えがなくても救ってくれると信ずる人こそ最も狭小な頭脳の持主である。なぜならばかような人間は、家の下敷になって間違いなく死ぬだろうから(ibid., 124-7, vol. 2, p. 770)。しかしこのことは勿論、人間の組織化の手段としての宗教の有効性を否定するものではない(ibid., 121-3, vol. 2, p. 770)。

(57) 自己自身と自らの》virtù《とに依存する者のみが確実で永続する(Il Principe, XXIV, vol. 1, p. 78)。

(58) 彼は自らの実践的挫折感から、自分のそれまでの見解に明白に矛盾していることを知りつつ、ポンターノの「運命」論に同意を示さざるを得なかった(一五一四・一二・二〇、F. Vettori 宛書簡 Lettere, op. cit., p. 368)。

第二節　人間像

マキアヴェッリにおいて「運命」に対抗して人間の自立的活動の領域を確立せしむる能力は》virtù《と呼称されているが、その具体的意味内容は人間像と実は密接に関連している。ここではルネッサンスの人間像、なかんずく「徳 virtus」論を検討しつつ、マキアヴェッリのこの問題に対する独自性を析出し、彼の哲学の意味を明らかにし、その政治理論への展望を与えることにしたい。

一　前　史——「ヒューマニスト」の人間論及び「徳」論

ダンテにおいて「徳 virtù」は人間に限定されずに神及び全ての被造物に付与され、(1) その結果内容の不明確さを伴っているが、しかしそのことは神の秩序のアニミズム的表現に他ならず、却って宇宙の一環としての人間の姿を明瞭に提示している。人間の「徳」は情念の抑制、理性への服従を前提とする実践能力であり、それには道徳性と幸福、更には自由が不可分に結合している。(2)人間の「徳」は宇宙における人間の地位、能力に対応し、しかも神の秩序に完全に従属しており、従ってルネッサンス的な「世俗化」の昂揚は未だ存在せず、現実世界における活動は「運命」との結合を通して神の道具としてのみ行なわれ得る。(3)

しかしペトラルカにおいては自己の能力の独創性の主張と名声欲とがダンテの如き均衡と調和とを破壊し、内面的分裂と激しい不安感とを生み出さざるを得なかった。(4)彼の『真の知恵について De vera sapientia』(5)及び『我が心の秘めたる戦いについて De secreto conflictu curarum mearum』(別名、『秘密 Secretum』『世の軽蔑について De contemptu mundi』)は、彼の中の二つの主張、即ち、詩文作成及び学問研究の肯定(そこからは栄誉と名声とが帰結する)と神への無条件的な服従との闘争を明示している。特に『我が心の秘めたる戦いについて』はペトラルカ自身とアウグスチヌスとの対話を通してこの問題を展開している。この中でペトラルカ自身は自己の活動に対する誇り、『運命』への憎悪、社会的活動に伴う不断の動揺、死の不安などを述べ、他方アウグスチヌスは『告白』や『哲学の慰め』などに見られる論理を基にペトラルカに対して訓戒を行なっている。(6)そしてペトラルカはラウラへの愛と名誉欲とに対するアウグスチヌスの告発(7)に対抗して、「人間的なるもの」を擁護する。(8)自己の著作活動への止み難き情熱とそれの放棄による神への完全な献身とは二元的に分裂したまま、時間的にのみ調和する形(9)で終焉する。かくしてダンテのコスモスはここに引き裂かれたのである。

ペトラルカを心から尊敬し、(10)「フマニタース研究 studia humanitatis」を熱烈に弁護し、(11)地上的な活動的生活を主張して「ヒューマニズム」の新しい展開を示唆したのがサルターティ Coluccio Salutati(一三三一―一四〇六)であった。このフィレンツェ政庁の偉大なる書記官においてもペトラルカに見られた如き冥想的生活への傾斜が存在するが、(12)しかし彼の場合には知恵 sapientia と雄弁 eloquentia とを神与の力として受容した人間(13)は、何よりもその「徳 virtus」(14)

に基づきヘラクレス的な強靱さ(15)で不滅の創造を行なうことが要求される。この活動性の強調から意志の知性に対する優位が帰結し(16)、単に所与のものに埋没することなく「徳」に基づいて不断に作為することが要求される。(17)ここから単なる自然研究、現象の中への埋没に過ぎない医学に対する、神に根拠を持つ人間の創造物たる法の優位、従ってそれを研究する法学の尊さ、確実性が宣言される。(18)ペトラルカの自然研究批判が人間の内面性の主張・擁護にその支点を置くものであったのに対して、サルターティのそれは実践的作為の名の下に行なわれており、ここに「ヒューマニズム」における活動的生活の昂進過程が鮮かに浮彫りされている。このようなサルターティの新しい人間論は政治生活への積極的な参加を帰結し、やがてブルーニ Leonardo Bruni（一三七〇—一四四四）やパルミエーリ Matteo Palmieri（一四〇六—七五）などに代表される、所謂 Civic humanism, umanesimo civile(19)につながった。

サルターティに現われた人間の自然的能力の肯定を更に大胆に推進して人間存在全体を讃美し、「ヒューマニスト」的人間尊厳論の絶頂を形成したのがマネッティ Giannozzo Manetti（一三九六—一四五九）であった。有名な『人間の尊厳と卓越とについて De dignitate et excellentia hominis』(20)は肉体の復権を極めて明瞭に行ないつつ、インノケンティウス三世 Innocentius III の『人生の悲惨について De miseria humanae vitae』に反論し、同時に神の被造物にして且つ神の讃美者として人間を措定し、この意味においてルネッサンス哲学の一つの典型を示している。この論文は四巻に分れ、第一巻では人間の肉体的能力、第二巻では人間の精神的特質、第三巻では人間による驚異に値する作業、について論じられ、第四巻では死の讃美と人間の悲惨さとについての古来の見解に反論が加えられている。(21)

肉体の虚弱性とそこから発生する苦痛とはプリニウスの「自然は我々の母であるよりも継母である naturam potius novercam, quam matrum nostram extitisse」という表現に典型的に現われている如く、古典古代以来極めて一般的に主張されている。(22)これに対してマネッティは、まず人間の肉体の卓越した構造、特に直立姿勢と「手」という生き(23)

た手段の保持[24]とを挙げ、次にその微妙な感覚から発生する快楽はそこから発する苦痛に勝ることを主張し[25]、反論する。そもそも人間の肉体は構造的にあらゆる活動・技術の行使に適合し、更にその感覚は広く環境に目を向けることを可能にし、従って正に高貴な魂の受容器たるに似つかわしい[26]。かかる肉体が神の最も驚嘆すべき創造物であることは疑いなく、ギリシャ人がかかる肉体における神性の端的な反映を観取して、ミクロコスモスと呼んだのは極めて適切であった[27]。

人間の霊魂についてはそれを物質的なものと考える伝統がまず批判される[28]。マネッティが霊魂不滅の根拠として主張するのは、人間にのみ許容された火の使用[29]、肉体の死後も生命が存在するという本能的配慮[30]、幸福に対する自然的渇望[31]、不滅についての生得的欲求[32]、そして彼岸における賞罰の必要性[33]である。

以上の如き肉体と精神とを具えた人間は如何なる活動を行なうか。人間は神が一旦創造した世界を自己の理念(＝神の理念)に従って改造、装飾し、文化を創出する[34]。この作業は人間が神性の証拠としての記憶、善への自由なる意志を用いることによって行なわれ、言語、詩、建築、美術などの学問・技術や、国家 civitas の樹立などがそこから生ずる[35]。同時に万物は人間の活動によってのみ変化し、世界は人間である以上、実践の論理は魔術師としての性格を伴わざるを得ない[36]。

こうして地上における神の似姿として人間はあらゆる世俗的活動を神の名の下に進行したが、肉体の肯定は人間存在全体に対するオプティミズムを極大化する。このような人間観にとって精神的、肉体的苦痛からの解放としての死の讃美(人間にとって最上のことは出来るだけ早く死ぬことである――non nasci homimi longe optimun esse, proximun autem quam primun mori)という思想はどう受け止められただろうか。マネッティはアリストテレスを引用しつつ、活動は常に快楽を伴い、従って人生は総体として苦痛よりも快楽をもたらすことを説き、しかも肉体の滅亡後には新たな国が自ら開かれる以上、現世を嫌悪する理由は全く存在しないと主張する。[37] 我々はここにペトラルカに見られた二元性と緊張とが完全に消滅し、現世の完全な肯定と神への献身とが何等矛盾なく調和している世界を見ることが出来る。このようなマネッティの人間尊厳論は肉体の肯定を含みつつも、極めて秩序的な神の世界の論理を同時に貫徹させており、その意味では前章で述べた如きルネッサンス哲学の構造と正に対応している。しかし世俗化が遂に肉体までを義認した時、マネッティの調和的秩序にはその崩壊要因が内包されていたと言い得る。かくしてこの神の秩序は感覚と情念との攻撃を受けることとなる。

『コンスタンティヌス大帝御寄進状』が偽書なることを証明した(De falso credita et ementita Constantini donatione)[38]、偉大なる修辞学者ロレンツォ・ヴァッラ Lorenzo Valla(一四〇七—五七)は『快楽について De voluptate』の中でストア的な「徳」の自己目的化を批判し、エピクロス主義[39]を復活させることによって新しい最高善の観念を提示した。この対話篇の第二の対話者アントニウスは、精神的肉体的快楽こそ自然であり、快楽は「徳」の支配者たるべきである、と主張する。名声欲、魂の平安、思弁などは快楽によって基礎づけられ、法も有益性にのみ基づいている。そして人間は動物であり、彼岸は存在せず、単に現世における快楽の追求のみが善である。このようなエロチシズムを混えた快楽主義は徹底的な反禁欲主義・反僧侶主義を伴いつつ、人間の「動物化」を敢行する。しかし第三対話者のニコラウスはこの尖鋭な主張をキリスト教に結合することによって緩和し、転換させる。即ち、一方で快楽の価値を認めつつ、他方でストア主義及びエピクロス主義が共にキリスト教に背反することを指摘し、来世の幸福という快楽のために「徳」を求める立場をキリスト教的と規定する。従って地上的快楽よりも天上的快楽に従うべきであり、その達成手段が「徳」として定式化され、「徳」の自己目的性が崩壊する。この論理を通して地上的情念の抑制と倫理的規範とが定着し、信仰と想像(認識ではない)とによって、彼岸の生活への展望が開示される。かくしてヴァッラは快楽主義を強引にキリスト教と結合することによって、再度客観的秩序の中に「徳」を回帰させ、快楽の解放に伴う制度の崩壊、「状況化」の発生を辛うじて阻止した。

サルターティの愛弟子ブラッチオリーニ Poggio Bracciolini(一三八〇—一四五九)は『貪欲について De avaricia』[40]の中で、「徳」と「情念」との激烈な闘争を展開した。この中で「貪欲」の讃美者は次の如く語る。そもそも全て偉大な行為は「貪欲」から発生し、支配者も学問研究者も、[41]そして聖職者も金と利得とをその行動の原動力としている。[42][43][44]この情念は人間にとって自然であり、[45]人間はこれによって自己保存が可能となり、[46]富は国家生活と人類の存続とを支える。[47]そして国家の対外政策の原理は「公的貪欲 publica avaricia」である。[48]人間は全て「貪欲」であり、私益よりも公益を優先させることはあり得ないし、[49]またそれが「現実」である。[50]かくして「貪欲」は自然的であるばかりか必要且つ有益でもある。

しかし「ヒューマニスト」の伝統を守る限りかかる情念の赤裸々な主張には反対せざるを得ない。ブラッチオリーニの反論は次の如くである。かかる情念への屈服は「徳」の放棄であって神の最も憎悪する態度であり、[51]自己自身の喪失と慢性的苦悩、不安が帰結する。[52]そして自己の「貪欲」を唯一の行動原理とする限り、公共の利益は全く無視され、[53]国家 res publica, civitas は崩壊し、[54]彼は祖国に対する裏切り者となる。蓋し、かかる人間にとっては全ての正義が消滅し、貧者の抑圧と他人の搾取とが唯一の関心となり、[55]国家の危機の下でも私益の貫徹を企てるだろう。[56]このような人間は人間の皮を被った怪物であり、「貪欲」は傲慢、残酷、嫉妬などの諸悪徳の根源である。[57]そして君主の「貪欲」こそ最も悪しきものであり、彼は法と正義とを踏みにじる「暴君」となる。[58]

この反論は社会関係における情念の持つ意味を極めて鋭く抉り出し、この観点から「徳」と「貪欲」との対立関係[59]を生ま生ましく表明している。この対抗関係は彼の『高貴について De nobilitate』の中にも見られる。即ち、高貴の基礎としての「徳」は人間の努力によってのみ得られ（血統ではなく）、何よりも情念、悪に対置された理性的行動能力と解される。この「徳」のみが「運命」の支配を免れ、ここから名声と幸福が生まれ、更にこの「徳」は人間を不滅たらしめる。[60] ブラッチオリーニにおいてはかかる「徳」が常に情念の解放を阻止し、サルターティやマネッティの如き安定性の欠如にもかかわらず、理性的秩序が依然として存続している。

「運命」に対して昂然たる闘争を宣言したアルベルティにおいてその人間像は如何なる内容を有していたであろうか。人間は野獣となるためにこの世に生まれたのでなく、自己及び他人に対して有益な存在になるために生まれた。[61] この人間の目的とは魂を「徳」に導き、事物の理性と秩序とを認識し、神を畏敬することである。[62] ここで「徳」とは「善良 bontà」に他ならず、[63] 情念と悪徳 vizio とを「理性」によって抑制することを意味する。[64]「善 bene」へ専心し、「正しい事柄 cose oneste」を行なうことによって、人間は栄光と不滅な名誉とを獲得し得る。[65] こうして人間は善良であることによって神へと接近し、真の幸福に到達する。[66] そしてここに人間の「自由」が成立するのであり、欲望と情念とへの屈従は人間を「隷従 servitù」に陥れ、野獣とする。[67] 運命との闘争を直接的に担う「思慮 prudenza」の基礎は「善良」にあり、それ自身「理性」に拘束されている。[68] このようにアルベルティにおいては人間の秩序の究極に神が存在し、家族も国家も自然の秩序としてこの下にあり、永遠の絆が全てを貫流している。[69] 人間の名誉や高貴が生ずるのはこの秩序への服従においてのみ成立し、[70] 従って単なる富への狂奔や「暴君」が徹底的に断罪される。[71]

以上の考察によって、ルネッサンスの人間像、及びその能力としての「徳」は、世俗化と活動的生活との主張を伴いつつも、決して理性的秩序自体の破壊を企てるものではないことが明瞭になった。このような秩序観は内容的には古典古代への復帰となり、正に伝統の再生《ルネッサンス》を出ず、当然アリストテレスやキケロが権威として通用することになった。その意味では十五世紀《クワットロチェント》に関する限り、ルネッサンス政治理論の独創性はほとんど主張し得ない。しかし世俗化の昂進が新しい人間像とこの秩序の破壊とをもたらし、秩序自体がトータルに問われざるを得ない状況が出現した時、初めて新しい政治理論への展望が開ける。こうして我々はマキアヴェッリへと近づくのである。

二　マキアヴェッリの感性的人間論

彼の人間論は『君主論』や『リウィウス論』の中に散見されるが、『忘恩について Dell'Ingratitudine』『野心について Dell'Ambizione』『黄金の驢馬 Asino d'oro』などの詩においてより一般的な形で提示されている。まず肉体的条件からすれば、動物が獣皮で覆われることによってあらゆる自然的条件に対応し得るのに対して、人間は全く無防備である。(72) 更に見苦しく泣き叫んで生涯を始め、その生命は鹿、鷲鳥などに比較して著しく短い。(73) また感覚の鋭敏さにおいても個々の動物に劣る。(74)

精神的特質としては生来「野心」と「貪欲」とを具え、(75) そのため善と平和とは人間において完全に消滅している。(76) これらの情念こそ人間にとって最も自然なものであり、そこから「残酷」「怠惰」「憎悪」「嫉妬」「傲慢」「虚偽」などの悪徳が生ずる。(77)「野心」と「貪欲」とはアダムの没落、カインの登場によって人類の間にその力を示し始め、以後その力はいよいよ増大した。(78) かくして人間は他人の成功に嫉妬し、常に他人の不幸のために努力し、あらゆる手段を用いて他人の没落を企て、自己の上昇を夢みる(79)(この上昇は今や善良さや知性によって行なわれるものではない)。この「野心」と「貪欲」とは無限の自己拡大を志向し、(80) 人間は所与の状況に常に満足せず、慢性的不満の中で生活する。「自然は人間を作った時に、人間が何事も望むことが出来るようにしておきながら、しかも何一つ望み通りに実現出来ないように作った。こうして欲望が現実の実現能力を常に遙かに上廻っているので、人間は自分の持ち物に不満を持ち続け、何事にも満足しない結果になる。(81)

かくの如く自分の欲望のみを行動原理とする時、「自己の」善を求め、「自己の」悪を回避する能力こそ「思慮 prudenza」であり、》virtù《である。[82] こうして》virtù《は理性的秩序への託身を意味するものから、単なる欲望追求の手段概念に転換した。「野心」と「貪欲」とが解放された結果として、当然に人間の判断の「主観性」が赤裸々な形で発生し、人間間の和解は永遠に終焉し、正義や合意はその意味を喪失し、闘争が人間関係をトータルに支配する。[83] しかも安定がそもそも人間の本質に合致しない以上、社会関係は未曾有の流転を生まざるを得ない。[84] こうして善と平和とが人間から完全に消滅した世界では、目を向ける地上は全て涙と血とで濡れ、大気は泣声、嗚咽、嘆息に満ちている。[85] 自然が与えた「言語」という贈物は「野心」と「貪欲」とによってその本来の機能を失い、[86] 人間の相互疎外と孤立化とが進行する。

「豚は他の豚に対して苦痛を与えず、鹿も同様である。しかるに人間は他の人間によって殺され、苦しめられ、略奪されている。[87]」

しかしこの動物以下に転落した人間は自力でこの情念から解放されることが出来ない。[88] こうして欲望の虜となった人間は成功に有頂天となって明日を考えず、「運命」の猛威の前に完全に屈服する。[89]

ここに示された動物以下の世界は、何よりも「野心」と「貪欲」との本質的特質たる判断の主観性によって特色づけられ、そこから秩序の自明性のトータルな破壊が帰結する。ブラッチオリーニが鋭く洞察していた危険性が、今やその姿を赤裸々に現わしたのである。人間の自然的能力へのオプティミズムと理性的秩序への信仰とに支えられていた「ヒューマニスト」の人間尊厳論はこうして完全にその姿を消し、人間の生命をも「自己の」欲望のために手段化する情念の論理が貫徹する。かかる状況下では善・悪は常に主観的にのみ表象され、普遍的シンボルたる善への信従は却って破滅を招来する。[90] このような意味のレヴェルでの孤立と肉体的接触可能性とは、「人間は人間に対して狼である」「万人の万人に対する闘争」という状況を惹起し、正にホッブスが述べる如く、人間の生活は孤独で貧しく、陰惨で残忍で、しかも短い。しかしかかる状況が人間にとって自然であり、それからの高踏的離脱が拒否される以上、かかる人間はディルタイが称した如く「自然的エネルギー」[91]である。このような新しい状態を最も鮮明に示しているのは、「ヒューマニスト」において理性的秩序のシンボルであった「徳」の欲望実現能力たる »virtù« への転化である。そしてこの »virtù« は世界の悲惨さを加速度的に増大させる手段でこそあれ、決してそれからの超越を志向していない。換言すれば、人間の特権たる »virtù« は人間をいよいよ動物以下にする。[92]目的としての「野心」「貪欲」の充足、手段概念としての »virtù« を具えたこの人間の世界は、根本的に「個人主義」的である。この「個人主義」は他人との相互性の観念を全く保有せず、他人の支配を通してのみ初めて自己完結し得る性格を持っている。そしてこのルネッサンス的「個人主義」こそがマキアヴェッリの人間観の基本的特質に他ならない。

　これまでに述べた如く、ルネッサンス哲学は人間一般をこそ問題にしたが、「個人」は決して思考の課題とはならなかった。プラトン主義やアリストテレス主義は勿論、感覚を唯一の確実な認識能力として設定した自然哲学においても、常にコスモスへの「個人」の解消は自明であった。そしてテレジオの実践理論に典型的に現われた如く、快苦の「客観性」が何等の疑義なく通用していた。この意味において、後期ルネッサンス哲学の思弁的性格がちょうど「運命」の問題を解消してしまった如く、人間論においても思弁的調和の下に本質的問題が圧殺されている。従ってルネッサンスの思弁的哲学は、その特質としての内容的世俗化と形式としてのコスモロギーとを、形式の優位の下に統一していると言い得る（認識の真理根拠と実践理論の客観性とがそれによって担保される）。しかしマキアヴェッリにおいては内容と形式とが激突し、その「個人主義」はコスモロギーの崩壊と認識における懐疑主義への方向とを内蔵している。そしておよそルネッサンスにおいてかかる帰結を生み出し得た思想家はマキアヴェッリ唯一人であり、ここにルネッサンスにおける彼の思想的特質が明瞭となる。思想内容の世俗化の観点からすれば彼は明らかにルネッサンス思想の子であった。否それの最も忠実な信奉者であった。しかしその帰結からする限り、彼はルネッサンスにとって「鬼子」であったと言い得るだろう。

しかし彼においては「運命」論に見られる如くコスモロギーの残骸が依然として強固に存在しており、その限りにおいて彼の中にルネッサンス哲学から完全に切断された新しい哲学の成立を観取することは出来ない。上の制約は、彼の「個人」が対他関係においてのみ「個人主義」的であり得、「個人」としての存在根拠をコスモロギーの完全解体を通して自立的に確立し得なかった点にこそ最も明瞭に現われている。しかしルネッサンス哲学の圏内にあっては、彼の哲学は伝統の破壊と新しい展開への可能性とを秘めたマージナルな性格を持っている。そしてマキアヴェッリの哲学がルネッサンスにおいて持つこの独特な地位こそは、他の同時代の諸哲学が生み出した政治理論に対する彼の政治認識の独自性を暗示している。彼にとってはもはやアリストテレスやキケロは、少くとも第一次的に讃美や追従の対象ではあり得ない。彼に唯一の「現実的真理」として残されたものはこのルネッサンス的「個人主義」を措いてはない。そして序章で引用した『君主論』第十五章の昂然たるマニフェストに見られる如く、この「現実的真理」に基づく限り人間の理性と秩序性とを自明の前提とする古代以来の全政治理論は「空想」と呼ばれざるを得ない。それでは一体、彼の政治理論は如何なる形で成立し得るのであろうか。

（1）　天体の virtù については、Paradiso, II, 67–71, 127–9. 神の virtù については、Purgatorio, III, 32, VIII, 24. 人間の肉体的能力としての virtù については、Purgatorio, XXV, 41, 52, XXI, 105. サタンについては、Purgatorio, V, 114.
天体は上位であればその virtù が増加する(Convivio, I-4)。また光は天体の virtù を下界に伝達し、影響を与えることを可能にする(Convivio, I-7)。

（2）　宇宙において天使の次に位置する人間は理性を持ち(Convivio, III-7)、人間は訓練を通して情念の抑制としての理性の支配と、魂の美たる「徳」とを獲得する(Convivio, III–8, 15)。そしてこの「徳」に従って行動することは、正義、勇気、節制、廉直をもって行動することである(Convivio, IV–22)。理性の使用は思弁的には神と自然との観照を帰結し(Convivio,VI–22)、同時に実践的には情念からの解放たる「自由」をもたらし、ここに幸福が成立する(De Monarchia, I–12)。

(3)　この事情を最も典型的に示すのが、神とローマ人との関係である。ローマ人の世界征服と「平和 pax」の樹立とは第一次的にローマ人の人間的能力に根拠を持つものではなく、何よりも神の意志にその根拠を有している。かくして神による人間の手段化が行なわれる(De Monarchia, II–2, 3, 4, 8, 9. Convivio, IV–4, 5. Epistolario, V–7, 8 など)。このような論理の下では、神の使いとしての「運命」との衝突、闘争は問題にならない。

(4)　Dilthey, W., Auffassung und Analyse des Menschen im 15. und 16. Jahrhundert — Gesammelte Schriften, Bd. 2 所収、SS. 19–23. Ruggiero, G. de, Rinascimento, Riforma e Controriforma, pp. 71–4.

(5)　この著作では、第一巻において学問研究の価値が承認され、第二巻においてその無益性の主張、即ち、無知の讃美が行なわれている。そして第二巻の末尾では次の如く述べられている。「智慧は雄弁術や万巻の書の中に存在するのではなく、これらの感覚的関心からの解放と最も単純にして無限の形相へと向い、あらゆる悪からの浄化においてこの形相を受容することにある。」――Ruggiero, ibid., pp. 72–3.

(6)　この対話におけるペトラルカとアウグスチヌスとの対立は次のような点にある。

「貧困、苦痛、不名誉、病気、死、その他極めて悲惨と思われる数々の出来事が、しばしば我々の意志に反してまた望まないのに襲いかかって来るのを知らないほど、人間の浮沈に無知な、世間離れした人が居るだろうか。その事から自己の不幸を知ってそれを嫌悪することは極めて容易だが、実際、その不幸を追払うことは容易ではない。なぜなら不幸を知ることと嫌うこととの二点は我々の自由意志によるが、撃退するという第三の点は運命の力によるからである(quod prima dus nostri arbitrii, tortium hoc sit in potestate fortunae)。」――Martellotti, G., et al.(ed.), Prose, p. 32.「あなた(=アウグスチヌス)はその命題によって、人間は全て自由意志によってのみ不幸となり、望む人のみが不幸になると説明しようとしている。しかし悲しいことに私は、それと反対の経験を持っている。」――ibid., p. 36.

これに対してアウグスチヌスは次の如く答える。

「賢人達が罪とは自由意志による行為であり、常に意志の存しない所に罪は存在しないと述べているのに、それでもなお君は人々がむりやりに罪を負わされると考えるのか。前に認めた如く、罪がなければ誰も不幸にならないのだ。」——ibid., p. 38.

そしてこの罪がラウラへの愛と名誉欲とであり、これらの情念を放棄しない限りペトラルカの不幸は解消せず、ダンテ的な「運命」との調和は決して回復され得ないであろう。

(7) 大衆を軽蔑しつつも却って彼等の吐息である評判を追い求め、美辞麗句を積み上げて貴重な時間を他人のために費し、更に後世においても名声を得ようと望んでいる。死が迫っているのにかかる空しい仕事に没入しているとは。gloria よりも virtus を求めよ(Martellotti, et al.(ed.), ibid., pp. 190–4)。

(8) アウグスチヌス「君は人間的な栄誉と自分の名前の不朽とを人並以上に望んでいる。」

ペトラルカ「その点ははっきり認めます。如何なる処方によってもこの欲望は抑制出来ません。」——Martellotti, et al.(ed.). ibid., p. 188.

ペトラルカ「人間の名誉だけで充分である。私はこれを熱心に求め、人間として人間的なもの以外は望まない。」

アウグスチヌス「おお、それを正気で言っているとしたら何という不幸者だろう。不滅の財を望まず、永遠なものに目を向けないとすれば、君は全く地上のものだ(si non cupis immortalia, si eterna non respicis, totus es terreus)。お前のことはもう決定した。もはや如何なる期待も残っていない。」——ibid., pp. 194–6.

(9) 栄誉ある高貴な仕事をした後に、アウグスチヌスの忠告に従う、というのがこの対話におけるペトラルカの見解である(Martellotti, et al.(ed.), ibid., p. 214)。即ち、自己の仕事に対する情熱が断ち難く、従ってアウグスチヌス的幸福論は後退し、この二元論は世俗的欲求の優位の下に時間的に(論理的ではない!)その調和が期待されるに止まった。

(10) 彼はペトラルカを哲学における神として、スコラ学的弁証論に対比させる。

Deus optime, in philosophia, que quidem donum divinum omnium moderatrix noscitur esse virtutum et, ut Ciceroniano utar vocabulo, expultrix vitiorum et omnium scientiarum at artium imperatrix ac magistra, quantum excessit! non dico in hac, quam moderni sophiste ventosa iactatione inani et impudente garrulitate mirantur in scolis; sed in ea, que animos excolit, virtutes edificat, vitiorum sordes eluit, rerumque omnium, omissis disputationum ambagibus, veritatem elucidat. — Novati, F.(ed.), Epistolario di Coluccio Salutati, 4 vols., 1891–1911, vol. 1, pp. 178–9.

この手紙はペトラルカの全業績について論じており、サルターティのペトラルカ観、より一般的には「ヒューマニスト」の自己観察を示したものとして極めて重要である。サルターティのペトラルカ評としてはその他に、ibid., vol. IV, p. 241, p. 620などがある。

(11) この点に関しては、ドミニコ修道僧ドミニチとの論争が有名である。サルターティの見解はEpistolario, vol. IV, pp. 205-40のドミニチ宛書簡に詳しい。なおこの論争の内容については次の文献を参照せよ。

Garin, E., Educazione umanistica in Italia, 1949, pp. 23-34. id., L'Umanesino italiano, 1952, pp. 38-9. Ullman, B. L., The Humanism of Coluccio Salutati, 1963, pp. 53-70.

(12) これは彼の『俗界と宗教とについて De seculo et religione』において特に著しい。

quid enim est mundus iste quo tantopere delectamur nisi campus diaboli, temptationem palestra, officina malorum, et fabrica viciorum?… Est igitur mundus immundissima sentina turpitudinum, fallax viscum, tristis letica, falsum gaudium, exultatio inanis, area tribulationem, lacus miseriarum, naufragium virtutum, malorum fomes, incentivum scelerum, iter cecum, trames salebrosus, saltus insidiarum, carcer horridus, scena iniquitatum, arena laborum, theatrum inhonestatum, spectaculum delictorum, horribile precipitium, domus anxietatum, mare turbidum, vallis calamitatum, erumnarum domicilium, speculum vanitatis, corruptio mentium, laquens animarum parens mortis, infernus viventium et aggregatio caducorum. — Ullman, B.L.(ed.), De seculo et religione, 1957, p. 4.

religio… via quidem difficilis sed virtutis, via mortalium sed ad immortalia, via sollicitudinis sed ad metam tranquilitatis, et, quod dulcissimun est, via preter abrupta seculi dirigens ad amena spacia paradisi! Tu status perfectionis, licet non semper collectio perfectorum. Tu scola veritatis, vitiorum expultrix, regula morum, cultura virtutum. Tu custos pudicicie, doctrina obedientie, mater honestatis, magistra sobrietatis. Tu victrix insolentie, superatrix inanis glorie, fugatrix elationis, sedatrix contentionis. Tu precepta iubes, ad consilia obligas, auges merita, aggravas delicta, et, quod super omnia maximum est, tu sola cum caritate vinculum es quo deo coniungimur et unimur — ibid., pp. 104-5.

このような俗界批判と修道院的生活の讃美とは、同じ問題についての彼の手紙における見解と明確に矛盾している(Ullman, ibid., p. 28)。この書におけるサルターティの態度は彼の中世的側面の典型として、彼の政治理論の分析にも関連する(Baron,

H., The Crisis of the Early Italian Renaissance: Civic Humanism and Republican Liberty in an Age of Classicism and Tyranny, 1966, pp. 106–9 など)。しかしサルターティの静寂主義はその活動的生活の理念の緊張性を逆に保証しているとも解される(Garin, E., I trattati morali di Coluccio Salutati. — Atti dell'Accademia Fiorentina di Scienze Morali 'La Colombaria', 1943, p. 61)。なお第四章、第1節、註(29)(30)参照。

(13)　Sapientia quidem et eloquentia proprie dotes hominis sunt, quibus a ceteris animantibus separatur. et quam excellens, quam gloriosum quamque decorum est illis nature donis hominibus antecellere, quibus constat hominem animantibus allis eminere! fecisse michi videntur sapientes et eloquentes sibi super alios homines illum excellentie gradum, quem Deus et natura constituit inter homines et animalia rationis expertia. — Epistolario, vol. III, p. 599–600.

このことは人間と神との関係を一種の神秘的合一説に基づいて解釈する方向を導出し、この関係を caritas, amor として表象することになった。そしてこの caritas, amor は ratio と一致し、人間関係の基本原理となる。そして「徳」とはこの神秘的な神—人間—社会の関係を、人間の能力の側面から述べたものに他ならない(詳細は、Borghi, L., La dottrina morale di Coluccio Salutati — Annali della R. Scuola Normale Superiore di Pisa, XIII, 1934 に譲る)。しかしサルターティはこのような神と人間との関係を理論的に解決しよう(それはプラトン主義や自然哲学へと導くことになる)とはせず、不断の行動によってのみ神の理念の実現が可能である、という観点を厳守している(Garin, E., ibid., pp. 64–5)。これは「運命」論における「ヒューマニスト」の魔術師に対する特質として、私が指摘した点に正に対応している。

(14)　彼において humanitas の研究は道徳の研究であり(humanitatis, hoc est eruditionis moralis — Epistolario, vol. I, p. 122)、それは「徳 virtus」の研究である(virtuti vel studio litterarum — ibid., vol. I, p. 49)。そして「徳」は感性的なものから離脱した理性的性格を持ち、それに基づく作業は不滅となる(ibid., vol. III, p. 599–600)。この「徳」にのみ人間の高貴と尊厳とは依存し、高貴は血統から切断される(ibid., vol. III, p. 145 以下)。そしてここから伝統的貴族に対する批判が発生し(ibid., vol. I, p. 51, p. 176, vol. III, p. 600)、身分的枠組の突破が行なわれる(ibid., vol. III, p. 547)。

(15)　『ヘラクレスの労苦について De laboribus Herculis』はヘラクレスの四つの能力を挙げ、それらが彼の活動を支えたことを述べる。即ち、「思慮 prudentia」は認識を、「節制 temperantia」は快楽からの解放を、「勇気 fortitudo」は悪に対する勝利を、そして「正義 iustitia」は神への回帰を、それぞれもたらした(Ullman, op. cit., p. 25)。これ等の能力こそサルターティの「徳」の具体的内容と判断出来る。そしてこのような属性を具えた能力によって偉大な活動をする人間は天へと上昇する。ブルックハルトはこのような世俗化現象を、ダンテの極めて厳格なキリスト教的態度と比較しつつ、その「自由主義化」と考えている(Burckhardt, J., Die Kultur der Renaissance in Italien, 2. Aufl., 1869, SS. 46–7)。

(16)　例えば、Epistolario, vol. III, pp. 445–6 その他。

summus hic profecto labor, sed summum meritum … ut hoc respectu … optandum sit … quod in contentionis barathrum incidamus, quod habeamus exercontes et ventilantes nos, ut non probati solum, sed etiam approbati, pacem, que superat omnem sensum, gloriose pertingere valeamus — ibid., vol. III, pp. 582–3. これは逆に知性に対する懐疑の存在を意味する(Borghi, op. cit., p. 91. Garin, I trattati, p. 65)。

(17)　逆に活動のみが「徳」を創出するとも言い得る(virtuosi non natura sed operibus efficimur — Epistolario, vol. II, p. 106)。

(18)　彼の『法と医学との高貴について De nobilitate legum et mediciae』は彼の思想の中核を余すところなく提示している。医学は単に自然的逸脱の調整、その善 bonum naturae の回復を目的とするのに対して、法は神に根拠を持つ「徳」の創造物であると同時に、その理念の顕現形態である。「自然的善」は人間の作為を不要とするが故に何等称讃に値せず、これに対して「徳」という神と結合した人間の特権に基づく活動こそ真に讃美に値する(Ullman, op. cit., p. 32. Garin, L'Umanesimo, pp. 42–7. id., I trattati, pp. 71–8. Borghi, op. cit., pp. 91–102)。逆に「徳」に基づいた活動こそ人間を神へと接近させるが、その具体的内容は civitas, societas, communitas における活動である(Saitta, L'Umanesimo, p. 155)。

(19)　この思想傾向については後に詳論するが(第四章第一節)、例えば、Baron, H., La rinascita dell'etica statale romana nell'umanesimo fiorentino del Quattrocento — Civiltà Moderna, VII, 1935 は、ブルーニやパルミエーリにおける「ソーン・ポリティコーン」論を解明しており、極めて簡潔に展望を与えている。

(20)　Garin, E.(ed.), Prosatori latini del Quattrocento に序文と第四巻とが収録されている。その他の巻については、Gentile, G., Il pensierc italiano del Rinascimento, 1955, pp. 90–113. Saitta, op. cit., pp. 479–95 などを参考にして論ずる。

(21)　Garin(ed.), ibid., p. 424.

(22)　Garin(ed.), ibid., pp. 426–8. ここではプリニウスの他にアリストテレス、キケロ、セネカ等が挙げられている。

(23) 前屈している全ての動物に対する支配者、王、皇帝たる資格がこの構造の中に現われているからである(Nam sic rigida et recta est, ut, cunctis aliis animantibus terram pronis depressis, quasi solus eorum omnium dominus et rex et imperator in universo terrarum orbe non immerito dominari ac regnare et imperare videatur. — Gentile, op. cit., pp. 101-2)。

(24) 人間は単なる本能的な活動に制約されない創造的作業によって、アリやハチと区別される。そしてこの活動、作業を支える肉体的手段が「手」である(Et vero ei datae et exhibitae fuerunt manus, ut per huiusmodi non inanimata, sed quasi viva instrumenta et, ut inquit Aristoteles, organorum organa, varia diversarum artium iam perceptarum opera et officia exercere et exqui posset. — Gentile, ibid., p. 103)。

(25) 人間の自然を注意深く考察するならば、感覚的快楽の強烈さが容易に理解される(quippe singulis exterioribus vivendi, audiendi, olfaciendi, gustandi et tangendi sensibus tantas semper et vehementes voluptates capit. — Garin(ed.), op. cit., p. 446)。そして自然は我々に苦痛よりも快楽を与えた(ibid., pp. 446–8)。

(26) Garin(ed.), ibid., p. 448.

Nam hoc animal rationale providum et sagax multo propterea nobilius corpus quam iumenta et pecora habebat, cum quibus in propria materia convenire videbatur, quoniam ad agendum et ad eloquendum et ad intellegendum, quibus illa carebant, longe aptius et accomodatius est. — ibid., p. 450.

(27) Saitta, op. cit., p. 480(nunc singula quaedam tanto ac tam mirabili opificis constructa et fabricata fuisse conspicimus, ut de Deo homini corporis autore nullatenus ambigere suspicarive debeamus).

Gentile, op. cit., p. 103.

(28) Garin(ed.), op. cit., pp. 430–2., pp. 452–4.

(29) Gentile, op. cit., pp. 103–4.

(30) Gentile, ibid., pp. 104–5.

(31) Gentile, ibid., p. 105.

(32) Gentile, ibid., p. 105.

(33)　Gentile, ibid., p. 105-6.

(34)　Nostra sunt denique omnia machinamenta, quae admirabilia et pene incredibilia humani vel divini potius ingenii acies ac acrimonia singulari quadam ac praecipua solertia moliri fabricarique constituit. Hace quidem et cetera huiusmodi tot ac talia undique conspiciuntur, ut mundus et eius ornamenta ab omnipopenti Deo ad usus hominum primo inventa institutaque, et ab ipsis postea hominibus gratanter accepta, multo pulchriora multoque ornatiora ac tonge politiora effecta fuisse videantur. — Gentile, ibid., p. 111.

(35)　人類の保存、国家の樹立、学問、技術の発展が神によって義務づけられている(Garin(ed.), op. cit., p. 470)。

Nostrae sunt picturae, nostrae sculpturae, nostrae sunt artes, nostrae scientiae, nostrae sapientiae. Nostrae sunt denique, ne de singulis longius disseramus, cum prope infinita sint, omnes adinventiones, nostra omnia diversarum linguarum ac variarum literarum genera, de quarum necessariis usibus quanto magis magisque cogitamus, tanto vehementius admirari et obstupescere congimur — Gentile, ibid., p. 111.

(36)　Gentile, ibid., p. 112. Saitta, op. cit., pp. 487-8.

(37)　Garin(ed.), op. cit., pp. 472-6.

(38)　この論文のテキストは十六世紀以来発刊されておらず、原典を参照することが出来なかった。従って以下の叙述は、Kristeller, P. O., Eight Philosophers of the Italian Renaissance, 1964, pp. 27-31. Garin, L'Umanesimo italiano, pp. 62-9. Saitta, op. cit., pp. 243-53 などによった。

(39)　ストア派、プラトン主義、アリストテレス主義に反対して、ルネッサンスにおけるエピクロス主義を再興したのはRaimondi である(Cfr. Garin, ibid., pp. 60-1. Saitta, ibid., pp. 239-43)。ルネッサンスにおける「自然の王国」の勝利は、当然エピクロス主義にもその広汎な流通を許容した。ルネッサンスにおけるエピクロス主義の複雑な地位については次の論文を参照せよ。Garin, E., Ricerche sull'epicureismo del Quattrocento — La cultura filosofica del Rinascimento italiano, 1961 所収。

(40)　この論文は、Garin(ed.), op. cit. に収録されている。

(41)　Reges insuper et egregios principes, quorum virtus maxime claruit, avaros accepimus. — Garin(ed.), ibid., p. 260.

（42）　最大の哲学者たるアリストテレスは「貪欲」であった(Garin(ed.), ibid., p. 260)。学問研究一般と「貪欲」との関係については、ibid., p. 262, p. 268 など。

（43）　聖職者は信仰の蔭に隠れて、苦労せずして富裕になれないものか、と考えている。……金銭を軽蔑する体裁を装って、自発的に献金されることを欲しているのである(Garin(ed.), ibid., p. 262)。

（44）　Quicquid tractamus, operamus, agimus, eo (=pecunia) spectat, ut quam multum commodi ex eo capiamus. Quod quo amplius fuerit, eo maiori afficimur laeticia, atque commoda nostra fere pecunia pensatur. Igitur pecuniae, hoc est avariciae causa, fiunt omnia. — Garin(ed.), ibid., p. 262.

（45）　Garin(ed.), ibid., p. 264.

従って古代の立法者がこの情念を抑圧する政策を採用したことは、当然批判されざるを得ない(ibid., pp. 268–70)。

（46）　Garin(ed.), ibid., pp. 262–4.

（47）　Non enim ex istis inertibus et larvatis humanibus, qui summa cum quiete feruntur nostris laboribus, sunt nobis civitates constituendae, sed ex his qui sint accomdati ad conservationem generis humani, quorum si unusquisque neglexerit operari quicquid excedat usum suum, necesse erit, …, nos omnes agrum colere. — Garin(ed.), ibid., p. 266.

（48）　臣民、被征服者を収奪するための課税などが具体的に考えられている(Garin(ed.), ibid., pp. 266–8)。

（49）　Qui enim sunt isti qui publicum quaerant bonum seposito privato emolumento? Ego ad hunc diem neminem cognovi, qui id quidem posset impune. Dicuntur eiusmodi nonnulla a philosophis de praeponenda utilitate communi magis speciose quam vere. — Garin(ed.), ibid., p. 274.

そして utilitas communis の仮象性が強調される(ibid.)。

（50）　空虚な言葉にではなく、「事実」に基づいて哲学せよ！(Garin(ed.), ibid., p. 276)

（51）　この情念は最も悪しきものであり、そこから他人に対する害悪を全く顧慮しない態度が発生し、その結果は次のようになる。

In quo praecipue offenditur regina virtutum iustitia, cum omnes avari actiones et opera ad iniquitate profiscantur. — Garin(ed.), ibid., p. 250

(52) … quidem servis empticiis deteriores, neque hominum servos sed deterrimarum passionum atque aegritudinum animi, quibus agunt ea quae Deo et hominibus displicent. — Garin(ed.), ibid., p. 280.

(53) 自然は私益に公益を優先させるべきことを指示しており、それに反する「貪欲」は悪徳であり、自然法の破壊である(Garin(ed.), ibid., p. 250)。

(54) At ipse potius delendus esset; ipse aqua et igni interdicendus, inutilis civitati, rei publicae perniciosus. Iniquum est enim ei locum esse in civitate, quem si omnes imitaremur nullas omnino civitates haberemus. — Garin(ed.), ibid., p. 252.

(55) Garin(ed.), ibid., pp. 250–2.

(56) 常に公益より私益を考え、自己の繁栄のためには国家の富をも奪取することを試みることになる。従って、Nihil sanctum erit apud eum, nihil religiosum, nihil aequum, nihil iustum. hortabitur ae bellum etiam iniquum, et cum periculo patriae, si quid ex eo se opitulaturum confidat, — Garin(ed.), ibid., p. 294.

(57) Garin(ed.), ibid., pp. 254–6.

(58) キケロの『法について De legibus』を用いて暴君の恐怖を語り、rex と tyrannus との区別を論じている(Garin(ed.), ibid., pp. 284–6)。

(59) Misceri enim non possunt contraria, neque una in domo cohabitare virtus et avaricia. — Garin(ed.), ibid., p. 282.

Ast avarus est extra comnem virtutem; ergo ab eo nulla utilitas emanabit. Virtutis autem immunem illum esse haud dubium est. Primo iustitiae cultus in eo nullus vigebit, firmissimum et publicarum et privatarum rerum fundamentum. — ibid., p. 296.

(60) Saitta, op. cit., pp. 333–8.

(61) De Iciarchia — Grayson, C.(ed.), Opere volgari, 1966, vol. II 所収、— p. 198, p. 212. ここから人間の活動的生活の推奨と怠惰への批判とが生ずる(ibid., pp. 198–9)。

(62) ibid., p. 198.

(63) ibid., p. 220, p. 242

(64) ibid., pp. 225-6.

(65) ibid., p. 221.

(66) ibid., p. 252.

(67) ibid., pp. 221-3.

(68) ibid., pp. 224-6. この prudenza 論はアルベルティの思想の核心である。蓋し、prudenza は古代以来、しばしば目的の如何を問わない単なる目的実現能力と解されたからである。それ故彼は永遠不滅の原理を示す「理性」への prudenza の服従を繰返し述べている。マキアヴェッリと比較せよ。

(69) ibid., pp. 266-8.

(70) 名誉について、ibid., pp. 228-9. 高貴について、ibid., p. 238.

(71) 富について、ibid., pp. 209-10. 暴君について、ibid., p. 194, pp. 233-7.

(72) Asino d'oro, VIII, 118-23, vol. 2, p. 780.

(73) ibid., VIII, 124-9, vol. 2, p. 780-1.

(74) ibid., VIII, 112-4, vol. 2, p. 780.

(75) Qual regione o qual città n'è priva?
Qual borgo, qual tugurio? In ogni lato L'Ambizione e l'Avarizia arriva.
Queste nei mondo, come l'uom fu nato, Nacquono ancora:
— Dell'Ambizione, 10-14, vol. 2, p. 714.
マキアヴェッリはこの情念を神にではなく、星や天の人間に対する悪意に帰している(ibid., 20-5, vol. 2, p. 714)。「忘恩」も同様に考えられている(Dell'Ingratitudine, 22-4, vol. 2, p. 703)。

(76) … se non fuisse quelle(=avarizia, ambizione)
Sarebbe assai felice il nostro stato — Dell'Ambizione, 14-5, vol. 2, p. 714.
この二つの情念から平和 pace の消滅と戦争、平穏 quiete と善 bene との消滅が発生し(ibid., 28-9, vol. 2, p. 714)、調和の崩壊が生じた(ibid., 40, vol. 2, p. 715)。

(77)　Con queste, Invidia, Accidia e Odio vanno.
De la lor peste riempiendo il mondo, E con lor Crudelità, Superbia e Inganno. — Dell'Ambizione, 37–9, vol. 2, p. 715.
また、「忘恩」は「貪欲」と「不信」との娘であり、「嫉妬」によって養育されている(Dell'Ingratitudine, 25–6, vol. 2, p. 703)。

(78)　貧富の差が存在しない時代においてこれらの情念は既にその力を示し(Dell'Ambizione, 49–54, vol. 2, p. 715)、今やその悪の種は成長し、その原因は増加し、人々はもはや悪を忌むこともなくなった(ibid., 61–3, vol. 2, p. 715)。

(79)　Dell'Ambizione, 73–8, vol. 2, pp. 715–6.
そして他人が実際保持しているものよりも、そう見えるものが人間の嫉妬と羨望とを駆り立てる(ibid., 70–2, vol. 2, p. 715)。

(80)　そもそも人間は「節制」を全く知らない(Asino d'oro, VIII, 88–90, vol. 2, p. 779–80)。例えば、性愛に対して動物が僅かな時間のみを費すのに、人間はいつでも、何処でもそれに耽る(ibid., 91–93, vol. 2, p. 780)。食物にしてもその「貪欲」の故に東方の国にまで新しいものを求め、更に地上の食物に満足出来ずに海中にまでそれを求める(ibid., 97–103, vol. 2, p. 780)。また、人間は既に持っているものに加えて新しい物を獲得出来ないと、物を所有しているという安心感を得ることが出来ない。そして新しく獲得すると再度新しいものを求めるのである(Dis. 1–5, vol. 1, p. 107)。

(81)　Dis. 1–37, vol. 1, p. 175. 同旨、Dis. II proemio, vol. 1, p. 229.
人間の恥ずべき欲求は魂の安定を妨げ、控え目な、中庸を得た国家生活を不可能にする(Asino d'oro, VIII, 58–60, vol. 2, p. 779)。

(82)　Questa (prudenza=eccellente virtù) san meglio usar color che sanno; Sanz'altra disciplina per sé stesso; Seguir lor bene evitar lor danno; — Asino d'oro, VIII, 40–2, vol. 2, p. 778.
ここでは bene, danno 一般ではなく、lor(彼等の)が付加されており、そこに bene, danno の主観性が明示されている。

(83)　… sanza legge o patto; Il variar d'ogni stato mortale; — Dell'Ambizione, 65–6, vol. 2, p. 715.
人間は高慢且つ狡猾にして変り易く、そして何よりも意地悪く邪悪で、しかも激情的である(ibid., 55–9, vol. 2, p. 715)。

(84)　人間は幸運の時には倦怠を感じ、不運の時には苦悩する(Dis. 1–37, vol. 1, p. 175. III–21, vol. 1, pp. 389–90)。
人間の世界では何一つ永久不変のものは存在しない(Dis. 1–6, vol. 1, p. 111)。

何よりも王国を滅亡せしめたのは権力者が自己の権力 potenza に満足しないことにあり、また敗北者はその不満から勝利者の破滅を企て、そこから上昇と死とが発生し、勝利者は新しい野心と恐怖とによって苦しめられる。このような欲求 appetito が stato を破壊したが、人は誰でもこの事情を知りつつ、しかもなおこの情念から解放されようとしない(Asino d'oro, V, 37–48, vol. 2, p. 768)。

なおこの転変は、》virtù《—平和—安逸—無秩序—破滅—》virtù《という彼の有名な循環論に関係している(ibid., 94–9, vol. 2, p. 769. Istorine Fiorentine, V–1, vol. 2, pp. 219–20)。

(85) Dovunche gli occhi tu rivolti, miri; Di lacrime la terra e sangue pregna; E l'aria, singulti e sospiri; — Dell'Ambizione, 157–9, vol. 2, p. 718.

(86) Asino d'oro, VIII, 130–2, p. 781.

(87) Non dà l'un porco a l'altro poco doglia, L'un cervo a l'altro: solamente l'uom; L'altr'uom amazza, crocifigge e spoglia; — Asino d'oro, VIII, 142–4, vol. 2, p. 781.

(88) Dell'Ambizione, 163, vol. 2, p. 718.

(89) 典型的なものとして、『十年史第二巻 Decennale secondo』181–92, vol. 2, pp. 457–8 が挙げられよう。

(90) 人間は嫉妬に駆られて不信を懐き、有害な発言に耳をそばだて易い。かくして善良な公民 buon cittadino は植えた種とは全く違った収穫物を刈り取らざるを得ない(Dell'Ingratitudine, 67–72, vol. 2, p. 704)。スキピオ(大アフリカヌス)やテミストクレスに対して、ローマ人やアテナイ人は何をもって報いたか。それは追放、死、告訴に他ならなかった(ibid., 73–144, vol. 2, pp. 704–6)。

(91) Dilthey, op. cit., S. 24. なお、Buck, A., Die Krise des humanistischen Menschenbildes bei Machiavelli — Die humanistische Tradition in der Romagna, 1968 所収は、マキアヴェッリにおいて露わになったヒューマニスト的秩序観の解体状況を簡潔に分析している。

(92) それまでのマキアヴェッリ解釈にとって、》virtù《概念は Kernpunkt を意味した。蓋し、彼の政治理論の非道徳主義 amoralism は正にこの》virtù《の内容を重要な支柱として主張され、そしてこの非道徳主義が彼の政治理論の殆ど唯一の特質として考えられる限り、》virtù《概念はマキアヴェッリの全思想を集約するものと表象されざるを得なかった(序説参照)。しかし内容の側面からのみ »virtù« を追求する方法は、マキアヴェッリの思想構造における »virtù« の持つ意味を果して充分に解明出来るだろうか。ここで示された如く、»virtù« はそれ自身非常に形式的内容のみを有し、何よりも感性的人間の欲望実現能力を総称したものに他ならない。従って、»virtù« として具体的な形で提示されたものの内容は、このような »virtù« の持つ論理的、哲学的意味を直接には決して示唆しない。それ故、彼の政治理論における »virtù« の「政治理論的」意味は、»virtù« の内容の分析によっては解明され得ないであろう。このような内容中心の分析がマキアヴェッリの「政治観」の蒸発を招くことは改めて述べるまでもない。

第三章　原理的政治観（一）——》stato《の問題

第一節　原理的政治観と》stato《

アリストテレスによれば、人間は自然的に *φύσει*「ポリス的動物 *ζῷον πολιτικόν*」であり、ポリス的生活を営まない存在、即ち共同することの不可能な存在と、自足性の故に共同生活が不必要な存在とは、人間ではなく野獣か神である(1)。またキケロは、国家 res publica は法についての合意と利益の共通性とによって結合した人間の集団であり、この結合の原動力は人間の弱さに求められるのではなく、その自然な社交性に求められる、と考える(2)。そしてアリストテレスやキケロにおいては、このような立論に基づいて国家組織、政体 *πολιτεία*, status が構築されるという構造を持っており、このシェーマは中世においても一貫して保持された。例えば、中世において最もラディカルに「世俗化」を主張したパドヴァのマルシリウス Marsilius は、アリストテレスを引用しつつ自然の本能 naturae impetus による国家の基礎づけを行ない(3)、その上で有名な国家組織論を展開している。ルネッサンスの「ヒューマニスト」においても「ポリス的動物」としての人間という観念は決して消滅することなく、却って古典古代の引照によって明瞭に述べられたのである（第四章第一節参照）。しかしながら、ルネッサンス哲学の世俗主義に付き纏うこのような「秩序」の自明性は、マキアヴェッリの人間像において今や全くその存在根拠を喪失した。そこから当然予想される如くマキアヴェッリの提出した問題は単なる「世俗化」に止まらず、それを越える課題を内包せざるを得なかった(4)。換言すればこの新しい課題こそが彼の哲学の革新性に対応するものに他ならない。かくして「秩序」の内容が第一次的問題ではなく何よりも「秩序」自体がトータルに問われざるを得ない状況が出現したのである。ここから「秩序」の内容はもとより、何よりもその構成原理の根本的転換が生ぜざるを得ない。この転換の中から発生した新しい論理こそが新しい「政治観」であり、マキアヴェッリの政治理論の最も根源的な意味を提示するものに他ならない。そして改めて述べるまでもなくこの「政治観」は人間についての彼の「現実的真理 verità effettuale」からのみ解明可能である。

一　人間像からする原理的政治観への展望

マキアヴェッリによれば、人間は「野心」と「貪欲」とを原動力に、》virtù《をその実現能力として保持する「情念の子」である。この「野心」と「貪欲」との自然化はそれ自身のうちに判断と行動との「主観性」を内蔵しており、普遍的価値体系はこの「主観」の論理によって完全に解体される。そして人間に特有な能力たる》virtù《はこの解体を促進する以上の機能を持ち得ない。このような情念に基づく反普遍主義＝「主観」の論理の貫徹、がマキアヴェッリ的「個人主義」に他ならない。この「個人主義」は何よりも対他存在との比較を前提としており、各主体はその限りで否定的な相互関係にあって、積極的な闘争状態を現出させる。即ち、人間の判断の「主観性」が意味のレヴェルでの孤立を招き、同時にその否定的相互関係は肉体的接触を惹起する。そして人間がこの悲惨な状況から自力で超出し、一般的善を志向することはもはや全く期待され得ない。従って一般的善と「自己の善」との間には架橋し難い断絶が存在し、かくして共通の理念への相互的拘束をミニマムの前提とする「秩序」への道は、完全に閉ざされざるを得ない。

このような状況を前提にしてそこから内在的に「秩序」の問題を解決する方法は、次の如きものでしかあり得ない。

即ち、共通の価値・理念への託身が全く存在しない状況において人間を秩序づける方途は「より大きな力 maggiore forza」による、物理的強制にのみ求められる。[5] マキアヴェッリによれば、人間は「選択 elezione」か「必要 necessità」によって行動する。その場合「選択」が正に判断の「主観性」の解放を意味する限り、「選択」の容認は常に「秩序」の解体をもたらし、従って、人間をコントロールするためには彼等が「必要」によってのみ行動するように強制しなければならない。[6] この「必要」は「恐怖」によって最も確実に発生し、この「恐怖」を与えるものこそ「より大きな力」に他ならない。しかしこの「より大きな力」を中核にして成立した秩序は、この「力」の主体が正にマキアヴェッリ的「個人主義者」である点に根本的特質を具えている。即ち、この主体は判断の「主観性」から解放されることなく、単に自己の利益の貫徹能力の優位によって他をコントロールするに過ぎず、それ故「誰の利益が支配するか」は何等かの共通の規範にその権利根拠を持つことなく、全く de facto な「力」の優劣によって決定される。従ってこの「秩序」の論理は「理性」による「情念」の支配や「普遍」の下での「個」の相互的支配では更になく、一つの「情念」による他の「情念」の支配を意味するに過ぎない。このような他人の判断の「主観性」を圧殺して自己の判断の主観性を貫徹させるという論理構造はルネッサンス的「個人主義」——それは他人の支配によってのみ自己貫徹出来る(その意味で相互性を全く欠如している!)という論理に基づく——の端的な反映に他ならず、「秩序」の「主観性」は赤裸々に現われざるを得ない。それ故、かかる支配者は「自己の利益」を支配の唯一の原理とし、あらゆる手段に訴えて他人の服従を確保しようと企てる。しかしそこには普遍的原理への相互拘束を前提とする本来の意味での「秩序」は遂に成立し得ず、たかだか「秩序らしさ」が発生するに過ぎない。従って支配者は自己の利益に従って常にこの「秩序らしさ」を超出し、他方被治者のこの「秩序らしさ」からの逸脱を「必要」を通じて阻止する、という完全な不平等が存在せざるを得ない。支配者の「利益」と「便宜」とにその根拠を持つ「秩序らしさ」は所謂「実定的秩序」として現われるが、この「実定的秩序」の価値は支配者によって不断に相対化される可能性を秘めており、その意味では徹底的に恣意的な支配であり、正に典型的にティラニーの論理を提示している。

このような支配を獲得し、維持し、拡大する能力が》virtù《に他ならない。このように元来全く、個人的利益を追求する能力であった》virtù《が政治支配の領域に生のままで出現するのは、「秩序らしさ」自体が全く個人的利益追求のシステムを単に量的に拡大したものに他ならず、その論理構造において何等根本的転換を蒙っていない点と正に対応している。それ故、マキアヴェッリの人間像から最も直接的に帰結する「政治人」の能力とは》virtù《であり、「政治」とは自己の利益のために他人を支配することを意味し、「政治人」は homo politicus の原義的意味（古典古代の）から離れたルネッサンス的「個人」の一つの頂点を示すものに他ならない。

マキアヴェッリは以上の如き論理を必ずしも直接的には明示していない。しかし以上の如き「政治観」は彼の》stato《概念に内包されており、次に》stato《の分析を通して以上の如き論理の存在を確認したい。

二　マキアヴェッリにおける》stato《の概念[7]

》stato《及びそのラテン語たる》status《は古典古代以来存在しているが、[8]マキアヴェッリの用法は大別して次のようになる。

〔一〕既にキケロ[9]などに見られる如く国家 res publica, civitas の政体、国家組織を示すのに》stato《が用いられている。例えば、

「国家 republica について論じている人々によれば、国家には三つの政体 tre》stati《がある。即ち、君主政(stato) principato、貴族政(stato di) Ottimati、民主政(stato) Poplare である。」

「リクルゴスは王、貴族、民衆に各々権力を配分するように法を判定し、八百年以上も永続し、彼の名誉と国家 città の平穏とをもたらした国家組織 stato を作った。[10]」

しかしマキアヴェッリにおいてこの用法に正確に該当する用例は比較的少く、しかも彼の政治理論の中で最も伝統的色彩の濃厚な『リウィウス論』第一巻第六章までに特に集中している点は注目しなければならない。即ち、この用法は彼の republica 論においてのみ意味を持ち得るのである。

〔二〕〔一〕の用法が伝統的な性格を持っていたのに対して、第二の用法はマキアヴェッリの特質を極めて鮮明に浮彫りにしている。

(a) まず、個人や集団の de facto な力を意味する。例えば、制度上の支配者たるグィド・ノヴェロは旧来の地位を保持しつつも》stato《を失った、[11]と言われる。そして一切公職に就任しないメディチ家の》stato《が云々される時、積極的な形で de facto な力としての》stato《が提示される。例えば、

「未だ残存せる一味徒党 partigiani と共に実力によって(per forza)》stato《を獲得し、政敵を追い払うか、事物を成行きに任せて時と共に》stato《と名声》riputazione《とを失ったのは自分ではなく、彼等であると認識させるか、という二つの対策がコジモに残された。[12]」

「国内の混乱 discordie civili はフィレンツェにおける(コジモの)》stato《を増加させ、外国との戦争は(コジモの)権勢》potenza《と名声》riputazione《とを増大させた。[13]」

そしてこの》stato《の用法は上の例からも知られる如く、名声》riputazione《、力》forza《、権威》autorità《、権勢》potenza《などと共に用いられたり、またこれらが》stato《に代って用いられたりする。[14]このような》stato《の用例は枚挙に暇がないが、[15]次の(b)の用法との区別がほとんど不可能な点が決定的に重要である。[16]

（b）》stato《は（a）の用法と不可分に結合して》公《権力を指示する場合が数多く存在する。

「コルソは個人的な力》forza《と権威》autorità《とを持っていたが、敵は》stato《を握っていた。[17]」

そして次の場合が示す如く、（a）の》stato《との結合によって、》公《権力は》私的《権力以上ではあり得ない。

「彼等(グェルフ党の領袖達 capi dell sètta guelfa)は額を集めて国家 città と彼等の》stato《((a)の用法)とを検討した。その結果実力で(per forza)執政官の館を奪取し、》stato《を自派の手中に帰す以外に方法がないと判断した。[18]」

「かくして上層平民とグェルフとの党派 la parte de' popolani nobili e de' guelfi は再度》stato《を手中にし、下層民 plebe の党派はそれを失った。[19]」

この用法によれば sètta, parte などの私的な結合体がその実力に基づいて(per forza)》公《権力を奪取し、》公《権力の名の下に敵対する党派の弾圧を策するという論理が極めて明瞭に示唆されている。そして〔一〕の意味での》stato《がかかる私的集団の道具と化す、という状況が出現せざるを得ない。[20]例えば、平民の》stato《(〔一〕の意味)が貴族の排除を目的として作られる場合、[21]大アルテが小アルテの勢力削減を》stato《として制度化する場合、[22]メディチ家による国家組織の操作、[23]などがその典型である。逆にこの法、制度を支える主体が分裂する時には、そもそも制度の成立自体が不可能とならざるを得ない。[24]

ところでこの(b)、の意味での》stato《を持つ個人・集団は》principe《とも呼ばれる。

「下層民の党派はそれ(》stato《(b))を失った。この党派は一三七八年からこの変革が発生する一三八一年まで》principe《であった。[25]」

そして勿論、コジモやロレンツォらのメディチ家の首長は》principe《と言われている。[26]従ってここから『君主論』

の》principe《の意味を推測することは非常に容易であり、『君主論』に見られる》stato《の多くはこのような》公《権力を意味するものに他ならない。例えば、

「君主》principe《、特に新たに君主となった人間は、世人が善しとする全ての事柄を守れるものではない。なぜならその》stato《を保持するためには、信義、慈愛、人間性、宗教などに反した行動を取るように強制されるからである。[27]」

このような》stato《はまたしばしば》dominio《[28]、》imperio《[29]、》principato《[30]などとも呼ばれる。そしてこれらの概念を基礎とする支配は》tirannide《と呼ばれ、被治者は「自由 libertà」の喪失としての「隷属状態 servitù」に陥り、「公民 cittadino」に対して「臣民 suddito」と呼称される。

「ローマの十大官は暴力によってその》stato《を守った。……ローマにおいてこの》tirannide《が発生した例から判断して、国家 città において》tirannide《を発生させる共通の理由があることが判明する。それは平民が》libero《であることを強く欲し、貴族が支配欲を傲慢にも満足させようとする場合である。そして法が》libertà《のために作られず党派が自己のために立法する時、そこから》tirannide《が発生する。[31]」

「君主》principe《が存在する時、彼の利益は国家 città のそれに反し、国家の利益は彼のそれに反するのが通常である。それ故、自由な生活》vivere libero《に対抗して》tirannide《が直ちに発生する。[32]」

ミラノでは自由な生活》vivere libero《の主張が君主の下での生活 vivere sotto uno principe の主張に対して勝利を得、共和国 republica を樹立し、》libertà《を享受した。[33] やがて窮状がつのり、スフォルツァへの屈服を考え始めた。

「》libertà《を放棄し、自分達を守護し得る人に託身しよう。そうすれば》servitù《から平和 pace が発生し、

未曾有の不幸、悲惨な戦争から免れ得る。[34]」

「第三の方法はアテナイやスパルタが行なった如く、同盟国を作るのではなく直ちに臣民》sudditi《を創出する方法である。この最後の方法は全く有害であり、この二つの共和国は保持出来ない》dominio《を獲得したことによって滅亡した。[35]」

この》stato《、》dominio《、》imperio《等の主体は共和国でもあり得る(上のアテナイ、スパルタの例もそうである)。

「かくしてピストイアは彼等(フィレンツェ人)の》imperio《下に自ら屈服した。[36]」

「この戦争はヴェネツィアに》stato《と》grandezza《とをもたらし、フィレンツェに貧困と分裂とをもたらした。[37]」

「フィレンツェは》tiranno《(アテネ公)と共に》dominio《を失った。フィレンツェが》libertà《を獲得した如く、その》subietti《(=》sudditi《)も》libertà《を獲得したのである……。そしてアレッツォに使者を送り、彼等に対して保持していた》imperio《を放棄し、以後彼等と協定を結び、》sudditi《としてではなく同盟者》amici《として扱うと伝えた。……長い年月を経ないでアレッツォはフィレンツェの支配権 imperio de' Fiorentini の下に復帰した。[38]」

従って主体の構造を問わず、》stato《は常に同じ論理構造を持っていると考えられる。

(c)(b)の》公《権力はそれを支える具体的な支配集団と不可分に結合しており、そこから支配者、支配集団自身が》stato《と呼ばれるようになる。[39]

「このことはベネデットに対する》stato《の嫌疑に加えて嫉妬をも惹起し、彼の破滅の因となった。……ベネデットに力》forza《が増大し、》stato《にとって非常に危険になると判断したため、》stato《の領袖達(principi dello stato)の恐怖はいよいよ募った。[40]」

「この事件は》stato《の公民達(i cittadini dello stato)にとって充分とは考えられなかった。なぜなら彼等の》stato《(これは〔一〕と〔二〕(b)との結合である)は開始以来十年を経、独裁権(autorità della balìa)が終了することになっていたからである。そこで》stato《の領袖達は》stato《((b)の意味)の喪失を欲せず、新しい権威を味方に加え、敵を弾圧し、それ((b)の》stato《)を再度獲得しなければならぬと判断した。[41]」

この》stato《の支配者への転意は、》principato《が》principe《に転意する事態に正に対応している。

「他人の好意で公民が祖国の》principe《となる時、彼を》principato civile《と呼び得る。[42]」

そして最も有名な例として、

「人間に対して》imperio《(〔二〕(b)の意)を持ち、また持っていた全ての》stati《、》dominii《は共和国か君主》principato《である。[43]」

この例によれば、》stato《、》principato《は勿論、》dominio《も支配者を示す意味を持っていることが明らかになる。

以上の如くこの第二の分類に属する用法はその具体的指示対象を異にするとしても、基本的に同じ論理によって貫徹されている。そしてこの用法は〔一〕の用法と不可分に結合しつつ、自己の論理によって〔一〕の伝統的な意味を変質させた。それ故、マキアヴェッリにおいて》stato《の変革や改革は単に国家組織のそれを意味せず、国家組織を支える実質的支配者の転換を暗示せざるを得ない。

「イスパニア軍の意図はフィレンツェの》stato《を変革し、フランスとの緊密な関係を破壊し、更に金を強奪することにあった。[44]」

「フィレンツェの介入によってシエナの》stato《に変動が発生した。……フィレンツェ人の干渉が強化され、表面化すると、シエナ人は直ちに支配している》stato《の下に団結した。[45]」

これらから判明する如く、その意味を〔一〕あるいは〔二〕と一義的に確定出来ず、〔一〕と〔二〕との結合したものと理解するのが妥当である。[46]この〔一〕と〔二〕との結合したものは、単なる個々人の変動から超越した「支配体制」を意味することになる。

「一三八一年から一四三四年まで支配し、戦争において大きな名誉を獲得したその》stato《[47]」

「一三七八年から八一年まで支配した》stato《の不正を思い出させた。[48]」

「四二年の間、数多くの名誉によって国家città を救った》stato《は壊滅するだろう。[49]」

そして彼の『フィレンツェの》stato《の改革についての論議 Discorso sopra il riformare lo stato di Firenze[50]』が正にメディチ家の実質的な勢力削減を企図している如く、マキアヴェッリにおいて》stato《の改革とは一定の秩序を前提とした国家組織としての》stato《の変革以上に、de facto な根拠を持つ〔二〕の意味の》stato《の変革を意味していた。

〔三〕　〔二〕の用法と表裏一体をなしつつ、》stato《は支配の対象を意味する。例えば、

「征服されて旧来の領地 uno 》stato《 antiquo に併合された領土》stati《について考えるに、両者はその地域 provincia が同じであるか、言語が同じであるか、また各〻異なっているかである。……しかし言語、習慣、制度を異にする地域に領土》stati《を獲得した時には……。[51]」

この意味での》stato《は君主のみならず、教会や共和国についても言われる。

「教会の 》stato《 を除いては、》stato《 の君主たることは不可能であった。[52]」

「王はフィレンツェ領 lo 》stato《 di Fiorentini に橋頭堡を礎こうと考えた。[53]」

「ヴェネツィアの元老院によって、フィレンツェの使節はヴェネツィア領 》stato《 di quella republica への立入りを禁じられた。[54]」

そして 》dominio《 や 》imperio《 がしばしば代用されるのは〔二〕の場合と同様である。

「フィレンツェはその 》imperio《 の一部、例えばピサや他の領地 》terre《 を失い……[55]」

「一五一二年イスパニア軍はフィレンツェ領 》dominio fiorentino《 に侵入した。[56]」

その他 》contado《、》paese《、》terre《 なども用いられる。[57]

この意味での 》stato《 は〔二〕の 》stato《 と不可分に絡み合っており、その区別はしばしば困難である。

「これらの 》principati《 の性質を検討するに際してもう一つの考察が必要である。即ち、君主は必要の際、自力で防衛出来るだけの 》stato《 を保有しているか、否かである。[58]」

「君主が自己の 》stato《 を防衛する軍隊は、自分のものか傭兵か、援兵か、混成軍である。[59]」

この不明瞭さは 》stato《、》dominio《 などにも波及する。[60] この〔二〕と〔三〕との結合は、支配者が被治者に対して完全に外的に作用していることを示し、支配の論理の「家産的」性格を提示している。[61]
〔四〕　国家全体を漠然と指示する用法が若干存在する。但し、この用法はあまり重要でない。
「この時代イタリアの 》stati《 は次の如く組織されていた。ロンバルディアはベレンガリオ三世とその子アルベルトの下に……。[62]」

次に〔二〕の用法と》virtù《との関係を若干検討しておきたい。マキアヴェッリによれば 》dominio《(=》stato《)の獲得はfortunaか》virtù《かによって行なわれ、fortunaは他人の軍隊、》virtù《は自己の軍隊に各〻対応している。[63]
従って、》vritù《とは自力による》stato《の獲得能力として、第二章第二節で述べた人間の支配領域の拡大という彼のテーゼに対応する。ところで》virtù《と》stato《との緊密な関係は次の如き例に見られる。

「この》virtù《(=軍事的才能)は生来》principe《である人にそれを維持させるのみならず、私人をしてこの地位(=》principe《)に上昇させる。[64]」

「彼の》stato《を城砦にではなく、》virtù《と慎慮(prudenza)とに基礎づけることによって、フレゴソはそれ(=》stato《)を維持したし、維持している。[65]」

そして文言上、直接》virtù《と》stato《とが結合していなくても、意味上の連関を持つ場合が無数に存在している。またこの》virtù《の主体は共和国でもあり得る(第四章第三節参照)。

「(共和政ローマの)軍隊の》virtù《こそが》imperio《を獲得したのである。[66]」

但し、共和国の場合には主体の内部関係を規制する原理とは区別され(第四章第二節、三節参照)、あくまで対外的な》stato《獲得能力として観念される。その限りで君主と共和国とはパラレルな関係に立つ。[67]そして》virtù《について何よりも注目すべき点はその具体的内容であるよりも、以上の如き》stato《概念と不可分に結合しているという論理的文脈において把握することである。

以上の如き》stato《の内容(〔二〕を中心とする)をマキアヴェッリの人間像から内在的に導出された「政治観」と比較考察するならば、両者の緊密な対応性が直ちに判明する。その人間像において「秩序」の自明性の伝統が完全に破壊されたことの意味は、一方ではこの秩序観を背景に持つ〔一〕の意味での》stato《が純粋な形ではあまり存在しないという点に消極的に顕現し、他方で〔二〕の意味での》stato《に出現した如く特殊利益の貫徹がそのまま直ちに秩序の唯一の原理となった点に積極的に現われる。かくして「私益」の追求が「政治」として表象され、公共表象は完全に引き裂かれ、その回復の方途は完全に消滅している。このように彼の人間像と結合した「秩序らしさ」の論理が》stato《というターミノロジーで暗々裡に展開されている点を解明する時にのみ、彼の「政治観」の意味が初めて根元的に据えられ得る。この》stato《が実は》tirannide《の仮面であること、しかもこのような》stato《概念が彼の人間像から最も直接的に帰結し得る「政治観」であることによって、彼は「政治学」の伝統に対して真正面から対決したと言える。この点の重要性は再三繰り返すまでもなく決して看過されるべきではない。[68]

マキアヴェッリがこのような意味を明確に提示せず、単に前提として採用した点に、これまでのマキアヴェッリ解釈の非生産性の一つの根拠があったことは確かである。しかし今やこの前提は決して自明なものではさらになく、画期的意味を内包せるものであることが明らかとなった。このような》stato《を前提にして彼の「技術 arte」のある部分が構築されている点を省察するならば、これらの「技術」は「純粋技術」ではあり得ず、高度に政治理論的なコンテクストにおいてのみ初めてその性格を充分に理解し得るであろう。

三　シニョーリア Signoria と領域国家としてのコムーネ Comune

マキアヴェッリの》stato《概念は彼の哲学の中に権利根拠を持っている。従ってその概念の特質は歴史的所与の引照によってではなく、何よりもその思想の論理において内在的に把握されなければならない。ここではこの概念の理解のために事実根拠としての歴史的事象を若干考察してみたい。

中世イタリアの政治状況の基本的特質として、十二世紀以降独立の政治単位として登場した北、中部イタリアの都市国家 Comune がある。[69] コムーネは一一八三年のコンスタンツの和約に示されている如く皇帝権の弱化に伴うイタリアの政治的空白に乗じて、そのアウトノミーを確立し、強化したのであった。[70] 初期コムーネの政治組織は執政官 consules と sapientes（または credenza, senatori）及び assembra generale という二つの立法機関とによって構成され、consules は下属官吏を用いて行政、裁判を行ない、軍事指揮権を行使し、これに対して二つの立法機関は立法の他に consules を選任・監督した。[71] そしてこのような制度を背景に都市貴族の門閥支配が行なわれたのである。同時に対外的には封建貴族との闘争を行ないつつ、contado を獲得し、次第に領域国家としての性格を示すに至った。[72] しかし門閥相互の闘争とグェルフ・ギベリン闘争との激化[73]は consules 制を通じての自立的な秩序の確保を不可能たらしめ、十三世紀の初期から中立性の表象を持つイタリア独特の制度、即ち、ポデスタ podestà 制が consules 制に代って導入されることになった。ポデスタは sapientes の決議に基づきコムーネ以外の軍事行政経験の豊富な貴族から選出され、その職務の執行に必要な要員（特に法律家）[74]を自費で調達した。ポデスタの任期は短期間で且つ再選が禁止されておりその行為は法律 statuto によって厳格に拘束され、法の定めなき時にのみ裁量権が許容され、軍事・外交はもとより、課税などの財政上の行為についても sapientes の承認を不可欠の要件としており、しかも任期の終了後、sindicato においてコムーネ法への違反行為の有無が検討され、違反行為が認定された場合には俸給が削減されるという制裁を受けた。[75] しかしポデスタの権限の狭小性と任期の短期性とは猖獗を極める貴族間の闘争と、平民 popolo の政治に対する不満を解消することが出来なかった。[76] そして十三世紀に経済的実力を持ったポポロは arte（ギルド・ツンフトに相当する）を中心に結合し、ポデスタを頂点とするコムーネ体制から独立した独自の行政・裁判・立法・軍事制度を確立した。この特殊ゲマインデはM・ウェーバーが述べる如く「国家の中の国家 Staat im Staate」であり、最初にして完全に意識的に非正統的な、革命的政治団体であった。[77] このポポロの組織（これは credenza, mercadenza, communanza, popolo, societas などと呼ばれた）は初期において各アルテの代表者からなる anziani, priori（通常八―

十二人、任期二―三ヵ月）をその執政機関として持っていた。anziani はポポロの会議を召集し、コムーネの立法機関たる sapientes に参加してポポロを不正から守り、経済紛争に関する裁判権も獲得した。(78) やがて十三世紀の中頃から anziani とは別に「ポポロの長 capitano del popolo, capitanus populi」が credenza の最高の執政官として登場したが、(79) これはコムーネにおけるポデスタに対応する権限、性格を保持している。このポデスタとカピターノ・デル・ポポロとに代表される二重国家状態が如何なる形で決着をみるかは貴族とポポロとの力関係に全く依存しており各コムーネにおいて異なった過程を歩む。しかし、この二つの組織は単に対立的にのみ捉えられるべきではなく、やがて一般的傾向としてコムーネ内におけるカピターノ・デル・ポポロの地位の上昇、コムーネの「民主化」が発生し、貴族的コムーネからポポロのコムーネへと転換した。この転換は次の二つの点に最も鮮明に現われる。第一に、ポポロの法律がコムーネのそれとなり（場合によっては最高の効力を持つ）、既成の立法・行政機関に対するカピターノ・デル・ポポロ、anziani の影響力の増大によって「民主化」が進行し、(80) 警察・軍事指揮権もポデスタからカピターノ・デル・ポポロへと移行した。第二に、カピターノ・デル・ポポロの裁判権がポデスタの単なる下部機関的権限から競合的権限にまで拡大し、やがてポデスタ判決の破毀裁判権をさえ掌握するに至った。(81) こうしたポポロのコムーネの支配はカピターノ・デル・ポポロが capitaneus communis et populi という名称を獲得した事態にも現われている。しかしかかるカピターノ・デル・ポポロの権限伸長はコムーネとの関係において見られるものであり、その支持者たるポポロと如何なる関係に立つかは別の問題である。

ポデスタとカピターノ・デル・ポポロとの関係は事実上の力関係の反映であり、決してスタティックな上下関係ではない。この根源的不安定性がやがてポデスタ、カピターノ・デル・ポポロ自体の権限強化とシニョーリアへの道を開いた。即ち、コムーネの権力構造は不断の党派対立の産物であり、常に敵党派の攻撃と征服との恐怖感を内在させていた。しかも勝利を獲得した党派がそれ自体の中に無限の対立を内包し、自立的な秩序確立能力を喪失する時、対外的恐怖と結合して「安全 securitas」を自力で確保するよりも第三者への授権によって解決しようと試みざるを得なかった。(82) ここにポデスタ、カピターノ・デル・ポポロの任期の長期化と権限の拡大とが発生した。任期は終身の場合から更に世襲へと転化する。(83) 権限はなかんずく、刑事裁判権の拡張を通して statuto からの実質的解放にまで拡大され(arbitrium generale の発生)(84)、更に官吏任免権や立法権の確立(edictum の発令)によって遂に dominium となり、シニョーリア制が成立する。ここにコムーネの伝統的諸機関は換骨奪胎され、立法機関はシニョーリアによって任命された人々によって構成される翼賛機関となり、行政・裁判官吏は彼に完全に従属し(85)、そして財政問題も完全に彼の arbitrium に帰し、ここに公法体系は完全に家産的論理の中に埋没することになった。(86) そしてかつてポデスタやカピターノ・デル・ポポロの選出に際して提示された人民の同意は服従の同意へと転化し、シニョーリアの職務服従宣誓は戯画化した。(87) こうしてコムーネの内部から発生したシニョーリアはやがて自己の権威の根拠を皇帝や法王の権威に基礎づけることを試みたが(88)、ここにコムーネのアウトノミーの崩壊とシニョーリア制が持つ支配の外在的性格とが典型的に現われている。

シニョーリア制の支配原理は家産制の論理であるが、彼等はこの論理をイデオロギーによって粉飾する。例えばヴィスコンティ Visconti 家の君主は自己の支配を「平和と静穏 pax et quies」というスローガンによって正統化し、「善良な臣民 boni subditi」たることを要求した。(89) その支配は何よりも官僚組織の整備による行政・裁判の画一化能率化を第一に志向した。(90) その具体的政策としては、上層平民 popolo grasso の搾取と下層平民・細民の保護(91)、コムーネの contado に対する抑圧政策の廃棄(92)などが挙げられる。そしてコムーネはもはや政治団体としての意味を喪失し(単なる社会的経済的意味での都市となる)、contado と全く同じ資格でシニョーリアの統治的対象となった。(93) しかしかかる統治の構造はシニョーリアの人格と不可分であるという特質を持ち、彼の死がかかる秩序と体制とをしばしば完全なる混乱に導いたことは、ヴィスコンティ一族の歴史によっても明らかである。

ニコラ・オットカールが指摘した如く、イタリアのコムーネはアルプス以北の中世都市と比較して独得の性格を具えている。(94) それはウェーバーの Idealtypus に従うならば古典古代のポリス、キウィタースとの類似性、従って homo oeconomicus に対する homo politicus の比重の大きさとも言い得る。(95) そしてこの特質を解く鍵は都市とその周辺地域、即ち、contado, distretto との緊密な関係にある。(96) かつてイタリアのコムーネの発展はその周囲に存在する封建的権力に対するアルテに組織された市民の英雄的勝利、その結果として農奴の都市への流入として解釈されて来たが、今日の研究は「contado による都市の征服」という仮設に見られる如く全くその相貌を改めている。このような今日の研究(97)の方向に基づく限り、例えばフィレンツェにおける都市と contado との関係は次の如く考えられている。まず都市の contado 支配の単位は伝統的な教区制に基づく populus であり、(98) それは何よりも徴税の単位であった。(99) しかしそれには二つの問題が伏在していた。第一に contado における封建的権力者 nobiles, milites の存在であり、第二に contado 内の独立的コムーネの存在である。コムーネは第一の存在に対しては軍事的征圧を通してその服従を獲得し、都市への移住を強制し、その裁判権・徴税権を奪取した。(*1) また contado 内のコムーネに対してはポデスタの派遣という形で個別的把握を試みたが、単なる populus と異ってその把握は容易ではなかった。(*2) このような都市と contado との関係を裁判権と税制とについて若干述べてみたい。都市の条令 statuto は都市の住民は勿論、contado 居住者も都市の裁判権に服すべきことを定めている。即ち、フィレンツェ市内は六区に分けられ、contado もそれに従って区分され、contado 市民も居住者も都市の区域裁判権に服し、contado の単位が自立的な裁判権を行使することは原則として否認されていた。(＊3) 但し、contado 内のコムーネはしばしば独自の条令と裁判所とを持ち都市への従属が極めて形式的であり得た。税制は二つの段階を沿った。まず十二世紀末―十三世紀前半では focatio という税制が行なわれていた。それは端的に言えば皇帝及び封建領主の保持していた徴税権をコムーネが簒奪したものであり(従って nobiles, milites などの旧封建領主には課税されない)、各戸に課された定額税であった。この場合旧来の領主がそれを完全に放棄せず、コムーネはしばしばこれら領主の de facto な権威を用いて徴税を行ないつつ、それを両者で分割した。(＊4) これに対して十三世紀以降、コムーネの中核的税制となったのは libra であった。これは各戸の資産状況を金額(libra)で示し、全体的財政の必要に基づきその課税率が定められ、各戸の課税基準額に応じて nobiles, milites も免税されることなく一律に課税される。focatio が伝統的な社会・経済体制の温存の上に基礎づけられていたのに対して、libra は裁判権の集中・populus 制の利用と共にコムーネの一円支配の論理を鮮かに示している。(＊5) そしてかかる税制を可能ならしめたのは貨幣経済の浸透に伴う荘園制の崩壊、即ち、「農奴解放」と地主・小作関係の定着であった。

このようにして contado を包含した領域国家としてのコムーネの政治はあくまでも都市をその心臓としていた。十三世紀以降、フィレンツェの政体がアルテ制に基づくようになった時、contado の居住者が立法権・参政権を全く拒否され、一貫して「臣民」としての地位を保たざるを得なかったのは、あたかも都市内の小アルテやアルテに組織されない労働者(Ciompi!)と全く同様であった。(＊6) 都市内での低賃銀政策に重大な利害関係を有する大アルテがその食糧政策を通して contado を抑圧・搾取したのはその一つの帰結に他ならなかった。(＊7) しかし都市と contado との関係は法制上はともかく、実際はそれほど sachlich なものではなかった。既に述べた如く封建貴族層は contado から都市への移住を強制されたが、この階層は決して contado と完全に切断されず、むしろこの関係こそが都市の contado

支配の一つの要であった。[＊8] そして彼等はアルテ制の下で所謂popolo grassoと分ち難く融合し、[＊9] しばしばscioperati[＊10]として旧来の身分的特質を維持し続けた。[＊11] これは「contadoによる都市の征服」の一つの点である。また貨幣経済の浸透の下で富裕化したcontadoの住民は都市へと移住し、[＊12] そこでアルテに加入したが、他方でcontadoとの関係を維持し続けた(ここでは所謂農奴の都市への流入が事実上ほとんどで行なわれなかった点に注目すべきである)。[＊13] 彼等は地主としてあるいは高利貸としてcontadoの農民を収奪したが、しかし他方populusが都市に対して自己の利益を主張するに際しては彼等の代理人として活動し、populus内での自己の勢威を維持した。[＊14] またpopulusの税の一時的な代理払いをも行なった。[＊15] しかも市民の地主化[＊16]が拡大すればするほど、かかる関係はいよいよ緊密化したのである。このようなパーソナルな関係が都市のcontado支配の裏面に存在していた結果、しばしば事実上contadoの搾取を都市下層階級のそれよりも緩和することにもなったと考えられる。

(1)　Politica, 1-2.
(2)　De re publica, 1-25.
(3)　Defensor pacis, III-4.
(4)　従って序説で述べた如く、マキアヴェッリの政治理論を単に世俗主義の名の下に理解する解釈はこの意味で極めて不充分である。如何なる世俗主義か、こそが正に問題の核心である。
(5)　もし法leggeやより大きな力maggiore forzaが制御しないならば、我々の衝動と情念とによって我々の自然的本能はかかる状況(常に他人の成功を嫉み、他人の不幸のために専心努力する状況)を惹起する(Dell'Ambizione, 79-81, vol. II, p. 716)。この場合後述する如く法は「力」に支援されなければ実効性を有しない(第四章第二節)。それ故、この「より大きな力」とそがかかる人間を制御し得る唯一の手段となる。この事はDis. I-55のmaggiore forzaの用例(vol. I, p. 212)によっても明瞭である。
(6)　Dis. I-1(vol. I, p. 94), I-3(vol. I, p. 102)を見よ。なお第四章第二節(12)を参照せよ。

（7） マキアヴェッリの》stato《分析については次の著作が参考になる。
Mayer, E. W., Machiavellis Geschichtsauffassung und sein Begriff virtù, 1912, SS. 102–113. Condorelli, O., Per la storia del nome "Stato" (Il nome "stato" in Machiavelli) — Archivio giuridico Filippo Serafini, Serie IV, vol. V. pp. 223–35, vol. VI, pp. 77–112 (1923–4). Ercole, F., Lo stato nel pensiero di Machiavelli — La politica di Machiavelli, 1926 所収、Chiappelli, F., Studi sul linguaggio del Machiavelli, 1952, pp. 59–74. Chabod, F., Alcune question di terminologia: Stato, Nazione, Patria nei linguaggio del Cinquecento — L'idea di nazione, 1961 所収。
Chiappelli の研究は、『君主論』中心であり、素材自体が》stato《の意味する具体的内容を探索するのに必ずしも適しておらず、非常に現代的意味に引きつけて解釈している。Chabod の分析は同時代人の用法への言及が相当の比重を占め、マキアヴェッリについては『君主論』『リウィウス論』を中心に論じている。これに対して他の三つの著作は『フィレンツェ史』に中心を据え》stato《の特質を極めて尖鋭に抽出している。しかしこれらの著作はマキアヴェッリにおいて》stato《が持つ理論的意味を完全に看過している。

（8） 》status《はローマにおいて事物や人間集団の「状況」を示すのに用いられ、また、国家 res publica と結合して「国家」の状況即ち国家の法的組織を意味するようになった。中世において前者の用法は帝国・教会・王国及び個人の繁栄・権力などを示すものとして用いられ、更にその主体たる階層自体を示すに至り、》status《は身分 ordo を意味するようになった。そして国家組織を示す》status《は中世、ルネッサンスへと継承されている。十三世紀以降のイタリアでこの元来「状況」を示した用法が徐々に転換を開始した。特に》stato《が権力・権力者(=signoria)・権力を握る党派・その一味徒党を指示するようになったのは注目される(Cordorelli, ibid., pp. 77–86. Mayer, ibid., SS. 107–10. Ercole, ibid., pp. 67–80)。従ってルネッサンスには、国家組織を示す法学的・スタティックな》stato《と権力・権力者を指示する事実的・ダイナミックな》stato《とが存在したのである。

（9） 例えば、De re publica, I–26, 28, II–23.

（10） Dis. I–2, vol. I, pp. 97–8, p. 101.
その他例えば次の如き例が存在する。

「その後、フィレンツェは息を吹き返し、自己の国家組織 ordini を創出し始めたが、この制度は邪悪な過去の制度と混合したため、決して良き制度たり得なかった。こうして真に共和国の名に値する国家組織 》stato《 を保有することが出来ずに明らかに二百年も経過している。」——Dis. I-49, vol. I, p. 200.

「国家組織 》stato《 d'una città を改革しようとする人は……旧来の制度の俤だけでも残しておかなければならない。」——Dis. I-25, vol. I, p. 155.

「そこで平民 popolani から三十六人の公民を選出し、ボローニャから来た二人の貴族と共に国家組織 》stato《 della città を改革させた。」——Istorie fiorentine, II-8, vol. II, p. 69.

「ギベリン党が逃亡した後、フィレンツェ人は国家組織 》stato《 を改革した。」——ibid., II-10, vol. II, p. 71

「貴族を打破した後、平民は国家組織 》stato《 を再建した。」——ibid., II-42, vol. II, p. 120.

(11) Istorie fiorentine, II-9, vol. II, p. 69.

(12) ibid., VIII-2, vol. II, p. 331.

(13) ibid., VII-5, vol. II, p. 337.

(14) 例えば次の如き例が挙げられる。

「彼は父(=コジモ)から遺産として残された名声 》riputazione《 と 》stato《 とを彼(=ピエロ)から奪うのは容易であると判断した。」——ibid., VII-10, vol. II, p. 343. 同旨、VII-11, vol. II, p. 344.

「この法はこの人々(リッチ一派)の野心によって復活されたが、その結果ピエロ・アルビッツィから名声 》riputazione《 を奪うよりもむしろ与えることとなった。」——ibid., III-3, vol. II, p. 126.

「その結果、Capitani とグェルフ党 sètta di guelf は強力 potente になった。」——ibid., vol. II, p. 126.

「一三七一年、グェルフ党はその力 》forza《 を回復した。」——ibid., III-4, vol. II, p. 126.

「(ピエロ・アルビッツィは)グェルフ党において絶大な権威 》grandissima autorità《 を持っていた。」——ibid., III-6, vol. II, p. 132.

「チオンピの力 》forza《 が増大するにつれて、執政官のそれ(=力)は減少した。」——ibid., III-14, vol. II, p. 147.

メディチ家の力 la 》potenza《 de'Medici の削減とはピエロの権威 》autorità《 を奪うことであり、彼の 》stato《 と 》riputazione《 を喪失せしむることであった(ibid., VII-13, vol. II, p. 347)。

(15)「貴族達は最初分裂していたためにそれを承認した。かくして互いに》stato《を奪い合い、結局完全にそれ(=》stato《)を喪失した。」——ibid., II-11, vol. II, p. 73.

　彼等は敵の破滅から、投票への干渉では自己の》stato《を確固たらしめるに不充分であると判断し……短期間のうちに敵派 la parte nimica を追放し抑圧し、自己の》stato《をいよいよ強化した。」——ibid., V-4, vol. II, p. 224.

　「あなたの方針によるならば、我々の祖国 patria(=フィレンツェ)は自由 libertà を失い、そしてあなたは》stato《を私は財産を、他の人々は祖国を失うだろう。」——ibid., VII-15, vol. II, p. 351.

(16) 例えば》stato《de'Medici は敵を完全に圧殺してフィレンツェにおける唯一の権威》unica autorità《nella città となり、全ての》stato《がメディチ家に集中し、ロレンツォはフィレンツェの》principe《となった(ibid., VII-1, vol. II, p. 379)。この場合には、de facto な力が何等の質的転換を遂げずに支配権力に上昇する状況が極めて鮮かに提示されている。

(17) ibid., II-22, vol. II, p. 87.

(18) ibid., III-8, vol. II, p. 134.

(19) ibid., III-21, vol. II, p. 159.

　その他、例えば、

　「ギベリン党は彼等の権威》autorità《が失墜するのを見て内心穏かならず、好機を窺って再度》stato《を獲得しようと待ち受けていた。」——ibid., II-6, vol. II, p. 67.

　「使節は白派(Bianchi)が公職に参加することを希望したが》stato《を掌握していた黒派(Neri)はこれに同意しなかった。」——ibid., II-19, vol. II, p. 83.

　そして黒派は》autorità《の喪失を恐れ、白派は》autorità《の欠如を不満に思っていた(ibid., II-20, vol. II, p. 83)。従って》autorità《も》stato《同様》公《権力を示していると考えられる。

　「国王の味方でランドとその一味 sequaci との敵は、貴族、上層平民、全てのグェルフ党であった。しかし敵が》stato《を保持していたため、反対の気配を見せることは非常に危険であった。」——ibid., II-25, vol. II, p. 91.

　「》stato《を小アルテから奪取して大アルテに帰すことが現状での唯一の救済策である。」——ibid., IV-9, vol. II, p. 181.

(20) マキアヴェッリの『フィレンツェ史』はかかる parte, sètta、それと結合した》stato《の論理の貫徹を赤裸々に提示しており、国家組織の歴史は背後に退いている(Mayer, op. cit., S. 112)。マキアヴェッリ自身の観察によれば、フィレンツェでは公益 utilità comune が私益 utilità propria によって破壊され、対立は討論によらずに戦闘で結着がつけられ勝利者は自己に好都合な如く法を作り、法は私益のために存在し、公民の行動原理は「国家生活 vivere civile」に対抗せる党派の野心である(Istorie fiorentine, III-1, 5)。なおコムパーニ著、杉浦訳『白黒年代記』及び第四章第二節参照。

(21) ibid., II-13, 30, 42.

(22) ibid., III-5, 19, 24.

(23) ibid., V-4, 21.

(24) ibid., II-4-6 のグェルフ・ギベリンの対立、III-3-4 のアルビッツィとリッチとの対立などがそれである。

(25) ibid., III-21, vol. II, p. 159.

(26) コジモについては ibid., VII-5(vol. II, p. 336)、ロレンツォについては VIII-1(vol. II, p. 379)、ミラノのスフォルツァについては VI-24(vol. II, p. 316)、シエナのパンドルフォ・ペトルッツィについては VIII-35(vol. II, p. 431)、その他、IV-27(vol. II, p. 208)など。

(27) Principe, XVIII, vol. I, p. 56.

(28) 》stato《 を獲得することとは 》dominio《 を得ることである(Istorie fiorentine, III-25, vol. II, pp. 164-5)。その他 principe, I(vol. I, p. 5), II(p. 6), Dis. II-2(vol. I, p. 235), II-4(vol. I, p. 243)など。

(29) 「カエサルは寛大によって 》imperio《 を獲得した。」——Principe, XVI, vol. I, p. 51. その他、Principe, I(vol. 1, p. 5), Dis. I-1(vol. 1, p. 93, p. 96), I-4(p. 103), I-33(p. 151), II-13(p. 264)などもこれに該当している。

(30) 「彼等の行為によって彼(=アテネ公)が 》principato《 を獲得すれば、彼等に利益が生ずるだろうという期待を持った。」——Istorie fiorentine, II-33, vol. II, p. 103.

「彼等(アルビッツィ派とリッチ派)は互いに憎悪し合い、各々は共和国の 》principato《 を獲得するために如何にして他を抑圧し得るかと心をくだいた。」——ibid., III-2, vol. II, p. 124. Principe, III (vol. I, p. 6), VI (p. 19), VIII (p. 28), IX (p. 31), X (p. 34), XI (p. 36). Dis. I-16(vol. 1, p. 138), I-52(p. 204), III-5(p. 337).

(31) Dis. I-40, vol. I, p. 186.

(32) Dis. II-2, vol. I, p. 290.

(33) Istorie fiorentine, VI-13, vol. II, p. 290.

(34) ibid., VI-24, p. 307.
その他次の如き例を参考にせよ。

「あなたは自由 »libertà« を享受している国家 città を隷従 »servo« させようとしている。しかし我々がナポリ王に与えた権力は友人としてのそれであって、決して我々の »servitù« を意味するものではない。」——ibid., II-34, vol. II, p. 103. メディチ一門のフィレンツェ支配は祖国の »servitù« を意味する (ibid., V-8, vol. II, p. 230)。

(35) Dis. II-4, vol. I, p. 343.

(36) Dis. II-21, vol. I, p. 292.

(37) Istorie fiorentine, IV-15, vol. II, p. 189.

(38) ibid., II-38, vol. II, p. 115.

(39) この意味での »stato« 及び〔三〕についてはブルックハルトの有名な指摘が存在している。
「支配者とその徒党とは一括して »stato« と呼ばれる。そしてこの名称は不当にもやがて一定の領域全体を意味するようになった。」——Burckhardt, J., Die Kultur der Renaissance in Italien, 2. Aufl., 1869, S. 2.

(40) Istorie fiorentine, III-23, vol. II, p. 161.

(41) ibid., VI-7, vol. II, p. 283. その他次の例を挙げておきたい。
「国家 città から »stato« にとって敵であるか、またはそう疑われる者を一掃した。」——ibid., V-4, vol. II, p. 224.
「コジモはグェルフ党にも »stato« にも反抗しようとしなかった。」——ibid., IV-26, vol. II, p. 204.
「この »stato« は彼等の権威 »autorità« を維持するために民衆を必要とした。」——ibid., VII-1, vol. II, p. 330.
「»stato« は彼等の権威 »autorità« を維持するのが困難であるのを発見した。」——ibid., VII-2, vol. II, p. 331.
「民衆は新しい »stato« の意志に従って直ちに執政官を創設した。」——ibid., VII-17, vol. II, p. 353.
なお nuovo nello »stato« とは支配者として新人であることを示す。例えば、ピエロ・デ・メディチについて ibid., VII-5.

(p. 335), VII–12(p. 347), ミラノ公について ibid., VII–20(p. 357)。

(42) Principe, IX, vol. I, p. 31.

(43) ibid., I, p. 5. 次の例は共和国が》stato《と呼称される例である。

「(ベルナルド)はプラトの人々が傲慢・貪欲に支配されるのに不満を持ち、》stato《(=フィレンツェ共和国)に対して謀叛心を懐いていることを知っていた。」——Istorie fiorentine, VII–11, p. 363.

(44) Dis. I–27, vol. I, p. 311.

(45) Dis. II–25, vol. I, p. 307.

(46) 「パッツィの陰謀」は》stato《 di Firenze が何を意味するかを鮮かに提示している。即ち、》stato《の変革とはメディチ家のロレンツォ、ジュリアーノ(この二人は i governi di Firenze と考えられている)を殺害することを主要目的となした。逆にロレンツォ殺害の失敗は直ちにフィレンツェの》stato《の変革の失敗となった(Istorie fiorentine, VII–3〜11)。このことは国家組織が de facto な》stato《の背後に後退していること、》stato《 di Firenze は》stato《 de'Medici なしでは考えられないこと、を示している。

(47) Istorie fiorentine, III–29, vol. II, p. 171.

(48) ibid., IV–9, vol. II, p. 181.

(49) ibid.

(50) この論文の中でマキアヴェッリは一三九三年以降フィレンツェに存在した》stato《を次の如く整理する。まず、Albizzi によって創設された forma di republica governata da ottimati、次が lo 》stato《 di Cosimo そしてソデリーニ下の forma di republica、一五一二年以降の》stato《が存在する(vol. II, pp. 526–8)。詳細は第五章第一節へ。

(51) Principe, III, vol. I, p. 7. 更に次の例を挙げておこう。

「君主が新しい領土》stato nuovo《を獲得し、旧来の領土に併合した時には、その獲得に際して味方になった者を除いてこの新領土(の人間)》stato《を武装解除しなければならない。」——ibid., XX, p. 67.

その他、Principe, IV(p.14), XVIII(p. 57), XXIII(p. 75), Dis. II–10(vol. I, p. 257), II–12(p. 261), II–18(p. 284), II–20(p. 261), II–18(p. 284), II–20(p. 290)など多数。

(52) Principe, VII, vol. I, p. 22.
(53) Istorie fiorentine, VI-15, vol. II, p. 291.
(54) ibid., VI-26, p. 310.
(55) Dis. I-39, vol. I, p. 181.
(56) Dis. II-27, vol. I, p. 310.
「ヴェネツィアの使節はフィレンツェ領》dominio《 fiorentinoに入るのを拒絶された。」——Istorie fiorentine, VI-26, vol. II, p. 311.
「この最後の言葉を聞いて元老院は興奮し、傭兵隊長バルトロメオ・ユリオネにフィレンツェ領》dominio《 fiorentinoを攻撃させることを決定した」——ibid., VIII-20, vol. II, p. 356.
(57) 「ルッカ人は勝利の後、自己の領土》terre《を回復したのみならず、ピサの領地》contado《をも占領した。」——ibid., IV-25, vol. II, p. 203.
「カルロの到着によって、カストルッツィオはフィレンツェ領 il 》paese《 fiorentinoを自由に掠奪することが出来なくなった。」——ibid., II-30, vol. II, p. 96-7.
(58) Principe, X, vol. I, p. 34.
(59) ibid., XII, p. 39. 以下同様の例である。
「王の側近に居たフィレンツェの使節は、王がイタリアに入っても彼等の》stato《を維持させ、庇護を与えるという条件で中立を約した。」——Dis. II-25, vol. I, p. 209.
「この無秩序(軍隊の)は傭兵隊長の意志と》stato《を保持している人間の無智とに基づいている。」——Dis. II-28, p. 281.
「ヴェネツィア人はその精神的悪弊と軍制の欠点との故に、突然、その》stato《と士気とを喪失した。」——Dis. III-31, p. 413.
(60) 「ヴェネツィア人とフィレンツェ人とは傭兵によって彼等の》imperio《を拡大したが……」——Principe, XII, vol. I, p. 40.
「その他、彼の高邁な心を苦しめていたのは、名誉に値する征服をしてフィレンツェの》imperio《を拡大しなかったこととであった。」——Istorie fiorentine, VII-6, vol. II, p. 339.

(61) Condorelli, op. cit., pp. 104-110.

(62) Istorie fiorentine, I-13, vol. II, pp. 26-7.
「近来、帝国の衰退と共に法王は直ちに俗権を増大し、イタリアは多くの》stati《に分裂した。」——Principe, XII, vol. I, p. 42.

(63) Principe, I, vol. I, p. 5.

(64) ibid., XIV. p. 46.

(65) Dis. II-24, vol. I, p. 303.

(66) Dis. II-1, p. 231.

(67) その意味で》virtù《が個人にも共和国にもパラレルに属することは次の例が明示している。
「私はこの》virtù《と欠点 vizio とが個人 uomo solo にも共和国 republica にも存在すると考える。」——Dis. III-31, vol. I, p. 411.

(68) しかし、この重要な点はこれまで充分論じられていない。例えば、Gilbert, A. H., Machiavelli's Prince and Its Forerunners: The Prince as a Typical Book de Regimine Principum, 1938 はその副題からも明らかな如く、マキアヴェッリにおける斬新さの承認にもかかわらず、『君主論』の前提する理論構造への展望が全く抽象的な形に止まっているために、諸技術の内容についての比較論的註釈に終っている。また、Gilbert, F., The Humanist Concept of the Prince and the Prince of Machiavelli — Journal of Modern History, XI, 1939. Mattei, R. de, Per la storia del premachiavellismo — Storia e politica, 1963 もこの点について全く示唆するところがない。

(69) コムーネの起源については多くの学説が存在している(Leicht, P. S., Storia del italiano, 1950, pp. 207-17)が、M・ウェーバーは「コンユーラーチオ conjurationes」によるゲマインデの成立として解釈する。このゲマインデは伝統的支配権力たる皇帝直参貴族・司教などに対抗しつつ、その武力を排除して裁判権の自立性、立法権を確立したのである(Weber, M., Wirtschaft und Gesellschaft, 3. Aufl., SS. 537-9)。
なお具体的ケースについては、例えば、谷泰「イタリアにおける都市国家の形成——ミラノを中心として——」清水・会田編『封建国家の権力構造』一九六七年所収、を見よ。

(70) この和約ではコムーネは封建的団体と観念され、コムーネの代表者たる consules は皇帝によって任命されるという制約を持っていた(Leicht, ibid., pp. 230–2)。コムーネはその後以上の如き制約を排した。フリードリッヒ二世の帝権回復政策によって再度脅威にさらされたけれども彼の死と共にそのアウトノミーは二度と侵害されることはなかった。

(71) Salzer, E., Ueber die Anfänge der Signorie in Oberitalien, 1900, SS. 16–8. Wolf, H., Volkssouveränität und Diktatur in den italienischen Stadtrepubliken, 1937, SS. 3–4. Leicht, ibid., pp. 233–7.
例えば、ミラノでは一一〇一年に任期一年の consules 制が確立し、貴族の合議機関である credentia、他の人々が参与する arrengo が存在していた(Wolf, ibid., S. 24)。

(72) 封建貴族によるコムーネの経済活動に対する妨害の排除、城砦の奪取、征服した軍事力のコムーネへの奉仕、貴族の領土高権の剝奪とその権利のコムーネへの転換、などがこの闘争の帰結として生じ、貴族の都市への強制移住が行なわれた。しかし貴族の特権は直ちに完全に消滅しなかった(Salzer, ibid. SS. 6–9)。

(73) この闘争にはポポロの経済力の増大とそれに基づく政治参加の要求が絡み合っている(Salzer, ibid., SS. 16–9. Wolf, op. cit., S. 4. Weber, op. cit., SS. 547)。

(74) ポデスタ制とローマ法の普及とは密接な関係に立っている(Weber, ibid., S. 549. Koschaker, P., Europa und das römische Recht, 4. Aufl., 1966, SS. 85–6)。

(75) Salzer, op. cit., SS. 28–30, SS. 67–76. Leicht, op. cit., pp. 237–9.

(76) ポデスタ制においてもコムーネの実権は貴族と上層平民とによって形成される sapientes にあり、ポポロの政治的不満は何等解決されていない。

(77) Weber, op. cit., S. 563.

(78) Salzer, op. cit., SS. 146–8.

(79) 任期一年、再選禁止(Salzer, ibid., S. 104, SS. 142–4)。その権限も全くポデスタ同様であり、任期終了と共に sindicato による行動の審査を受けた(ibid., SS. 169–71)。また活動に必要な要員を自弁する点もポデスタと同様である(Weber, op. cit., S. 563)。

(80) ポポロは完全な発展に到達する以前に自己の条令 statuto を持ち、時としてはコムーネの決議はポポロの承認なくしては効力なし、という原則を獲得し、更にポポロの決議をコムーネの条令に採用することを強制し、若干の場合にはポポロの statuto は他のあらゆる statuto(コムーネの！)に優先するという原則を獲得している(Weber, ibid., S. 564)。なおこのような立法権の移動はしばしば既成のコムーネの立法機関の再組織をもたらした(Wolf, op. cit., SS. 34–6, SS. 51–2)。

(81) Salzer, op. cit., SS. 148–57.

(82) 「シニョーリアは一つの階級が同質性、団結、統一を失い、もはや政権を維持することが出来ず、しかも内的対立を解決するように迫られる時、自から発生する。」——Anzilotti, A., Per la storia delle signorie e del diritto publico italiano del Rinascimento — Studi storici, XXIII, 1914, p. 86.

(83) 例えばフェララのエステ家は一二六四年に gubernator et rector et generalis et perpetuus dominus civitatis Ferrariae et districtus となり(Salzer, op. cit., S. 42)、またミラノのヴィスコンティ家は一三一七年に capitaneus populi から dominus generalis となった(ibid., SS. 119–20)。

(84) 十三世紀後半以降、ポデスタ、カピターノ・デル・ポポロに対して刑事裁判についての liberum arbitrium, merum, librum et generale arbitrium が授与され、sindicato による責任追及からも免れることになった(Salzer, ibid., SS. 77–85, SS. 171–2. Wolf, op. cit., 15–8)。

(85) Weber, op. cit., SS. 572–3. Salzer, ibid., SS. 255–9. Wolf, ibid., SS. 21–3.

(86) 即ち、支配権が Privatbesitz となった(Salzer, ibid., SS. 160–3)。

(87) Salzer, ibid., SS. 223–5.

(88) Salzer, ibid., SS. 231–8. Anzilotti, op. cit., p. 101. Larner, The Lords of Romagna, 1965, pp. 89–91.

(89) Bueno de Mesquita, D. M., The Place of Despotism in Italian Politics — Hale, J. R., et al.(ed.), Europe in the Late Middle Age, 1965 所収 — pp. 322–3. 第四章第一節参照。

(90) 十五世紀前半のミラノ公 Filippo Maria Visconti の統治機構は次のような構造を持っていた。公の助言機関としての枢密院、行政幹部としての大臣、公の財務官 Camera、各地域の行政・裁判官としての podestà(各地域の自立的決定権は若干残存した)、城砦に居を据える・秩序と安全との守護者としての傭兵隊長、一定地域の統治に責任を持ち・中央との連結環の機能を果す長官、官吏の不正の監督機関としての exgravator(Bueno de Mesquita, ibid., p. 319)。臣民の不満を受付け、官吏の不正を監察する exgravator については、Anzilotti, op. cit., pp. 91-2 を参照せよ。

(91)　Anzilotti, ibid., p. 88.

(92)　Anzilotti, ibid., p. 93. Weber, op. cit., S. 574.

(93)　しかし都市が単なる行政区域に転化し、家産国家の論理が完全に貫徹したわけではなく、これらの都市(旧来のコムーネ)は征服された場合にも若干の特権を留保するのが通例であった(Weber, ibid., SS. 574-5. Anzilotti, ibid., pp. 94-5)。なお Salzer, op. cit., SS. 238-55 はシニョーリアの征服方式と都市の特殊性の残存とについて具体的に詳述している。

(94)　Ottokar, N., I comuni cittadini del medio evo — Studi comunali e fiorentini, 1948 所収。

(95)　Weber, op. cit., SS. 583-4, S. 592. Ottokar, ibid., p. 6.

(96)　「イタリアのコムーネは都市に固有な経済的性格に束縛されていない。社会的、領域的に孤立し、区別されているような世界ではない。それは周辺世界と絆を保ち、むしろその組織化と統治との中心となる。従ってコンタードのないイタリアの都市は存在せず、むしろコムーネの形成と都市外の領域の形成とは同じことなのである。」——Ottokar, ibid., p. 5. 従って当然、contado の諸関係は都市内部の諸関係に直ちに反映する(ibid., p. 18)。

(97)　都市と contado との関係についての研究は、あまり充分ではない。本稿の以下の叙述は清水廣一郎氏の次のような研究に基づいている。

「十三世紀フィレンツェの豪族について」『一橋論叢』五十巻二号(以下「フィレンツェの豪族」として引用)。「十三世紀フィレンツェのコンタードについて」同右、五三巻三号(以下「フィレンツェのコンタード」として引用)。「イタリア中世都市の領域支配について」『社会経済史学』第三四巻三号(以下「領域支配」として引用)。

(98)　contado は当時の観念では司教区 episcopatus として都市 urbs と不可分に結合した領域概念である(従って都市がかかる意味での contado とは異なった領域を征服した場合には districtus と呼ばれる)。contado は都市の六区に従って六区分され、各々は教区 plebs に、更に小教区 populus に分れていた(清水「フィレンツェのコンタード」七六—八頁)。そして都市の contado 行政の基礎は plebs にではなく populus に置かれていた(清水「領域支配」三—六頁)。

(99)　各 populus は rector という代表者を持ち、彼が都市との公式のチャネルであった。そして populus は何よりも租税負担の単位であり、一定の総額の支払について共同責任を負っていたが、その他に秩序維持についても一定の責任を負った(清水

「領域支配」七—一一頁)。しかしこれは公式の関係であり、後述する如く種々の複雑な関係が存在した。

(＊1) こうして都市に移住した nobiles, milites は civis selvaticus と呼ばれたが、彼等の都市に対する服従は決して完全ではなかった(「領域支配」一三—一六頁)。(72)参照。

(＊2) 清水「領域支配」一七—二二頁。

なおかかる集落は社会・経済的形態としては castello であった(清水「フィレンツェのコンタード」八一—六頁。Cfr. Schneider, F., Zur sozialen Genesis der Renaissance — Wirtschaft und Gesellschaft: Beiträge zur Ökonomik und Soziologie der Gegenwart. Festschrift für Franz Oppenheimer zu seinen 60. Geburtstag, 1924 所収)。

(＊3) 清水「領域支配」一一—三頁。

(＊4) 同右、二五—三〇頁。

(＊5) 同右、三〇—三五頁。

(＊6) アルテ体制下のフィレンツェの政治、経済構造については数多くの著書、論文が存在するが、一応次の如き邦語文献を挙げたい。

星野秀利「中世フィレンツェ毛織物工業の歴史的性格」『社会経済史学』二一巻五六号、二二巻一号。森田鉄郎「近代社会成立史上におけるイタリアの特殊性」『社会経済史学』二四巻五・六号。森田鉄郎「中世イタリア都市の繁栄の性格——フィレンツェ毛織物工業を中心として——」『社会経済史大系』Ⅲ。森田鉄郎『ルネッサンス期のイタリア社会』一九六七年。

(＊7) 都市の首都的・利己的 Versorgungspolitik としての農業政策については、Pöhlmann, R., Die Wirtschaftspolitik der florentiner Renaissance und das Prinzip der Verkehrsfreiheit, 1878, SS. 17-39. Doren, A., Italienische Wirtschaftsgeschichte, 1934, SS. 527-33. Fiumi, E., Sui rapporti economici tra città e contado nell'età comunale — Archivio storico italiano, CXIV, 1956, pp. 38-62. 森田鉄郎「中世イタリア都市の食糧政策と農制との関係について」神戸大学文学会誌『研究』第三号所収。

(＊8) 都市の封建領主の征服の方式は従って逆にコムーネ権力内部への彼等の侵入を惹起した。そして彼等が種々の特権を保有する限りコムーネは私益の不安定な結合としての性格を持たざるを得ない(Ottokar, op. cit., pp. 19-22)。このようなコムーネの性格は寡頭政下において甚しく現われ、所謂「民主化」においては特殊主義への傾向を阻止する共同体原理の優位が顕在化する(ibid., pp. 85–8)。このようなフィレンツェの政治のダイナミズムを、M・B・ベッカーは gentle paideia, stern paideia という二つの理念によって鮮かに分析している(Florence in Transition, vol. I, The Decline of the Commune, 1967)。

(＊9)　Weber, op. cit., S. 560.

例えば法的規定としての豪族 magnati, grandi に含まれる諸家の社会的基礎は極めて多様である。これはコムーネ支配層の複合的性格を示すと共に、コムーネ自体のヘテロジェナスな構成を意味している(清水「フィレンツェの豪族」)。

(＊10)　scioperati とはイタリア語で「怠け者」を意味する scioperato の複数形であって、専ら公職に就任するために大アルテに加わり、そのアルテ本来の経済活動を行なわない人々を指す(Weber, ibid., S. 560. Becker, op. cit., pp. 17–8)。

(＊11)　popolo grasso, magnati は共に名誉 onore を最高の徳と観念している(Brucker, G. A., Florentine Politics and Society, 1343–1378, 1962, pp. 27–40)。

(＊12)　contado 在住者の中で上層部分が移住した点に注目すべきである(清水「フィレンツェのコンタード」九二頁、「領域支配」四五—六頁)。彼等もまた civis selvaticus と呼ばれたが、初期のそれが封建貴族であったのに対して、これらの人々は貨幣経済の滲透過程の中で富裕化した農村ブルジョアである(Fiumi, E., Fioritura e decadenza dell'economia fiorentina — Archivio storico italiano, CXV, 1957, p. 429. ibid., CXVIII, 1959, p. 486)。そして一三四三年以後フィレンツェの政治を動かした novi cives はこれらの人々の子孫であった(Brucker. ibid., pp. 40–5)。

ダンテのこれらの「田舎者」に対する軽蔑(Paradiso. XVI, pp. 49–57)は当時のフィレンツェ支配階級の態度を端的に示している(Brucker, ibid., p. 52)。

(＊13)　従来、都市は逃亡した農奴に市民権を与え、免税措置等を講じて移住を奨励したと解釈されていたが、今日では都市が一貫して封建領主の権利を保護したとされ、農奴の逃亡は事実上発見されていない(清水「領域支配」一六—七頁)。Fiumi, Fioritura e decadenza — Archivio storico italiano, CXVI, 1958, p. 493)。ここに都市の封建貴族征圧という事業の持つ非革命性が極めて明らかである。なお封建的関係解体以後も下層農民の移住は存在していない(清水「領域支配」四六頁)。

(＊14)　清水「領域支配」四九頁。

(＊15)　清水「領域支配」四八—九頁。清水「フィレンツェのコンタード」八八—九四頁。

オットカールはかかる関係を clientela 的関係と呼んでいる(Il comune di Firenze alla fine del Dugento, 2 ed., 1962, p.

156)。

(＊16) この時期の地主—小作関係は所謂折半小作制 mezzadria である。「農奴解放」から mezzadria までのイタリア農業社会については次の論文を参照せよ。

Dietzel, H., Ueber Wesen und Bedeutung des Teilbaus (Mezzadria) in Italien — Zeitschrift für die gesamte Staatswissenschaft, XLI, 1885. 森田鉄郎「Mezzadria classica 考」『研究』九号。

(＊17) Fiumi, Sui rapporti economici, pp. 62–8.

第二節　Arte dello 》stato《

マキアヴェッリの原理的「政治観」は》stato《的論理であり、この前提の上に》stato《の獲得、維持、拡大のための技術》arte《が構築される。彼の著作が主として》arte《という形式で書かれていることは一読すれば直ちに明らかであるが、しかし》arte《という形式自体は何等マキアヴェッリの特質ではなく、この形式は実はプラトン以来(1)連綿と存在する。それ故、彼の理論の特質は単に》arte《である点に求められるべきではなく、正に arte dello》stato《である点にこそ存在するのである。

マキアヴェッリの》arte《は既に示した如く「必要 necessità」という概念と結合している。ところで一定の行為がある主体にとって》necessità《であるという場合、誰が、如何なる根拠に基づいてその行為を》necessità《と判断するか、は》necessità《の問題を考察する際、最も重要な問題である。かかる視点を欠落させた》necessità《論は蓋し不毛たらざるを得ない。》necessità《が arte dello》stato《と結合する場合には、この》necessità《に適った行為を判断し、実行する主体は》stato《の保持者であり、その根拠は明瞭に自己の利益の貫徹にのみ求められる(2)。他方、この行為の対象となる人間はかかる行為によって単に外的に強制されるに過ぎず、この強制の結果この客体としての人間は一定の行為を》necessità《と観念し、実行する。[3] 従って》stato《の主体は客体の行動様式を観察した上で、自己の利益の実現にとって最も適合的な行動を自己にとって》necessità《であると表象する。[4] そして arte dello》stato《が感性的人間を操作対象として持つ以上、》necessità《に基づく行為は「より大きな力」による強制を中核とせざるを得ないのである。ここでは arte dello》stato《の内容を、(一)臣民統治に関する arte、(二)他の》stato《保持者との関係についての arte、(三) arte の中で独自な内容を有する軍事論、の三つに大別して論じたい。

一　臣民 sudditi の統治術

まず制度的側面から考察するならば、「安全 sicurtà」の確保を目的とする法制度の整備が肝要である。[5] それは「自由」に対して「安全」と「平和」とに基づく実定的秩序の維持を意味する。しかしマキアヴェッリはかかる抽象的・静態的議論に止まらず、むしろ彼の認識した生ま生ましい「現実的人間」を如何に扱うか、にその議論の重点を設定している。ところで臣民が支配者に対して懐く感情には、軽蔑 disprezzo、愛情 amore、恐怖 timore、憎悪 odio の四種類が存在する。この中で軽蔑と憎悪とは陰謀と反乱との原因となり、それ故支配者は臣民の間に、この二つの感情が発生しないように行動すべきである。[6] 即ち、軽蔑は無節操、軽率、惰弱、臆病、優柔不断であるというイメージから発生する。それ故、その行為において偉大、勇気、厳格、堅忍不抜のイメージを与え得るように配慮すべきである。[7] 憎悪は生命、財産、名誉に対する危害から発生する。生命に関して言うならば慣性的脅迫が最も有害であり、直ちに殺害するのが最も安全な方法である。[8] また貪欲に基づく他人の財産の簒奪は、「人間は遺産の喪失よりも父親の死をより早く忘れる li uomini sdmenticano più presto la morte del padre che la perdita del patrimo」[9] のであるから極めて危険である。[10] 名誉の侵害は主として他人の妻に侮辱を与えることに存する。[11] 他方、臣民の支配者に対する愛情と恐怖とは共に支配者にとって有益である。[12] 勿論、愛情は一歩誤れば軽蔑となり、恐怖は憎悪となる可能性を持つ。[13] ところで愛情と恐怖との双方を獲得し得る支配者は存在せず、その限りで愛情よりも恐怖の方が支配者にとって有用である。

「人間については一般的に次の如く言い得る。即ち、人間は恩知らずで変り易く、偽善的且つ偽装的で臆病で、貪欲である。あなた(=君主)が彼等にとって都合良き限り、彼等はあなたのものであり、生命、財産、血、子供を供するであろう。しかし前述の如くそれはかかる犠牲が必要でない時のことであり、かかる必要が到来すると彼等は裏切る。それ故、彼等の言葉を信頼して準備を怠る君主は破滅する。……人間は自分が恐れている人間よりも愛している人間を害するのに躊躇しない。なぜなら愛は義務の鎖で保たれている。しかし人間は悪しきものであるから、いつでも自己の利益 propria utilità によってこの鎖を破壊する。これに対して恐怖は決して放棄することの出来ない処罰の恐怖 paura di pena によって支えられている。それ故、君主は愛されなくても憎悪されない程度に恐れられなければならない。」[14](傍点は佐々木以下同様)

この愛情よりも恐怖が好ましいというテーゼは感性的人間の propria utilità を抑圧し得るのが「処罰の恐怖」であること、従って彼等をコントロールし得る唯一の手段は「より大きな力」である、という論理を端的に示している。即ち、支配は「恐怖」によってのみ確保され得る。そして「武器なき予言者 profeto disarmato」の失敗は「力」に基づかず説得に完全に依存するために発生せざるを得ない。[15] この「力」による支配こそが、彼がタキトゥスを引用して述べた如く、自らの力に依存することに他ならない。従ってマキアヴェッリの臣民統治論はこの最も中核的な原理を前提にしつつ、最大限にその服従と支持とを獲得すべく構成されている。例えば、

「ある君主が民衆に基礎をおき、且つ良く命令し、勇気を有し、不運に屈せず、その他の準備において欠くところなく、断固たる決心と行動とによって全民衆の心を把握したならば、民衆によって欺かれることなく、且つ自分でも確実な基礎を持っていることを認識するだろう。(16)」

と述べる時、それは明瞭に単なる「恐怖」以上の積極的支持を想定している。しかし、かかる支持はマキアヴェッリ自身が述べている如く、民衆に対して君主が利益を供している間のみ続き得るのであり、限界的状況においては常に「恐怖」が再度機能しなければならない。このような論理に基づいてより積極的支持を調達する方法としては、君主の信義・慈悲・宗教心のポーズ、(17)更には具体的な臣民保護政策(18)が挙げられている。しかしこのような行動様式の表見的な変化は決して》stato《的論理構造を何等止揚するものではなく、かかる論理を赤裸々な形で発現させずに却ってそのより効果的な貫徹を実現する手段に他ならない。(19)そしてあの「見えること」と実態との悪名高い二元論(20)は、この技術の表見的二元性に正に対応しているのである。ところでこのような技術の実行能力たる》virtù《の非道徳的性格は、実は全ての道徳が「自己の利益」によって解体されるという原理的人間像の性格の中に既に潜在しており、マキアヴェッリの》stato《の論理構造が元来非道徳的な原理的人間像の転換ではなくその個人主義の貫徹としての性格を持っていたが故に、極めて当然の結果であった。しかし、マキアヴェッリ自身において「普遍的善」という観念がその実効性を喪失しつつも依然として存在しており、その結果、政治行動に対する論理的・道徳的判断自体は決して消滅せず、(21)両者の緊張関係はいよいよ鋭く意識されることになったのである。(22)

ここでは臣民統治に関する彼の諸技術とその原理的人間像との緊密な関係を指摘するのに努めた。勿論この他に反乱(23)・陰謀(24)の問題、城砦の有害性(25)についての議論、》stato《の獲得手段の種類、(26)それに原理的なレヴェルでの技術の枠を越えるものとして、世襲的権力者と新しい権力者との行動様式の相違、(27)》sudditi《の状況・性質との対応による政策変更[28]、などが問題にされている。

二 権力者相互間の諸技術

マキアヴェッリの技術の中で最も悪名高いものとして、権力者間における信義・誠実の問題がある。ここにおいても感性的人間相互間の生ま生ましい関係が見られる。そもそも人間は自己の利益に従って約束を自由に破り[29]、従って国際関係上の条約・同盟は基本的には「恐怖」によってのみ保持され得る[30]。蓋し、「力」の減少は遵守せざるを得ない特殊な原因[31]がなき限り、常に同盟・条約の実効性の喪失を惹起せざるを得ない。国際関係においては各権力体が「自己の利益」を各〻独自の論理に基づいて追求しており支配者対「臣民」の関係の如く「恐怖」が一方的に作用する状況と異なって正に相互的に恐怖に基づく信義・誠実と「恐怖」の欠如に基づく「裏切り」とが発生する[32]。約束遵守のルールが確立していないこのような世界では、ある条約が自発的に締結されたものであっても「利益」の消滅は破約を惹起し[33]、また強制された場合には強制する主体の「力」の減少が直ちに破棄を招来し、強制的か自発的かは実は破約する立場からする限り何等異なるものではない[34]。このような状況認識を前提にしてマキアヴェッリが勧説する権力者に必要不可欠な資質こそ「狐 golpe」と「獅子 lione」とである[35]。それは、「自己の利益」が消滅すれば直ちに破約し、相手に対しては「力」によって条約・約束の遵守を強制し得る能力を意味する。権力者はかかる論理に基づいて「自己の利益」を仮借なく追求し、何よりも》stato《の獲得・維持・拡大に専念すべきであり、この行動を判定し、制約する「法廷」はもはや存在しない[36]。ここに国家理性 ragion di》stato《の最も原義的な意味が鮮かに提示されている、蓋し権力者が自己の行動を ragion di》stato《の名の下に正当化するとしても、それは臣民にとっては全く何の意味をも持たず、単に権力者が「自己の利益」の追求していることを示唆するにすぎない。従ってジョヴァンニ・デッラ・

カーザ Giovanni della Casa が「理性 ragion」とは実は「利益 utilità」である、と看破した[37]のは極めて正当であった。ragion di》stato《とは「権力者の利益」に他ならない。権力者の行動の基本原理が ragion di》stato《に存する限り、その行動は「臣民」にとって全く外在的であり、両者を論理的に結合し得る共通の理念は存在しない。それ故「公共の福祉 salus publica」の言辞もそこでは文字通りイデオロギーたるを免れ得ない。しかし共和国においては、共和国内部での関係からする限り、「公共の福祉」は意味を持ち得、対外関係における信義の破棄が ragion di》stato《の名の下に唱えられるにしても、その場合少なくとも公民》cittadino《にとっては原理的に有意味である[38]。従って、権力者と「臣民」との関係で通用する ragion di》stato《と、共和国と公民との間に存在する論理とは厳格に区別する必要がある(共和国が臣民に対する関係では ragion di》stato《を行使することは勿論である)。そしてこれは行動様式の非道徳主義の問題とは別の次元の区別である。

三　傭兵批判とマキアヴェッリの軍事論

ルネッサンスにおける傭兵批判は既にペトラルカに始まり、コルッチョ・サルターティ、レオナルド・ブルーニ、マッテオ・パルミエーリ、レオン・バチスタ・アルベルティなどの所謂 civic humanist(第四章第一節参照)も激烈な批判を展開した[39]。そして彼等の主張する軍制改革の構想は公民 cives の軍隊、即ちコムーネ軍の復活(それは古典古代の公民の軍隊のイメージと重なる)の方向を沿った[40]。その中でもブルーニの『軍隊について De militia』はかかる思想潮流の記念碑的存在であった。マキアヴェッリもしばしばこの傾向の継承者として解釈されている[41]が、既に》stato《的論理が彼の「政治観」の中核であるという認識が成立する以上、伝統との直接的連続性は当然疑問視されざるを得ない。

マキアヴェッリによれば権力者相互間において自己の安定を積極的に確保する手段は「獅子」にのみ求められるが、それこそ正に軍事力に他ならない。従って真に強力な共和国や君主は »virtù« と軍事力の名声 riputazione della forza とによって友好関係を保持することが可能であるが、かかる手段を欠如せる場合には金銭を用いて友好関係を保たざるを得ない[42]。金銭はこの場合、一方では貢納を[43]、他方では傭兵の使用を意味する。しかし貢納は「恐怖」を唯一の確固たる拘束原理とする国際関係において甚だ虚弱な基盤しか提供し得ない。他方、傭兵は他の権力者に対して「力」の誇示を行なう機能を持ち得るが、しかしその使用が使用者にとって如何なる結果を招来するかは注目されなければならない。

「傭兵に基礎を置く »stato« は堅固でも完全でもない。なぜなら彼等は一致を欠き、野心に満ち、規律なく、忠実でなく、味方の間では勇敢であるが、敵前では臆病で神を恐れず、人に対して忠実でない。それ故、君主は攻撃を受けない間だけ破滅を免れる。そして平時においては傭兵によって略奪され、戦時には敵によって掠められる。傭兵が戦場で戦闘を行なうのは若干の金銭の故であり、君主のために死を欲するまでに駆り立てるには不充分である[44]。」

このようなマキアヴェッリの傭兵批判の主旨は一言で言えば「忠実さ」を欠如する点に集中している。それは換言すれば、使用者(＝支配者)から独立した「自己の利益」の論理を傭兵が保持しており[45]、しかも支配者自身が支配の中核たる物理的強制力を完全にこの傭兵に依存しており、それ故「恐怖」による忠実さの確保が不可能であることを提示したものに他ならない(従って傭兵はここではマキアヴェッリの感性的人間の論理を具象化している)。この傭兵独自の論理とは、「自己の利益」のために暴行略奪を行ない、自己の存在基盤を喪失せしめる平和を破壊し、また戦時には平時の貯えを得るために敵・味方の区別なくあらゆる手段を行使する[46]、点にある。従ってかかる傭兵を用いる限り勝利は何等利益をもたらさず、逆にしばしば窮乏化をもたらすのである。[47] 支配者から独立した、このような利益の論理が最も赤裸々に出現するのは、傭兵自体が雇主の》stato《を奪取する場合であり、[48] 従って傭兵とその使用者たる権力者との関係は全くの敵対関係――金銭によって偽装された――に他ならないことが極めて明瞭となる。それ故、マキアヴェッリの傭兵批判はこのような傭兵に独自な論理の存在を指摘し、「政治」と「軍事」との対立関係の解消を目的としており、単なる戦闘能力の問題では決してあり得ない。かくして》stato《を金銭によって防衛する方法は、実はその手段の中に危険な敵を招来し、それ故非常な欠陥を持っていると言わざるを得ない。[49] 更に、他人の軍隊を使用する援兵は属国化を帰結するものに他ならず、[50] 論ずるに足りない。このように他の権力者への脅威を目標とする軍隊が却って自己の危険性を内包しているような事態は、「自己の軍隊 armi proprie」の創設によってのみ回避され得る。マキアヴェッリにとっては、この制度こそが自らの力に依存する支配、というテーゼに合致する唯一の手段と観念されたのである。[51]

この armi proprie は何よりも支配者の努力によって創設され得、決して自然的・地理的状況によってその創設が左右されるものではない。[52] その構成員は公民 cittadini または臣民 sudditi あるいは隷属民 creati であるが、[53] マキアヴェッリの場合軍隊の中核は歩兵であり、[54] そして歩兵は contado, paese の人間、なかんずく農民に求められる。[55] しかし contado の人間は「臣民」であり、君主の場合には彼以外の全ての人間が「臣民」であるが故に当然の帰結と考えられるが、共和国の場合には、なぜ軍隊の中核を公民によらず臣民によって構成するか、は大問題とならざるを得ない(第四章第三節、第五章第一節参照)。ところでマキアヴェッリが軍隊の中核的構成員を contado の人間に求める根拠は次の如き理由による。

「不自由に慣れ、労働の中で育ち、日陰を避け、太陽の下で生活することに慣れ鉄製品の使用を知り、堀を掘ったり重いものを運ぶのに慣れ、しかも狡猾・邪悪でない人間であるから。[56]」

このような人間を数多く集めて訓練して多数の人間の軍事的能力を上昇させるか、特に少数の者を厳しく訓練するか否かは状況に応じて決める。[57] そして訓練は、単なる肉体の強化から武器の操作、そして行動における秩序性の確立にまで至る。[58] しかしこれらの技術的問題はここでは第一義的意味を持たない。問題は臣民の軍隊から如何にして「忠実」と「士気」とを調達するか、に存在する。マキアヴェッリがこの調達手段として挙げるのは、第一に宗教の利用であり、[59] 次に指導官の 》virtù《 と説得、[60] そして更に死か勝利かという状況に味方の軍隊を導き、》necessità《 によってその力を発揮させる方法である。[61] しかし公民ならいざ知らず、狡猾でも邪悪でもなく、他人の利益のために死を賭ける「忠良なる臣民」がマキアヴェッリの人間像の一体何処に存在しているだろうか。臣民への武器の供与は反乱を招き、》necessità《 の喪失を惹起するのではないか。更に、この軍隊を私兵化する人間が出現するのではないか。この疑問は『戦術論』における「かく武装した大衆は領土に混乱、不和、無秩序をもたらすのではないか」[62] という問いによって端的に提出されている。これに対してマキアヴェッリは、軍隊内部の紛争と外部支配者(=指揮官)に対する攻撃可能性とに分けて回答する。まず前者に関して言えば、もしその臣民が臆病にして統一されているならば、軍隊は何等分裂の不安を持たず、指導官の下、良く組織された軍隊が発生する。[63] もし、臣民が戦闘的で分裂しているならば、公的首長 publico capo(=指揮官)の派遣によって、私闘を抑制し、新しい統一を創出することが出来る。[64] 次にこの軍隊の対外的有害性は指導官によってのみ惹起される。それ故、彼が軍隊に対して大きな権威 autorità を持たぬようにするために、彼が何等かの縁故を持つ土地へは配属せず、更に一年毎に転任させる(任期の長期化は指揮官と兵士との統一をもたらし、権力者にとって有害であるから!)、という二つの方法が採用されなければならない。[65] この回答は次の如き問題を内蔵している。まず、これまでの議論から内在的に考察して、指揮官の頻繁なる交代は分裂と武闘との存在せる地域においてマキアヴェッリの期待する機能(そもそもかかる機能が原理的に存在し得るか否かが一つの問題であるが)を妨害しないか。また指揮官と兵士との統一と団結こそがマキアヴェッリによれば戦闘能力を創立する最も有効な手段であったが、この統一と団結とを阻止する方策は自己矛盾ではないのか。より根本的には、臆病にして統一的な人間の集団が一体マキアヴェッリの人間像の何処に存在するのか。

このようなマキアヴェッリの回答の矛盾は、より根本的な問題の解明によってのみ初めてその性格が明瞭となる。既に述べた如く「恐怖」の成立が最も確実な基盤である》stato《的支配において、支配は「刀狩」によって完全となる。しかるに armi proprie はそれと正反対の方策ではないのか。この矛盾を彼のこれまでの軍事論のコンテクストにおいて再検討してみよう。条約は「力」によってのみその有効性が保障される以上、単なるコトバは》stato《の保持に対して極めて虚弱な基盤しか提供し得ない。また他の権力者に脅威を与える手段としての傭兵は、味方の内部に独自の利益を追求する主体を包含する結果を惹起し、目的と手段との矛盾を発生せざるを得なかった。そこで権力者に直接的に従属する軍隊の形成が企図され、armi proprie が考案されたが、その結果は傭兵以上に自己の》stato《を根本的に転覆させる危険を招来するに至った。なぜなら「臣民」の服従根拠が「恐怖」にのみ求められる状況においては、武力の独占こそが支配を可能にする。従って armi proprie による武力独占の自己崩壊は同時に支配の自壊を意味せざるを得ない。ここに「自己の力にのみ依存すべし」というマキアヴェッリの基本的テーゼは最大のイロニーを生み出したのである。そして前述のマキアヴェッリの回答の矛盾・不完全性の意味は、このようなコンテクストにおいて考える時初めて充分に認識し得る。第一に、臆病にして統一せる人間集団はそもそも原理的にその存在根拠を全く有しない。第二に、闘争的にして分裂せる集団を単に一人の人間 publico capo の派遣によって軍隊に組織化出来る、という見解は完全なる妄想である。なぜなら彼等にとって publico という観念は全く意味を持たず、しかも

publico capo はそれらの人間を統制し得る唯一の手段である武力を持たないからである。第三に、支配者が armi proprie に恐怖を感じ、その勢力削減を企図するのは、そもそも論理的に armi proprie が支配者に対して持つ危険性を制度的に緩和することを企てたものに他ならない。こうして絶頂に達した 》stato《 的政治観と armi proprie との矛盾は如何に処理され得るだろうか。マキアヴェッリはそれを傭兵への逆転によってではなく、具体的「状況」への退行、即ち「恐怖」の必要性の弱化を帰結し得る人間像の導入によって解決しようとした。この傾向は contado の人間は狡猾邪悪でない、という認識に既にその一端を覗かせていたが、「力」による軍隊は是か非か、という問題に対する彼の回答により鮮明に現われている。即ち、その形成が完全に「臣民」の自由意志に依存する場合には、悪質な人間が集合し易く、また「力」にのみ依存する時には好まれず、入隊する人間は少ない。

「それ故、完全な力や自由意志によらない状態、即ち、臣民が君主に対する尊敬によって引き寄せられ、現前の処罰 presente pena よりも君主の軽蔑を恐れる如き、中間の方法 via del mezzo が採用されなければならない。[66]」

ここでは処罰の恐怖 paura di pena によらずに服従する人間が前提され、彼自身の原理的人間像からの乖離が歴然となった。そしてこのような転換によってのみ armi proprie の持つ自己矛盾性の解決は可能になったのである。しかしこの armi proprie の論理の自己貫徹は、実はその政治理論の普遍性の崩壊であり、矮小化への道であった。政治理論と軍事理論とのこの鋭い矛盾対立を自覚することこそ、彼の目的と与えられた素材との緊張関係を認識する指標として極めて重要である。我々は同様な論理の破綻を共和国成立論についても見るであろう。

(1) 彼は『君主論』について次の如く述べている。

「もしあなたがこの本(=『君主論』)を読むならば、私が十四年間 arte dello 》stato《 を研究し、決して惰眠と遊びとに過したのではないことが判明することでしょう。」一五一三年十二月十日F・ヴェットーリへの書簡(Lettere, a cura di F. Gaeta,

p. 305)。

これに類似した用例は次の如き場合にも見られる。

「ルアン枢機卿はイタリア人は戦争（の 》arte《）について知らないと言ったが、私はそれに対してフランス人は 》stato《（の 》arte《）について知らないと回答した。」――Principe, III, vol. I, p. 13.

また cose di 》stato《 という表現（例えば Principe, III, p. 10. Dis. III-40, vol. I, p. 433）も arte dello 》stato《 に近い意味に解釈すべきである。なおその対抗概念は 》cose civili《 である（例えば、コジモの対抗者 Niccolo da Uzzano について言われる Dis. I-33, p. 168）。

（2） 》necessità《 一般という抽象的形式ではなく、その「政治観」と結合させて個別的に解釈する視点が大切である。それ故、これまでのマキアヴェッリ解釈における「政治観」の「抽象性」は 》necessità《 概念の形式的取扱いと緊密なる関係を有していた。しかしマキアヴェッリに 》necessità《 という概念が存在することが問題ではなく、正に如何なる論理構造に 》necessità《 が組み込まれているかが問題なのである。例えば、Kluxen, K., Politik und menschliche Existenz bei Machiavelli; Dargestellt am Begriff der Necessità, 1967 は最も詳細に 》necessità《 を論じているが、彼の場合「政治観」との連関性が根本的に欠如している（彼はマキアヴェッリにおける 》stato《 概念の明確化、及びそれと 》necessità《 との結合の認識を予め断念している。ibid., S. 133)。

（3） 支配者の 》necessità《 に基づく政策が「臣民」の服従を惹起するのは、支配者の行為に対する同意に発するものではなく、単に自己の 》necessità《 に基づいている。換言すれば、支配者と「臣民」とはそもそも原理的に相対立しており（従って双方の判断の同一化は期待し得ず、シンボルは機能しない）、》necessità《 に基づく支配者の行動はこの対立の事実上の消滅を帰結しようとする行為であり、仮りに対立が表面化しない場合でも対立の止揚が事実的に止まる限り、支配者と「臣民」との判断の分極は潜在的に常に存在している。

（4） 「善き主張を悉く実行しようとする人は、善良でない人々の間で破滅する。それ故、君主は 》stato《 を保持するためには、不善たることが出来、それを 》necessità《 に従って用いたり、用いなかったりするように学ぶ必要がある。」――Principe, XV, vol. I, p. 49.

（5） 支配者の権力 potenza と民衆の安全 sicurtà universale とが調和するような国家組織 ordini と法 leggi とを設定するこ

とである(Dis. I-16, vol. I, pp. 139-40)。

(6)　Principe, XIX, vol. I, p. 57.

(7)　ibid., pp. 57-8.

偉大さの評判を獲得する方法については、アラゴンのフェルディナンドとベルナボ・ヴィスコンティとの例が挙げられている(Principe, XXI)。

(8)　「脅迫は非常に危険であり、殺害は危険でない。なぜなら、死人は復讐しないが生き残った人間はその恨みを決して忘れることがない。」——Dis. III-6, vol. 1, p. 339.

(9)　Principe, XVII, vol. l, p. 53.

(10)　ibid., XIX, p. 57. Dis. III-19, vol. 1, p. 387.

蓋し、「財産を強奪しても復讐用のナイフまでを奪うことは出来ない。」——Dis. III-6, p. 339. なお『君主論』第十六章「気前良さと吝嗇とについて De liberalitate et parsimonia」は正にこの問題を扱っている、気前良さ→豪奢→資力減少→臣民の搾取→臣民の憎悪、という図式がそれである。但し、自己及び自己の「臣民」以外の人間の財産の掠奪は名誉の増大となる(ibid., pp. 50-2)。

(11)　Principe, XIX, vol. 1, p. 57. Dis. III-6, p. 339.

この点に関してマキアヴェッリは、女性問題が tiranno 滅亡の第一原因である、というアリストテレスの判断(Politica, 1311 a-1314 b)に同意している(Dis. III-26, vol. 1, p. 402)。

(12)　Principe, XVII, vol. 1, pp. 52-3.

(13)　「愛されることを非常に欲する人間は若干逸脱すると軽蔑すべきものとなり、恐れられることを非常に欲する人間はちょっとその行動様式において行き過ぎると憎悪されることになる。」——Dis. III-21, vol. 1, p. 390.

(14)　Principe, XVII, vol. 1, p. 53.

同旨「人間は愛、恐怖という二つの原理によって駆り立てられる。従って愛される者も恐れられる者も人を支配する。そして人間は多くの場合、むしろ愛される者よりも恐れられる者によく服従する。」——Dis. III-21, vol. 1, p. 390.

但し、この問題に対するマキアヴェッリの回答は一貫しているとは言い難い。例えば、Dis. III-19 では »sudditi« に対して丁重さよりも処罰を推奨し(vol. 1, p. 287)、Dis. III-22 では愛を喚起するような行動を勧説している(p. 296)。この二重性は、マキアヴェッリの「臣民」統治術が恐怖のみではなく、「愛」のモメントをも考慮する点と対応している。しかし彼の人間像から判断する限り「恐怖」がより基本的なモメントであることは極めて明瞭である。

(15)「人間は生来変り易い。ある事柄を彼等に対して説得することは容易であるが、しかしこの説得を持続させるのは難しい。それ故、もはや信じない時には力によって(per forza)彼等に信じさせるようにしなければならない。」——Principe, VI, vol. 1, p. 19.

(16) Principe, IX, vol. 1, p. 33.

(17)「君主は上に挙げた五つの性質が自分に欠如していることを示す言辞を口にしないように厳に注意しなければならない。そして君主を見聞する人をして、彼が慈悲・信義・実直・人間性・宗教心の権化であるかの如く思わせなくてはならぬ。」——Principe, XVIII, vol. 1, pp. 56-7.

(18)「臣民」の経済的社会的活動の安定性の確保、》stato《や都市などに尽力する行為を讃美し、報賞を与えること、祭礼を行なって民衆の慰安を図り、自分の尊厳を保ちつつ彼等と交歓する機会を持つこと、などである(Principe, XXI, vol. 1, p. 73)。

(19)(18)の如き政策が支配者に対してどの程度の敬愛を喚起し得るかは問題である。(3)で述べた如く両者の和合は事実的でしかあり得ず、限界状況では和合は「恐怖」による服従にまで低下する。しかし「恐怖」は服従の自発性を極小化するが故に、完全な「恐怖化」は回避せざるを得ない。従って支配者は「恐怖」の基本的重要さを忘却することなく、しかも表見的には敬愛を最大限に惹起するように努力しなければならぬ。ここにマキアヴェッリの技術の表見的二元性が発生するのである。

(20)「君主は私が上に列挙した諸性質を悉く具える必要はない。ただ具えている如く見えることは絶対に必要である。否、敢えて言うならば、君主がこれらの性質を具え、それを実行するならば有害であるが、ただ具えているように見えることは有益である。慈悲深く、信義に厚く人間性に富み、正直で且つ信心深く見え、そうであることは有益である。しかしそうでないことが必要な時には、直ちにその正反対に変化出来るように予め配慮しておくことが必要である。」——Principe, XVIII, vol. 1, p. 56.(傍点、佐々木)

(21) 例えばアガトクレスの行為についての叙述を見よ(Principe, VII, vol. 1, p. 28)。

(22) マキアヴェッリはアレクサンドロス大王の父フィリッポスの統治術を次のように評価している。

「このような方法は残酷極まりなく、キリスト教的のみならず、人間的な全ての生き方の敵である。全ての人間はかかる生き方を避け、多数の人間の破滅を伴うような王であるよりも、むしろ目立たない個人中心の生活を欲するに違いない。しかしながら、善のこの最初の方向(＝私的生活)を採ろうとせず、前者の如き生き方を続ける時、このような悪徳に陥ることが必要となる。」――Dis. I-26, vol. 1, p. 157.

このような生き方の基本的選択は、Aut Caesar aut nihil と定式化され得るだろう(Cassirer, E., The Myth of the State, 1946, p. 148)。

(23) 反乱に対しては徹底的に弾圧・殺害するか、徹底的に恩恵を施して反乱の動機を消滅させるか、どちらかの方策を用いなければならない。中途半端な方策 via del mezzo は最も危険である(Dis. II-23)。なおこの問題については『ヴァル・デキアナ叛徒の処置について Del modo di trattare i popoli della Valdichiana ribellati』(一五〇三年)という小論がある。

(24) 「陰謀について Della congiure」(Dis. III-6)は陰謀の対象を君主と共和国とに分け、陰謀の成功、失敗の条件を吟味している。共和国に対する陰謀とは tiranno の成立を目的とするものであり、ここでは君主に対する陰謀について若干解説しておきたい。君主に対する陰謀の原因は第一に軽蔑と憎悪とである。憎悪、軽蔑の発生原因、その予防策については既に論じた。また臣下が》stato《に対して野心を持たないようにするためには、常に自分との間に一定の距離を保つように配慮すべきである。君主に対する陰謀の第二の原因は、祖国 patria を tiranno から解放しようという欲求である。その典型はカエサルに対するM・ブルートゥス、カッシウスの陰謀であった。この種の陰謀から免れるためには tiranno たることを止める以外には方法がない。次に陰謀の過程、方法について省察するならば、執行者は事前の発覚に対して何よりも凡ゆる注意を配ること、また失敗は断行の際の事情の変更と加害者の被害者に対する尊崇の念に基づく勇気の喪失にあることが認識される。また、その結果を有利に処理するためには、君主に対する「臣民」の支持意識の動向が鍵である。カエサルに対する陰謀が彼一人の殺害に終り、「自由」の回復に至らなかった事情はこの点による。この陰謀論の意図は陰謀企図者への適切な助言の提供にあるとも解釈されようが、しかし彼がタキトゥスを引用しつつ「臣民」が所与の》imperio《を運命として甘受忍従すべきことを説き、そこから逆にかかる服従の条件を提示しようとする時、その意図は極めて明らかになる。即ち、かかる服従の条件は、善良な君主の存在と陰謀の困難さの説得によって満たされる。しかし「自由」を求める陰謀が善良な君主の登場によって消滅するか否かは大問題である。そこでマキアヴェッリは、陰謀の目的を単なる殺害に止めず、一定の成果の獲得にまで拡大し、それによって「心情倫理的」な陰謀の発生を阻止しようと企てた。こうして陰謀論は形式的保守主義への傾向を濃厚に内在させている(Cfr. Istorie fiorentine, VII-33～4, VIII-2～9)。

(25) 城砦は「臣民」及び敵の攻撃を防ぐために作られる。しかし城砦を背後に持つ時しばしば圧政が生じ憎悪を惹起しやがて滅亡する。従って城砦を保持するよりも、「臣民」の好意 amicizia を獲得するように努力すべきである。敵との関係について言えば、秀れた軍隊を保有する場合には不必要であり、もしこのような軍隊を保持しなければ無益であり、失地回復の困難を増大させるのみである(Principe, XX. Dis. II-24)。

(26) 教会の》stato《を除外すれば、自己の軍隊と》virtù《とによる場合(Principe, VI)、他人の軍隊と》fortuna《とによる場合(Principe, VII)、非道 scelera による場合(Principe, VIII)、そして principato civile(Principe, IX)がある。これらの到達方法の中で》virtù《と》scelera《とは果して相矛盾するだろうか。例えば、》scelera《の例としてのアガトクレスにも》virtù《が認容されており、》virtù《の非道徳性の極限形態として》scelera《が考えられるのではなかろうか。従って》virtù《と》scelera《とを相異なる》stato《獲得方法とを表象する合理的根拠は不明である。

(27) 世襲の場合については、Principe, II. Dis. III-5.

新君主 principe nuovo との根本的相違は、前者の場合には伝統から発した「制度」が存在し、後者は「状況(=感性的人間の世界)」から制度を創出しなければならないという困難を担わなければならない、という点にある。

(28) 君主の下に支配されていた土地では、その君主の血統を断絶さえすれば反乱の危険は消滅する(Principe, III, V. Dis. III-4)。しかしその君主の支配が完全に独裁的である場合(例えばトルコ)と多数の自立的貴族が存在する場合(例えばフランス)とでは相異なる(Principe, IV)。また「自由」を享受していた都市を支配するためには、その完全な破壊が唯一且つ最も確実な方法であり、もし破壊しなければ新しい支配者自身が破壊される(Principe, V)。但し、マキアヴェッリは共和国が支配者の場合にはそれらに自立性を保持させ、同盟国待遇を与えるべきであると説いている(Dis. II-21)。

(29) 「人間は邪悪であり、あなた(=君主)に対して約束を守らないだろう。」――Principe, XVIII, vol. I, p. 55.

(30) 「恐怖が存在する限り、信義が存在する。」――Dis. I-59, vol. 1, p. 222.

「私人の間では法、契約書、約束が信義を守らせるが、権力者 signori の間では武器のみがそれを遵守させる。」『資金準備についての若干の緒言と弁明とを伴う論説 Parole da dirle sopra la provisione del danaro, fatto un peco di proemio e di scusa』(一五〇三年)vol. II, p. 475.

(31) 単に二つの権力者間の関係においてのみ考察され得るものではなく、第三者に対する「恐怖」から自己の滅亡を賭けても信義を遵守する場合が存在する(Dis. I-59, vol. 1, p. 223)。

(32) 従って常にある権力主体によって束縛されること(=「恐怖」の一方交通)は「臣民」への転化を意味し、属国化を招来する。マキアヴェッリがフィレンツェの対フランス関係に関して感じたのはこの危険であった(Parole da dirle, vol. II, p. 475)。

(33) 信義の遵守が有害であったり、約束した理由が消滅した場合には、信義を守ることが出来ないが、また守るべきではない、と思慮ある(prudente)君主は心得ている(Principe, XVIII, vol. 1, p. 55)。

(34) Dis. III-42 は強制によって成立した契約の破棄のみを論じている、従ってその限りでは近代的原理に基づき、「契約の有効性」と「強迫」との関係を論じた章の如く見えるが、その末尾において、「君主間においては強制された約束が力の欠如と共に遵守されなくなるばかりでなく、他の約束もそれを遵守する理由が消滅すれば守られない」(vol. 1, p. 435)と述べ、その積極的展開を『君主論』に譲っている。従ってマキアヴェッリの論議の対象が単に「強迫」と「契約の有効性」との問題でないことが容易に判明する。

(35) この「獅子」と「狐」とは人間的手段である法に対して獣的手段と呼ばれる(Principe, XVIII, vol. 1, p. 55)。彼の立場はキケロのそれと全く正反対である(Cfr. Cicero, De officiis, I-13)。なお「臣民」統治論は単なる「恐怖」による以上の支持の調達を目標としていたが、その諸技術は獣的手段の上に人間的手段を付加した構造を持っている。

(36) Principe, XVIII, vol. 1, p. 57.

かかる獣的手段の仮借ない行使が君主に対する俗衆の非難を惹起するとは考えられない。なぜならば彼等は外見と結果とによってのみ人間を判断し、しかもかかる俗衆で世間は満ちているからである(ibid., vol. 1, p. 57)。

(37) Cfr. Meinecke, F., Die Idee der Staatsräson in der neueren Geschichte, S. 56.

(38) 「祖国の安泰 salute della patria のために全ての手段を図る場合には、その手段が正しいか正しくないか、慈悲深いか、残酷か、称讃に値するか破廉恥かを考慮する必要は全くない。何よりもあらゆる考慮を捨象し、祖国の生命を救い、自由を維持するためにあらゆる手段に訴えるべきである。」――Dis. III-41, vol. 1, p. 434.

このような手段を図り、計画し実行するのは公民 cittadino であり、その目的が salute della patria, libertà であることに注目しなければならない。》stato《的政治観と libertà, patria とが全く相いれないものであることを忘却することは許されない。

(39) Bayley, C. C., War and Society in Renaissance Florence: The 'De mititia' of Leonardo Bruni, 1961, pp. 184–240.

(40) civic humanist の軍事論はその政治観と不可分に結合しており、それ故彼等の政治観を分析する個所で論ずる(第四章第一節)。

(41) Baron, H., The Crisis of the Early Italian Renaissance, p. 438. Bayley, op., cit., p. 240 以下では、Machiavelli and the Revival of the Florentine Militia の下に、彼を Survival of the Militia Tradition の1環として扱っている。

(42) Dis. II–30, vol. 1, p. 317.

(43) 権力者の力》potenza《は近隣諸国が貢納するか、あるいは逆かによって最も明瞭に判定され得る(ibid.)。

(44) Principe, XII, vol. 1, p. 39.
それ故、このような傭兵によって得る勝利は緩慢で目立たず、その領土の喪失は極めて容易である(ibid., p. 41)。

(45) 従って戦争の手段が共和国や君主によって用いられるのではなく、公民や「臣民」が自らの私的な論理に従って用いられるのと同義になる。マキアヴェッリはそのような場合を、usare milizia *per loro particolare* arte, usavano lo eserzi *per loro proprio* arte, prendere *per loro* arte la guerra, fare la guerra come *per loro* arte. などと呼んでいる(Arte della guerra, vol. 1, pp. 455–8)。

(46) Arte della guerra, vol. 1, p. 455.

(47) 権力者が勝利の利益を獲得するのではなく、兵士がその利益を着服し、かくして勝利は「臣民」の圧迫、貧困を招来する(Istorie fiorentine, VI–1, vol. II, p. 274–5. Arte della guerra, vol. 1, pp. 563–4)。

(48) 傭兵隊長 Capitano mercennario, Condottieri の無能は敗戦による滅亡を招来し、また彼等の有能は使用者の》stato《の簒奪を惹起する(Principe, XII, p. 39)。

(49) 「私は俗説に反して、戦争の決め手(nervo)は金銭ではなく精兵 buoni soldati である、と主張する。なぜなら金銭は精兵を得るのに充分であり得ず、精兵が金銭を手中にするのは極めて容易だからである。……実際ローマ人は鉄 ferro で戦争していたので、金銭の不足に悩むことはなかった。」——Dis. II–10, vol. II, pp. 257–8.

「人間・鉄・金銭・パンは戦争の中枢である。しかしこの四要素の中で最初の二要素がより必要である。なぜなら人間と鉄とは金銭とパンとを手に入れるが、パンと金銭とは人間と鉄とを手中にすることはない。」——Arte della guerra, vol. 1, p. 614.

従って金銭への依存は》virtù《の欠如を意味し、必然的に》fortuna《の支配領域を拡大させる結果となる(Dis. II-30)。

(50) 援兵を迎えた支配者はこの軍隊に対して権威 autorità を有せず、この軍隊はその派遣した支配者の意のままに行動する。従って、この軍隊自体が統制を乱すのみならず、野心的な支配者にとっては援兵の派遣は》stato《の拡大の絶好のチャンスを意味する。それ故、自己の領土への援兵の導入は全力を尽して回避しなければならない。蓋し、傭兵による攻撃は時間の余裕を持ち得るが、援兵の侵略はこのような余裕さえも許容しない(Dis. II-20. Principe, XIII)。

(51) 良き政治組織が存在するにもかかわらず、軍事力が欠如しているのは、あたかも宝石、黄金で飾りたてられた壮麗な宮殿が屋根を持たず、雨を避けることが出来ないのと同様である(Arte della guerra, vol. 1, p. 447)。

(52) 「もし人間が存在して兵士が存在しないならば、それは場所や自然の欠陥によるのではなく、君主の無能無策による、というのは何よりも真実である。」——Dis. I-21, vol. 1, p. 149.

(53) Principe, XIII, vol. 1, pp. 45-6.

(54) 歩兵は騎兵に比べて場所による行動の制約が少なく、また人間は訓練によって隊伍を整え、その回復を図ることが可能であるが、馬に依存する騎兵は命令への服従が緩慢であり、混乱を収拾する方策に全く欠ける。しかも馬の性質と人間の性質とはしばしばアンバランスであり、軍隊の中核たり得ない。しかし以上の如き欠点を認識した上で、騎兵を偵察・略奪・追撃に用いるのは有益である(Dis. II-18, vol. 1, p. 284. Arte della guerra, vol. 1, pp. 484-90)。このようなマキアヴェッリの歩兵優位論は古代ローマの勝利を基礎としつつ、傭兵が騎兵中心である点を批判する意味を持っていた。

(55) その他、職人、樵、蹄鉄工などが挙げられている(Arte della guerra, vol. 1, p. 469)。

(56) ibid., vol. 1, p. 465

なお気候は温和な土地が良い。なぜならば、寒い土地の人間は思慮を欠き、暑い土地の人間は勇気に欠ける。そして温和な土地の人間は双方を兼ね具える。しかし勿論、気候による決定論は存在せず、全ては訓練の問題となる(ibid., p. 463)。

(57) ibid., pp. 472-4.

(58) ibid., pp. 490–5.
　特に「秩序は人間から恐怖を除去し、無秩序は獰猛さを減少させる」(ibid., p. 492) は彼の基本テーゼである。

(59) この宗教の利用は誓約 giuramento 及び占いという形で行なわれる。前者は自己の行為の責任を単に他の人間に対して負うばかりでなく、神に対しても負うという意味を持つ。後者は吉兆の提示によって必勝の信念を惹起させる効果を持つ (Arte della guerra, vol. 1, p. 551. Dis. I–14, 15 など)。しかしこのような宗教の利用が後述する如き組織論上のアポリアをどれだけカヴァー出来るかは疑問である。

(60) Arte della guerra, vol. 1, pp. 550–1. Dis. III–33 など。

(61) Dis. III–12.

(62) Arte della guerra, vol. 1, p. 474.

(63) ibid., p. 475.

(64) ibid.

(65) ibid., pp. 475–6.

(66) ibid., pp. 466–7.

第四章　原理的政治観(二)——》republica《の問題

マキアヴェッリ解釈の最大の争点の一つは彼の共和国論の評価にある。序説で述べた如く、今日の解釈は彼の「政治観」の自覚的追求を放棄しており、その結果、この問題は議論の前面から後退したかの如き印象を与えるが、しかしハリントンやルソーのマキアヴェッリ解釈のみならず、およそ政治学史上の伝統に照してみた場合、彼におけるこの問題の重要性を看過することは許されない。ところでマキアヴェッリの共和国論は次の如き点に留意して論ずべきである。即ち、第一に実力説に基づく私的支配の論理としての》stato《的「政治観」と明確に対比されなければならず、第二にそれまでの共和国論と如何なる点で共通性を持ち、如何なる点にその特質を有するか、が問われなければならない。以上の如き問題設定の下、まず比較の対象としての Civic Humanism を論じ、次にマキアヴェッリの共和国論の構造と特質とを論ずることにしたい。

第一節　Civic Humanism

一　Civic Humanism の成立

十三世紀に成立した北イタリアのシニョーリア制は、十四世紀に入るとその領土拡張政策を開始した。十四世紀前半のヴェロナのスカリゲル家、そしてこの世紀の中期から十五世紀にかけてのミラノのヴィスコンティ家の版図はロンバルディアに止まらず、彼等はその触手をトスカーナにも伸長し始めた。なかんずく、一三八五年ヴィスコンティ家の当主となったジャンガレアッツォ・ヴィスコンティ Giangaleazzo Visconti(=conte del *Virtù*)(一三五一―一四〇二)は全ロンバルディアを統一し、フィレンツェを除く全トスカーナを手中に収め、一四〇二年にはフィレンツェを完全に包囲するまでに至った。(1) このような政治状況の下で激烈なプロパガンダ戦が展開され、思想的にも新しい転機を生むこととなった。そもそも中世において対外的闘争のイデオロギーとして用いられたのはグェルフ・ギベリン主義であったが、シニョーリアの多くは皇帝から伯、侯などの称号を買い取り、その内容の形骸化にもかかわらず、依然としてギベリン主義を唱えていた。他方、フィレンツェはその内容の変化にもかかわらず、グェルフ主義を掲げていた。(2) しかしこの時期のヴィスコンティ対フィレンツェのイデオロギー闘争は、かかる中世的イデオロギーの背後に潜む新しい意味を抽出することによってのみ理解可能となる。ところでヴィスコンティのイデオローグ達は一人の君主による統一、所謂「イタリアの平和 Pax Italiae」を唱え、ジャンガレアッツォを分裂と闘争とに終止符を打ったカエサルになぞらえた。(3) これに対して十四世紀末以来、自由なコムーネ同盟の盟主として強固な地位を確立しつつあったフィレンツェは、(4) 如何なる反応を示したか。その主張は一言で言うならば、ジャンガレアッツォ=カエサル=tyrannus、フィレンツェ=Res publica Romana=libertas であった。この「共和政ローマ」と「自由」との熱狂的讃美の下に Civic Humanism が発生した。我々はここにダンテに代表される中世の帝国 imperium 観念の破壊、カエサル解釈の変化(それは同時にキケロ、M・ブルートゥス、小カトーなどの解釈の変化を伴う)を通じてのローマ史解釈の重点移行、そして伝統的コムーネと古典古代研究との結合を予想することが出来る。かくして「ヒューマニズム」は単に文学研究に止まらず、その道徳哲学の領域において古代の国家理論の再生へと展開し得たのである。

ダンテは神与の帝国理念に基づき、カエサルの殺害者たるM・ブルートゥス、カッシウスをユダ同様に地獄へ投げ入れた。[5] しかし、ペトラルカにおいて帝国の創始者カエサルの絶対的地位は既に動揺し始めた。ペトラルカは『アフリカ Africa』の中でタルクィニウス追放後のローマの「自由」の時代、スキピオの時代を称讃し、カエサルの野心とその「国家 publica」に対する攻撃とを批判した。[6] 他方ペトラルカの伝統への回帰は『カエサルの態度について De gestis Cesaris』などにも見られるが、なかんずくキケロのカエサルに対する態度の批判において絶頂に達する。即ち、キケロの『アッティクスへの書簡 Epistola ad Atticum』を発掘したペトラルカは、そこに“απατεια”を理想とするストアの賢人キケロとは全く異なった活動と情熱との人キケロを発見したが、カエサルの「慈悲心 clementia」に浴しつつ「永遠なるもの」を思弁する生活に満足せず、喧噪と内乱とにその老軀を投げ入れるキケロの態度を全く理解し得なかった。[7]

このようなローマ史解釈に対して、ヴィスコンティとの死闘を体験した世代は如何なる転換をもたらしたであろうか。まず、フィレンツェの偉大なる書記官、コルッチョ・サルターティから考察してみたい。ヴィスコンティとのイデオロギー闘争期の著作『ヴィチェンツァのアントニオ・ロスキに対する駁論 Invectiva in Antonium Luschum Vicentinum』[8] は tyrannus versus libertas の論理を鮮かに提示している。サルターティは次の如く論ずる。フィレンツェ人は甘美な libertas——それは全世界の富をも凌駕する神の如きもの——をローマ的堅固さ・持続性をもって防衛し、libertas を生命の如く、否それ以上に尊び、この貴重な遺産を子孫に伝授することを任務としている。[9] しかるにロンバルディア人はこれまで一人も libertas を愛し、欲することを知らず、専制君主 dominus の下で生活しながら却って神の最高の贈物たる libertas を憎悪している。[10] そもそも人間にとって libertas への愛は自然であり(naturale est diligere libertatem!)、彼等はこの libertas を指して甚だ残酷な tyrannus と呼ぶが、実は彼等こそ「奴隷の奴隷 servorum servus」に他ならない。[11] そしてフィレンツェ人たることは、生来または法によってローマ公民であること、それ故「自由」であり、隷従しないことを意味し、「自由」でない人間は「ローマ公民 civis romanus」とも「フィレンツェ公民 civis florentinus」とも称せられ得ない。[12] 戦争と平和とにおいて正義と真理との鏡であり、libertas と条約に対する信義とのためにのみ戦争し、[13] 美しい建築物と秀れた美術、そしてダンテ、ペトラルカ、ボッカッチョを生んだのはフィレンツェであった。[14] フィレンツェこそ「イタリアの花 flos Italiae」であり、イタリアの真にして唯一の「誇り」である。[15]

サルターティのこの『駁論』は libertas, civitas を共通項とするフィレンツェと「共和政ローマ」との連続性を鮮かに提示しているが、この論理は彼において果して完全に貫徹し得たであろうか。vita activa civilis の主張者として彼はL・ブルートゥスを人間の理念と讃え、[16] res publica Romana への傾倒を示した。[17] そしてこの観点からカエサルは res publica Romana の破壊者の一人と判断され、[18] 逆にキケロは civis et vir bonus として高く評価された。[19] しかしフィレンツェの伝統を忠実に墨守しようとするサルターティにとって、ダンテのカエサル、M・ブルートゥス評価は「躓きの石」とならざるを得なかった。そして彼のカエサル讃美、M・ブルートゥス批判というダンテ的側面はその晩年の著作『暴君について De tyranno』[20] で全面的に展開されることになったのである。バルトールスの影響の下、[21]「暴君」の定義を下し、それに対する抵抗権の発動原理を提示するという極めて一般的論述の後に、「カエサルは tyrannus か?」「彼を殺害するのは正義に適うか?」という問題を提起する。この二つの問題は彼が civis et vir bonus として称讃したキケロの再評価、再解釈を伴わざるを得ない。即ち、サルターティによればキケロはカエサルを批判するよりも讃美しており、カエサルの最終的勝利によっても何等変化していない。[22] 他方カエサルの権力は公民の感謝に基づき、その支配権は正統であり、しかもカエサルは全ての人間に「慈悲心 clementia」を示し、全く「暴君」とは言い難い。[23] 従って、M・ブルートゥスやカッシウスの行為は、祖国の父、最も正義に適った君主を殺害した残酷な行為に他ならず、[24] キケロの彼等の行為に対する讃美は完全な誤謬である。人々が相互に分裂している res publica にとって「慈悲心」と「正義」とを具えた勝利者程、幸福な避難場所が一体存在するだろうか。[25]「君主政」は必然ではなかったか。[26] 蓋し、カエサルの殺害は単に内乱の再発と激化とを伴ったにすぎないのは全く当然の帰結である。[27] それ故、ダンテの判断は決して誤っていなかったと言い得る。[28]

このようなサルターティの転換をバロンはアウグスチヌス主義に基づく vita activa の後退として把握しているが、[29] 特にサルターティの vita activa と vita contemplativa との間の動揺は、[30] ペトラルカの影響を完全に脱し切れない彼の姿を提示している。そしてこの点からすれば、「ヒューマニスト」でないにもかかわらず、一公民としてヴィスコンティとの闘争を経験したリヌッツィーニ Cino Rinuccini の方が libertas の擁護者として徹底していた、[31] と言い得る。

サルターティの立場をリヌッツィーニの方向で完成させ、Civic Humanism の頂点を形成したのがレオナルド・ブルーニであった。ブルーニはダンテの見解を如何に処理したであろうか。その『ピエロ・パオロ・ヴェルジェリオに献ずる対話 Ad Petrum Paulum Histrum dialogus』[32] において、ブルーニはダンテ、ペトラルカ、ボッカッチョのフィレンツェの三偉人を真正面から批判した。まず、第一対話においてダンテのM・ブルートゥス、カッシウスに対する判断が次の如く反論される。即ち、カエサルは武力によって国家を簒奪し、多くの公民を殺害し、祖国の自由を奪ったのであり、かかる「暴君」を暗殺した偉大なるM・ブルートゥスが口を極めて非難されるのは全く理解し得ない。[33] そして更にこの対話では、純粋且つ盲目的古代崇拝の論理によって三人の無知、不完全性が攻撃される。第二対話では三人の偉大な業績への讃美が大きな比重を占め、フィレンツェの伝統の尊崇の傾向が強く見られるが、ダンテのM・ブルートゥス観の批判は決して動揺していない。[34] こうした形でダンテを批判したブルーニは後に『ダンテの生涯

La vita di Dante』において、ダンテの思想から人物へと焦点を移行させ、「フィレンツェ公民ダンテ」という新しい観念を創出し、フィレンツェの輝かしい伝統の救済を企図した。[35] そしてこの解釈は以後のダンテ論の原型となったのである。[36]

こうしてダンテの呪縛を脱したブルーニはカエサル・帝国批判、res publica 讃美を一貫して展開することが出来た。彼の初期の作品『フィレンツェ市への讃辞 Laudatio Florentinae urbis』[37] はタキトゥスの『歴史 Historiae』を用いて帝国下における「徳 virtus」の没落を指摘し、[38] カエサル、アウグストゥスの行動は「徳」を破壊し、後継者達の悪行を準備したと批判する。[39] そして更にフィレンツェの起源を帝国に結合させずに res publica Romana に結びつけ、[40] 伝統的意識との切断を完成し、「フィレンツェの自由 libertas florentina」を歴史的にも基礎づけた。

しかしこのような展開は決して全イタリアの「ヒューマニスト」によって担われたのではなく、フィレンツェ(後にはヴェネツィアにも)に見られたに止まり、シニョーリアと結合した「ヒューマニスト」の論理は北イタリアに強固に存在していた。例えば、コンヴェルショ Giovanni Conversio(一三四三—一四〇八)[41]、グアリーノ Guarino da Verona(一三七四—一四六〇)などが挙げられる。特にグアリーノとブラッチオリーニ Poggio Bracciolini との間のカエサル評価についての論争[42]は有名である。こうしたカエサル・ローマ史解釈論争を通じて「ヒューマニスト」の間に二つのタイプ、即ち、祖国のために献身する Civic Humanist と君主の庇護の下に純粋な研究活動にのみ専念する「宮廷人」との相違が明瞭になったのである。

二　国家・軍事論

対外的に libertas の防衛を高唱した Civic Humanism はこの主張を古代研究と結合させ、伝統的コムーネを古典古代の政治理論によって再解釈したのである。

サルターティにおいては既に述べた如く知性に対する意志の優位が確立した(第二章第二節)が、この意志に基づく行為(＝「徳」)の中で最高の地位を占めるのが「愛 caritas」である。この元来神学的性格を持っていた「愛」は、「人間は人間を助けるために生まれた」[43]という原理と結合して、あらゆる世俗的結合の根拠となる。[44] そして国家は人間の他の社会結合の単なる総和以上の存在であり、「祖国は我々を創造し、守護する」[45]という理念に従って、祖国に対する「愛」は他のそれを絶する価値を持たざるを得ない。[46] このような国家の高揚は当然それへの献身の要求を生み出し、[47]「祖国のために戦え！」[48]というテーゼとなって出現する。そして傭兵が横行している状況下でサルターティはローマ人とその後裔(＝フィレンツェ人)とを比較し、フィレンツェ人の祖国に対する「愛」の欠如を指摘する。[49] かかる res publica, patria への「愛」→cives の軍隊、という論理が彼の思想を貫流しており彼の libertas の激烈な主張はここにその内在的基礎を持っていたのである。

アリストテレスの『政治学』の翻訳を行なったブルーニにおいては、「ゾーン・ポリティコーン」論がより端的に現われる(即ち、「人間は国家的動物である homo civile est animal」)。[50] このような原理に基礎づけられる国家の libertas はその公民 civis の「徳」と相互関係に立ち、従ってカエサルは「徳」を破壊したと言われるのである[51](virtus et magnitudo animi versus tyrannus)。libertas を持つ祖国に献身し、名誉を追求する virtus civilis はその母胎を mores に持っており、この mores の養成には studia humanitatis が用いられる。[52] そこでは善良な公民の「徳」と善良な人間の「徳」とは一致する。[53] こうしてブルーニの政治理論は「ヒューマニズム」と結合しつつ、コムーネを πόλις, civitas, res publica へと転化させたのである。ここに「アルノ河畔にアテナイが出現した」という意識が生じたのである。

彼の『讃辞』やペリクレスの葬送演説を模した『フィレンツェの騎士、ナンニ・デリ・ストロッツィ追悼演説 Oratio

in funere Nannis Strozae equitis florentini』はこの libertas, virtus civilis のフィレンツェにおける具体化を提示し、称讃している[54]。このようなブルーニの理論が純粋な公民の軍隊を要求することは想像に難くない。蓋し、国家の一員としての公民は国家全体の必要に応じて軍事義務のみならず、あらゆる任務を遂行しなければならない[55]。ブルーニにおいてこの軍事的任務を担うエリートが「騎士 equis」である。彼の「騎士」論は中世の「騎士」が異端への制裁と婦人への敬愛という二つの原理を中心とするゲルマン的・キリスト教的性格を持っていたのに対して、virtus civilis の原理から反対を唱え、amor から caritas への転換を図り、古代ローマの公民の理念の復活を企図するものである[56]。その結果、「騎士」の忠誠の対象は res publica にのみ限定され[57]、「騎士」は平時においても国内の正義のために専心活動すべく義務づけられる[58]。そして彼は公民の模範として当然比較を絶する名誉を獲得する。このようなブルーニの政治理論はその師サルターティの理念をアリストテレスやキケロを用いてより体系化した性格を持っている。ブルーニの理論は更にその弟子パルミエーリに継承され、Civic Humanism は黄金期を迎える。

パルミエーリは『国家生活について Della vita civile』[59]の中で、人間は他人の利益と援助とのために生まれており、従って人間は互いに「愛」を与え合うべきである[60]、と考えている。人間がそれ自身において善く且つ幸福に生きるとは正義に服従することであり、この正義の遵守は自然的に、更には神法、人間の法によっても強制されている[61]。この正義の完全なる実現は「国家生活」においてのみ期待し得る[62]。逆に最も完全なる生活とは、国家における活動によって尊厳を獲得し得る「徳」を具えた人間の生活である[63]。従って人間が善き生活、幸福な生活を求める限り、祖国愛は人間の最も強い本能であり、多くの才能と偉大な魂を持つ人間はそれだけ激烈な祖国愛を持たざるを得ない[64]。このような国家生活の高揚はキケロの「スキピオの夢 Somnium Scipionis」の復活によって絶頂に達する[65]。パルミエーリによれば、人間にとって国家生活は他の生活に優越した価値を保有しているが、正義を守りつつ、国家 republica を支配する人間こそは単に国家生活を営むのとは相違した作業を遂行しており、かかる国家の支配者の活動こそは地上の活動中、最も神によって讃えられる生活である[66]。それ故、国家の正しい支配者 giusti governatore delle republiche は天において永遠の幸福を獲得する[67]。このような国家生活の讃美が軍事論において傭兵批判と公民の軍隊の主張とを帰結する[68]ことは容易に想像されるだろう。

しかし、ブルーニが書記官の時代に既にメディチ家の政権が樹立された[69](一四三四)。そして冷徹な歴史家カヴァルカンティ Giovanni Cavalcanti はメディチ家の仮借ない党派主義、公財政とメディチ家の家計との混合を鋭く指摘し、コムーネの理念と現実との乖離を論じた[70]。今や》stato《の論理が res publica の理念を破壊しつつあることが意識され始めたのである。そして十五世紀末のリヌッツィーニ Alamanno Rinuccini(一四二六—九九)の『自由についての対話 Dialogus de libertate』(一四七九)は、ロレンツォ・デ・メディチ治下の Civic Humanist の眼に映った時局の「閉鎖状況」を端的に提示している[71]。こうした「自由」の没落は活動的生活の意味を喪失せしめ冥想的思弁的生活に人間の関心を集中させることになった[72]。こうして Civic Humanism の時代は終り、マルシリオ・フィチーノの『プラトン神学』の時代となるのである。

(1)　ジャンガレアッツォは一三八六年にヴェロナのスカリゲル家、八八年にパドヴァのカラッラ家を征服し、全ロンバルディアを支配した。これに対してフィレンツェはロンバルディアへの積極的介入を抑制し、反ヴィスコンティ同盟(「ボローニャ同盟」)を結成し、ポー川以南への侵入を阻止しようとした。しかし、ヴェネツィアはこれを支持せず(当時ヴェネツィアはその関心を東方に向け、イタリアの政治においては積極的機能を果していなかった)、却って経済利害からヴィスコンティ支持に傾き、ピサ、シエナはヴィスコンティと結託し、かくしてフィレンツェの当初の意図は完全に破綻した。ヴィスコンティとフィレンツェとは一三九七—八年に「マントヴァ戦争」を行ない、九八年ヴェネツィアの仲介で「パヴィアの和約」が締結されたが、ジャンガレアッツォはこの休戦を利用して「ボローニャ同盟」の切り崩しを企て、その結果ピサ、シエナ、ルッカ、ペルージアなどは正式に彼をシニョーリアとして承認し、ボローニャとフィレンツェとの孤立はいよいよ増大した。この状態は一四〇〇年の「ヴェネツィアの和約」によっても何等変化せず、ヴィスコンティの「イタリアの平和 pax Italiae」というプロパガンダは各地にその支持者を見出した。一四〇二年ジャンガレアッツォはボローニャに内乱を発生させてこれを占領し、唯一のそして最も頑強な抵抗者たるフィンレンツェを完全に包囲した。しかし彼の持久戦戦術は彼自身の財政的窮迫とペストによる死を招き、ヴィスコンティ帝国は空中分解に陥ったのである(Baron, H., A Struggle for Liberty in Renaissance; Florence, Venice and Milan in Early Quattrocento, Part I. — American Historical Review, LVIII, 1938, pp. 72–89. id., The Crisis of the Early Italian Renaissance; Civic Humanism and Republican Liberty in an Age of Classicism and Tyranny, 1966——一九五五年に二巻本として出版されたものを一冊にまとめたもの——pp. 28–46)。

(2)　フィレンツェのグェルフ主義は、アヴィニョンからの法王庁のローマ帰還(一三七七年)によって決定的な転機を迎えた。元来、この観念はフィレンツェの内政事情と緊密な関係を有している。アヴィニョン時代以来、フィレンツェの豪族、popolo grasso と法王庁との緊密な経済関係、これら階層の子弟の高級聖職者への登用、フィレンツェ支配下の教会の裁判権、及びその財産に対する課税問題などは、十四世紀フィレンツェの体質に深く絡み合っていたが、このような問題についての両者の関係は、一方で一三四〇年代のフィレンツェの経済危機と新しい支配層としての novi cives, gente nuova の登場に伴うフィレンツェの外交政策の基本原理の転換、他方で法王の帰還に先立って派遣された代官による法王領の回復と中央集権樹立の企て、そこから発したフィレンツェを中心とする同盟との衝突(la guerra degli Otto Santi, 1375–8)、という二つの条件によりフィレンツェのグェルフ主義はその中世的内容から決定的に離脱せざるを得なかった(Brucker, C. E., Florentine Politics and Society 1343–1378, 1962. Becker, M. B., Florence in Transition, vol. I, The Decline of the Commune, 1967. id., Church and State in Florence on the Eve of the Renaissance(1343–1382) — Speculum, XXXVII, 1962. id., Florentine 'Libertas': Political Independents and 'novi cives', 1372–1378 — Traditio, XVIII, 1962)。そしてレオナルド・ブルーニは一四二〇年に次の如く述べている。

「グェルフ党は、それを宗教の観点からみるならばローマ教会と結合しており、人間的観点からするならば libertas——賢人達が述べる如く、それなくしては国家 res publica は存立し得ず、それなくして人間は生きるべきでない——と結合している、のが判明する。」(Baron, The Crisis, p. 21, p. 468. Cfr. Santini, E., Leonardo Bruni Aretino e i suoi "Historiarum

Florentini Populi Libri XII. — Annali della Reale Scuola normale superiore di Pisa, XXII, 1910, pp. 45–6)
その見解を十四世紀中葉のM・ヴィラーニの中世的見解(Baron, The Crisis, p. 20, pp. 467–8)と比較するならば、ブルーニにおけるグェルフ主義の「自由 libertas」「国家 res publica」との結合という特質は看過し得ぬ点である。従ってブルーニの言う人間的観点からグェルフ党たることは、フィレンツェに「自由」が存在する限り、後年まで存続することになる(Baron, H., Die politische Entwicklung der italienischen Renaissance. — Historische Zeitschrift, CLXXIV, 1952, SS. 43–4, 48–9)。

(3)　例えば、Francesco da Vannozzo はジャンガレアッツォをイタリアの救世主と呼び、ローマを首都とするイタリア王国を夢見ていた。また Saviozzo da Siena はルビコン川を渡るカエサルに彼をなぞらえ、「自由」と呼ばれる「平和」と「静穏」との敵を抹殺する企図の成功をイタリア人の名において祈った。Antonio Loschi はミラノの君主がイタリアに平和をもたらすことを説きつつ、彼の拡大政策に伴う戦争の悲惨さを、挙げて統一と平和とに反対するフィレンツェの陰謀に帰した(Baron, A Struggle, p. 283)。

(4)　一三七〇—八〇年代においてフィレンツェは全トスカーナ、及びボローニャ、ペルージアなどとの都市同盟を唱導し、法王権の拡大に対する闘争((2)参照)を通して単なるグェルフ主義を乗越え、国内におけるアテネ公のティラニーの体験を基に、他のコムーネの「自由」の防衛に積極的態度を示した。例えば、一三七四年フィレンツェ共和国書記官サルターティは次の如く述べている。

「この都市(=フィレンツェ)の「自由」は、それを取囲む自由な人々の紐帯が拡大すればするほどいよいよ完全となる。それ故、フィレンツェ人民は全ての自由な人民の防衛者であり、その防衛によって彼等自身の「自由」をより容易に防衛する、という事情が容易に理解される。」(Epistolario, a cura di F. Novati, vol. I, p. 194.)

しかしサルターティの外交文書は常に自国の利害関係を念願において作製されており、直線的な理念の表明とは根本的に異っている(この点 Baron のやや一面的解釈に対しては疑義が唱えられている。例えば、Herde, P., Politik und Rhetorik in Florenz am Vorabend der Renaissance: Die ideologische Rechtfertigung der Florentiner Außenpolitik durch Coluccio Salutati — Archiv für Kulturgeschichte, XLVII, 1965)。

なおシニョーリアの Pax Italiae という理念に対して、フィレンツェやヴェネツィアが提起した理念は Libertas Italiae であった。この理念は十五世紀前半、ナポリ王ラディスラオ、フィリッポ・マリア・ヴィスコンティなどの拡大政策に対するフィレンツェ、ヴェネツィア同盟によって具体化された。「共和国」の同盟によってイタリアの問題を解決するという理念の担い手は、ヴェネツィアの Civic Humanist の嚆矢たる Francesco Barbaro やフィレンツェの大「ヒューマニスト」Giannozzo Manetti であり、特にジェノヴァの独立、フィリッポ死後の「聖アムブロシウス共和国 Aurea Republica Ambrosiana」の成立(一四四七年)はこの運動をいよいよ高揚させた。しかしヴェネツィアによる「聖アムブロシウス共和国」の圧迫、コジモ・デ・メディチのスフォルツァ援助によってミラノは再度シニョーリアの下に屈服し、フィレンツェとヴェネツィアとの対立が発生し、以後 libertas Italiae という理念はその担い手と共にその現実的可能性を喪失した。

(5)　Divina comedia, Inferno XXXIV 31-. Cfr. Frascino, S., Cerare, Catone e Bruto nella concezione dantesca — Civiltà Moderna, II(1930).

なお中世ではローマ史の頂点をキリストの誕生したアウグストゥス、または帝国の創始者たるカエサルに求めていた(Baron, Crisis, p. 55)。

(6)　L・ブルートゥスによるタルクィニウス追放によって「我々の時代(＝スキピオの時代)の自由が始まり」(III-774)、「戦闘において強力な人々が輩出した」(II-138)。これに対してカエサルはその野望を抑制し得ず、恥辱に満ちた行為を行ない、「その勝利の手を publica の身体に向け外部の敵に対する勝利を cives の血で汚した」(II-228-35)。

(7)　「なぜ、あなた(＝キケロ)はそのような闘争と無益な喧噪に飛び込み、あなたの年齢・地位に似つかわしい静穏な生活を見捨てたのか。空しい名声の輝きが賢者には相応しくない死へとあなたを導いたのか。哲学者であるあなたにとって田園において老い、永遠の生活について思索し、執政官職や軍事的勝利を求めず、カテリナの撃破を自負しないのが、あなたにとって最も適していたであろうに。」(Epistolae Familiaris, XXIV.)

「共和国」の崩壊後は内乱から身を退き、カエサルの clementia に従って生きることこそ最上の生活であった。そしてこの同じ批判は小カトーにも該当する(ibid.)。Cfr. Baron, Crisis, pp. 121-3. id., La rinascita dell'etica statale nell'umanesimo fiorentino del Quattrocento — Civiltà Moderna, VII, 1935, pp. 24-7. id., Cicero and Roman Civic Spirit in the Middle Ages and Early Renaissance — Bulletin of the John Rylands Library, XXII, 1938, pp. 85-8.

(8)　Garin, E.(ed.). Prosatori latini del Quattrocento 所収。

(9) ibid., p. 14.

(10) ibid.

(11) ibid. サルターティはこのようなロンバルディア人の倒錯を次の如く揶揄している。彼等にとって公平の基準たる法への服従は恐るべき隷従であり、全く恣意的に全てを統御する tyrannus への服従は完全な libertas, 譲歩し得ざる尊厳である(ibid., p. 32)。

(12) Quid enim est Florentinum esse, nisi tam naturae quam lege civem esse romanum, et per consequens liberum et non servum ? Proprium enim est romanae nationis et sanguinis, divinitatis munus quod libertas dicitur, et adeo proprium, quod qui desierit esse liber nec romanus civis, nec etiam florentinus rationa biliter dici possit, quod donum quaeve gloriosa nomina quis velit amittere, nisi qui nihil curat de libero servus esse? — ibid., p. 32.

(13) ibid., p. 22.

(14) ibid., p. 34.

(15) ibid., p. 34, 36.

(16) … conferamus, si placet, veteros viros, quibus quasi luminibus antiquitas illustrata se nostris reddit temporibus admirandam. romane libertatis auctor est Brutus, defensor Manlius, pugil confirmatorgue Camillus … iactet Brutus expulsum regem percussosque securi filios, qui exactam tyrannidem in Urbem velle viderentur asciscere. — Epistolario, vol. I, pp. 191–2. Vis iustiticie formulam ? occurrent tibi Brutus atque Torquatus, rigidis fascibus, imo securibus, in filios patriam et rei militaris disciplinam accerime vindicantes. — ibid., vol. II, p. 292.

(17) ibid., vol. I, pp 105–6.

(18) Caesar ipe, qui nefas republicam invasit. — ibid., vol. I, p. 197. Rem enim republicam Romanorum, quam pauper fundavit Romulus et pauperimi princeps ad tantam magnitudinem evexerunt ut imperium occeano, astris vero gloriam terminaret et eis ad occasum ab ortu solis omnia domita armis parerent, divites, L. Silla crudelis, Cinna ferox, ambitiosusque Marius, labefactaverunt, et ditiores, M. Crassus, Gn. Pompeius Magnus, ac Gaius Cesar, Lucii Cesaris filius, funditus destruxerunt. — De seculo et religione, a cura di B. L. Ullmann, 1957, p. 128

(19) キケロの内乱への態度は正に civis et vir bonus としてのそれであり、M・ブルートゥスやウティカのカトーの行為と全く同様の行為である。国家が動揺している状況下、私生活に閉じ籠る態度は如何に軽蔑に値する行為であろうか(Epistolario, vol. III, pp. 25–6. Cfr. Baron, Cicero and Roman Civic Spirit, pp. 88–9)。

(20) Il tratto 》De tyranno《 e lettere scelte, a cura di F. Ercole, 1942.

(21) 例えば、「支配方法からする暴君 tyrannus ex parte exercitu」と「支配者の地位に対する資格の欠如に基づく暴君 tyrannus ex defectu tituli」との区別に最も顕著である(ibid., cap. I)。なお、》De tyranno《の政治理論的意味を論じたものとして、Ercole, F., Il《Tractatus de Tyanno》di Coluccio Salutati — Da Bartolo all'Althusio, 1932 所収、が有益である。

(22) De tyranno, cap. III, § 3(p. 22), § 7(p. 23).

(23) Qui cum jure pro mertisque fuerit evectus, tantaque humanitate, non in suos solum, sed in hostes, quia cives erant, visus sit, dici ne potest appellarique tyrannus ? — idid., cap. III, § 12(p. 25).

(24) ibid., cap. IV, § 1(p. 27).

Quare concludamus illos Caesaris occisores non tyrannum occidisse, sed patrem patrie et clementissimum ac legitimum principem orbis terre. — ibid., cap. IV, § 19(p. 33).

(25) ibid., cap. IV, § 13(p. 31).

(26) ibid., cap. IV, § 17(pp. 32–3).

しかもサルターティは神の世界支配とのアナロジーで「君主政」が政体として最高であり、善良な君主の下にこそ最大の「自由」があると判断している(ibid., cap. IV, § 14, 15. p. 32)。また、ローマの分裂した状況に対応する政体は「君主政」のみである、という論理(例えば、ibid., cap. VI, § 17, pp. 32–3 など)は、サルターティの「リアリズム」としてマキアヴェッリの先駆的形態と評価されている(Baron, Crisis, pp. 151–2. Ercole, op. cit., pp. 374–81. Borghi, L., La concezione umanistica di Coluccio Salutati — Annali della Reale Scuola normale superiore di Pisa, XIII, 1934, pp. 473–5)。

(27) De tyranno, cap. IV, § 19(p. 33).

(28) ibid., cap. V, § 6(pp. 37–8).

(29) Baron, Crisis, pp. 115–8, p. 163.

勿論，理論外在的要素として，フィレンツェ最大の文化遺産たる『神曲』擁護論としての側面を持っていたことを忘れてはならない(Radetti, G., La origini dell'umanesimo civile fiorentino nel Quattrocento — Giornale critico della filosofia italiana, XIII, 1959, pp. 107–8)。

（30） 例えば，『俗界と宗教とについて De seculo et religione』はペトラルカ的 vita contemplativa の傾向を濃厚に持っている(ibid., p. 3, 4, 61, 83, 87 など)。書簡集においてもこの傾向は存在している(例えば，vol. III, p. 305 など)。Cfr. Garin, E., I trattati morali di Coluccio Salutati — Atti dell'Accademia Fiorentina di scienze morali, 'La Colombaria', 1943, pp. 58–61.

（31） Baron, Crisis, pp. 94–5.

（32） Garin(ed.), Prosatori latini del Quattrocento 所収。

（33） illud quod gravius atque intolerabile, quod M. Brutum, hominem iustitia, modestia, magnitudine animi omnique denique virtutis laude praestantem, ob Caesarem infectum libertatemque populi Romani ex fancibus latronum evulsam summo susupplicio damnavit … Caesar autem vi et armis rem publicam occupaverat, interfectisque bonis civibus patriae suae libertatem sustulerat. … sin autem Iunius laudandus, quod regem exegerit, cur non Marcus in caelum tolleendus quod tyrannum occiderit ? — ibid., p. 70.

（34） An tu putus Dantem, virum omnium aetatis suae doctissimum, ignorasse quo pacto Caesar dominium adeptus fuerit ? Ignorasse libertatem sublatam et ingemiscente populo romano diadema a M. Antonio capiti Caesaris impositum ? credis tantae virtutis fuisse ignarum, quanta M. Brutum praeditum fuisse omnes historiae consentiunt ? — ibid., p. 88.

（35） ブルーニは，ダンテがコムーネの政治に積極的に参与し，カムパルディーノの戦闘で奮戦し，そして結婚し，あらゆる社会関係の真只中で活動した「ゾーン・ポリティコーン」の典型であった点に注目する。そしてこの観点から，vita activa と学問研究との対立関係を主張したボッカッチョを批判した(Le vita di Dante, a cura di Passerini, 1917, pp. 209–10. なおこの本には他に，G. Villani, F. Villani, G. Boccaccio, G. Manetti のダンテ論が所収されている)。Cfr. Baron, Lo sfondo storico del Rinascimento fiorentino — La Rinascita, I, 1938, pp. 66–7. id., La rinascita dell etica statale romana, pp. 31–2. Buck,

A., Matteo Palmieri(1406–1457) als Repräsentant des Florentiner Bürgerhumanismus — Archiv für Kulturgeschichte, XLIII, 1965, SS. 80–1.

(36) 例えば、M. Palmieri, G. Manetti のダンテ論はブルーニの解釈を基にしている(Baron, Lo sfondo, p. 71. id., Cicero and Roman Civic Spirit, pp. 88–9)。

(37) 今回は著作が入手出来ず、以下の引用は、Baron, Crisis に基づく。

(38) 「国家 res publica が一人の権力に服従した後、コルネリウス(=タキトゥス)の述べる如く、高貴なる魂は消滅した。」—— ibid., p. 475.

(39) O Cai Caesar, quam plane tua facinora Romanam urbem evertere! … Etsi enim multa ac magna in te vitia erant, multis tamen ac magnis virtutibus obumbrabantur. Quamobrem de te silere tutius erit. Et simul filium tuum eadem illa ratione preteribo. — ibid., p. 476.

同じ趣旨は『フィレンツェ人民の歴史十二巻 Historiarum Florentini Populi Libri XII』(Rerum Italicarum Scriptores, XIX-3 所収)にも見られる(ibid., p. 14. Cfr. Santini, op. cit., pp. 39–41. Ullmann, B. L., Leonardo Bruni and Humanistic Historiography — Medievalia et Humanistica, IV, 1946, pp. 58–69)。

(40) ブルーニによれば、フィレンツェはスッラの時代に植民市として建設された。その時代はローマ史上最も輝かしい時代であり、「自由」と征服地獲得の頂点であった。そしてこのような時代に成立したフィレンツェが「自由」を愛し、「暴君」の敵となるのは当然であった(Baron, Crisis, pp. 476–7. Cfr. Santini, ibid., pp. 30–4)。

(41) その関心は「自由」には存在せず(「自由」は内乱と混乱との代名詞)、専ら「安全 securitas」を前提とする経済的繁栄と能率的支配とが問題となる。このような論理に基づきシニョーリアの支配の優越性を説き、このような君主の支配が研究活動の不可欠の前提であると考えた。それ故、パトロンなき「共和国」では学問研究自体が不可能である(Conversio, Dragmalogia de eligibili vite genere — Sabbadini, R., Giovanni da Ravenna, 1924 所収 — pp. 190–5. Cfr. Baron, Crisis, pp. 134-45)。

(42) ブラッチオリーニは帝国の成立と学問・文学の没落との相関関係を論じたが、ヴィスコンティとの死闘を体験した世代と比較して、政治問題があまり表面に出ていない(Baron. Crisis. pp. 66–7)。グアリーノはカエサルと共に学問・文学が没落したというブラッチオリーニの所説を批判し、カエサルはむしろその復興者であると主張した。即ち、カエサルは内乱で危機に瀕した旧来の制度の機能を回復させ、その法と正義とを何等変更せずに再興した、と評価される。従って、Caesar vero, civis magnanimus, princeps prudentissimus, imperator excellentissimus となる(Epistolario, vol. II, pp. 221–54. Cfr. Sabbadini, R., Guariniana, 1964. Bertoni, G., Guarino da Verona : Fra letterati e cortigiani a Ferrara, 1921)。

(43)　et homo, non ad compatiendum lapsis vel crassantibus irascendum, sed ad adiutorium hominis sit productus. magna tibi, si considerare velis, indicta necessitas in patriam redeundi, ut aliquid non solum tibi sed aliis opereris et ibi incipias quod naturaliter teneris impendere, ubi te constat, tum sanguinis tum civilitatis necessitudine, plus debere. — Epistolario, vol. I, p. 311.

(44)　サルターティにおいて caritas, amor とはあくまでも神を媒介とする人間の相互結合能力であり、理性、意志はかかる能力と結合している。ここから社会秩序の神聖性が生じ、それに託身することこそが人間の神聖さを担保する(Garin, op. cit., pp. 71–3. Borghi, L., La dottrina morale di Coluccio Salutati — Annali della R. Scuola normale superiore di Pisa, XII 1934, pp. 95–101)。

(45)　ibid., vol. I, pp. 26–7.

(46)　… nulla enim caritas est que sit cum caritate patrie comparenda. parentes, filii, fratres, amici, agnati ; affines et cetere necessitudines quedam singola sunt et simul omnia collata minus habent ipsa republica. — ibid., vol. I, p. 21. Cfr. Nulla enim caritas et que sit cum caritate patrie comparanda — Cicero, De officiis, III-16. Borghi, La concezione, p. 484.

(47)　人間の最高の理念は神的秩序を活動的に担い、支えることにこそ存在する。それは具体的にはこの神的秩序の絶頂を形成する国家に献身し、善良な公民となることであり、人間の真の幸福と祖国の繁栄とは相補う関係に立ち、人間の永遠性、不死はこの全く世俗的な活動によって獲得される(Borghi, La concezione, pp. 482–5)。

(48)　Pugna pro patria ! — Epistolario, vol. I, p. 26.

(49)　ローマ人は堅固な壁の如く敵に立ち向い、祖国のために死を甘受する。これに対して caritas patrie の欠如せるフィレンツェ人は戦闘の危険から逃避し、平凡な人生の引き伸ばしを図る。その生命の長さも先が知れているのに(ibid., vol. II, pp.

86–7)。

(50) De militia — Bayley, L., War and Society in Renaissance Florence, 1961, pp. 369–89 所収— p. 370. 同旨 "L'uomo è animale civile secondo piace a tutti i filosofi" — Le vite di Dante, p. 210.

(51) Bayley, op. cit., pp. 198–9.

(52) Homines enim neque a doctrina instituti negue ingenio voluptateque moderati multum nocuerunt hactenus et nocebent suis civitatibus. — Bayley, ibid., p. 200. Cfr. Buck, op. cit., SS. 81–2.

(53) Bayley, ibid., p. 200.

(54) Laudatio においては、フィレンツェの政治組織は法の前の平等と「自由」とをティラニーから守るように組立てられ、全体として見事なバランスを保持している、と判断されている(Baron, Crisis, pp. 206–7)。

また、Oratio はフィレンツェにおいて「自由」と平等という理念が民主政と結合していると指摘する(Forma rei publicae gubernandae utimur ad libertatem paritatemque civium maxime omnium directa, quae, quia aequalissima in omnibus est, popularis nuncipatur. — ibid., p. 556)。そして「フィレンツェの自由」とは全ての公民がその virtus と probitas とによって、自由に公職に就任し、名誉を獲得し得ることを意味する(ibid.)。

(55) De militia, p. 370.

(56) Bayley, op. cit., pp. 210–1. De militia, p. 382.

なお騎士には経済活動も禁じられている(De militia, p. 388)。これは当時のポポロが経済活動にのみ精力を集中していたのに対して極めて特徴的である。

(57) ブルーニは野蛮人による「共和政ローマ」の伝統の不純化に対して、古代ローマの sacramentum militare の復活を企図した(ibid., p. 388)。それは同時に国家宗教への傾向を示している(ibid., p. 387)。

(58) 平時には政治活動に参加し祖国に対して忠告を行ない、友人を保護し、公私の作業においては専心努力し、親しい者の間で寛大と正義とを実行することなど(ibid., p. 385)。なかんずく、公民に対して暴力を振うことは厳格に禁じられている(ibid., p. 386)。

(59) ここでは、Varese, C. (ed.), Prosatori volgari del Quattrocento 所収の序文、第四巻を中心に論ずる。

（60） Della vita civile, p. 365.
（61） ibid., p. 400.
（62） ibid., vivere civile は「共通利益 utilità comune」の実現と結合している。
（63） ibid., p. 355.
（64） Cfr. Baron, Lo sfondo, p. 64. Buck, op. cit., SS. 88–90.
（65） ここで夢を見たのはスキピオに代って公民ダンテである。前述したブルーニのダンテ解釈の影響が端的に見られるだろう。
（66）「人間の中で、祖国の安寧に配慮し、国家を守り、良く組織された人々の統一と調和とを維持する人間よりも秀れた人間は存在しない。」——Della vita civile, pp. 407–8.
（67） ibid., p. 400, p. 408.
（68）「過去の全世紀において、その公民の virtù と自力とによらないで大を成した国家 città は存在しない。公民は正に名誉、栄光、名声国家の支配権 imperio の拡大を望むという性格を持っている。公民は彼等の善の保持、救済、維持を希求し、時節が来れば平和を求め、そして彼等及び子供達、全ての物の静穏と休息とを招来させる。それに対して傭兵は自己の名声を優先させ、何よりも金銭を熱望する。彼等が敵以上に味方を重んずることは考えられない。金銭を供した人間を考慮せずに自己の危険を回避し、より大きい金銭を求めて以前の雇主を捨て去る。そして味方を失えば他を求め、戦争によってのみ名声と威厳とを獲得し得るが故に、常に戦争を熱望している。」——ibid., p. 388. このようなパルミエーリの見解の中にブルーニとの連続性が端的に見える(Buck, ibid., SS. 90–1)。
（69） この時のブルーニの態度は親メディチ的であった(Garin, E., I Cancellieri umanisti della repubblica fiorentina da Coluccio Salutati a Bartolomeo Scala — Rivista storica italiana, LXXI, 1959, pp. 203–4)。それ故、ガリンは Civic Humanism の中心をブルーニよりもサルターティに求めている。
（70） Varese, C., Storia e politica nella Prosa del Quattrocento, 1961, pp. 112–20.
この著作は Cavalcanti のみならず、ルネッサンスの歴史家の研究書として極めて示唆に富む。特に Cavalcanti を介在させることによって、マキアヴェッリと Civic Humanism との直接的結合を否定した点は鋭い (ibid., pp. 9–10)。
（71） 彼の田園生活への逃避、活動的生活からの後退を非難した友人に対して Rinuccini は次の如く答える。活動には「自由」

が必要であり、自由な社会においてのみ人間は自己展開出来る。しかしフィレンツェにはもはや「自由」は存在せず、tyrannus たるロレンツォは公民を虚偽の網の中に追い込み、腐敗するか後退するかを強制している。学問はもはや人間性を強化するために享受されるのではなく、自己の良心と真理とを裏切ることなしには政治的活動をなし得ない人間に対して、逃避の場所を提供するものに他ならない(Rinuccini, A., Dialogus de libertate ― Atti e memorie dell'Accademia Toscana di scienze e lettere La Colombaria, vol. XXII, 1957 所収― pp. 270-303. Cfr. Garin, E., L'Umanesimo italiano, 1952, pp. 96-7. Adorno, F., La crisi dell'umanesimo civile fiorentino da Alamanno Rinuccini al Machiavelli ― Rivista critica di storia della filosofia, VII, 1952, pp. 24-30)。

ここではブルーニに見られた virtus civilis と studia humanitatis との結合は完全に消滅している。そして「ヒューマニズム」の純粋研究活動的傾向、寄生化の方向が暗示されている。なお Rinuccini の Civic Humanism の理念は『パルミエーリ追悼演説 Oratio in funere Matthaei Palmieri』に現われている(Rinuccini, A., Lettere et orazione, a cura di V. R. Giustiniani, 1953, pp. 78-85. Cfr. Adorno, op. cit., pp. 21-4)。

(72)　クリストフォロ・ランディーノ Cristofolo Landino の『カマルドゥルス人の論議 Disputationes Camaldulenses』(Garin, (ed.), Prosatori latini del Quattrocento 所収)はその記念碑的存在である。L. B. Alberti と Lorenzo de'Medici との対話の形式で書かれたこの著作の中心問題は、「人間の目的 telos は何か」である。フィチーノ的立場を代表する Alberti は肉体的拘束から離脱した純粋観照の世界への没入こそが人間の最高理念である、と主張する(ibid., p. 752)。このような vita contemplativa の主張に対して Lorenzo は「国家生活 actio civilis」を称讃する。即ち、人間は社会のために生れており、公民 civis でない者、及び自らの生まれた国家 civitas に対して関心を持たない者は人間ではなく(ibid., p. 768)、従って vita contemplativa に没入している人間は全く有害無益な存在である(ibid., p. 760)。世俗的名誉を求める生活こそ、人間の肉体と精神との調和ある発展を保障する(ibid., p. 754)。これに対して Alberti は再度肉体に対する精神の優位、名誉のはかなさを説き、思弁的生活からは全人類に対して永遠的・普遍的価値が生じ、活動的生活からは有限な価値しか創造されないことを指摘する(ibid., p. 782)。従って人間が神を求め、不滅を獲得するためには、vita contemplativa を送らなければならない(ibid., p. 772)。その限りでキケロの実践活動は批判されなければならない(ibid., p. 782)。こうして我々は再度ペトラルカの世界へと連れ戻されるのである。

なお、フィレンツェにおけるこのような精神史の転換については、前掲の Adorno の論文の他、Garin, Donato Acciaiuoli cittadino fiorentino — Medioevo e Rinascimento, 1954 所収を参考にせよ。

第二節　マキアヴェッリにおける》republica《の成立と存続とについての arte

一　マキアヴェッリの》republica《論と Civic Humanism

》republica《はこの時代の用法からすれば「国家」と訳されるべきである。しかし、それを敢えて「共和国」と訳すのは以下の如き理由による。マキアヴェッリは「共通善 bene comune」を原理とする政治体を、その構成員の側からの呼称を用いて「政治(国家)生活 vivere civile, vita civile, vivere politico」と呼ぶ。[1] この「政治生活」には》republica《と》regno《とが包含され、両者は tirannide(=》stato《的論理に基づく支配体制)と区別される。[2] しかし、他方「自由 libertà」と》regno《とは相対立し、「自由」は》republica《にのみ属すると判断されている。[3] このような概念の相互関係は如何に解釈され得るであろうか。古典古代の図式からすれば、》republica《と》regno《とが相互に独立しつつ、「政治生活」を形成するという論理は発生し得ず、この両者を並列的に使用する用法は中世の regnum et civitas という用法の伝統を受けたものと解釈される。次に》regno《と「自由」との矛盾は、Civic Humanist が》regno《(または「王政」)=tirannide、という図式を唱えた[4]点と関連する。このような伝統の重複は当然概念の動揺を伴わざるを得ず、マキアヴェッリにおいて》regno《という概念は》republica《の三政体の一つとしての「王政」と相互に移行し合う性格を持っており[5]（逆に》regno《は「王政」を内包することによって古典古代の用法に近づく）、しかも》regno《と tirannide との区別も明瞭でなく[6]、王 re と tiranno とが判然と区別される例は極めて珍しい[7]（その場合に》regno《は「政治生活」でもなくなる）。この》regno《概念の動揺は》republica《概念をも動揺させるが、以下の叙述では「政治生活」にして且つ「自由な生活 vivere libero」としての》republica《を「共和国」と訳して用いることにしたい。

では「自由な生活」とは何か。それは予め定められた基準に従って名誉 onore, 報賞 premio を得、自己の財産を思いのままに処理し、妻子及び自己の名誉を何等の脅迫なく享受出来る状態を指している[8]。そこではレオナルド・ブルーニに見られた如く、私生活上の安全と共に名誉が一定の集団に閉鎖的に限定されず、能力や客観的基準を基に開放性を保持している点に注目すべきである。これに対して王と tiranno の下では、「安全 sicurtà」と「平和 pace」とは存在し得るが、国家生活への能動的参加とそこに帰結する名誉の獲得という原理の存在は許されず、名誉の閉鎖性が存在せざるを得ない[9]。そしてかかる「自由」の原理から、マキアヴェッリにおいてカエサル批判[10]が登場するのは想像に難くない。以上の如き彼の「共和国」の性格から判断する限り、マキアヴェッリの「共和国」論が古典古代の πόλις, res publica, civitas の理念、更にはその復興者としての Civic Humanist の政治理論と親近性を有することは一目瞭然である。従って、マキアヴェッリを Civic Humanist の後裔と解釈する態度[11]が発生するのは当然の結果とも言い得る。

しかし同時にマキアヴェッリと Civic Humanist との間に存在する決定的対立を看過することは許されない。この対立は、古典古代以来の政治理論の conditio sine qua non たる「ゾーン・ポリティコーン」観に対する双方の態度に何よりも明瞭に見られる。既に述べた如く、マキアヴェッリの人間像にはこの理念に合致するものが一片だに存在しない。従って、単に「共和国」の表面的性格にのみ関心を集中することなく、その成立根拠に目を向ける時、マキアヴェッリにおける「ゾーン・ポリティコーン」という観念の崩壊は千金の重みを持つと考えざるを得ない。[12] そこから、このような伝統との架橋し難き断絶の下で、敢えて「共和国」を再度論じようとするマキアヴェッリの真意は何か、という問題が新たに提起されざるを得なくなる（第三節参照）。それ故、マキアヴェッリの「共和国」論を Civic Humanism の観点からのみ理解しようとする解釈は、彼の「共和国」論が持つダイナミズムと緊張とを看過する危険性を持っている。マキアヴェッリにおいては、「共通善」や「共通利益 utilità comune」と私的な善や利益との間にアプリオリな調和や連続性が何等存在せず、両者は完全に引き裂かれたままである。そしてルネッサンス哲学の基本的テーゼたる「人間の尊厳」は完全に消滅し、野心と貪欲とに駆り立てられる人間は動物以下の状態で蠢いている。このような人間を素材 materia として、「共通善」や「共通利益」の具体化としての「共和国」を創出する作業が如何に困難を窮めるかは容易に想像される。そこにはブルーニの如く“homo civile est animal”と一行で片付けられない無限の困難が存在している。重複を恐れず、敢えて言う、「ゾーン・ポリティコーン」観の崩壊後において、「共和国」の樹立を企図したのは政治学史上、マキアヴェッリを以って嚆矢とする、と。

二 「共和国」成立論

人間は必要》necessità《に迫られなければ善良たり得ず、選択》elezione《のチャンスが存在する限り必ずその悪性を暴露する、[13] というマキアヴェッリのペシミスティックな人間像がその「共和国」論の大前提である。このように人間が自然的に反社会的性格を持つ以上、「共和国」は内在的に創出され得ず、「共和国」の成立は外部からの「教育 educazione」に依存しなければならない。[14] ところでこの「教育」は「法 legge」を通じて行なわれる。[15] しかし既に第三章で述べた如く、感性的人間をコントロールする最終的手段(=感性的人間にある行動を》necessità《たらしめる手段)は「処罰の恐怖 paura di pena」を与えることであり、従ってその手段の具体的内容における「力 forza」の圧倒的地位が発生せざるを得なかった。それ故、「共和国」の構成員へと感性的人間を教育する手段もまた「力」を除いては考えられず、ここでも「武器なき予言者 profeto disarmato」の敗北は免れ得ない。ここにマキアヴェッリの立法者 ordinatori di leggi 論の特質がある。即ち、立法者は権威の独占 solo di autorità を必要とし、独裁者 solo そして更に君主》principe《たることを不可欠の要件とする。換言すれば、》stato《の保持者たることが立法者の必要条件である。[16] ここに人間の判断の分裂を痛切に意識し、[17]「力」によって強制的にその判断の分裂を圧殺する、というマキアヴェッリの視点が生ま生ましく顔を現わしている。しかし立法者が単に》principe《に止まるならば「共和国」は出現せず、「共通善」というその基本的原理は文字通りイデオロギーたるを免れ得ないであろう。従って、立法者が》virtù《を有する》stato《の保有者から「共通善」に服従するという転換のモメントが要求されなければならない。この転換を示すモメントが「善良さ bontà」という資質に他ならず、[18]》virtù《は》bontà《と結合することによって、私益 utilità propria 追求能力から「共通善」追求能力へと換骨奪胎される。このような奇蹟的な内面的転換によって》principe《は立法者に転化する。

次に立法者の具体的作業内容を検討してみたい。第一に》ordini《[19]、即ち「共和国」の政治組織、第二に狭義の意味での「法 legge」[20]、即ち人間の習俗》costume《、》consuetudine《の拘束手段、の確立が彼の作業内容を形成している。》ordini《の問題に関してはまず政体論が分析されなければならない。マキアヴェッリには、君主政 stato principato (これを加えるのは前述の「共和国」の意味からして必ずしも適切ではないが、叙述の便宜上加える)、貴族政 stato di ottimati、民主政 stato popolare の三政体、及び各々の墜落形態としての僭主政 stato tirannico、寡頭政 stato di pochi、放縦政 stato licenzioso というギリシャ以来の図式の他に、ポリビオスに類似した政体循環論がある。[21] マキアヴェッリは各政体の欠点と動揺とを検討した上で、混合政体を最良の形態と判断する。[22] 彼によれば歴史上この政体を採用した著名な例はスパルタと「共和政ローマ」とである。しかし、スパルタと「共和政ローマ」とはその「自由」の擁護者をそれぞれ貴族 grandi、平民 popolani に求めた点で決定的に異なっている。[23] そして、ここから「共和国」のスパルタ・ヴェネツィア型とローマ型との比較という有名な議論へと展開する(第三節参照)。その他にマキアヴェッリが 》ordini《 として特に注目しているのは、弾劾・告発 accuse の制度である。[24]

しかし、政治的諸機構 》ordini《 はそれを支える「習俗 costume, consuetudine」の「腐敗 corruzione」によって、直ちにその本来の効力を喪失する[25](=機構信仰の不存在)。従って立法者の作業の中核はむしろ狭義の「法」の設定と「習俗」の改革とに存在すると言わなければならない。「法」と「習俗」とは相互関係にあり、良き習俗 buona costume の維持のためには「法」を必要とし、「法」の遵守はこの buona costume を不可欠の前提とする。[26] この場合 buona costume とは 》bontà《 への志向、即ち「共通善」を「個人的善 bene proprio」に優先させる行動能力を意味する。しかし、単に「自己の利益」に駆り立てられるマキアヴェッリの感性的人間からは、「共通善」の下に人間の社会生活の相互的原理を樹立しようとする試みは決して積極的支持を期待し得ず(その意味ではマキアヴェッリの人間は自然的に「腐敗」している)、buona costume は単なる「法」の設定によっては発生することが出来ず、「力」による「法」の実効性の確保によってのみ成立し得る(》materia《(=人間、と 》forma《(=「法」との結合を可能ならしめるのは「力」である)。かくして 》bontà《 を創出するためには、実力 violenza と武器 armi とによる徹底した荒療治が必要であり、なかんずく「ブルートゥスの息子達」を断固殺害しなければならない。[27] しかし、このような立法者の作業は何よりも彼自身の生命的限界によって根本的に制約されざるを得ない。[28] 蓋し、「力」の後退は常に感性的「個人主義」への逆転の可能性を内蔵しているからである。そこでマキアヴェッリは人間的論理から飛躍して宗教を介入させる。

「民衆に対して偉大な立法を行なった人々は、他の方法によっては受容されないために、全て神に訴えている。なぜなら、賢明な人々によって善き事柄と認識されたものも、他人を説得するだけの明白な理由を欠如しているからである。それ故、賢明な人々は神へ訴えることによってこの困難を解決しようとした。」(29)

それ故、宗教の存在する所にのみ統一と「自由」とが存在し得る。(30) マキアヴェッリによればロムルスの「力」の論理に対して、ヌマは宗教を通じて国家的服従 obedienze civile を確立し、政治生活》civiltà《を維持し、ロムルス以上にローマの偉大さに貢献した。(31) マキアヴェッリはこの観点からあらゆる手段を用いて宗教意識の浸透を企図すべし、と勧説する。(32) 彼にとって宗教内容の真偽はもはや問題ではなく、「神への恐怖 timore di Dio」が持つ組織象徴としての有効性の観点のみが赤裸々に出現する。(33) しかし、この極限にまで昂進したシニシズムを伴った宗教の使用こそ、感性的人間に善悪観念を定着させる最後の切札に他ならなかった。逆に宗教の没落は正にこの最終的手段を喪失させることによって、政治生活の没落の端的な表現となる。(34) しかしこのような宗教の一面的評価は「政治価値」に対する「文化価値」の完全な服従を招くことになる。(35)

こうして成立した「共和国」は「法」によって規定された》necessità《の体系である(necessità ordinata dalle leggi)。それは感性的「個人主義」を発生させる》elezione《の圧殺の上にのみ成立し得る。そして宗教が不可欠の手段として登場することにより、》necessità《の体系は人間の論理を超越した力を体現し、ここに古典古代のノモスの世界、典型的な「閉じた社会」としての性格が露わになる。この「共通善」が厳格に貫徹される「共和国」では「私」というカテゴリー自体が消滅する。従って、「個人」を基礎としつつ、「公」の問題を解決しようとする近代的国家の論理とは根本的な差異を持つ。しかし、ルネッサンス哲学の中でマキアヴェッリの占める特異な地位は、かかる古典古代的「共和国」の創出を決して容易にしない。私が先に述べた成立論は実は事態の一面を示すのみであって、次の二つの難問が伏在している。第一の問題は立法者自身に関わる。即ち、マキアヴェッリの「共和国」は立法者が単なる》principe《 ではなく、》bontà《 を具備することをシネ・クワ・ノンとしている。しかし》principe《 こそ最も「私益 bene proprio」を端的に追求する存在であり、》bontà《 には全く無縁な存在である。それ故、》principe《 から立法者への移行自体が深刻な問題とならざるを得ない。蓋し、善良な》buono《(=》bontà《 の形容詞)人間は悪しき手段を用いて》principe《 たることを欲せず、他方》principe《 となった悪しき人間が》buono《 になることは絶望的期待である。[36] しかし、もし「政治生活」がかかる立法者をその成立の際に必要としないならば(=腐敗していない)、それは原理的人間論から乖離を意味せざるを得ない。この点にマキアヴェッリの一つのアポリアがある。この問題に対するマキアヴェッリの回答は一応次の如き形で与えられている。

「もしある国家 città を良く組織しようとするならば彼の》principato《(=》stato《!)を放棄しなければならず、これを喪失しないために国を組織しないとしても弁解に値する。しかし》principato《を保持しつつも国家を組織出来る場合に、それ(国家を組織すること)を行なわないのは如何なる弁解にも値しない。[37]」

この回答によれば、》principe《が立法者とならないとしても前者の場合にはそもそも批判の対象とならない。そして一見批判の対象となるかの如く見える後者の場合にも、》principato《 の意味の転化がそれを可能にしているにすぎない。なぜなら》principato《 は元来 città(=republica)と全く異なった論理を持っており、》principato《 それ自身と「città の下での》principato《」とは明瞭に区別しなければならない。逆に、》principato《 が原義的な意味を持ちつつ、città の下で享受されるならば città 自身が崩壊するだろう。従って、マキアヴェッリの回答は》principe《 と立法者との断絶を再確認したに止まり、》principe《が立法者へ転化しないとしても何等批判に値しないという結論にならざるを得ない。[38] 第二の問題は宗教の説得可能性について生ずる。何よりもまず「武器なき預言者」の運命がこの説得可能性への絶大な信頼と如何に結合するか、が問われなければならない。マキアヴェッリの原理的人間像は宗教と結合し得る如何なるモメントも有せず、その意味では完全な「堕落状態」にある。従って、マキアヴェッリが宗教によって説得可能と考える「粗野な rozzo, grosso」人間の存在[39]は原理的に期待し得ないであろう。彼の期待は理論的な根拠を持たず、無智でも粗野でもない人間に宗教意識を吹き込んだ「武器なき預言者」サヴォナローラの活動という単なる事実に基づいている。そして更に、人間はいつでも同じ論理に従って生活するが故に、往時の事業を再現することは決して不可能でない、という希望[40]にも支えられている。しかし、「『武器なき預言者』は必ず没落する」という極めて尖鋭なテーゼの後退は、それだけ》fortuna《への依存の度合の増大を意味する。[41] 従って、甚だアイロニカルではあるが、感性的人間をコントロールする手段としての宗教の有効性の過大な評価は、「自力」にのみ依存するという彼の最も基本的命題からの逸脱を示していると言い得る。この二つの問題は彼の「共和国」の成立を危機に陥れ、ルソーの如く「結果が原因とならなければならない」[42]という事態に追い込まれざるを得なかった。こうして armi proprie に見られた如き、原理的人間像からの逸脱と具体的「状況」への依存との傾向が濃厚となり、[43] その原理的人間像を前提にして「共和国」の成立を理論的に解決する作業は遂に挫折したのである。こうした彼のペシミズムは『リウィウス論』第一巻十六、十七、十八章に端的に表現されている。[44] そして『リウィウス論』のそれ以後の部分ではもはや「共和国」の成立を論ぜず、「共和国」を所与として観察するに止まったのである。

三　「共和国」の腐敗・没落論

「共和国」の没落は主として「素材 materia(＝人間)」の堕落、即ち、「悪しき習俗 cattivo costume」、「悪しき諸資質 umoli maligni」の発生による「腐敗」に求められる。(45)「習俗」の悪化は》ordini《や「法」などの forma に機能障害を起させ、「法」の転変と》ordini《の本来的機能の空洞化とが帰結する。(46) マキアヴェッリにおいてこのような「共和国」の没落は、「力」や宗教によって forma と結合していた materia の自然的本能の回復、即ち、感性的「個人主義」の復活を意味するものに他ならない。ところで「腐敗」は「選択」の契機の増大、それによる》necessità《の力の減少によって招来される。「腐敗」は外部からの影響によって発生する場合もあるが、(47)最大の内在的要因は「安逸 ozio」である。(48) この「安逸」は対外的平和、安寧から発生し、(49)また経済的余裕からも生ずる。(50) この「安逸」の中で人間は》bontà《による相互結合の破壊への道を歩む。従って、そこから「共通善」と法とに基づく「平等 equità」の破壊が発生し、(51)相互性の原理の没落が惹起される。その最も端的な徴候は「共通善」と厳格に結合していた賞罰体系の乱脈化にみられる。(52) そこから悪行は処罰されず、人々の称讃は金銭や姻戚関係に基づいて発生する。こうした形での「共和国」の原理の崩壊は、やがて全面的無秩序(disordine)へと進行する。公的秩序を前提とする「法」の権威は没落し、実力に訴えて(per forza)私的目的の達成を図る行為が頻繁に行なわれる。(53) そしてこの私的目的＝「私益 utilità propria」の論理によって「共通善」は完全に引き裂かれる。(54)「私益」は「一味徒党 parte, sètta, partigiani」を生み出し、「法」はこのような》parte《の観点からのみ考察され、党派的利益実現のための単なる手段へと転化し、(55)私的権威体系の赤裸々な貫徹が帰結する。こうして私的名声(》riputazione《)、》stato《が開花する。(56)》bontà《の没落は人間の善・悪観念を転倒させ、悪人の繁栄と善人の没落とが発生し、邪悪な人間は勤勉と賞められ、善良な人間は無智と嘲笑される。(57) そして宗教は人間行動の規制原理として地位を喪失し、人間は却って他人を欺くために神を手段として用いる。(58) このような状況を前提にして成立し得る唯一の秩序は》tirannide《(それは反射的に「隷従 servitù」

を伴う——(第三章第一節参照)であり、その崩壊は「放縦 licenza」を生み出し、「政治生活」への方途は完全に見失われざるを得ない。[59] しかも》sètta《や》parte《はその敵の打倒の後にやがて無限の自己分裂を惹起し、[60]「悪しき習俗」「悪しき諸資質」の下でのオールタナティヴは「自由」か「隷従」かではもはやあり得ず、「隷従」か「放縦」かのみが問題となる。

このような全面的崩壊を阻止するためには種々の方策が考えられる。「安逸」に対しては戦争と対外的危機とが特効薬であり、[61] また哲学者の活躍は「安逸」の重要な指標であるから厳重に統制しなければならない。[62] また経済問題については「私人は乏しく、国家は富む」[63] という原理の貫徹が何よりも必要であり、それによって経済的貧困と公的名誉との結合を成立させ、拝金主義や金銭による私的権威の発生を防止するように配慮しなければならない。[64] その他、「腐敗」した状況下で通用する論理の打破、例えば悪行を必ず「共和国」の名の下に処罰すること、[65]「共和国」への献身によってではなく全く私的方法で名声(》riputazione《)を獲得する如き行為を厳罰に処すること、[66] などが挙げられる。いずれにしても状況を冷静に判断し、医者の如く常に対応策を樹立することが必要である。[67] しかしかかる予防措置が充分な効果を挙げ得ない場合、積極的改革は如何なる方策によって行なわれ得るだろうか。ここにマキアヴェッリの「原初への復帰 ritirare verso il suo principio」という理論[68]が出現する。この理論は人間の「選択」に基づく自由な国家生活の展開という論理と真正面から対立する「閉じた社会」の理念に発している。即ち、「法」によって規制された》necessità《に基づく古き良き時代の復興がその意味である。従って、改革とは「真理の父」たる「時」によってその本性を暴露した感性的人間を、再度往時の秩序へと収斂させる「再生 rinovazione」たらざるを得ない。この「再生」は外的危機によっても発生するが、しかしそれを作為的に試みることは出来ない。他方自発的「再生」は》virtù《と》bontà《とを兼ね具えた人間の「力」によって行なわれることが可能である。[69] そして、「腐敗」が甚しければそれだけ「改革者 riformatore」は立法者へと接近し、両者は全く同様な手段を用いざるを得ない。

「共和国」に関するマキアヴェッリの「技術」は公民の結合体としての「政治社会」のみを論じており、その限りで正にギリシャ以来の「ポリスに関する学」としての「政治学」の伝統を継承している。この「政治学」は》tiranno《と「臣民」との関係を扱う arte dello 》stato《 と明確に区別されなければならない。そして前者の意味での「政治学」は、共同体としての国家に最も適応し難い人間を「素材 materia」として、圧倒的に古典古代のイメージが強い「共和国」を創出しなければならない、というディレンマへの回答を試みたものに他ならなかった。彼の人間像とこの目的との対立・緊張関係は、Civic Humanism の「ゾーン・ポリティコーン」観に基づく調和的世界とは全く異質な、リーダーへの苦渋に満ちた信頼を「政治学」の中心概念として登場させた。しかしこの新しい概念によっても、前提と目的との亀裂を論理的に解決することは遂に不可能であった。そこから、『平等』の存在しない所では『共和国』は成立し得ない」[70]という具体的状況への依存性を露わにせざるを得なかった。このような彼の理論の弱点を看破するのは難事ではない。しかし、『リウィウス論』第一巻第十八章までが原理的人間像からの「共和国」の成立を論理的に解決しようと企てた事実、換言すれば「ゾーン・ポリティコーン」観の崩壊にもかかわらず、敢えて「共和国」の成立を企図したことは、単なる妄想として処理されるべきではない。むしろ逆に、その作業が何を意味していたか、彼にとって「共和国」は原理的に如何なる意味を持っていたか、が解明される必要がある。マキアヴェッリにおいては、人間にとって「政治生活」が自然でない(=「ゾーン・ポリティコーン」観の崩壊)が故に、それは当然問われるべき問題なのである。こうして我々は次の問題へと移行する。

(1)　例えば、ロムルスは》vivere civile《の創始者であり、彼は》bene comune《のために活動した。勿論ロムルスは》regno《を樹立したが、》republica《の創立者も同じ原理に従うと考えられている(Dis. I-9, vol. I, pp. 119-20)。

なお、》vivere civile (politico)《 は civile. politico の副詞形を用いて、》vivere civilmente《(Dis. I-49, vol. I, p. 200), 》vivere politicamente《(Dis. III-8, vol. I, p. 361) などとも表わされる。また、》civiltà《 というタームも 》vivere civile《 と同義である(Dis. I-11, vol. I, p. 125, p. 127. Dis. I-55, p. 212. Dis. II-3, p. 241. Dis. I-2, p. 99. Dis. I-24, p. 154 など)。

(2) 「republica か regno かによって vivere politico を組織しようとする人は……、しかし著作家達によって tirannide と呼ばれる絶対的権力 potestà assoluta を獲得しようとする人は……」——Dis. I-25, vol. I, pp. 155-6. 同旨 Dis. I-26, p. 156.

従って、この》republica《と》regno《とは》tirannide《,》stato《に対して、共同体としての「政治生活」を指示していると解釈される。次の如き例はかかる意味においてのみ理解可能である。「私はその起源において他に従属していた国家 città については話したくない。republica であれ principato であれその起源において外部に対する隷従(servitù estrema)がなく、自己の意志(arbitrio)に基づいて支配される国家について論ずる。」——Dis. I-2, p. 96-7.

(3) ロムルスによって樹立された国家は、vivere assoluto e tirannico よりは 》vivere civile e libero《 に適していたが、その基本的性格は》republica《ではなく》regno《だった。それ故、ローマが》libertà《を持つためには多くの改革を必要とした(Dis. I-2, p. 101)。

「このような困難は》principe《の下で生活する習慣がついた人民が、何等かの偶然によって》libertà《を獲得する時必ず生ずる。」——Dis. I-16, p. 137.

また、「一人の君主の下での自由でない生活 vivere sotto uno principe e non libero」(Dis. III-12, p. 371) という表現は端的にそれを示している。

(4) Ercole, F., Da Bartolo all'Althusio, 1932, pp. 263-5, pp. 375-7.

(5) 腐敗した所に》republica《を創立し、維持することは難しい。その場合、》republica《を創造し、維持するためには民主政 stato popolare よりも君主政 stato regio が望ましい。なぜなら、服従しない人間は王の権力 podestà regio によってのみ拘束されるからである(Dis. I-18, p. 146)。他方マキアヴェッリが》regno《の特質としているのは、正に王の絶対的権力 potenza assoluta ed eccessiva によって法に服従しない人間を拘束し得る点にある(Dis. I-55, pp. 211-2)。ここに》stato regio《から》regno《への移行、両者の連続性が推測される。

(6) 例えば、Dis. I-19, 55. Dis. II-12, 21. Dis. III-4, それに Principe の例を見よ。

(7)　》re《と》tiranno《との対立関係の明示的指摘は(2)で引用した例しか見あたらない。

(8)　Dis. I-16, p. 138.

(9)　「自由」概念は非常に複合的な性格を持っている。それ故、》re《,》tiranno《はこの中の「安全 sicurtà」を「臣民」に確保してやり、それと自己の権力とのバランスをとるのを最上の策とする。なぜなら、「自由」を求める人間の中で「名誉」(政治活動によって)を獲得しようと企てる人間は少数であり、多数の人間は「安全」のためにのみ「自由」を求めるにすぎないからである。そしてこの少数の人間は懐柔か、殺害によって処理し得よう(Dis. I-16, pp. 139-140)。Cfr. 第三章第二節(5)。

以上に述べた諸概念の整理はこれまでほとんど行なわれていないが、Cadoni は》libertà《の対抗概念を》principato《や》la monarchia assoluto《にではなく、三政体の一つとしての王政 la forma monarchica di governo に求めている(Libertà. republica e governo misto in Machiavelli — Rivista internazionale di filosofia del diritto, XXXIX, 1962, pp. 463-6)。しかし彼はマキアヴェッリにおける》stato《,》principato《,》principe《などの概念の意味に全く考慮を払わず、その結果、「自由」は》principato《よりも所謂王政に対立するという甚だ奇妙な結論を引き出すに至ったのであり、また、》regno《,》stato regio《などの概念の具体的意味も何等追求されることがなかったのである。なお彼が》libertà《を「安全」や近代的な意味での》libertà civile《に矮小化する試み(Ercole, Scolari)に反対し、その》libertà politica《としての側面を強調しているのは正しい(ibid., pp. 479-82)。

(10)　カテリナは単に計画し、カエサルは実行した。それ故、カエサルはカテリナ以上に非難に値する。カエサルは国家 città を破壊した(Dis. I-10, pp. 122-3)。カエサルは tiranno である(Dis. I-29, p. 161. Dis. I-37, p. 177. Dis. III-6, p. 339)。カエサルは祖国 patria を征服した(Dis. III-24, p. 399)。これに対して、ブルートゥスは「自由」を維持しようとした(Dis. I-17, p. 141)。そしてダンテのブルートゥスの評価についての批判も存在している(Dialogo intorno alla nostra lingua. vol. II, p. 809. Cfr. Baron, H., Machiavelli on the Eve of the Discourses: The Date and the Place of his Dialogo intorno alla nostra lingua — Bibliothèque d'Humanisme et Renaissance, XXIII, 1961)。

(11)　Baron, H., The Crisis of the Early Italian Renaissance, 1966, pp. 70-1, pp. 428-9, p. 431 など。

(12)　従って、Baron は政治学史上における「ゾーン・ポリティコーン」観の意味を完全に看過している。マキアヴェッリの人間に対するペシミズムは historical realism (Baron, H., Machiavelli: the Republican Citizen and the Author of 'The

Prince'— The English Historical Review, LXXVI, 1961, p. 250)などという不明確な言葉で片付けられない理論的意味を持っている。後述の如く Baron のマキアヴェッリ解釈が『君主論』と『リウィウス論』との絶対的二元論に陥るのは、この点に淵源を持っている。

(13)　「共和国を樹立し、法を定める人は、人間は邪悪であること、彼等は自由に活動し得るチャンスが訪れると常に彼等の魂の悪性を発揮すること、を前提としなければならない」——Dis. I-3, p. 102.

「人間は必要》necessità《に迫られなければ、決して善い事柄を行なわない。」——ibid., p. 103.

「選択》elezione《の自由が存在し、放縦たり得る場合には、人間は直ちに全てを混乱と無秩序とに陥らせる。」——ibid.

従って、飢え、貧困が人間を勤勉にし、怠惰を防ぎ、人間の共同性を生み出す、という論理が出て来る(Dis. I-1, p. 94. Dis. I-3, p. 103)。

(14)　同じ情念、欲望に動かされる人間の「習俗 costume」の差異は、》educazione《から発生する(Dis. III-43, p. 435)。従って地域により、また家族によって「習俗」の相違が発生する。

(15)　「良き教育 buona educazione」は「良き法 buone leggi」から生ずる(Dis. I-4, p. 104)。

(16)　Dis. I-9, p. 121. Dis. I-18, p. 145.

(17)　多数の人間は彼等の間に意見の対立を発生させ、何が国家として善いかを認識することが出来ず、法を判定するのに適しない(Dis. I-9, p. 120)。そしてこの判断の分裂を一つの制度に収斂させる手段は「力」と宗教とに最終的根拠を持っている。従ってホッブスやルソーを引照基準として用いることは極めて有益である。

(18)　例えば、Dis. I-9(p. 119), I-17(p. 141), III-1(p. 328), III-30(p. 408), Istorie fiorentine, IV-1(vol. II, p. 172)などは、立法者、改革者の資質としての》bontà《を鮮かに示している。この》bontà《の持つ意味はこれまでの解釈において看過されて来たが、それは》virtù《の amoralism にあまりにも関心を集中した結果である。人間像—》virtù《—》stato《という彼の思想の中核の具体的確定とその限界の指摘との欠如がその裏面に存在している。既に第二章で述べた如く、》virtù《は「善一般」の追求能力ではなく「自己の善 bene propria」の追求能力であり、感性的人間が本質的に持つ判断の主観性に従属した能力であった。従って、》virtù《は本来的に》bene comune《を追求する能力とは直ちになり得ない性質を有している。》bene comune《追求能力としての》virtù《への飛躍は「教育」による》bontà《の注入によって行なわれる。「共和国」は感性的人間をこのような外部からの「教育」によって成立し、人間は「公民」としての相互性の原理と社会結合とを獲得し、》bene comune《のための行為は如何なる行為でもその結果によって公民に対して掛値なしに弁護される(Conviene bene che, accusandolo il fatto, lo effetto lo scusi ; e quando sia *buono* come quello di Romolo, *sempre* lo scusera — Dis. I-9, p. 119)。このような論理は》virtù《のみをその能力とする所謂「国家理性 ragion di stato」とは決定的に異なっている。蓋し、》virtù《のみではしばしば「共和国」にとって危険性を持ち得る。例えば、「共和政ローマ」の破壊を企てたマンリウス・カピトリヌスは非常な》virtù《を持っていた(このマンリウスの》virtù《に対抗したのが、*la bontà* di tutti gli ordini di quella Republica, *lo amore della patria* であった——Dis. III-8, pp. 360-1)。また》virtù《を有する人間は名誉を獲得出来ない場合、「共和国」に混乱や困難をもたらすような所業を企てる(Dis. III-16, pp. 380-1)。また、カエサルやポムペイウスは有能、勇敢 valento(=》virtù《の形容詞たる virtuoso に近い)であったが buono でなく、「共和国」を破壊して》tiranno《となった。他方、第三次ポエニ戦役前の将軍達は valento e buono であった(Arte della guerra, vol. 1, p. 457)。

なおマキアヴェッリにおいて、「共和国」の構成員であることを前提にして、個人の》virtù《をプラス的に評価する例が勿論存在する(ex. Dis. I-17, p. 142, III-1, p. 329)。しかし「共和国」を前提にするという条件を完全に無視しない限り、この》virtù《が如何なる意味を内包しているかは明瞭であろう。

(19) 例えばローマの場合では、民会・元老院・護民官・執政官の権限、政務官選出規定、立法手続きなどが》ordini《と呼ばれる(Dis. I-18, p. 143)。

(20) 例えば姦通罪・奢侈禁止・選挙違反などについての法律を指す(ibid.)。

(21) Dis. I-2, pp. 97-100. Cfr. Ellinger, G., Die antiken Quellen der Staatslehre Machiavellis — Zeitschrift für die gesamte Staatswissenschaft, LXIV, 1888, SS. 1-7.

(22) 各〻の単純政体には欠点があり、三政体の全てが関与し得る政体こそ最も堅固(ferma, stabile)である(Dis. I-2, p. 100)。彼の見解と古典古代のそれとの比較については、Ellinger, ibid., SS. 7-9を、また同時代人の見解については、Battaglia, F., La dottrina dello stato misto nei politici fiorentini del Rinascimento — Rivista internazionale di filosofia del diritto, XII, 1927 を参照せよ。

ところで政体循環論と混合政体論との関係についてのマキアヴェッリとポリビオスとの見解を相違なしとするか、否かは重要な問題である。Ellinger は単にその推定され得る影響を論じたのみで、この問題については何等見解を明らかにしていない。ここでは G. Sasso の見解を紹介し、私の見解に代えたい。そもそもポリビオスにおいてローマ讃美と結合した混合政体の安定性・永遠性の主張と、彼の政体循環論とが如何なる関連にあるかはポリビオス解釈上の最大の問題である。ところでポリビオスの政体循環論は自然法則的必然性の色彩を強く持ち、これに対してマキアヴェッリはこの理論を心理的傾向に基礎づけている。それはギリシャ哲学の「自然」への関心と、マキアヴェッリの人間の作為能力たる》virtú《への信頼との相違にその基礎を有している。従って、マキアヴェッリは混合政体論を》virtú《の活動結果として人間の論理において把握する。同時に混合政体は「自然」の名の下にスタティックに永遠化されず、あくまでも人間の作為と不断の緊張関係において捉えられざるを得ない。従って、ポリビオス解釈上の最大の争点は、マキアヴェッリにおいてはそもそも争点とならない。なぜならば決定論の消滅によって混合政体は政体循環論の克服の上に登場し、両者は矛盾なく並存し得るからである(Sasso, G., Machiavelli e la teorie dell'Anacyclosis — Rivista storica italiana, XCIX, 1958, pp. 333–75. Cfr. id., Niccolò Machiavelli, 1958, pp. 308–13)。

なお、ポリビオスのマキアヴェッリに対する影響は、ポリビオスのテキストの時期の考証、更には『リウィウス論』の成立時期の問題を提起する(Hexter, J. R., Seyssel, Machiavelli and Polibius VI: The Mystery of the Missing Translation —Studies in the Renaissance, III, 1956. Baron, H., The Principe and the Puzzle of the Date of the Discorsi — Bibliothèque d'Humanisme et Renaissance, XVIII, 1956)。この問題については第五章第二節で論ずるが、Sasso の如く両者の関係を考えるならば、かかる形で『リウィウス論』成立時期の問題を提起することがどの程度有効かは疑問とならざるを得ないだろう(Sasso, G., Intorno alla composizione dei Discorsi di Niccolò Machiavelli — Giornale storico della letteratura italiana, CXXXV, 1958 fasc. 410–11)。

(23)　Dis. I–5, p. 105

(24)　これを政治制度として採用することは次の二つの利点をもたらす。第一に公民は告発を恐れ、現政体への反抗を企てることがなくなる。第二に、これによって特定の公民に対する憤怒の合法的発散を行なうことが可能となる。マキアヴェッリが特に注目しているのは第二の点である。合法的に(ordinariamente)公民を処罰する制度が存在しない場合には、非合法的方法(modi straordinari)が採用され、私的力(forze private)に基づく処罰が発生し、「共和国」は個人対個人の闘争と》parte《とによって引き裂かれる結果に陥らざるを得ない。これに対して公的権力と制度とに基づく処罰は決して「共和国」や「政治生活」を危機へ導かないだろう。そして、告発、弾劾の制度化は中傷(calunnie)の発生を防止し、中傷から発する》parte《、》sètta《の対立を阻止する効果を持つ(Dis. I-7, 8)。

(25) マキアヴェッリはこのような状況を政務官の選出と立法過程とに見い出している。例えばローマにおいて人間の》virtù《よりも力》potenza《が政務官就任の基準となり、また元来全ての人間が法律提案権を持っていたのに、やがて「力」を持つ者のみが「公益」のためではなく、「私益」のために立法権を行使するようになる(Dis. I-18, pp. 144-5)。

(26) ibid., pp. 143-4.

(27) Dis. I-16, p. 138, III-3, pp. 333-4.

(28) Dis. I-11, pp. 127-8.

(29) ibid., pp. 126-7.

(30) 宗教的儀式と信仰とは統一と善き秩序(buone ordini)とをもたらし、国家の幸福は宗教に基づく(Asino d'oro, V-118-123, vol. II, p. 770)。ドイツでは人々が》bontà《と》religione《とを強固に保持しており、これによって多くの「共和国」の「自由」が可能になっている(Dis. I-55, p. 211)。

(31) Dis. I-11, p. 125.

(32) Dis. I-12, pp. 128-9.

(33) 虚言と判断されるものでも、「共和国」の統一と》bontà《とを守るためには積極的に支持し助長するようにしなければならない。特に賢人と呼ばれる人の場合には、虚言から信仰を惹起させるのは容易である(ibid., p. 129)。従ってここでは「神への恐怖」の存否のみが問題であり、その内容がキリスト教か否かは全く問題とならない(第三節註(19)参照)。

ところでマキアヴェッリの宗教内容への無関心、組織象徴としての宗教の有効に対する鋭い感覚、という特質は、既に若きマキアヴェッリのサヴォナローラ観察に尖鋭に現われている。一五九八年三月九日の Ricciardo Becchi への書簡は次の如く述べている。サヴォナローラは新しく選任された執政官が自己を害することを恐れ、自分の党派》parte《を統一し、より強力に防衛するためにサン・マルコ寺院で説教を行なった。彼は自己の味方が非常な善人であり、敵が極悪人であることを示しつつ、あらゆる言辞を用いて敵党派の弱体化と味方の強化とを図ろうとした。まず、サヴォナローラは自己及びその党派を神及びキリストに仕える者、敵は悪魔に仕える者と定義を下した。そして双方に加担しない人間は当然善を求め、従って前者の味方となり、前者の勢力は増大するだろうと述べた。そして分裂は》tiranno《を発生させるだろうと警告した。翌日サヴォナローラは、フィレンツェの》tiranno《たらんと欲して彼を追放しようと企てる人間がいることが神によって知らされた、と告げた。しかし新しい執政官が法王に対して彼を弁護したため、彼はフィレンツェ内の敵に対して一応安心し、敵＝》tiranno《という形で批判するのを止めた。そして今度は法王に矛先を向けたのである。従って私(＝マキアヴェッリ)の判断によれば、サヴォナローラは状況に従って彼の「虚言 bugie」(！)を潤色しつつ行動した、と言い得る(Lettere, a cura di F. Gaeta, pp. 29-33)。

　このマキアヴェッリの観察の中には、宗教(＝虚言！)を完全に party-poitics の道具として使いこなし、自己の地位の保全を図る「政治人」サヴォナローラの姿が浮彫りにされている(Cfr. Chabod, F., Scritti su Machiavelli, 1964, pp. 367-73 Sasso, Niccolò Machiavelli, pp. 13-6)。

(34)　Dis. I-12, p. 128.

(35)　人間のあらゆる行動を体制の樹立・保全の観点から整除する限り、かかる観点に対して真・善・美などの文化価値の自立性は成立し得ない。これこそマキアヴェッリ的「政治主義」による「文化」の破壊に他ならない。「哲学」の流行は一つの体制の危険信号であり、それ故に哲学者の追放が公然と讃美される(Istorie fiorentine, V-1, vol. II, p. 291)。そして宗教内容への無関心はその極限に他ならない。近代において「国家宗教 religion civile」をその政治理論の中枢に敢えて注入したルソーにおいて、その対極に『エミール』が存在するのと比較して、マキアヴェッリの一面性と限界とが鮮かに示される。

(36)　Dis. I-18, pp. 145-6.

(37)　Dis. I-10, p. 125.

(38)　この点を最も明瞭に指摘したのは Mossini である。彼によれば、全ての人間の悪性を前提にする限り、》tiranno《が当然の帰結であり、「政治生活」へと向う資質をかかるリーダーに期待するのは「神話 mito」にすぎない(Mossini, L., Necessità e legge nell'opera di Machiavelli, 1962, pp. 236-40)。但し彼の解釈は》stato《論を完全に欠落させており、その「共和国」「政治生活」中心の解釈と人間の悪性の認識との矛盾が、この立法者論において初めて意識されたのである。

(39)　Dis. I-12, p. 127, p. 128.

(40)　ibid., p. 128.

(41) (31)で示した如く、マキアヴェッリは、ヌマがロムルス以上にローマの偉大さに貢献したと述べているが、しかし彼は他方で、ヌマの活動を可能にしたのがロムルスの》virtù《であり、ヌマの統治方法は》fortuna《によって左右され、非常に不安定であると批判している(Dis. I-19, p. 148)。このようなロムルスとヌマとに対する評価の動揺は彼の「共和国」成立論に潜む分裂の一徴候に他ならない。

(42) Rousseau, J.-J., Du contrat social, II-7.

(43) 「今日『共和国』を創立しようとする人間にとって、政治社会 civiltà が存在しない山間の住民を対象とする方が、腐敗した政治社会の中での生活に慣れた人間を対象とするよりも容易である。それは彫刻家が他人の下手な下彫りのある大理石よりも、原石を用いる方が秀れた作品を生み易いのと同じ理である。」——Dis. I-11, p. 127.

ここでは「共和国」は「素材」を考慮して設立すべきこと、即ち、「共和国」の「素材」としては感性的人間でない人間が必要なこと、が説かれている。従って、ここでは「共和国」に適合的な「素材」が如何にして成立し得るかを問わないで、単に所与としてのかかる「素材」捜しを行なう、という論理が端的に示されている。これは armi proprie 論と同じく、一般理論としての失格証明に他ならない。

(44) 従って、マキアヴェッリがこの第十八章で『リウィウス論』の叙述を停止し、『君主論』の作成に全力を集中した、という有力な見解が発生するのも由なしとしない(Chabod, F., Scritti su Machiavelli, pp. 32-7)。但し、第五章第二節で述べる如く、この成立時期の問題については論争がある。

(45) この言葉は Dis. I-4, 7, 37, 40, III-3. Istorie fiorentine, II-12, 17, III-1, 20, 21, 25, IV-2, 3, 14, 26, 28, 30, V-4, VII-12 などに見られる。

(46) 「善き法 buone leggi」は「悪しき習俗」によってその効力を失い、国家は死滅する(Asino d'oro, V-82〜87, vol, II, p. 769)。そして「法」の変化のみでは状況の救済が不可能な場合には、》ordine《の転換による改革が必要とならざるを得ない(Dis. I-18, p. 144)。

(47) これには外国人の移住や流入によって発生する場合(Dis. I-6, 55, II-3)と、征服地の「悪しき習俗」が征服者の「習俗」を破壊する場合(Dis. II-19)とが存在する。

(48) Istorie fiorentine, V-1(vol. II, p. 219), VII-28(p. 367). Asino d'oro. V-94〜9(vol. II, p. 769).

(49) Dis. II–25, p. 306. Cfr. Dis. III–16

(50) Dis. I–1, pp. 94–5 など。

(51) 「不平等 inequità」は「自由」と矛盾する(Dis. I–17, p. 142)。そしてマキアヴェッリが「不平等」と「共和国」「政治生活」との矛盾を最も鋭く指摘したのは彼の「豪族 gentiluomini」論である。gentiluomini とはその経済力によって安逸な生活を送り、時には城郭(castella)と「臣民」とを保有する者である。彼等はこのような状況の中で「法」の拘束を振り払い、自己の野心によって「政治生活」を不可能ならしめる。それ故、かかる gentiluomini の住む地域こそ不平等な社会である(Dis. I–55, p. 212)。ここで「不平等」とは財貨に基づく「安逸」、私的権威体系の存在、「法」と》bontà《とへの反逆を意味している。従って、「平等 equità」は経済的要素と結合しなければならない側面を持つが、直接的には「法」と》bontà《とへの相互的服従を何よりも意味している。

(52) Dis. I–24, p. 154, III–16, p. 380.

(53) civilmente, politicamente, ordinariamente に対して、violentemente, straordinariamente な行為である(Cfr. Dis. I–7, p. 113)。

(54) この comune, publico と propria, privato との対立は Dis. I–9, 34, 58, II–2, 19, 28, III–12, 16, 22, 28, 34 などに鋭く現われている。

(55) Istorie fiorentine, III–1, vol. II, pp. 122–3, III–5, p. 129.

(56) 第三章第1節II参照。

(57) Istorie fiorentine, III–5, vol. II, p. 128.

(58) ibid.

(59) ibid., pp. 128–9, IV–1, p. 172. Cfr. Cadoni, G., Genesi e crisi del "vivere libero" in Machiavelli — Rivista internazionale di filosofia del diritto, XLII, 1965.

(60) Istorie fiorentine, III–5, p. 129.

(61) Dis. II–25, pp. 306–7. Cfr. Dis. III–6, p. 381.

(62) 秀れた軍事力による勝利の獲得から「平穏」が訪れ、この勇敢な精神はやがて文学を通して「安逸」へと導かれ(将軍の後に哲学者が来る！)、「安逸」はやがて良く組織された国家を滅亡へと導く。大カトーはこの間の事情を察知していたので、ディオゲネスとカルネアデスをローマの青年達が争って崇拝するのを見聞した時、国家の没落を恐れ、ローマへの哲学者の立ち入りを法律で禁止した(Istorie fiorentine, V-1, vol. II, p. 219)。ところで》virtù《→「平穏」→「安逸」→「無秩序」→「破壊」→「秩序」→》virtù《という有名な循環論(Istorie fiorentine, V-1, vol. II, p. 219. Asino d'oro, V-94〜9, vol. II, p. 769)が如何なる意味を有しているか、一言言及しておきたい。(22)で述べた如くこの循環論もマキアヴェッリの作業を無に帰さないためには、宿命論的、必然法則的決定論と解釈しないようにしなければならない。従って、Ruggiero がマキアヴェッリの法則観を、人間の作為から切断したものとしては解釈し得ないという意味で、「人間的自然主義 naturalismo umano」と呼んだのは正に正鵠を射ている(Ruggiero, G. de, Rinascimento, Riforma e Controiforma, p. 370)。

(63) この格言は、Dis. II-19(pp. 285-6), III-16(p. 381), 25(p. 399)などに見られる。Dis. I-1では肥沃なる土地が「安逸」を発生させ易く、そこから個々人の団結が不可能になると判断している(p. 94-5)。

(64) Cfr. Dis. III-25, pp. 399-400. Knies, K., Niccolò Machiavelli als volkswirtschaftlicher Schriftsteller — Zeitschrift für die gesamte Staatswissenschaft, XVI, 1852. Dungern, F., Krieg und Kriegsfinanzen bei Niccolò Machiavelli — ibid., CIV, 1944.

(65) Dis. I-24, pp. 153-4.

(66) Dis. III-28. そしてマキアヴェッリのコジモ・デ・メディチ批判はコジモの私的方途を通じての勢力拡張へと向けられている(Istorie fiorentine, VII-2)。なお慈悲ある行為が》parte《を発生させ、「自由」の破壊の原因となる点については Dis III-22 参照。

(67) Dis. III-49.

(68) Dis. III-1, p. 327.

(69) ibid., p. 329.

(70) Dis. I-55, p. 214.

第三節　マキアヴェッリの》republica《論の特質

「共和国」は「自由」の保持を不可欠の要件とする。しかしその前提の上で如何なる「共和国」が望ましいか、が次の問題となる。マキアヴェッリによれば「共和国」は「自由」の維持と共に領土の獲得を目的とする。(1) この領土獲得欲は自然的且つ通常的なものである。(2) そして、もしかかる「拡大」が「共和国」の目的と観念されるならば、この目的に適応した内部組織が要請されざるを得ない。このような観点から考察した場合にのみ、「共和政ローマ」に対する彼の傾倒の意味が初めて理解可能である。蓋し、「共和政ローマ」の》virtù《と》imperio《の「拡大」とが彼の関心であったことは、『リウィウス論』第一巻第一章によって明らかである。(3) かくして「自由」の観点から考察された政治組織》ordini《の問題は、同時に「共和国」の目的である「拡大」への適応性と連関していることが判明し、政治組織は単に「自由」の安定性のみを基準にしては判断され得なくなる。(4)「共和国」のローマ型とスパルタ・ヴェネツィア型との優劣論はこの問題と関連を有する。スパルタでは王と少数の人間によって構成される元老院とが支配したが、人間の移住を禁じて少数の人口を保持し、経済的には徹底した清貧を実現して他国との経済的交流を完全に遮断する、というような政策によって「自由」を長期間維持した。またヴェネツィアでは貴族(gentiluomini)が支配し、平民(popolani)は参政権を奪われていたが、支配者と被治者との人口の差は貴族の支配を不可能ならしめるほど、バランスを失うことがなかった。(5) しかるに「共和政ローマ」では平民の参政権が認められ、外国人の移住を承認して人口の増大を図り、その結果、ローマの内政はスパルタやヴェネツィアのそれと比較して著しく不満と動揺とに満ちたものとなった。(6) しかしながら「拡大」の観点からするならば、スパルタやヴェネツィアは武装人員の少なさによって完全な「維持型」であり、「拡大」は常に「共和国」の存立を危機に陥れる可能性を持っていた。[7] 蓋し、細い幹が太い枝を支えることが不可能である如く、スパルタの覇権の没落は当然の帰結であった。[8] 従って、かかる「維持型」の「共和国」では他国を攻撃しないように拘束し、また他国によって攻撃されないように配慮することが必要である。[9] しかし仮りに攻撃されずしかも「拡大」しない場合にも、対外的危機の欠如は「安逸 ozio」をもたらして内部崩壊が不可避となり、しかも人間世界では「拡大」が四囲の状況によって不可避的な場合が存在する。[10] これに対してローマはその人口の増大によって多数の武装人員を保有し、確固たる》imperio《(＝》stato《)を獲得し得た。[11] マキアヴェッリは明瞭にこのローマ型を支持し、ローマから内紛の原因を除去することはその「偉大さ grandezza」への道を封じることであり、内紛は necessary evil である、[12] と判断した。[13] 彼はローマの内政上の不安・動揺が「共和国」の破壊をもたらしたことを充分に認識しており、従って彼が「拡大」なき安定した「自由」よりも「拡大」へ志向せる不安定な「自由」を求めたことは、「自由」が「拡大」という目的のための手段であることを明示している。

こうして「共和国」の政体と「拡大」への適応性との連関が明らかになったが、「自由」と「拡大」能力との有機的連関は未だ解明されていない。換言すれば》principe《の「拡大」能力と如何なる相違を持ち得るか、という問題がそれである。人間の野心と貪欲とは良き「法」によって統御される時、必ず外部に対して野心と貪欲との矛先を向ける、[14] というマキアヴェッリのテーゼは勿論君主の治下でも発生し得るだろう。しかし「共和国」においてはかかる「拡大」が「共通善」への献身として表象される点に根本的特質を持っている。前節で述べた如く、「共通善」という象徴を定着させるためには良き「法」・良き「教育」・宗教が必要であり、そこから》imperio《獲得能力としての》virtù《(その具体的、典型的表現は軍事力である)が発生し得る。[15] そして》necessità《の体系のみが感性的人間を「共和国」の構成員へと転換させ得るが故に、》necessità《ある所に》virtù《あり、という主張となる。[16] かくして「共和国」における

「拡大」は感性的人間の個人的活動ではなくなり、「拡大」の直接的主体は「共和国」となる。そして個々人は「共通善」への献身によって「名誉 gloria」を獲得するという形で「共和国」の「拡大」に参与する。この点に「共和国」の君主国に対する特質が存在する。即ち、「共和国」は「共通善」への献身に基づく「名誉」の開放性を保持しており(これこそが「自由」の基本的意味である)、従って個人はその能力に基づいて「名誉」を獲得するに際して原理的に何等障害を持っていない。逆に「共和国」の側から考察するならば、「名誉」を求める人間の献身によって常に「拡大」への可能性を持ち、それへの献身は競合性を前提にして加速度的に増大すると共に永続し[17]、状況の変化に対して最も適合的な人間を用いることが可能となるだろう[18]。マキアヴェッリがこの現世的「名誉」と「自由」と緊密な関係の認識からキリスト教と「自由」との背反性を指摘しつつキリスト教批判を敢行したのは[19]、当然の帰結であった。従って、マキアヴェッリが「共和国」と君主とを比較しつつ、前者に「拡大」能力の圧倒的優位を認めたとしても[20]何等怪しむに足りない。そして「共和国」の多いヨーロッパに》virtù《が多く存在し、帝国や王国によって支配されるアジアやアフリカに》virtù《が少いと判断したのも[21]容易に理解出来るであろう。

かかる構造の下に「共和国」の目的をその「拡大」に設定した場合その最も重要な手段としての軍事力が彼の政治理論の中で如何に重要な位置を占めるかは、今や極めて明らかである。そこで「共和国」の原理との関連で彼の armi proprie 論を改めて検討してみたい。マキアヴェッリは『戦術論』の冒頭で「政治生活 vita civile」と「軍事生活 vita militare」との分離に反対し、かかる分離の具体化たる傭兵を批判しつつその統一を企図した[22]。そしてこの統一のモデルが古典古代の都市国家であることは言うまでもない。従って、既に Civic Humanism に見られた如く「公民」の軍隊によってこの統一は純粋に貫徹し得る。しかるに彼の提示したプランたる armi proprie 論はこれと異なって「臣民」の武装化を中心に据え、》stato《, 》imperio《の論理の自己崩壊の可能性を蔵していた。》stato《の主体が君主である場合には傭兵か armi proprie かしかオールタナティヴが存在しない。しかるに》stato《の主体が「共和国」である場合、公民軍という選択肢が存在している。なぜ、この軍隊を中核に据え、「臣民」の武装を抑制しないのか。我々はマキアヴェッリのモデルたる古代ローマと彼の理論との最も鋭いシェーレを、『リウィウス論』第一巻第四三章「自己の名誉のために戦う者こそ善良且つ忠良な兵である」に見出すことが出来る。

「自己の名声のために喜んで戦闘する軍隊と他人の野心のために渋々戦う軍隊とは何と異なっているか、は直ちに気付かざるを得ない。……そしてかような戦闘への情熱は臣民からのみ発生し得るのであるから、》stato《を保持し、『共和国』や王国を維持しようと欲する人はその臣民を武装させる必要がある。[23]」

マキアヴェッリが前者の例として挙げているのはコンスル統率下のローマ軍に他ならない。そして彼がスパルタやヴェネツィアに対して「共和政ローマ」に優位を与えた根拠は、「自由」を支える平民の数量の圧倒的大きさにあったのである。[24]しかるに彼の armi proprie 論は「臣民」に軍隊の主力を求めることによって、「自由」―軍隊―征服、という彼の「共和国」論の最も重要な論理を危機に陥らせる意味を持っていた。「臣民」は「共和国」の野心のために戦闘するのであって、自己の名誉のためではない。もし彼等が自己の名誉のために戦闘するならば「公民」でなければならず、ここに彼の「共和国」の政治原理と軍事論とは相矛盾し、衝突する、と言い得る。[25]そして元来無権利な「臣民」の義務を更に加重しつつ「公民」の義務を軽減するという論理は、「血税」による「臣民」搾取の頂点であると共に、「共和国」が軍事論において君主と異なった、独自の論理を持ち得る可能性を自己閉鎖し、「自由」と「名誉」との高揚の持つ意味を完全に失わせた。彼自身は「臣民」の戦闘意欲に疑義を持たなかったのではなく、[26]また「公民」の軍隊を完全に無視したのでもなかった。正にそれ故に、いよいよ armi proprie は問題とならざるを得ない。[27]以上の如き欠点は、その対応物として軍事諸技術についての論述の圧倒的比重をもたらした。[28]しかし武器、陣形、戦闘方式についてのこの詳細な議論は上の如き根本的な欠点によって、技術論的頽廃の傾向を秘めざるを得なかったのである。

マキアヴェッリの「共和国」論はその軍事論における致命的欠陥にもかかわらず、例えばCivic Humanistの国家論と比較して際立った特質を持っている。Civic Humanistは「ゾーン・ポリティコーン」観を国家論の基礎に用いて国家の自然性を強調したが、それは彼等の哲学が基本的にコスモスへの強い志向を保持していた点と関連しており、国家はこのコスモスの中にその存在意味を封じ込められることとなった。これに対してマキアヴェッリの「共和国」論はかかる秩序の自明性の一切の破壊の上に敢えて構築されたという特質を持ち、その特質は彼の哲学が秩序観念をほとんど喪失している点と緊密に連関している。彼の「共和国」は人間にとってもはや自然的存在であり得ず、それ故新しい意味付けを求めなければならず、「共和国」はこの目的に従って構成された作為の産物となったのである。そしてこの目的こそ》stato《、》imperio《、》dominio《の「拡大」に他ならない。それは人間世界の秩序の崩壊の下で仮借なくその「拡大」を遂行する「共和国」である。それ故、人間の相互的結合のモメントとしての》bontà《は「共和国」の内部にのみその存在を許容され、対外的には完全な「力」の原理に従った行動が唯一の格率となる。この「共和国」の内部的関係に関する限り伝統的「政治学」の要素は残存するが、この「政治学」も今や「拡大」という至上命令と切り離しては論じられ得ない。また、個人にとって「共和国」は「名誉」を通してのみ特殊な意味を持つ。そしてこの「名誉」を媒介とする》virtù《の増大と永続性とは「共和国」に対して、君主とは比較を絶した「拡大」能力を付与した。それ故、かかる「共和国」は「戦士ツンフト」と称しても決して過言ではないであろう。

（1）　Dis. I-29, vol. I, p. 161.
（2）　Principe, III, vol. I, p. 12.

（3）「都市国家(città)ローマの起源が如何なるものであり、また立法者達によって如何に秩序づけられたかを読む人は、かくも大きな》virtù《がこの città において長期間保たれ、そこからこの『共和国』に付加された》imperio《が発生したことを、何等不思議とは感じないだろう。」――p. 93.
　ここでは国内組織が》virtù《と》imperio《との観点から考察されていることが極めて明らかである。なお同様な叙述が同章末尾にも見られる(p. 96. ここでは la grandezza dello imperio が関心の中心である)。

（4）Dis. I-5 では貴族(grandi)と平民(popolo)のいずれを「自由の擁護者」とすべきかが論じられている。しかし、ローマに対比してスパルタやヴェネツィアにおける「自由」のより長期にわたる存続という歴史的事実の前に、「平民を自由の擁護者」とする「共和政ローマ」の優位は問題化せざるを得ない。そこで彼は「自由の擁護者」の問題から》imperio《の「拡大」の問題へと論点を移行させ、「共和政ローマ」の優位を確保しようとした。

（5）スパルタやヴェネツィアについては、Dis. I-5(p. 105), I-6(pp. 108-10), II-3(p. 241)などで論じている。

（6）Dis. I-6, p. 110. この人口の確保は慈悲と力とによって行なわれた。前者は来住希望者に対する門戸開放と彼等の保護とであり、後者は近隣諸国を破壊して自己の国内に強制移住させることを意味する(Dis. II-3, pp. 240-1)。

（7）Dis. I-6, p. 111, II-19, p. 286.

（8）「人間の行動は自然を模倣する。即ち、細い幹で太い枝を支えるのは可能でもないし、自然の理にも適っていない。同様に小さな共和国は自己より強壮且つ頑健な都市国家や王国を占領し得ない。もし占領したとしても幹より枝が太いために苦労して支える木の如く、一寸の風にも倒れる。これこそスパルタに起ったことである。スパルタは全ギリシャの国家を傘下におさめたが、テーベが反乱を起すと全てが離反し、あたかも枝を失い幹だけが残った如くなったのである。」――Dis. II-3, pp. 241-2.

（9）Dis. I-6, pp. 111-2, II-19, pp. 285-6.

（10）Dis. I-6, p. 110, II-3, pp. 240-1.

（11）この grandezza というタームは》imperio《の「拡大」と不可分に結合している(Dis. I-6, p. 110, I-20, p. 148, II-2, p. 238, II-3, p. 240 など)。これはマキアヴェッリが「ローマの偉大さ」で何を示そうとしているかを端的に示している。

（12）Dis. I-6, p. 110

(13)　勿論、内政上の混乱なくしかも「拡大」が可能な「共和国」が最も望ましいが、この中間的方法 via del mezzo は採り得ない。従って、より望ましい組織として「ローマ型」を選ばなければならない(Dis. I-6, p. 112)。しかしマキアヴェッリの「スパルタ・ヴェネツィア型」に対する批判は、やがて「ローマ型」の内包する欠点を一切無視した形で行なわれるようになる(Dis. II-19, p. 287)。

(14)　Dell'Ambizione, 94-102, vol. II, p. 716.

(15)　「良き軍隊 buona milizia があるのは良き組織 buona ordine があるからであり、その時幸運 buona fortuna が必ず訪れる。」――Dis. I-4, p. 103.

「かような》virtù《の卓越した模範を示す『共和国』が無秩序であるというのは如何なる理由をもってしても言い得ない。なぜならかかる良き模範(》virtù《の)は良き教育 buona educazione から生まれ、良き教育は良き法 buona legge から発生し……」――ibid., p. 104.

宗教の存在は軍隊の創設を容易にする(Dis. I-11, p. 126)。その当時、宗教と》virtù《とに満ちたトスカーナは強力》potente《だった(Dis. II-5, p. 148)。》virtù《,》religione《,》ordine《においてかくも卓越したローマ(Dis. II-29, p. 314)。

(16)　Dis. I-1, p. 94.

(17)　Dis. I-20, pp. 148-9.

(18)　Dis. III-9, p. 363.

(19)　古代人は「自由」を愛し、我々がそうでないのは何によってか。それは宗教の相違に基づく「教育」の違いから発生した。古代の宗教は現世的活動による「名誉」の獲得という人間的事柄(cose umene)をその主要な関心にしていた。これに対してキリスト教は真理と真の生き方とを示したが、その結果現世的「名誉」を後退させ、専ら服従(obiezione)、謙遜(umilità)、忍従(patire)のみを勧説する。従って天国への熱望のあまり、現世的活動に積極的態度を採らず、極悪非道な人間の下への屈服を惹起した。こうして異教は「名誉」の観念から「自由」と「祖国」とへの熱望を発生させ、キリスト教は隷従(servitù)を生み出した(Dis. II-2, pp. 237-40)。マキアヴェッリのこのようなキリスト教批判をルソーは一面でそのまま踏襲している(Cfr. Du contrat social, IV-8, De la religion civile)。

(20)　君主の下では「名誉」が全て彼の手に集中しており、》virtù《を発揮する人間は彼の猜疑、嫉妬(Dis. I-29, p. 160, II-2,

p. 236)、更には恐怖の対象となり(Arte della guerra, vol. I, p. 507)、そのため》virtù《の発現自体根本的障害を持たざるを得ない。それ故、「拡大」は君主の双肩にかかるが、有能な(virtuoso)君主の生命の限界に加えて、その後継者が必ずしも有能たり得ないこと(Dis. I-11, p. 127)、また「時勢 tempo」の変化に常に適応し得るほど、自己の性格を変化させ得る人間が少いこと(Dis. III-9, p. 363)などによって、その「拡大」能力は「共和国」に劣らざるを得ない(Dis. I-20, III-9)。

(21) Arte della guerra, pp. 506-8.

(22) ibid., p. 447.

(23) ibid., vol. I, p. 190.

(24) 但し、マキアヴェッリがローマの公民権と軍事義務との関連をどれだけ厳密に解明しているかについては疑義が残る。即ち、Dis. I-5 の如く政体論と関連させて論じられる限り、公民権と兵役義務とは表裏一体の関係にあると考えられよう。しかし単なる人口の増大は「住民 abitatore」の増大であり得ても、直ちに「公民」の増大ではない(abitatore と武装要員とを同一化したものとして Dis. II-3, p. 240 が挙げられよう)。それ故、ローマ史解釈のこの二つの傾向を彼自身がどの程度自覚化していたかは一つの問題となる。「住民」=武装要員、という論理は臣民軍への傾向を内在させているからである。

(25) Chabod, F., Scritti su Machiavelli, 1964, p. 86(Machiavelli and Renaissance, 1958, p. 100) が初めてこの点を指摘した。同旨、Chabod, ibid., pp. 336-7. Sasso, G., Niccolò Machiavelli, 1958, pp. 116-8.

(26) 一五〇五年、マキアヴェッリは自己の軍事組織論に従った軍制改革の実現に着手するように命ぜられ、徴兵のためコンタードに向った。彼がそこで出会ったのはコンタードの分裂と徴兵忌避であった。徴兵忌避に対して彼が採用した手段はフィレンツェの権力に基づく強制よりも勧告であり(Machiavelli, Legazione e commissarie, a cura di S. Bertell, 1964, vol. II, p. 930)、それによってある程度の人間を「籠絡した」が(ibid., p. 933)、結局軍隊の出動なくして徴兵は不可能であるといよいよ痛感するに至った(ibid., p. 933, pp. 934-5)。結果が原因でなければならぬという彼の軍事論の論理構造は、経験的にもその破産を経験したのである(Cfr. ibid., p. 930. Tomassini, O., La vita e gli scritti di Niccolò Machiavelli nelle loro relazione col machiavellismo, 1883-1911, vol. I, pp. 354-5. Sasso, ibid., pp. 108-9)。しかしそれにもかかわらず、後年の『戦術論』においても同じ原理に固執している。

(27) 彼以前において「臣民」の武装を積極的に主張した思想家に Francesco Patrizzi (一四一三—九二年)がいる。彼の論拠は肉体の強健にあり、その点でマキアヴェッリのコンタード武装と類似した論理を持っている(Bayley, C. C., War and Society in Renaissance Florence, 1961, p. 232)。第三章第二節三参照。

(28)　Chabod, op. cit., p. 85(Machiavelli and Renaissance, p. 99).

第四節　原理的政治観の総括

マキアヴェッリの感性的人間像は共通の理念の相互的拘束を前提とする「秩序」を内在的に創出する能力を完全に喪失しており、そこに発生し得る唯一の秩序は実力説に基づく》stato《的「秩序らしさ」に他ならなかった。そしてこの》stato《の主体としては君主と「共和国」とが考えられていた(以上、第三章)。他方第四章では》stato《の主体としての「共和国」と「臣民」との関係が論じられたのではなく、「共和国」自身の内部的原理が探究された。マキアヴェッリの原理的人間像を起点とする限り、「共通善」を基本原理とする「共和国」はもはや自然的秩序たり得ず、想像を絶する立法者論を中心にしてその構成が改めて問われざるを得なかった。従って、第四章において》stato《的「政治観」が後退するのは当然であり、「共和国」は》stato《的な私益支配の論理の克服によってこそ初めて成立したのであった。しかし、マキアヴェッリの「共和国」はその目的として》imperio《(これは第三章で示した如く》stato《と同義である)の「拡大」を有しており、この特質を媒介にして「共和国」は第三章で言及した》stato《の保持者としての「共和国」と完全に結びついている。そして、「戦士ツンフト」としての「共和国」は》stato《の保持者となることによって、その意味を初めて充分に開示すると言わざるを得ない。かくしてマキアヴェッリの「共和国」論は何よりも》stato《の保持者自身を創出する作業であったことが判明する。

ところでマキアヴェッリの「政治学」には「共和国」の設立、公民の相互関係についての「政治学」と、》stato《についての「政治学」、即ち、自己の利益のために他人を支配する方策・行為に関しての「政治学」との二種類が存在している。前者は「ポリスに関する学」としての「政治学」の伝統を継承したものであり、後者は arte dello 》stato《という新しい「政治学」である。この二つの「政治学」はその論理構造において完全に正反対の性質を具えている。しかし、両者はマキアヴェッリの思想体系において単に対立関係にあるのではなく、前者の意味での「政治学」は実は arte dello 》stato《 の主体を創出することを目的としており、その限りでは相互に調和し合っている。それ故、マキアヴェッリの「政治観」は》stato《的論理の優位の下に、「共和国」論をその sub-system として取り込んでいると言い得よう。そして『君主論』『リウィウス論』とに各〻代表されるマキアヴェッリの二つの「政治観」をめぐる解釈上の問題は、このような形で解決可能である。

しかし、マキアヴェッリの「共和国」論は単なる》stato《の保持者の創出以上の意味を持っている。即ち、「共和国」と「君主」とは共に》stato《の保持者として「臣民」に対する支配者であった。それではこの二つの》stato《保持者の関係はどうであろうか。既に述べた如く、両者はその》stato《の獲得能力において格段の差を持っており、「共和国」の「君主」に対する優位は明瞭である。それ故、単に》stato《の主体たり得るのみではなく、その「拡大」を企図する限り、主体は常に「共和国」たらざるを得ない。そこから立法者の地位が判明するだろう。なぜなら彼は元来》principe《であり、自己の》stato《を持ち、その意味では》stato《の主体として既に自立している。彼が立法者へと転換する時にはそれは直接的には「共通善」への献身であるが、「共通善」を原理とする「共和国」の目的が》stato《の「拡大」であることによって、実は》stato《一般の「拡大」のために自己の》stato《を放棄する意味を持っている。従って、マキアヴェッリの「共和国」論は単なる》stato《の主体の創出に止まらず、》stato《一般の「拡大」は如何にして可能か、という問題への回答と考えざるを得ない。それ故、ある一定の主体を前提にして単に arte dello 》stato《を提供するのではなく、》stoto《の「拡大」のためには如何なる主体が望ましいか、を問題にしていると言うべく、立法者の内面的葛藤は自己の》stato《の「拡大」と》stato《一般の拡大との二つの論理の激突を顕示するものに他ならない。この》stato《の「拡大」への情熱こそ彼の根源的イデーであり、このイデーは》stato《保持者の資格審査の原理として批判的に機能した。我々はこのイデーが如何なる意味を持っているかを次章で吟味することにしたい。

以上、総括すれば次の如くなる。感性的人間の世界は混乱と無秩序との世界であり、そこから内在的に発生し得る唯一の秩序は》stato《的「秩序らしさ」である。ところでこの「秩序らしさ」を最大限に「拡大」するためには、》stato《の主体は「共和国」たらざるを得ない。それ故、感性的人間の「共和国」の構成員への飛躍が arte dello 》stato《と区別されて論じられる。そしてこの「共和国」は arte dello 》stato《の仮借なき使用によって「臣民」の増大を図る。こうして成立した》stato《の「拡大」は広汎な領域における「平和」と「安全」との確保、対外勢力の侵入の阻止を意味する。しかしそれは「共和国」の特権的地位と「秩序らしさ」とを決して止揚し得ない構造を持っている。次章の「イタリア問題」はこの論理が具体的状況において如何に適用されるかを示すだろう。

第五章　「状況」的認識と原理的政治観

前章までにおいて、しばしば単に相対的・具体的「状況」的認識の裡に容易に埋没し易いマキアヴェッリの思想を、その一般的特質、絶対的内容において把握した。このような原理的政治観を前提にして彼を具体的「状況」の中に投入し、その特殊問題についての見解を解明するのが本章の課題である。従って、ここでは原理的政治観が一定の所与に関する認識や政策の提言などにおいて如何に屈折しつつ、貫徹しているかが探究の中心となり、その意味で「状況」的認識と原理的政治観との緊張関係の確認が目的となる。そして彼の思想・認識をオポチュニスティックなものと解釈する態度はもはや問題とならない(このような解釈は「政治観」の空洞化によってのみ初めて可能となるから)。このような緊張関係が存続する限り彼の理念は不断に現実世界と対決し、それを断罪し、その結果理念と現実世界との断絶の意識は他の思想家におけると同様、マキアヴェッリに対しても深刻な苦悩を与えずにはおかなかった(理念に対する現実の復讐)。蓋し、単なる象徴体系に過ぎない理念は人間による受容を通して初めて現実化し得る。「理念は現実である」のではなく「理念は現実となり得る」に過ぎず、従って理念に対する想像を絶した期待とイロニーとが発生するのは当然である。このような理念一般の性格がある限り、マキアヴェッリ自身一人の「武器なき預言者」とならざるを得ない。従って、所謂「現実主義者」マキアヴェッリの提示した諸プランが「空想的」であり、現実において挫折したのを目撃して、あたかも大発見であるかの如く欣喜雀躍するが如き解釈(今日の通説にはかかる傾向が強い)は自らの浅慮を暴露したものに他ならない。マキアヴェッリは決して自己の判断を無原則的に転変させて不断に「現実化」(!)するが如き「現実主義者」ではなかったのである。私は以下の行論において「状況」的認識の基底に存する原理的政治観を示したいと考える。

第一節 フィレンツェの軍事及び»stato«改革論

一 軍制改革論

一四九四年のフランス王シャルル八世 Charles VIII のイタリア侵入は全イタリアに混乱と転変とをもたらしたが、フィレンツェにとってもその影響は甚大であった。何よりも六十年にわたるメディチ家の支配の崩壊は内政上の決定的転回点を意味していた。同時に領域国家フィレンツェにとってその最も重要な服属地たるピサの反乱は、以後のフィレンツェの外交・軍事活動に決定的制約となった。その結果、一五一二年まで続く共和国の時代は内政上の混乱と打ち続くコンタードの反乱との時代となったのである。

十五世紀のメディチ家の支配は北イタリアのシニョーリア制と異なってコムーネ体制のラディカルの崩壊を伴わず、既成の制度を寡頭政の方向で利用し、都市貴族や popolo grasso との緊密な結合を維持しつつ、その中で primus inter pares の地位を事実上保持するという方式で行なわれた。(1) 従ってメディチ家のリーダーの資質がこの体制の安定性の不可欠の要件であり、一四九四年のピエロ Piero de'Medici(一四七一—一五〇三)の追放は彼の集権化政策に伴う貴族との対立に原因を持ち、メディチ家追放の担い手はこれ等旧メディチ派貴族に他ならなかった。(2) しかしこれ等の貴族はフィレンツェの単独支配者としての能力を持ち得ず、ここに広汎な参政権を許容する「大評議会 Consiglio Maggiore」がサヴォナローラの主張によって成立した。[3]「大評議会」を中核とするこの共和国は反メディチ的であると同時に、下層平民(plebe)を排除した貴族及び中産階級の連合政権であった。しかし「僭主」の再現に対する恐怖は官職の任期の短期性を発生させ、国家機能の安定性と継続性とは著しく阻害された。[4] しかも貴族は中産階級の進出に対して常に不満を持ち、両者の対立はなかんずく課税問題[5]をめぐって激化し、課税権・人事権を掌握する「大評議会」体制への批判が貴族によって行なわれた。こうして広汎な参政権を主張する中産階級は「開放的政体 governo largho」を、また寡頭政の樹立を企図する貴族は「制限的政体 governo stretto」を各〻唱え始めた。[6] この政体論争は一五〇二年の終身執政長官制 Gonfaloniere a vita の確立によって一段落し、[7] この地位には大貴族にして中産階級の指導者たるピエロ・ソデリーニ Piero Soderini(一四五二—一五二二)が就任した(一五〇二・九・二二)。しかしこの制度の成立にもかかわらず、フィレンツェ内に存在する上述の如き対立は依然として存続し、一五一二年のメディチ家復帰の要因となったのである。

一四九八年フィレンツェの書記官に就任したマキアヴェッリは専ら外交官として活動した。その最初の任務はピサ攻撃[8]のための傭兵隊長との交渉・接触であり、更にこの攻撃へのフランスの援助・支持を求めるためにフランスへ向った(一五〇〇年まで)。次にフィレンツェのコンタード、ピストイアの混乱(一五〇〇—一)に際しての活動、[9] 更に親メディチ的なチェザレ・ボルジア Cesare Borgia(一四七五—一五〇七)の進出とコンタードたるアレッツォ及びヴァル・デ・キアナの反乱の処理、及びボルジアへの使節として尽力した[10](一五〇二—三)。このような彼の活動はピサを初めとするコンタードの反乱を自力で統御し得ず、しかも外部からの侵略に怯える弱国フィレンツェの状況を端的に反映している。[11] そしてコンタードの相次ぐ離反はフィレンツェの経済的凋落を昂進させたが、反乱の鎮圧は傭兵を必要とし、傭兵を用いるためには課税を必要とし、課税問題は「大評議会」を中核とする共和国の内紛・分裂を激化させた。この意味で財政問題はこの時期の最大の焦点であり、「大評議会」及びソデリーニ体制の死命を制するものであった。[12] 一五〇三年ボルジアの許から帰国したマキアヴェッリはソデリーニの要望に応じて、『資金準備についての若干の序文と弁明とを伴う論説 Parole da dirle sopra la provvisione del danaro, fatto un poco di proemio e di scusa』を書いた。この論文は彼の激烈なフィレンツェ批判の最初のものとして極めて注目に値する。マキアヴェッリによれば国家防衛のためには「思慮 prudenza」と結合した「力 forza」が不可欠の要件である。[13] しかるにフィレンツェにこの要件が欠如せることは一目瞭然である。[14] この「力」の欠如はフィレンツェを次の如き状況に追い込んだ。第一に、それはフィレンツェをして自己の »stato« の保持のために完全にフランスに依存せしむる結果をもたらした。[15] そして、この政策を金科玉条とする主張が依然として存在するが、「支配者の間での信義を守らせるのは武器のみである」[16]というテーゼからするならば、フランスへの完全な依存はフィレンツェの属国化をもたらすか、またフランスの後退は他国によるフィレンツェの併合を帰結せざるを得ない。第二に、「力」の欠如によってコンタードの人間(=「臣民」)の忠誠を確保し得ない。なぜならば忠誠は最小限外部からの侵略に対する防衛と秩序の確保とに基づくが、フィレンツェのコンタード支配はかかる条件を満たし得ず、「臣民」はこの条件を満たす支配者であるならば誰にでも服従する。[17] そしてこのような「力」の欠如に基づくフィレンツェの弱体は »fortuna« の支配を招く。[18] しかも「公民」は何等かかる事態の改善を企図せず、常に誤りを犯しながら誤らないことを欲しているが、この最も悪しき世論(opinione)の変革こそが何よりも必要である。[19] フィレンツェ人が「自由」であり、「自由」であることを欲するならばそれに適した配慮が必要である。[20] そして »fortuna« の力を弱化させる手段は唯一つ、新しい組織 »ordini« の形式であり、この「力の組織 ordini di forza」のみがフィレンツェを救い得るのである。[21]

以上の如き立論は、コンタード(特にピサ)の回復の必要→傭兵→課税の必要→共和国の内紛と危機、という悪循環に対比した場合次の如き意味を持つ。マキアヴェッリはここで傭兵批判を前面に押し出さないにもかかわらず、「自己の剣を持つべし」という形で「力」の持つ重要性を強調し、この悪循環の切断を試みた。従ってこの論文が金銭問題を表題に掲げながら金銭が論じられないという一見奇妙な事情は、彼自身が表面的にはともかく、問題の焦点が単なる金銭自体に存在しない、ということを自覚していたことを示している。そしてこの自覚を支えていたのが第三章で解明された国際政治における「力の論理」の認識に他ならなかったのである。このようなマキアヴェッリの主張は軍事論への傾斜を濃厚に持ちつつも、その背後にコンタードの回復と共和国の存続との緊密な関係についての鋭い認識を伴っていた。[22] それ故、我々は金銭(これは傭兵につながる)よりも「自己の軍隊」という原理的政治観がフィレンツェの現状批判において仮借なく適用されていることを容易に認識し得る。こうして彼の軍事論の大前提が確立されたが、この》ordini di forza《が如何なる形をとって出現するかが次の問題となる。

一五〇五年夏フィレンツェ軍はピサ征服の絶好のチャンスに恵まれたが、傭兵の無能は再度攻撃の失敗を招来した。貴族は指揮官ジャコミーニ Antonio Giacomini[23] に責任を転嫁し、更にこの攻撃に際して課税を強行したソデリーニにも批判を向けた。[24] ピサ攻撃は継続されなければならず、しかも傭兵の無能と課税に対する貴族の不満とは、いよいよ「大評議会」とソデリーニ体制とを危機に陥れる事態が予想された。かかる状況の下で軍制改革は起死回生の手段として登場したのである。一五〇五年秋、マキアヴェッリはジャコミーニとフランチェスコ・ソデリーニ Francesco Soderine(終身執政長官の兄弟)との支持の下、コンタードの人間の武装を中心とする『フィレンツェの臣民の軍隊への組織化についての論説 Discorso dell'ordinare lo stato di Firenze alle armi』を終身執政長官に提出した。しかしコンタードの武装を中核とする軍制改革はそれ以前既に唱えられており、またそれに対する批判も存在しており、この論文はそれ等の批判に対する反論を企図しつつ書かれたのである。ところでこの制度に対する批判には次の如きものがあった。第一に、コンタードの武装はフィレンツェに対する反乱を招来するのではないか。第二に、ソデリーニがこの軍隊を用いて「自由」を圧殺し、»tiranno«となるのではないか。第三に、軍事技術の発達は職業的軍隊(=傭兵)を不可避とするのではないか。[25] 第一の批判は既に第三章で詳論した如く彼の armi proprie 論の持つ根本的問題性を端的に指摘している。第二の疑義は主として反ソデリーニ派貴族(なかんずく Bernardo Rucellai)[26]によって提起された。これはシニョーリアが「公民」を「臣民」の地位に転落させるために「臣民」を用いる通常の方法であり、現に一五一二年メディチ家に対してパオロ・ヴェットーリ Paolo Vettori がコンタードの武装により「力」でフィレンツェを統治することを献策している事実[27]からしても、決して軽視すべからざる批判であった。第三の批判に対しては訓練によって克服可能である、という形で反論可能だが、第一・第二の問題に対してマキアヴェッリは如何なる形で解決を与えたであろうか。

領域国家フィレンツェはフィレンツェ、コンタード、ディストレットに分れ、軍隊は騎兵と歩兵とに分れる。そして歩兵はコンタードから、騎兵はフィレンツェから召集される。[28] 騎兵たるフィレンツェ人は同時に命令者であってその職務は難しく、まず容易な歩兵を創設するのが常道である。「臣民」の中にはコンタードとディストレットとが存在するが(この相違については第三章第一節三参照)、ディストレットはもし武装を許容すれば自立性を求めて反乱を起す可能性を持ち、従ってディストレットの武装は回避しなければならない。[29] かくして歩兵の召集はフィレンツェに対する従属が強固な地域(=コンタード)に限定されなければならない。[30] 次にこの軍隊が支配者たるフィレンツェに対して矛先を向けないためには、次の如き条件が必要である。まず、外国人によって操作される場合が考えられるが、それは訓練によって防止出来る。[31] 次に指揮官に率いられる場合があるが、これは一方で指揮官の権限を狭小にしてそれを上位の機関(例えば軍事・外交に関する「十人委員会 Dieci」)に従属せしめ、他方で指揮官が家屋、財産などに関して自己の指揮する兵士の出身地と何等かの絆を持つような人事を避け、また一年毎の転任によって指揮官と兵士との結合関係の過度の緊密化を打破することが必要である。[32] また、組織論としては「十人委員会」に服属する「九人の軍事担当官 novi ufficiali dell'Ordinanza」を設け、[33] しかもこの官吏の権限を抑制して反乱の可能性を防ぎ、「十人委員会」のコントロールを確立する。[34] 次に騎兵はフィレンツェからの志願兵によって構成されるが、[35] 臣民に義務的に課する制度も考えられている。[36]

以上がフィレンツェの軍制改革論の骨子であるが、臣民の武装に伴う反乱の危険性(第一の問題)は、ディストレットを武装せず、指揮官の権威の増大を防止することによって解消可能とされている。原理的政治観に引照してみるならば、ディストレットの武装回避は臣民が従順且つ平穏な状況、即ち武器を用いて支配者に反抗し自己の利益を追求する如き人間でない場合、にのみ武装させることを意味し、armi proprie 論に内在する矛盾を所与への退行によって補完する論理と正に対応している。また指揮官に対するコントロールは原理的政治観の場合と全く同様な内容を持っている。そしてこの指揮官に対する不信感が軍隊の構成員が臣民であることの反射的結果であり、指揮官の権威の増大防止は軍隊の戦闘能力を却って減殺させるという副作用を持たざるを得ない点に関しても全く同様である。次に貴族達が危惧した終身執政長官によるこの軍隊の私兵化(第二の問題)は、「十人委員会」と九人の軍事担当官とへの権限分割によって防止されているが、終身執政長官との切断にもかかわらず臣民の軍隊はそれをコントロールする官職によって私的に用いられる可能性を持つ。従って、最終的担保は「十人委員会」が合議制である点にのみ求められるだろう。しかし逆に軍隊をコントロールする機構の複雑化と checks and balances の体系(前出(34)参照)とは、軍隊自体の敏速なる機能を減殺する結果を生まざるを得ない。従って原理的政治観で指摘した如く、軍隊の構成員と国家構造との対立・矛盾は機構の内部にその矛盾を持ち込むことになったと言い得る。

他方公民の武装についての彼の見解は極めて不明瞭である。そして騎兵さえも必ずしも公民によってのみ構成されず、公民の軍隊の中における比重はいよいよ低下せざるを得ない。このような公民の地位は、フィレンツェ内部の分裂の故にその武装が自壊を惹起する可能性を持つこと、及び百年以上にわたって非武装化している公民の武装が大きな抵抗を招来すること、と関連を有していると考えられるが、彼自身は明確な根拠を述べていない。

一五〇五年十二月から召集を開始したこの軍隊は往時のコムーネ軍に比肩されつつも[37]、その構成からすればまぎれもない「臣民軍」に他ならなかった(第四章第三節(26)参照)。一五〇九年この軍隊はピサを征服して最初の戦功をたてたが、一五一二年プラートでの完敗は同時に共和国の滅亡を招いた。しかしかかる軍隊を創設せざるを得なかったのはフィレンツェ自体の腐敗・分裂の反映とも考えられ、正に窮余の一策、大胆な実験に他ならなかった。既に第四章で述べた如く、彼の「共和国」論がこのフィレンツェ軍制改革を一般化した形で採用した点は論理的矛盾として糺問され得るとしても、フィレンツェの分裂と混乱との中で》fortuna《の支配力の減殺のために「自己の剣」の保持を企図した作業は、それ自身悲劇的性格を持っていた。そしてこの悲劇は歴史的挫折を帰結したと共に論理的妥協として顕現したのである。

二 》stato《改革論

一五一二年九月一日、終身執政長官ピエロ・ソデリーニはイスパニア軍及びメディチ家の軍事的圧迫、内部的には貴族の反乱という要因によって追放され、九月七日貴族は終身執政長官制を廃止し、「八十人評議会 Consiglio degli Ottanta」に全権を集中して「大評議会」の有名無実化を試みた。また彼等は「八十人評議会」にジュリアーノ・デ・メディチ Giuliano de'Medici(一四七八—一五一六)を加え、彼等の支配にメディチ家を託身させようと企図した[38]。しかし枢機卿ジョヴァンニ・デ・メディチ Giovanni de'Medici（一四七五―一五二一）はこれに反対し、九月十六日イスパニア軍を率いてフィレンツェに入城し、実力によって「大権機関 Balia」を樹立して「大評議会」を閉鎖し、新たに「百人評議会」「七十人評議会」を復活させてその支配権の強化に努めた。こうしてフィレンツェの政治組織は一四九四年以前のそれに逆転したのである。翌年ジョヴァンニは法王レオ十世 Leo X となり、フィレンツェの支配はその弟ジュリアーノ、更にはその甥ロレンツォ Lorenzo de'Medici（一四九二―一五一九）――以下小ロレンツォと呼ぶ――に委ねられた。そして小ロレンツォのシニョーリア化がフィレンツェに論争を惹起した。彼は一五一五年に「フィレンツェ軍の最高指揮官 Capitano generale delle arme fiorentine」となり(39)、更に翌年にはウルビーノ公となった。しかし一五一九年五月小ロレンツォ死亡し、フィレンツェの支配権は法王の従弟枢機卿ジュリオ・デ・メディチ Giulio de'Medici（一四七八―一五三四）の手に渡った。彼は小ロレンツォ的集権・独裁化政策に反対して宥和政策を採用したが、一五二二年に「オリチェッラーリの園 Orti Oricellari」(40)の人々を中心とする反メディチ陰謀が発覚し、ジュリオは再度強圧的政策に転換することを余儀なくされた。翌年ジュリオが法王クレメンテ七世 Clemente VII となるに及んで、以後一五二七年までフィレンツェはメディチ家のイッポリート、アレッサンドロという二人の幼児を表面に押し立てた枢機卿パッセリーニによって支配された。

一五一二年以降、フィレンツェではメディチ家の支配様式についての議論、更には》stato《改革論が渦巻いた。このような論争は主として貴族によって行なわれたが、彼等とメディチ家との関係に応じてその主張にも著しい相違が発生した。第一にメディチ家の独裁化を推進しようとする集団があり、第二にメディチ家を primus inter pares の地位に止めて貴族から遊離した独裁化に反対し、貴族の支配を貫徹しようとする見解があった。第一の立場はパオロ・ヴェットーリによって代表される。彼は一四九四年以前のメディチ家の統治方式がこの反メディチ的状況では適用不可能なることを説き、コンタードの武装に基づく「力」によるフィレンツェの抑圧を不可欠の統治方策として主張した。[41] 従ってそれは結果的に「政治生活 vivere civile」からの乖離を発生させる。そして小ロレンツォが軍事権を掌握したのは彼の立場からする限り、高く評価されざるを得なかった。第二の立場はグィッチャルディーニ家のニッコロ及びフランチェスコ Niccolò, Francesco Guicciardini、アラマンニ Lodovico Alamanni によって代表される。彼等は貴族の利益を前提にしてメディチ家を「政治生活」の範囲に止めることに企図し、一四九四年以前のメディチ支配特にコジモや大ロレンツォの理想化を遂行した。[42] このような観点からニッコロは次の如く批判する。即ち、小ロレンツォの軍事権の掌握は「自由」への脅威であり、[43] 彼の周囲に形成された「宮廷 corte」は公共の役人よりも彼個人への服従を示し、更に彼は公職・財政のコントロールによって君主《principe》、シニョーリアとなった。[44] しかしかかる支配は貴族や中産階級の不満を爆発させる危険を有しており、この危険を回避するためにはすべからく civilmente に統治しなければならない。[45] またアラマンニも「力」の行使に反対して大ロレンツォを理想化しつつ、「支持者 amici」の創出を通しての「政治生活」に合致する支配を要求した。[46] しかし彼は突如「宮廷人 cortegiani」の創出方策を論じて、[47] 第一の立場に著しく接近する。

以上の如き議論に対してマキアヴェッリは如何なる主張をなしたであろうか。一五一九年から二〇年にかけて書かれたと推定される『小ロレンツォ死後のフィレンツェの事情についての考察 Discursus florentinarum rerum post mortem iunioris Laurentii Medices』(別名 Discorso sopra il riformare lo stato di Firenze ad istanza di Leone X)は上述の如き見解に対して鮮かなコントラストを示している。マキアヴェッリの議論は政体の安定を達成するためには如何なる条件が必要か、その条件とフィレンツェの現状とを前提にして如何なる政体が望ましいか、という問題提起から始まる。政体の安定は真の君主政(vero principato)か真の共和国(vera republica)においてのみ可能である。[48]

真の君主政とは他人の同意を必要とせずに専断的に行動し得ることを条件とし、(49)コジモや大ロレンツォの政体はこの点に欠陥を持っていた。(50)また共和国はその内部に存在する諸資質 umori を満足させなければならず、(51)一五一二年まで存在した共和国はこれに失敗して「公共善 bene comune」の貫徹を不可能にし、党派》parte《の支配を招いた。(52)従って、貴族が唱えるコジモ・大ロレンツォ体制は明瞭にその資格を失い、更に現状と大ロレンツォ時代との国際的状況及び人々の意識の相違は同じ形式》forma《の設定を不可能にし、(53)また今日のメディチ家の行動様式が既に「政治生活 civiltà」の枠を越えている点からしても不可能である。(54)ではメディチ派の主張する》principato《への道か。この方向はその強力な推進者(=小ロレンツォ)を失い、(55)しかもフィレンツェの如く「平等 equalità」の存する地域では》principato《の樹立は困難である。(56)この二つの根拠に基づきマキアヴェッリは vero principato を考慮の外におき vera republica についてのみ論ずる。そしてこの場合にはメディチ家を如何に処理するかが焦点とならざるを得ない。彼はレオ十世、ジュリオの二人が生存する限り、メディチ家に絶大な権力を認めつつ、その死後に真の共和国を発生させようと企図する。(57)即ち人間に三種類の区別が存在するのに対応して、(58)制度も三種類、即ち Signoria, Consiglio di dugento(scelti), Consiglio grande が必要であり、メディチ家の二人は Signoria と Consiglio di dugento、更には戦争と外交とを扱う Otto di guardia e balìa の人事を好むままに処理し、自己の一味徒党をこれらの官職に就任させ得る。(59)このようなメディチ家の権力の承認は Consiglio grande の再開という対価を伴い、この Consiglio grande はメディチ家が掌握する官職以外の人事権を保有する。(60)この Consiglio grande は一五一二年以前の共和国に存在した「大評議会」に他ならない。そしてメディチ家の二人の死後、その権力はこの Consiglio grande に集中し、真の共和国が完成する。(61)ここに提示された共和国論は第四章と比較した場合次の如き意味を持っている。第一に、メディチ家はその絶大な権力の保有にもかかわらず、結果的に立法者として機能することを期待され、Consiglio grande の復活を通して具体的人格の支配から制度の自立的支配への移行が可能となる。[62] メディチ家の立法者への内面的転換は、共和国の組織者は神の次に位する存在であり、それを実行する人間は無窮の栄光を獲得する、[63] という思想を通して要求されている。しかしメディチ家の二人が生存する限りフィレンツェは王国であり、メディチ一党の支配が行なわれ、[64] メディチ家に対しては Consiglio grande の復活と二代のみの統治とを義務づけたに過ぎない。それ故、メディチ家の支配様式の質的転換よりもその時間的限界に重点が置かれ、メディチ家の立法者としての機能は必ずしも積極的性格を持たず、単に否定的存在と判断される傾向を免れない。それにもかかわらず、その党派的支配を一定の官職に限定し、自己にとって最大の敵たる Consiglio grande を復活し、一定の時点で一家の私的権力の自己否定を行なうという行為は正に立法者の論理を除外しては考えられない。第二に「素材 materia」の平等性が前提される結果、この構想では原理的な共和国成立論が有していた生ま生ましい「力」の論理が後退し、単なる機構論に収斂している。それはメディチ家に対して、原理的な共和国成立論に存した如き立法者に特徴的な行為が要求されていない点と対応している。そしてこの所与としての「素材」の特質は》principato《の困難性(不可能性ではない!)を容易に導出し、原理的政治観に存在した共和国の存在意味への問いを欠落させ(この存在意味は感性的人間を「素材」としつつも、敢えて「共和国の」成立を企図する限りにおいて初めて充分に問われ得る)、共和国を単に成立可能性の観点からのみ考察する結果をもたらしている。しかし第三にこの共和国は広汎な公民の参政を前提とする Consiglio grande を中核的制度とする、「ローマ型」共和国である。この制度の存在根拠は大衆を満足させない限り共和国は安定しない、[65] というテーゼに基づいているが、この政体の下でフィレンツェが最も「活動的」たり得ると判断されている以上、対外的活動へのマキアヴェッリの期待が表明されていると言い得るだろう。[66] 彼は『フィレンツェ史』の序文においてフィレンツェの内部闘争の激烈さとその闘争に顕現した凄じいエネルギーとに驚嘆し、もしその内部的調和が達成されるならば古代以来の凡ゆる共和国に優位した「力 potenza」を獲得し得ると判断したが[67]、彼のこの共和国論がかような期待を達成すべく組織されていると解釈するのは決して誤りではないだろう。

マキアヴェッリの》stato《改革論は以上の三点に注目する限り、単に一五一二年以前のレジームの復興に止まらず、彼の共和国についての原理的論理と連続していることが判明し、メディチ家の権力容認と共和国の成立という表見的矛盾は単に奇妙な主張[68]ではなく、彼の共和国論、立法者論の特殊な性格に関連しているのである。

(1)　一四五八年の「百人評議会 Consiglio dei Cento」、一四八〇年の「七十人評議会 Consiglio del Settanta」の成立はこの寡頭政支配のシンボルであった。そして一四三四年以前に寡頭政を形成していた貴族達は今やメディチ家に寄生し、上の如き評議会のメンバーとなり官職分配に与かった。逆にメディチ家はこれら貴族の寄生化をあらゆる手段を用いて推進し、双方の利益共同性の確立に努めた(Albertini, R. von, Das florentinische Staatsbewußtsein im Übergang von der Republik zum Prinzipat, 1955, SS. 16–7. Cfr. Rubinstein, N., The Government of Florence under the Medici(1430 to 1494), 1966)。

(2)　Albertini, ibid., S. 18.

(3)　一四九四年十二月二十二、二十三日の布告はメディチ家の支配の牙城たる「七十人評議会」を廃止し、伝統的機関たる Consiglio del popolo, Consiglio del comune を復活させ、両者を統一して「大評議会 Consiglio Maggiore」を組織した(Guicciardini, F., Opere inedite, 1858, vol. II, pp. 228–32)。この「大評議会」への参与資格者は、かつて高級官職に就任した個人及び家柄の人間であり、フィレンツェの人口九万人中三千二百人が参与した。その職権は官職任命権、法律の承認であり、これによって他のフィレンツェの機関は「大評議会」に従属することになった(Albertini, ibid., SS. 20–1. Gilbert, F., Machiavelli and Guicciardini : Politics and History in Sixteenth Century Florence, 1965, pp. 7–19)。マキアヴェッリはこの政体を》stato popolare《と呼んでいる(Decennale Primo 72, vol. II, p. 440)。

なおサヴォナローラはヴェネツィアの例に鑑みて「大評議会」を推奨したが、彼の反》tiranno《論及び「共和国」の熱烈な讃美は絶大な影響を持ち、フィレンツェに「共和国」が存続する限り彼への言及は常に復活した(Albertini, ibid., SS. 21–7. Gilbert, ibid., pp. 57–60. Ercole, F., Da Carlo VIII a Carlo V : La crisi della libertà italiana, 1932, pp. 55–82. Cfr. Scelta di prediche e scritti di Fra G. Savonarola, a cura di P. Villari, 1898, pp. 368–82)。

（4） 例えば最高執政機関たる Signoria は二ヵ月、戦争・外交を扱う「十人委員会 Dieci」は六ヵ月であった。貴族の立場からこの政体の欠点を鋭く指摘したフランチェスコ・グィッチャルディーニは次の如く述べている。

「これ以上に動揺し、悪しく組織された国家は想像し得ない。全ての悪は公共の事柄を充分に思慮し、有益な事柄を知らされた場合直ちにこれを実行し得る如き権威を持った、一人乃至数人の個人の不存在から発生した。更に Signoria は二ヵ月毎に交代し、……全ての人々は官職を占める期間が短いために、国家の事柄を小心翼々と遂行し、他の事柄と同程度に考え、それに全力を尽すことがなかった。」――Storie fiorentine ― Opere inedite, vol. III, p. 272–3.

（5） 執政機関たる Signoria はその必要経費の調達のために、「大評議会」の承認を必要としたが、結果的にはそれによって継続的・創造的政策が不可能となった。貴族はこの「大評議会」の税に関する発案権、拒否権に反対し、メディチ時代以来の特権の温存を企図した。これに対して中産階級は間接税に反対して直接税を主張し、しかもその具体的課税額の配分権を自己の手中に集中しようとした(Marks, L. F., La crisi finanziaria a Firenze dal 1494 al 1502 ― Archivio storico italiano, CXII, 1954)。ところでフィレンツェにおける富の集中度は、人口の五%以下の人間が全税収の五十%以上を支払っていた事実によっても顕著である(Gilbert, op. cit., p. 22)が、例えば不動産への課税を定めた decima scalata の成立(一五〇〇年)は右のような中産階級の動向も加わって、貴族の不満を爆発させた(Albertini, op. cit., S. 29)。

（6） 貴族はメディチ時代の「百人評議会」「七十人評議会」の如き制度の復活を図り、「大評議会」の無力化を企てた(Gilbert, ibid., pp. 60–8)。フランチェスコ・グィッチャルディーニの、終身にして立法、課税、外交人事権を掌握する「二百人評議会」の主張などはその典型である(Opere inedite, vol. II, pp. 289–95. Cfr. Gilbert, ibid., pp. 86–8. Albertini, ibid., S. 95)。

（7） しかしこの孤立した制度改革は妥協の産物に過ぎず、前述の如き欠点を矯正し得なかった(Guicciardini, F., Storie fiorentine ― Opere inedite, vol. III, pp. 290–1)。

（8） 一四九九年、彼は『ピサの件について十人委員会にあてた論議 Discorso fatto al magistrato dei Dieci sopra le cose di Pisa』を書いた。この論文はピサ攻略の方法を「力」を中心に据えて極めて明快に説き、その採用すべき手段を論じている(Cfr. Chabod, F., Scritti su Machiavelli, 1964, pp. 276–8)。

（9） この体験から『ピストイアの諸党派の鎮圧のためにフィレンツェ共和国が採った行動報告 Ragguaglio delle cose fatte della republica fiorentina per quietare le parti di Pistoia』『ピストイアの件について De rebus pistoiiensibus』の二つの論文が作成された。特に後者は分裂した地域を統治する方策を論じたものとして、『リウィウス論』第三巻第二七章の先駆的存在である。

(10)　チェザレ・ボルジアは一五〇二年傭兵隊長 Vitellozzo Vitelli などにフィレンツェ領を攻撃させた。Vitelli はメディチ家の名を唱えながら反乱を誘発させ、その結果フィレンツェのコンタードは壊滅状態に陥った。Arezzo, Valdichiana の反乱の後、フィレンツェはマキアヴェッリをボルジアの許へ派遣した(一五〇二年六月)。ボルジアはフィレンツェの積極的支持、フィレンツェの》stato《の改革、メディチ家の復帰を強く要求した(Chabod, op. cit., pp. 292–5. Sasso, G., Niccolò Machiavelli, 1958, pp. 38–42)。

やがてボルジア麾下の傭兵隊長達の反乱(マジョーネ同盟)が発生し、十月マキアヴェッリは孤立したボルジアに対するフィレンツェの支持を伝達するためにボルジアの許に向った。そして反乱の首領達を一撃の下に打倒した「シニガリア事件」を見た後、一五〇三年一月帰国した。この間の体験が後のチェザレ・ボルジア論として結晶するが、帰国直後彼は『ヴァレンティノ公がヴィテロッツォ・ヴィテッリ等を殺害した方法についての叙述 Descrizione del modo tenuto dal duca Valentino nello ammazzare Vitellozzo Vitelli etc.』を書いた。

また、Arezzo, Valdichiana の反乱の体験は『ヴァル・デ・キアナの叛徒の処置について Del modo di trattare i popoli della Valdichiana ribellati』を生み出した(一五〇三年八月)。この論文は人間の同質性論を基礎に人間行動の師として歴史を取り上げ、世界の主人であったローマ人の模倣を勧説している。従って、後年の『リウィウス論』の方法的前提を確立したものとして極めて注目に値する(Chabod, ibid., pp. 317–20. Sasso, ibid., pp. 65–8)。

(11)　マキアヴェッリはフィレンツェを次の如く観察している。即ち、フィレンツェは武装しておらず Vittello の角に恐怖を懐き、オルシニや法王を恐れる。更にフィレンツェは運命》caso《に弄ばれ、逆境にあっては他人が守護して呉れないのではないかと恐れ、多額の金銭を費して日夜フランス王に付纏い、その保護を得た。そしてフランス王の好意に支えられることによって、ピサから食糧を奪取し、その領土の拡張が可能だと判断した。しかし Vittellozzo の軍隊はヴァル・デ・キアナと都市とを奪取し、そこでフィレンツェ人は再度フランス王に援助を乞うに至ったのである(『十年史第一巻 Decennale Primo』316–42, vol. II, p. 447)。

(12) 一五〇三年十一月四日のピエロ・ソデリーニのマキアヴェッリ宛書簡は、フィレンツェの財政状態の悪化について述べている。なお金銭の主要な使途は傭兵と貢納とである(Lettere, a cura di F. Gaeta, pp. 101–2)。

(13) vol. II, p. 473. この二つの能力こそ支配者》signorie《の中枢(nervo)である。

(14) ibid.

(15) p. 474.

(16) p. 475. 従って、「全ての国家》città《、支配者》stato《は、自己を併呑し得、しかもこれらに対して防衛し得ないような支配者を全て敵と考えなければならない。」――p. 474.

(17) p. 474.

(18) p. 477.

(19) pp. 476–7.

(20) p. 477.

(21) ibid. そして一五〇四年十一月に書かれた『十年史第一巻』の末尾は、軍隊創設への悲痛な訴えを行なっている。

「こうして太陽は野蛮、残酷な出来事を十年にわたって照し続け、地上が血で染まるのを見た。太陽はその速度を増し、悲しみは余りにも素早くすぎ、これまでの出来事が些細なものに思われるようになった。》fortuna《は決して満足せず、イタリア戦争に終止符を打たず、多くの悪の原因を除去しようともしない。諸王国や権力者達 potenzie は、法王が教会に対する加害を防衛しようと欲しているために団結しないし、することが出来ない。皇帝は唯一人の息子と共にペテロの後継者の前に進み出ることのみを考え、ガリア人は攻撃を受けて苦しんでいる。プリアの主権を得たイスパニアはその企図が後退しないように近隣諸国に同盟の網をめぐらしている。また恐怖と渇望とに満ちたヴェネツィアは戦争と平和との間を動揺し、フィレンツェはピサ征服を強く欲している。このような状況下、もしこれらの諸国間で新しく戦争が開始されるならば、天をも焦すことが容易に予測される。それ故、私の魂はある時は期待に、ある時は恐怖に怯えており、徐々に燃焼しつつ止まるところを知らない。なぜならかかる重荷を積んだフィレンツェの船がこの嵐の中で如何なる港に到達するかを知りたいからである。我々は老練な舵手、漕ぎ手、また帆、横静索に信頼する。しかし、もしフィレンツェがマルスの神殿を再度開くならば、この海路は安全にして短期間で済むだろう。」――517–50, vol. II, pp. 452–3.

(22) 例えば、「ピサの再獲得は自由を維持しようとするならば必要である。」――vol. II, p. 461.

(23) 「十人委員会」のメンバーとして、また秀れた指揮官として活躍したが、なかんずく、傭兵の批判者、新しい臣民軍の主張者として有名であり、マキアヴェッリは彼を熱烈に讃美している。

「ジャコミーニは》virtù《と運命(destino)とによって、如何なる一公民(privato cittadino)も獲得し得なかったような栄光(gloria)と名声(fama)とを得た。彼は祖国のために尽力し、長期間にわたってフィレンツェ軍の尊厳を正義によって維持した。名誉には貪欲、金銭には淡白、しかも多くの》virtù《を具えており、私がどのように彼を讃美したとしても決して充分ではないほどである。」――Decennale Secondo, 34–42, vol. II, p. 454. その他、『フィレンツェ人気質 Nature di uomini fiorentini』のジャコミーニの項(vol. II, pp. 548–9)。

(24) Bayley, L., War and Society in Renaissance Florence, 1961, pp. 251–2.

(25) Guicciardini, Opere inedite, vol. III, pp. 323–5. Bayley, ibid., pp. 253–4. Chabod, op. cit., p. 338. Sasso, op. cit., pp. 106–7.

(26) 彼は反ソデリーニ派の巨頭であると共に親メディチ派としても有名であった。新しい軍隊の組織はソデリーニに対する彼の恐怖感を増大させ、遂にフィレンツェから逃亡した(Guicciardini, ibid., pp. 325–6)。これは単独では支配し得ず、自己の利益の獲得のためにメディチ家か中産階級かと結ばなければならなかった貴族の行動様式の一つの典型である。**二**を参照せよ。

(27) Ricordi di Paolo Vettori al Cardinale de'Medici sopra le cose di Firenze — Albertini, op. cit. 所収 S. 345.

(28) vol. II, p. 478.

(29) ディストレット(distretto)は人口の集中した地域(nidi grossi)で、しかも反抗の核たり得る地域を意味する(contado との起源における相違とは一応別に)。特にトスカーナ人気質は自治が可能だと知るや否や主人を欲せず、なかんずく自分が武装し、主人が武装しない場合にかかる状態が発生する(p. 479)。ここから武装しない主人＝フィレンツェ、の支配の根本的脆弱さが鋭く洞察されているのが判明する。

(30) p. 479.

(31) p. 481.

(32) pp. 481–2.
(33) この機関の樹立に関して、彼は Provisioni della Republica di Firenze per istituire il magistrato de’Novi officiali dell’Ordinanza e Milizia fiorentina を書いた。この官職の詳細については、vol. II, p. 488 を見よ。
(34) pp. 486–7. そして軍隊の賞罰には「十人委員会」のみならず、フィレンツェのあらゆる機関が決定に与かるという分権論を採用している。
(35) p. 482.
(36) pp. 500–2.
(37) 例えば、フランチェスコ・グィッチャルディーニは、この軍隊を傭兵の使用によって消滅していた往時のコムーネ軍の復活と考えている(Storie fiorentine — Opere inedite 所収、vol. III, p. 324)。
(38) マキアヴェッリは貴族の行動原理を鋭く洞察している。即ち、貴族はメディチ家のためにソデリーニ体制を変革したのでなく、自己の利益のために行動した。彼等にとってソデリーニ体制が嫌悪すべきものであったとしても、メディチ家がソデリーニ体制に対して持つのと比較にならないほどそれと親和性を持ち、いつ彼等が自己の利益のために行動するか不明である以上、メディチ家が貴族に依存して統治するのは極めて危険である(『メディチ派へ Ai Palleschi』vol. II, pp. 509–11)。
(39) このロレンツォの行動に対する諸反応については、Giorgetti, A., Lorenzo de’Medici Capitano Generale della Repubblica Fiorentina — Archivio storico italiano, 1883 を見よ。
(40) Orti Oricellari は一五〇〇年頃 Bernardo Rucellai(註(26)参照)によって樹立された、「プラトン・アカデミー」に代るこの時代の代表的な知識人のサークルである。Bernardo は一五一四年に死亡したが、その子孫、特に孫の Cosimino を中心にフィレンツェの青年が集まり、文学と共に歴史や政治を論じた。Luigi Alamanni, Zanobi Buondelmonti, Battista della Palla, Alessandro de’Pazzi, Filippo Nerli, Jacopo da Diacceto などの貴族の子弟、及び中産階級の A. Brucioli, Donato Giannotti, Jacopo Nardi などここに集まった。その政治的立場は貴族のそれ(=governo stretto)であり、特に一五一二年以前には governo popolare という意味での「共和国」論者は存在しない。彼等の思想の根底に存在するのは、Civic Humanism の伝統と、サヴォナローラ的宗教的反「暴君」主義とである。マキアヴェッリは一五一六年頃これに加入して大きな影響を与えたが、特に『リウィウス論』と『戦術論』とはこのサークルとの親密な関係を示している(前者は Z. Buondelmonti と Co-

simo Rucellai(=Cosimino)に、後者はこのサークルに親しかった Lorenzo di Filippo Strozzi に、また『カストルッツィオ・カストラカニ伝 Vita di Castruccio Castracani』は Z. Buondelmen と Luigi Alamanni にそれぞれ献呈されている)。これらの人々は元来親メディチ的であったが、小ロレンツォの政策は彼等の基本的思想傾向と衝突し、一五一九年以降著しく反メディチ的となった。小ロレンツォの死後 Giulio de'Medici はフィレンツェの政体の改革案を要請したが、その際 Pazzi はヴェネツィアを模した「百人評議会」を中核とする貴族政体を提唱している。そして Giulio の改革が進展をみない一五二二年、このサークルの主要メンバーはピエロ・ソデリーニやフランス王と結託して Giulio 殺害を企て、失敗した。この陰謀を支えた改革プランも貴族政的であった(Pitti, J., Istoria fiorentina — Archivio storico italiano, I, 1842, p. 127. なお Orti の政治思想については Albertini, op. cit., SS. 74-90 を見よ)。

(41)　そしてコジモからピエロまでは「力」よりも「才能 industria」によって統治していた(Ricordi di Paolo Vettori, S. 445. Cfr. Albertini, op. cit., SS. 32-4. Gilbert, op. cit., pp. 131-2)。コンタードの武装によるフィレンツェの圧迫という論理は、マキアヴェッリの軍事論と全く同じ構造を持った軍隊を完全に異なった目的のために転用している。このような可能性はマキアヴェッリの軍事論の問題性を間接的に示すものと言い得る。

(42)　大ロレンツォに対するイメージは、同時代人の場合、リヌッツィーニ Alamanno Rinuccini やサヴォナローラに代表される如く、圧倒的に》tiranno《のそれであった。一四九四年以降、中産階級の支配下で不満を感じていた貴族は大ロレンツォの理想化を開始したが、最初は主としてイタリアにおける「力の均衡」の設定者としての側面においてであった。そして小ロレンツォによるメディチ家の独裁化が進行するにつれて、大ロレンツォ=》tiranno《、という図式は後退して「政治生活 vivere civile」の擁護者というイメージが発生し、小ロレンツォはこのような家風からの逸脱者として批判されたのである。このような大ロレンツォ像の展開はフランチェスコ・グィッチャルディーニに典型的に見られる(Gilbert, ibid., pp. 105-22. Caprariis, V. de, Francesco Guicciardini, Dalla politica alla storia, 1950, pp. 32-47, pp. 69-85, pp. 117-25, etc.)。

(43)　Discorso di Messer Niccolò Guicciardini del modo procedere della famiglia de'Medici in Firenze et del fine che poteva havere lo stato di quella Famiglia — Albertini, op. cit. 所収 SS. 356-7.

(44)　ibid., SS. 357-8. Cfr. Albertini, ibid., SS. 41-2. Gilbert, op. cit., p. 134.

(45)　そしてニッコロにおける civilmente governare の具体的内容は、全ての公民を愛し、貴族(nobili et potenti)に権威(autorità)と名声(riputazione)とを与え popolo の反抗を抑圧する統治に他ならなかった(ibid., SS. 354-6)。ここには(一四九四年以降の支配者たる中産階級)への反感と自己の地位を維持するためのメディチ家への依存の必要、同時に自己の地位の自立性のためのメディチ家の独裁化の阻止という貴族のディレンマの解決の典型が見られる。(26)及び(38)を参照せよ。

(46) Discorso di Lodovico Alamanni sopra il fermare lo stato di Firenze nella divozione de'Medici — Albertini, op. cit. 所収 SS. 368-70.

(47) もし君主が欲するならば、若者を「政治生活 civiltà」から遠ざけ、「宮廷的習慣 costumi cortesini」に染めるのは容易である。まず、家柄及び何等かの才能に秀れた者を集めて共に過し、宮廷人たるにふさわしい訓練を行ない、彼等の要求を適度に満足させて》habito civile《から》servitù《へと変化させる。そして彼等を軍人、外交官、書記官として用いるのである。更に外国人を用いればより容易に「宮廷」を作り得る(ibid., SS. 370-1)。

(48) vero principato は republica の方向、また vera republica は principato の方向によってその崩壊が発生し、これに対して中間的性格を持つ場合(stati di mezzo)には principato, republica 双方への解体傾向を示し、その不安定性は著しいからである(vol. II, p. 530)。

(49) p. 526, p. 530.

(50) コジモ・大ロレンツォ体制は人民の好意(favore del popolo)とリーダーの思慮(prudenzo)とによって存続し得、republica よりも principato へ傾斜していた(p. 527)。この評価は貴族のコジモ、大ロレンツォの理想化と一線を画している。ところでマキアヴェッリのコジモ、大ロレンツォに対する評価は『フィレンツェ史』により具体的に述べられているが、『フィレンツェ史』の作業過程でマキアヴェッリが最も苦悩したのはこの二人の処理であった(『フィレンツェ史』はメディチ家のクレメンテ七世の依頼によって書かれたものであり、メディチ家の行動の叙述は慎重に行なわなければならなかった)。例えば、一五二四年八月三十日のF・グィッチャルディーニ宛書簡はこれを暗示しているが(Lettere, op. cit., p. 417)、『フィレンツェ史』の作製中最もマキアヴェッリと接触が深かった若き共和主義者ジャンノッティ Donato Giannotti(一四九二—一五七三)は、この間の事情を次の如く述べている。即ち、マキアヴェッリはコジモから大ロレンツォまでの歴史を他人への顧慮のために自己の判断のままに書き得ず、表面的叙述に止った。特にコジモ一派が》stato《を掌握するために如何に欺瞞を弄し、悪辣な手段を用いたかを書くことが出来ず、敵方の行為の称讃やその言辞を通して間接的に提示する以外に方法がなかった(Ridolfi.

R., Sommario della vita di Donato Giannotti — Opuscoli, 1942 所収 p. 63)。ジャンノッティの証言は次の如き形で現われている。第五巻第四章はコジモ一党の》stato《的支配の赤裸々な発現を叙述しているが、コジモ自身への批判は行なわれていない。コジモの行動の暗黙の批判は、第七巻第一、二章のネリ・カッポーニの行動との比較に現われている。即ち、カッポーニはその名声(riputazione)を公的活動によって(per vie publiche)獲得したが、コジモは私的活動によって(per vie private)も名声を得、その結果コジモの周囲には sètta, partigiani が発生した。しかし同巻第五章のコジモ追悼文にはかかる調子は全く存在しない。他方反メディチ派の巨頭アルビッツィ Rinardo Albizzi のフィレンツェ観察(第五巻第八章)は上述のマキアヴェッリの方法を忠実に表現している。即ち、リナルドはフィレンツェが parte の支配下隷従状態(servitù)にあり、そこでは内部分裂と一部の人間の支配が行なわれているに過ぎない、と鋭く指摘している。そしてマキアヴェッリはこのリナルドの死を悼み、彼の不幸はフィレンツェの徒党と分裂とにあると述べ、暗にコジモ一派を腐敗・徒党の代表と判断している(同巻三四章)。大ロレンツォについてはその内政面での行動の叙述を完全に欠落させ、それに対する赤裸々な批判を回避している。しかし大ロレンツォは》principe《であり、王の如き(regio)生活様式を営んだ、という判断(第八巻三六章)は、単純な理想化と異なる側面を暗示している。

(51)　p. 526, p. 532.

(52)　またこの体制において「終身執政長官」は極めて危険な制度であった。なぜなら、彼が賢く(savio, abile, virtuoso)邪悪 tristo ならば》principe《となるだろうし、もし善良 buono 且つ無能 debole ならば容易に追放されるからである(p. 527. Cfr. Dis. III-3)。

(53)　p. 529. なお彼がフィレンツェの内政問題を論じつつ、同時に国際状況の変化を顧慮している点に注目しなければならない。彼が国際関係における友好関係(amicizia)への過大な期待を批判する時(p. 530)、その背後に存在するのはそれを支えるのは「力」であるという論理に他ならない。このように単に内政上の観点からのみ政体の安定性を論ずることなく、対外的強固さ(「力」に基づく)をも同時に考察する態度は、後述する如くこの共和国の性格、換言すれば「ローマ型」共和国への接近を準備する意味を持っている。

(54)　p. 529. この判断は「政治生活」の擁護をもって任ずる貴族の上述の批判と同一である。なお一五一四年二月のF・ヴェットーリ宛書簡は小ロレンツォの有能な活動を称讃し、しかも「政治生活 vita civile」から乖離していないと判断している

(Lettere, op. cit., p. 331)。

(55) p. 531.

(56) ibid. 平等と共和国との関係については既に述べた(第四章第二節)が、不平等、即ち「公共善」と「法」とを原理とする相互性を伴った社会結合が崩壊した地域では、「大きな力」によってのみ秩序が確保出来、》principe《は不平等の担い手たる貴族を従えつつ、統治しなければならない。従って平等の存する地域で》principato《を創出するためには、まず不平等を発生させること((47)のAlamanniの議論はこの点に関連する)が必要であり、その作業は困難を窮め、非人間的手段を採用せざるを得ず、敬虔且つ善良な(pietoso e buono)人の行為とは矛盾する(Cfr. Dis. I-26)。マキアヴェッリが平等の存する地域として挙げるのはトスカーナであり、ナポリやミラノでは奇蹟が発生しない限り、共和国は成立し得ない(Dis. I-17, 55. Istorie fiorentine, VI-23)。従ってトスカーナの征服は難く、ロンバルディアのそれは容易である(Dis. III-12, vol. I, p. 371)。

(57) pp. 531-2.

(58) p. 532.

(59) pp. 532-4.

(60) pp. 534-5.

(61) pp. 535-7.

(62) p. 540.

(63) pp. 538-9. ここにはパルミエーリに見られたような「スキピオの夢」的発想が現われている。彼のこのような見解は『我々の言語に関する議論または対話 Discorso o dialogo intorno alla nostra lingua』に端的に現われている。即ち、人間にとって祖国(patria)への献身こそ最大の義務であり、その見解や活動において祖国に反逆するのは「親殺し」と同罪である。それ故ダンテがその『俗語論』でイタリア語=フィレンツェ語、というテーゼを否定したのは、正にかかる態度として批判されなければならない(vol. II, p. 805, pp. 817-8. Cfr. Baron, H., Machiavelli on the Eve of the Discourses: The Date and Place of his Dialogo intorno alla nostra lingua — Bibliothèque d'Humanisme et Renaissance, XXIII, 1961)。

(64) pp. 537-8.

(65) p. 535.

（66）　p. 531.
（67）　vol. II, pp. 5–7. 共和政ローマとフィレンツェとの相違は、後者において》parte《が「公共善」「法」を破壊し、公共表象を通じての「政治生活」を不可能にしている点にある。従ってマキアヴェッリの立法者待望は非常に切実である(Istorie fiorentine, III–1, 5)。
（68）　Sasso, op. cit., pp. 483–5. Renaudet, A., Machiavel, 1956, pp. 102–5.

第二節　イタリアの没落と救済の論理

一四九四年秋、六万の精兵を率いたフランス王シャルル八世はアルプスを越えてロンバルディアに侵入し、僅か二ヵ月の間に全イタリアを席捲した。これによってハプスブルグ家とヴァロア朝との間のイタリア戦役の幕が切って落され、一四五四年のローディの和約以来不安定な「力の均衡」を保って来たイタリアは、[1]このシャルルの一撃によって悲惨な分裂と闘争とに投げ込まれたのである。[2]フランチェスコ・グィッチャルディーニは「彼(=シャルル八世)によって支配者》stati《のみならず、統治様式、戦術をも変化せしめた火災と悪疫とがイタリアに持ち込まれた」[3]と述べたが、マキアヴェッリの外交官としての活動はかかる転変と混乱の真只中で行なわれた。彼はこの悲惨なイタリアの状況を如何に観察し、その政治理論によって如何に立ち向ったであろうか。この点の解明を通して我々は彼の原理的政治観の鋭い時代認識の側面を見ることが出来るだろう。

一　イタリア没落の諸原因

マキアヴェッリが第一に挙げるのは法王庁の存在である。法王庁は第一にその数々の悪行によってイタリアにおける信仰心を没落させ、[4] 秩序と支配とに最も必要なモメントを喪失せしめた。この批判は「神への恐怖 timore di Dio」の必要不可欠性の認識に基づいている。(但しこの批判は具体的宗教、例えばキリスト教批判とは区別されなければならない。) 第二に教会はその世俗権力に執着し、[5] 他の権力者によるイタリア統一を妨害するために外国勢力を導入し、[6] イタリアを不断の分裂状態に陥れた。このような手段はカール大帝のイタリア侵入以来連綿と用いられており、これによって法王庁はイタリアを統一する力を持たないがそれを妨害する力を有している、[7] と言い得る。

第二の原因は傭兵である。イタリアにおける傭兵の繁栄は諸〻の原因を持っているが、[8] 傭兵はその雇主たる権力者の論理から独立した企業としての独自の論理を持ち、この傭兵的論理の貫徹は権力者の没落をもたらした(第三章第二節二)。傭兵隊長は企業家であり、最小の支出で最大の利益を獲得することに全ての配慮を向ける。[9] 従って、自己の利益に直接的に関連する限り全力を尽すが、雇主である権力者のためという理由のみで生命を賭けることは決して行なわない。[10] 彼等は組織の温存を図り、傭兵間の戦闘はこの配慮のために戯画化せざるを得ない。[11] しかしかかる軍隊は自己の論理とは異なったそれを持つ外国の軍隊の前に簡単に屈服する。

「傭兵が有能であった結果イタリアはシャルルに蹂躙され、ルイに掠奪され、フェルディナンドに侵略され、スイス人に侮辱されることになった。[12]」

このように国際関係における「力」の決定的弱体はイタリアの隷従を招来したのである。

第三の原因は支配者の無能にある。蓋し、彼等の生活態度は次の如きものである。

「現代のイタリアの君主達は、宮廷の小部屋で種々の事柄を知り、鋭利な対話を心がけ、流麗な手紙を書き、機知や洒落に満ちた言辞を弄し、奸計を企て、他人よりも豪華な部屋で眠り、豪奢な食事をし、好色に耽り、臣民を貪欲且つ傲慢に支配し、閑暇の裡で腐敗し、気まぐれに軍隊の階級を授与し、他人が称讃に値する行為をしたとしてもそれを軽蔑し、彼等の言葉が神託であることを欲する如き生活態度を採ることが君主たることとである、と判断しており、誰でも彼を攻撃する人間の餌食になるという自己の貧弱さに全く気づいていない。」[13]

ここに存在する共通の欠点は軍隊に対する無知と臣民統治術(arte dello stato)の認識の欠如とである。[14]既に第三章で述べた如く軍隊の創設は君主の力量に依存しており、従って傭兵を何等改革せずに依然として用い、イタリアの没落を招来したのは完全に君主達の責任である。[15]そして「力」の欠如は》fortuna《の支配を惹起し、彼等は自己の没落を》fortuna《に帰すが、それは自己の無能を隠蔽する行為であり、》virtù《の欠如を弁解する方便にすぎない。[16]

以上の如き諸原因によってイタリアでは野心と貪欲とが横行し、これらの情念は対外的「拡大」として発散される代りに内攻し、対外的には臆病が発生した。[17]その根本原因は怠惰、安逸(ozio)であり、そこから悪徳を伴った臆病が発生し、この臆病な野心はイタリアを殺したのである。[18]ではこのような悲惨な状況を前にして、マキアヴェッリは如何なる起死回生の方策を提示したであろうか。

二　イタリアの救済と原理的政治観

イタリアの悲惨な状態についての認識とその救済への訴えとは決してマキアヴェッリを嚆矢とするのではなく、彼以前更には同時代においてもかかる思想は広汎に存在していた。[19]従ってマキアヴェッリの思惟の独自性を認識するためには、単にイタリアの救済を唱えた点において観察するのではなく、この救済を如何なる「政治観」によって解決しようと試みたか、という点を解明しなければならない。例えば、我々はダンテの『神曲』や『書簡』の中にイタリアの没落についての鋭い指摘とそれからの救済への悲痛な訴えを容易に認識する。[20]そしてダンテはそれを普遍帝国の理念によって解決し得ると判断したのであった。[21]更にパドヴァのマルシリウスもイタリアの現状の混乱を鋭く認識したが[22]、その主要な原因を教会の俗権に帰着せしめ[23]、有名な国家論の世俗化を通してこの混乱の止揚が可能であると考えた[24]。ところでマキアヴェッリの場合、フィレンツェの外交官としての地位は初期において彼の視座を制約し、全イタリアに対する展望は比較的後期に至って初めて出現した。例えば『十年史 Decennale』ではフィレンツェのみが前面に登場し、イタリア全体への視座は必ずしも確立していない。しかしフランスやドイツへの使節として旅行が反射的にイタリアの現状への反省を推進したと推測される[25]。一五一三年春以降、メディチ家によって政治活動から追放され郊外に隠退したマキアヴェッリは、法王庁の高官フランチェスコ・ヴェットーリからの情報を基に、当時の国際関係の分析に熱中した。そしてこの考察の中でイタリアの現状に対する認識[26]が初めて全面的に展開され、ここに『君主論』への展望が開かれたのである。しかしヴェットーリへの書簡に現われたこの時点でのマキアヴェッリの判断は著しくペシミスティックであった。例えば一五一三年八月の手紙は次の如く述べている。

「他のイタリアの君主達の団結についてのあなたの見解は私にとって笑止千万である。第一に、彼等が好ましいことを行うべく団結することは決してないだろうし、仮りにそうしたとしてもイスパニア人に外に頼れる軍隊がなく、しかもその数は少なく、従って不十分であろう。第二に、指導的支配者達と小さな支配者達とは団結していない。従ってイタリア人自身自立し得る好機が訪れても、それに向って一歩だに踏み出さないであろう[27]。」「私はあなたと共に我々の破滅と隷従とを嘆く準備をしている。この破滅と隷従とは今日、明日には訪れなくても、我々の時代に生ずるだろう[28]。」

我々はここにこの理念に対する情熱とイロニーとの激しい闘争・動揺を読み取ることが可能であろう。これに対して『君主論』第二六章は所与の状況に諦観せず、「自由意志 libero arbitrio」を基に新しい活動と改革とへの展望を具えた明るい調子を響かせている[29]。それではイタリア問題は彼の原理的政治観と如何なる関連を有するであろうか。

まず彼にとって「祖国 patria」とはフィレンツェであり、イタリアは決して「祖国」でない。(30) 次に「民族 nazione」という言葉はほとんど用いられず、その意味も極めて不明確である。(31) 従ってこの二つの点からしても、フランス革命以後の近代ナショナリズムとの相違が容易に認識され得る。マキアヴェッリがイタリアを指示するのに用いる用語は「地域 provincia」であり、(32) そのことは彼のイタリア像が単なる地域的集合体(33)を意味するに過ぎないことを明示している。それに対して統一とは一つの共和国、一人の君主の下へのこの »provincia« の服従であり、イタリアの統一とは »tirannide« d'Italia の成立を意味する。(34) この »tirannide« d'Italia という論理は原理的政治観との関係において次の如き意味を持っている。第一にそれは共和国や君主がその »stato« 的支配をイタリアと呼ばれる »provincia« に「拡大」することであり、第二に所謂「拡大」の問題はイタリアという具体的状況に置換した場合、»tirannide« d'Italia の発生、即ちイタリアの統一への志向と結合する。従って、例えばダンテやマルシリウスに比較して、マキアヴェッリのイタリア救済の原理は正に彼の原理的政治観の適用であり、その意味で彼独自の「政治観」が貫徹していると判断し得る。しかし彼のイタリア救済の具体的理念を提示した『君主論』は、決して原理的政治観を直接的に生の形で述べたものではない。何よりも明瞭なのは »stato« 的支配「拡大」の主体として共和国が遂に登場せず、その機能の君主による代行が期待されている点にある。この屈折はイタリアの「状況」に対する彼の判断からの帰結として解釈され得るだろう。即ち第四章第二節で述べた如く、彼の「共和国」成立論は種々の難点を有していたが、なかんずく「素材」としての感性的人間は「共和国」の成立自体を危機に陥れ、そこから感性的人間とは異なった健全な「素材」が「共和国」の成立を規定する前提として登場せざるを得なかった（一般理論としての性格の破産と具体的状況への退行）。しかるに全イタリアを支配しているのは野心と貪欲とであり、しかも事態の緊急性は「共和国」の成立に必要な時間を許容しない。そしてヴェネツィア、フィレンツェという現存する二つの共和国の無為無策は極めて明瞭である。このような具体的状況についての判断こそが、》stato《の主体として「共和国」よりも「君主」を採用せしめた原因であった。かくして》stato《的支配「拡大」の主体としての「共和国」の地位は、「状況」的判断によって「君主」に転換せられ、その結果表見的にはマキアヴェッリの変節が発生したのである。しかし》stato《の主体としての「君主」の登場は、決して原理的に「共和国」論が保持していた意味を無に帰しはしなかった。それは何よりも「君主」が》stato《的支配の「拡大」の主体として、仮借なく行動すべく要求されている点に顕現している。即ち、十五世紀の「力の均衡」に基づくイタリアの防衛ではなく、断固とした》stato《的支配の「拡大」こそが今や「君主」の使命として提示される。かくして『リウィウス論』と『君主論』とに現われた諸理念は一義的に矛盾するのではなく、その相互的緊張関係において矛盾なく解釈可能である。そしてマキアヴェッリのイタリア問題解決のための論理は、彼の原理的政治観の持つ時代的意味を鮮かに指示している。このような解釈を採用する限り、『君主論』第二六章をそれまでの冷静な調子からの突発的転換として、それ以前の章から切断しようとする試みは、『君主論』の意味を完全に看過させる結果をもたらすと言わざるを得ない。[35] [36] [37]

以上の如き前提からして、かかる「君主」は》arte dello stato《を駆使することを不可欠の資格要件として要求される。特にマキアヴェッリにおいて軍事力の占める比重は巨大である。

「君主は戦争、軍事組織の訓練以外の如何なる目的・配慮を持ってはならず、それ以外のものを自己の使命としてはならぬ。なぜならこれこそ支配者に期待される唯一の技術であるからである。」[38]

この》arte dello stato《を駆使してイタリアの統一を図った人間としては、東ゴート王テオドリック[39]、ジャンガレアッツォ・ヴィスコンティ[40]、ナポリ王ラディスラオ[41]、そしてカストルッツィオ・カストラカーニ[42]などが彼の脳裡に浮んだ。そして彼が『君主論』を献じてその活動を期待したのは、ジュリアーノ[43]、小ロレンツォというメディチ家の二人の貴公子であった。しかしマキアヴェッリに対して誰よりも強烈な印象を与えた人間こそ、彼の偶像ヴァレンチーノ公チェザレ・ボルジアに他ならなかった。そしてチェザレ・ボルジアを通して》arte dello stato《は初めてそのドラマチックな展開を与えられたのである。

一五〇二年六月マキアヴェッリとボルジアとは不倶戴天の敵として初めて相会したが、破竹の進撃を続けるボルジアの態度は傲慢無比、しかもボルジアはマキアヴェッリにとって全く不可解な存在であった。しかし彼はボルジアの中に》virtù《と》fortuna《との結合、》stato《を追求する強靱な意志の存在を看取した。(44) 同年十月再度ボルジアの許に赴いたマキアヴェッリは彼の「狐」の側面、即ち和解を約して傭兵隊長達を集合させ、彼等を一網打尽に殺害した「シニガリア事件」を目撃した。(45) 当時フィレンツェの弱体を知り尽くしていたマキアヴェッリが、この》virtù《を持つボルジアこそフィレンツェ最大の敵である、と判断したのは蓋し当然であった。(46)『君主論』でボルジアは「新君主の鑑」とされ、(47) その用いた諸技術が詳述されている。(48) そこにはフィレンツェの外交官対チェザレ・ボルジアという対抗意識は微塵も存在せず、ボルジアは神によって遣された「イタリアの救済者」と観念されている。(49) ではなぜボルジアは没落したであろうか。『君主論』は一見全てを》fortuna《に帰しているかの如く見える。(50) しかし一五〇三年ボルジアの没落を目撃したマキアヴェッリは、それが》arte dello stato《の欠如によることを鋭く認識した。即ち、ユリウス二世の選出を許容して自己に憎悪を懐く人間を法王となし、一片の約束で教会における自己の地位を確保し得ると判断したのは決定的過失であった。蓋し、かかる行動は「他人の約束は自分の約束よりも堅固である」という判断に基づくからである。(51) かくしてそれ以後、マキアヴェッリにとってボルジアは「失われた人間」であり、もはや論ずるに足りない存在となる。(52) 我々はここで》arte dello stato《の論理がボルジア自身をも裁く事態が鮮かに現われているのを見ると共に、マキアヴェッリがイタリア統一の夢を託した君主の》virtù《への要求が如何に過大であるかを同時に知り得る。

マキアヴェッリがかかる「君主」の出現の内在的根拠として考えたのは》necessità《に基づく》virtù《の発現という論理であり、イタリアの悲惨さが増大すればするほど、より大きな》virtù《を具えた人間が出現するという期待であった。(53)しかしイタリアにジャンガレアッツォ・ヴィスコンティやチェザレ・ボルジアは二度と出現しなかった。一五二六年、フィレンツェ防衛の任に就いたマキアヴェッリの目に映ったのは、法王クレメンテ七世の無策、傭兵の相変らずの無能ぶり、フランソワ一世の敗北と皇帝カール五世の圧倒的優位に他ならなかった。かかる情勢の下でフランチェスコ・グィッチャルディーニと共に「コニャック同盟」(反皇帝同盟)のために奔走したマキアヴェッリにとって、事態の絶望性は極めて明瞭であった。皇帝軍の進出を前に彼は次の如く嘆息せざるを得なかった。

「私の六十年間の経験からして、平和は必要だが、戦争を止めることが出来ない、というこれ以上困難な状況はかつてなかった。(54)」

一五二七年五月八日の皇帝軍による「ローマの劫掠 sacco di Roma」はイタリアの死命を制し、皇帝の軛の下への転落を決定づけた。他方五月十六日フィレンツェではメディチ家が再度追放され、共和国が宣言された。一五一二年までの共和国を支え、その》stato《改革論で大胆な「ローマ」型共和国論を展開したマキアヴェッリにとって、この新生共和国は一縷の望みであった。しかしメディチ家の忠実な官吏と判断されたマキアヴェッリに、この共和国は一片の解雇通告のみを与えた。(55)再度政治活動の場から排除され、疲労・落胆した老いたマキアヴェッリを待っていたのは死に他ならなかった(一五二七・六・二二)。このマキアヴェッリの死は期せずして、イタリア人による》arte dello stato《の活用の最終的好機の終了と合致しており、古代以来世界の頂点としての地位を保持していたイタリアの「晩鐘」であったのである。

（1） ローディの和約については、Mattingly, G., Renaissance Diplomacy, 1955, pp. 77–80 を参照せよ。しかしこの条約に基づくイタリアの平和は外敵の侵入がないことを前提にしており、対外的状況によって左右されるという根本的欠陥を持っていた(ibid., p. 90)。マキアヴェッリはこの間の事情を次の如く述べている。

「フランス王シャルルがイタリアに未だ侵入しない時代、イタリアは法王、ヴェネツィア人、ナポリ王、ミラノ公、フィレンツェ人によって支配されていた。これらの権力者達》potestati《には二つの大きな危惧があった。即ち、第一に外国人が軍隊を率いてイタリアに侵入しないか、第二にこれら権力者のいずれかが更にその》stato《を拡大しないか、であった。」—— Principe, XI, vol. I, p. 37.

（2） シャルル八世の侵入の原因の詳細については、Mattingly, ibid., pp. 127–8. Ercole, F., Da Carlo VIII al Carlo V, 1932, pp. 33–55 などを見よ。

マキアヴェッリは大ロレンツォの死が「力の均衡」のシステムの強力な推進者を喪失せしめ、イル・モロによるシャルルの招致を惹起したと判断している(Istorie fiorentine, VIII–36)。

（3） Storie fiorentine — Opere inedite, 1959, vol. III, pp. 104–5. 同旨、Guicciardini, F., Storia di Italia I–1 — Opere, 1952, pp. 373–4. シャルル侵入に対するマキアヴェッリの判断は Decennale Primo 13–21 (vol. II, p. 439), 73–93 (p. 441) に見える。

なお一四九四年の事件がイタリアにとって転回点であることを最初に認識したは Bernardo Rucellai であり、この認識は一五三〇年代に歴史家の共通の認識となった(Gilbert, F., Machiavelli and Guicciardini: Politics and History in 16th Century Florence, 1965, pp. 258–65)。

（4） Dis. I–12, vol. I, p. 130.

（5） マキアヴェッリはこの権力の強靱さを鋭く洞察している。

「教会の支配権(Principati ecclesiastici)の困難さはその獲得以前にある。なぜならば、これの獲得は》virtù《か》fortuna《かによるが、それを保持するためには双方共必要でない。というのは支配者の生活と行為との如何に関わらず、彼に》stato《を保持させる性質を具えた強固な宗教上の旧来の制度(ordini antiquati nella religione)によって支えられているからである。このような支配者のみが防衛する必要のない領土(》stati《)を有し、統治するにおよばぬ臣民(sudditi)を保有している。その領土は無防備でも奪われることなく、その臣民は支配されずともそれに関心を持たず、支配者に対して反抗することを考えず、また出来ない。かかる支配者(principati)のみが安全で幸福である。」——Principe, XI, p. 36.

(6) Dis. I-12, p. 130. その他 Istorie fiorentine, I-9(カール大帝について)、I-22〜23(アンジュー家のシャルルについて)などを参照せよ。

(7) Dis. I-12, p. 131.

(8) その原因は初期においては未熟なコムーネ軍に対する技術的・戦闘的優越にあり、次にコムーネの内部分裂がその武装を危険にしたためその経済力を背景に傭兵を用いることになり、しかも戦闘の拡大と継続とによってコムーネ軍の使用はコムーネの経済活動の重大な阻害要因となり、その軍事力の傭兵による代行が発生した(Bayley, L., War and Society in Renaissance Florence, 1961, p. 3. Brion, M., Machiavelli und seine Zeit, 1957, SS. 27–8. なおフィレンツェについての詳細は Bayley, ibid., pp. 3–59 に譲る)。

(9) Brion, ibid., S. 28.

(10) 戦闘よりも掠奪が傭兵にとって最も直接的な利益を与える。その他傭兵の行動様式については第三章第二節三参照。

(11) 「傭兵隊長は自己及び兵士の危険と疲労とを避けるために狡智を尽し、戦闘では殺害せずに捕虜にし、身代金なしに釈放することにした。更に夜間には城を攻撃せず、また逆に野営を攻撃せず、陣営の周囲には柵や濠を設けず、冬には野営しないことにした。」——Principe, XII, p. 42.

その結果、四時間の激戦で唯一人が落馬して死亡するという状況が発生したのである(Istorie fiorentine V–33, vol. II, p. 270)。

(12) Principe, XII, p. 42. Cfr. Istorie fiorentine, V–1, p. 220.

(13) Arte della guerra, vol. I, p. 619.

(14) Principe, XXIV, p. 77.

(15) ibid., XII, p. 39. Dis. II–18, p. 281.

(16) ibid., XXIV, p. 78.

(17) Dell'Ambizione, 103–108, vol. II, p. 716

(18) ibid., 118–23, p. 717

(19) 一四九四年以降のイタリアにおけるかかる主張については、Ilardi, V., 'Italianita' among Some Italian Intellectuals in the Early Sixteenth Century — Traditio, XII, 1956, pp. 345–57. Gilbert, F., The Concept of Nationalism in Machiavelli's Prince — Studies in the Renaissance, I, 1954, pp. 41–4 を見よ。

(20) 「ああ、下婢のイタリア、憂愁の宿よ、大暴風雨の中で船頭のいない船よ、国々の女王ではなく売春の宿よ、あの優しき魂は出身地の懐しい名を聞いただけで、あのようにいそいそと喜んで迎えたではないか。それにひきかえ、現在生きている諸君は戦争なしの暮しをしたことがなく、一つの城壁、一つの濠をめぐらした者は互いに咬み合っている。哀れな者よ、諸君の中に一人でも平和を楽しんでいる人が居るかどうか、海辺をまわって捜すがよい、奥地をも眺めてみるがよい。」——Purgatorio. VI-76〜81.(野上訳)
「私的なむら気に埋没し、公的指導を喪失した、不幸なそして見捨てられたイタリアは、筆舌に尽し難いほど風と波とによって打ちすえられている。そしてイタリア人自身がかかる悲惨な状態の下、如何にその涙を流したか測り知れない。」——Epistolae, VI-1.

(21) 勿論これは『帝政論 De monarchia』の問題であるが、例えば(20)の『神曲』の例は次の如き詩に直結している。
「もし神が諸君に記しておかれた事を良く覚るならば、おお信仰を深め、カエサルを鞍の上に坐らせるべき人々よ、諸君が手綱を執るようになってから、鞭によって矯正されることがないため、見給え、あの獣は何と荒馬になったことか。御し難く荒れている獣を見捨ててしまった、おおドイツ人アルベルトよ、あなたは鞍の前輪に跨がるべきだった。」——Purg. VI, 91–9.
なお、ダンテが普遍帝国とは別にイタリア王国 regnum Italicum を唱えた、というF・エルコーレの解釈をめぐって論争があるが、大勢は否定に傾いている(Cfr. d'Entrèves, P., Dante as a Political Thinker, 1950, pp. 19–20, pp. 103–4. Lumia, G., Aspetti del pensiero politico di Dante, 1965, pp. 83–8)。

(22) Defensor pacis, lib. I, cap. I–2, lib. II, cap. XXVI–19. Cfr. Curcio, C., L'Italianita di Marsilio — Marsilio da Padova: Studi raccolti nel VI centenario della morte, a cura di A. Checchini, et al., 1942 所収。

(23) Defensor pacis, lib. II, cap. XXVI. Cfr. Gewirth, A., Marsilius of Padua, vol. I, Marsilius of Padue and Medieval Political Philosophy, 1951, pp. 26–31.

(24) Cfr. Gewirth, ibid.

(25) フランスについては『フランス事情報告 Ritratto di cose di Francia』が重要である。特に強力な王権の存在、教会のローマからの独立性と王権との協調的性格、臣民の王に対する深い親愛の念の存在に注目しつつ、同時にフランスの軍制がシャルル七世の軍制を改悪した結果、歩兵にスイス傭兵を用いざるを得なくなった弱点を指摘している(vol. I, pp. 677–90)。また『フランス人の性格について De natura gallorum』(vol. I, pp. 693–4)は興味深い小論である。なおマキアヴェッリは当時フランスこそ最もよく統治された王国であると考えていた(Principe, XIX, p. 60)。フランス観についてはその他、Principe, IV, XII. Dis. I-16, III-36. 一五一三年八月十日、二十六日のF・ヴェットーリ宛書簡などを参考にせよ。

ドイツ及びスイスについては『ドイツ事情報告 Ritratto delle cose della Magna』がある。マキアヴェッリはドイツが分裂していながらも、その人口、経済力、武力において大きな潜在的力を保持していることを看取し、なかんずく貧しい生活を送りながらも自由であり、イタリア人の浪費と腐敗とに対して際立った特質を持っていることを指摘した(vol. I, pp. 697–702)。この粗野にして強力なドイツ・スイス、洗練されて柔弱なイタリアという対比はタキトゥスの『ゲルマニア』を彷彿とさせる(Chabod, F., Scritti su Machiavelli, 1964, pp. 346–9. Villari, P., Niccolò Machiavelli e i suoi tempi, 4th ed., 1927, vol. I, pp. 544–6)。またスイス人は古代の秀れた制度の保存者・復興者として高く評価されている(Dis. I-12, 55 など)。

(26) 例えばイタリアの軍隊については次の如く述べている。

「あなた(ヴェットーリ)がいつかイタリアに何等かの好結果をもたらすと信じているこの軍隊を、私は全く信用しない。なぜならそう信ずることは不可能だからである。第一に、そこには数多くの指揮官が存在し、しかも分裂し、それを統一し得る如き指揮官を発見し得ない。第二に、スイス人との関係を考慮しなければならない、蓋し、良き軍隊とは武装せる人民の軍隊であり、それに匹敵する軍隊でない限り抵抗し得ない(即ち、傭兵中心のイタリア軍はかかるスイス軍に屈服せざるを得ない)。」

——Lettere, a cura di F. Gaeta, p. 295(一五一三年八月二十六日のF・ヴェットーリ宛書簡)。

(27) ibid., p. 279(一五一三年八月十日の書簡)。

(28) ibid., p. 296(一五一三年八月二十六日の書簡)。

(29) この明るい調子はその》fortuna《論と不可分に結合している。既に第二章第一節で指摘した如く、マキアヴェッリにおいて》fortuna《の支配領域は必ずしも一義的に確定されておらず、その生活体験と共に不断の動揺にさらされていた。そして一五一三年八月の手紙に現われたイタリア救済に対するシニックな態度は、自由意志の力の再確認(『君主論』第二五章)によってのみ初めて打破され得た。しかし『君主論』以後、マキアヴェッリはこのような自由意志の高揚を二度と表明せず、却って》fortuna《の力の強靱さの主張に傾斜して行った。例えば『戦術論』(一五一九)末尾の痛切な無力感は》fortuna《による》stato《の授与への要求において絶頂に達し(vol. I, p. 621)、また『カストルッツィオ・カストラカーニ伝 La vita di Castruccio Castracani』(一五一九)では、》fortuna《こそが人間の隆盛・衰亡の原因であり、人間の》virtù《、》prudenza《ではないと主張している(vol. I, p. 647, p. 667など。従ってCastracaniは》fortuna《によって》principe《となった――p. 673)。

このような》fortuna《の支配領域の拡大はイタリアの没落につれてより一般的に意識されるようになったが、ここから一般的に「政治論」から「歴史叙述」への関心の移行が発生した。これはF・ヴェットーリやグィッチャルディーニに典型的に現われている(Gilbert, F., Machiavelli and Guicciardini, 1965, pp. 248–55, pp. 263–70, pp. 280–94)。

(30)『我々の言語に関しての論議または対話 Discorso o Dialogo intorno alla nostra lingua』がこれを最も鮮明に提示している(例えば、vol. II, pp. 817–8. 前節(63)参照)。その他、例えば「このようにこれらの公民達(フィレンツェの)は魂よりも祖国を尊崇していた。」――Istorie fiorentine, III–7, p. 133.

一般に》patria《は共和国に対してのみ用いられる(Dis. I-10, p. 121, I-16, p. 158, 139, III-41, pp. 434–4)。この時代の》patria《の用法については、Chabod, F., Alcune questione di terminologia: Stato, nazione, patria nel linguaggio del Cinquecento — L'idea di nazione, 1961所収 pp. 183–90.

(31) Dis. I-55(p. 212), II proemio(p. 228), III-43(p. 435)などに見られる(Cfr. Chabod, ibid., pp. 175–80)。

(32) 例えば次の如き例によって明らかである。

「かくも長年の後、ようやく救世主を発見したイタリアはこの好機を逸してはならない。外国の侵略に苦しめられて来たこの》provincia《(=Italia)において、かかる人間がどれほどの熱愛をもって迎えられるか筆舌に尽し難い。」――Principe, XXVI, p. 84.

「ローマ法王庁の数々の悪しき例示のため、この》provincia《(=Italia)は信仰と宗教とを喪失した。」――Dis. I-12, p. 130.

勿論、地域一般を指示する用法が原則であり、「この」「あの」の如き指示代名詞がその限定性を指示する。フランスやスペイン、ドイツについてはDis. I-55を参照せよ。なおIlardi, V., op. cit.はマキアヴェッリ及び同時代人のイタリア問題についてのターミノロジーを整理し、同時に近代ナショナリズムとの相違を鋭く指摘している。

(33) そしてこの地域は最も広汎に考えられた場合でも、ロンバルディア、ロマーニア、トスカーナ、ローマ、ナポリ王国に限定され、ヴェネツィア、ピエモンテ、シチリア、リグリアなどは含まれていない(Discorso o dialogo intorno alla nostra lingua, vol. II, p. 806)。

(34) 「フランスやイスパニアに見られる如く、一つの共和国、一人の君主の下に従属しない限り、どの》provincia《も真に統一されず、幸福でない。イタリアにかかる事態が発生せず、それを統治する共和国か君主かが存在しない理由は教会にのみ帰せられる。……教会は la tirannide d'Italia たることが出来るほど強力(potente)でもなければ、》virtù《も持たない。」——Dis. I-12, p. 130.

ここに提示された支配の原理はフランス革命以後の国民国家と完全に異なっている。マキアヴェッリのイタリア観の近代国民国家的解釈はヘーゲルを嚆矢とするが(序説参照)、かかる見解は今日でも依然として存在している(ex. Ercole, F., La politica di N. Machiavelli, 1926)。しかしマキアヴェッリの統一論は》stato《的支配の「拡大」に他ならず、それは一定の領域にわたる外敵侵入の阻止と「平和 pax」とを生み出すに過ぎない(「ロンバルディアの掠奪、ナポリとトスカーナとの収奪に終止符を打ち……」——Principe, XXVI, p. 82)。そして軍事論の観点からすれば、仮りに統一が達成されたとしてもそこに成立するのは近代的国民軍ではなく、所謂 **armi proprie** 換言すれば臣民軍に他ならないであろう。このような私の見解に比較的近いものとして、Ilardi, op. cit., pp. 357-64. Chabod, Scritti su Machiavelli, pp. 63-9(Machiavelli and Renaissance, 1958, pp. 71-8)などがある。

(35) Principe, XX, pp. 67-8. なおグィッチャルディーニを始め、フィレンツェの貴族達は大ロレンツォ時代を理想と判断し、既成の諸国家の存続を前提とした「力の均衡」によるイタリア防衛を考えており、この点でマキアヴェッリは彼等と決定的に対立する(Ilardi, ibid., p. 365 Gilbert, The Concept of Nationalism, pp. 44-7)。

(36) 私は『君主論』と『リウィウス論』との思想の論理における関係を如何に解釈するかが、マキアヴェッリ解釈の Kernpunkt であると考える。この観点から序説で述べた如き通説的見解の「政治観」の抽象化(=捨象!)に反対し、ボダンやルソーのマキアヴェッリ解釈の意味を念頭におきつつ、その思想の論理解明に努めた。ところで今日の通説は「政治観」の抽象化を前提としつつ、この二つの著作の関係を単なる成立時点の問題にすり換える傾向を発生させている。その結果、この二つの著作の成立年代についての論争へと研究の重点が移行した。『君主論』の成立時点については、Chabod, F., Sulla composizione de

Il Principe di Niccolò Machiavelli, *1927* — Scritti su Machiavelli 所収、が決定的地位を占めており、論争は一応終焉した。しかし『リウィウス論』については、Villari, Tomassini, Ridolfi などの伝記学者の諸説の他、最近でも、Gilbert, F., The Composition and Structure of Machiavelli's Discorsi — Journal of the History of Ideas, XIV, 1953. Hexter, J. R., Seyssel, Machiavelli and Polibius VI: The Mistery of the Missing Translation — Studies in the Renaissance, III, 1956. Baron, H., The Principe and the Puzzle of the Date of the Discorsi — Bibliothèque d'Humanisme et Renaissance, XVIII, 1956. id., Machiavelli: The Republican Citizen and the Author of Prince — English Historical Review, LXXVI, 1961. Sasso, G., Intorno alla composizione dei Discorsi di N. Machiavelli — Giornale critico della letteratura italiana, CXXIX, 1957, CXXXV, 1958. id., Niccolò Machiavelli, 1958. Chabod, Scritti su Machiavelli, pp. 31-9 などが論争を展開している。

このなかで特に興味あるのは Chabod の見解と Baron の第二論文との対立である。Chabod は、『リウィウス論』第一巻一八章でマキアヴェッリは『リウィウス論』の著述を一応断念し『君主論』の叙述に移行した、と指摘する。この見解は、私の見地からすれば原理的な観点を欠落させて単なる状況的観点からのみ問題を考えていると言い得る。これに対して Civic Humanism の研究家 Baron は、『リウィウス論』第一巻一八章の叙述と例えばそれに最も親近性を持つと考えられる『君主論』第九章 principato civile とを比較しつつ、前者が全く republica の観点から、また後者が全く principe の観点から論じられていることを指摘し、その「政治観」の相違を前提にして Chabod の安易な移行論を批判する。Baron の指摘は次の点に関する限り正しい。即ち principe と republica ではその「政治観」が完全に異なっており(原理的に)、「腐敗」という状況的条件を理由に republica から principe へと移行するのは、単なるオポチュニズムに他ならない。Chabod の移行論は「政治観」の抽象化と「現実主義者」「科学者」マキアヴェッリの適応理論との結合によって発生したが、他方『リウィウス論』を Civic Humanism の論理に基づいて解釈する Baron の態度は、結局マキアヴェッリの「政治観」の二極分裂の主張へと導かれざるを得ないだろう。Baron は『君主論』と『リウィウス論』とを時間的に移行するものとは解釈せず、両者を時間的に切断する解釈を提示したが、それは彼の Chabod 批判の意味を完全に無に帰さざるを得なかった。即ち、彼の場合にも思想の論理の問題は作品の成立時点の問題にすり換えられているからである。しかも Baron の場合「政治観」の対立を意識する以上、マキアヴェッリ解釈とは無思想の歴史の解明へと転落せざるを得ないだろう。それは思想研究の自壊である。

これに対して私の視座はまず、第一に原理的なものと状況的なものとの区別、第二に「共和国」論の性格の再検討を中心にして構成されている。第二の点は例えばBaronの「共和国」解釈と決定的に異なっており、マキアヴェッリの「共和国」論をCivic Humanismの系列に単純に配するのは決定的な誤りである(第四章第二、三節参照)。蓋し、「共和国」と「君主」とが»stato«の主体として原理的にパラレルな存在である点、「共和国」がその目的として»stato«的支配の「拡大」を掲げた点が極めて重要である。従ってマキアヴェッリの場合、»stato«的支配の「拡大」に対する目的合理性を一応度外視する限り、»stato«の主体として「共和国」と「君主」とは相互移行的に捉えられており、最大限の「拡大」を実現しようとする限り「共和国」の目的合理的優位が生ずる。しかし一定の状況を前提にする際には「共和国」の実現可能性の難易の認識が加わり、「拡大」能力と実現可能性との比較考慮・選択が必要となり、その結果「共和国」から「君主」への移行が発生し得るのである。

以上の議論は思想の内在的論理に基づいて二著作の関係を述べたものである。そしてこれと別個にこの二著作の成立時期が論じられ得る。ところでこの二著作は互いに引用され合っている。即ち、『リウィウス論』らしきものが『君主論』第二章、第八章で言及され、逆に『君主論』の存在が『リウィウス論』第二巻一章、第三巻四二章に明示的に、第三巻一九章で暗示的に示されている。このような両者の関係は一九五〇年頃までは大体次のように解釈されていた。即ち、『君主論』は一五一三年七月―十二月の間に書かれ、その後は部分的・全体的修正が行なわれなかった、と解釈されていた(Chabod, Sulla composizione de Il Principe)。また『リウィウス論』は同年三(四)月から書き始められ、『君主論』によって中断されながらも一五一九年頃完成した。そしてこの中断個所が第一巻一八章である(Chabod, Scritti, pp. 32–7. Sasso, N. Machiavelli, pp. 213–4, p. 218. Cfr. Ridolfi, R., Vita di N. Machiavelli, 1954, pp. 223–5, p. 254)。これに対してGilbertは『リウィウス論』第一巻一八章までとその他の部分とを区別し、この著作全体に対してOrti Oricellari(前節(40)参照)の圧倒的影響を根拠に、この第一八章まで以外のリウィウスに対する註釈部分を一五一五年以降と主張した。しかし彼はこの最初の一八章が何時書かれたか、また『君主論』第二章で言及されている「共和国」についての論文とは何か、については全く何も解決していない。またHexterは『リウィウス論』第一巻二章でポリビオスが参考にされているという前提から、ギリシャ語を知らないマキアヴェッリがSeysselというフランスの著作家を通してそのラテン訳を知ったとしても、一五一五年以前には不可であるとした。このような説を承けてBaronは『君主論』の論理と全く異なったCivic Humanistの伝統の継承という観点から、最初の一八章もOrti Oricellariの時代に成立したとし、ポリビオスの利用可能性の時期とも見合せて一五一五年以降とし、『君主論』第二章の「共和国」を扱った論文への言及は献呈の際に付加されたものと解釈する。このような Gilbert, Hexter, Baron の解釈に対して有力にして詳細な反論を加え、伝統的解釈を擁護したのが、Sasso, Intorno alla composizione dei Discorsi という論文である。

(37)　Francesco de Sanctis 以来の今日の通説的見解にみられる。詳細については序説参照。

(38)　Principe, XIV, p. 46. そしてマキアヴェッリはこの技術を彼の軍事論によって具体的に示す。「現今のイタリアで »stati« を保持している君主のうち誰でも、かような方法(=彼の軍事論に提示された諸手段)を最初に用いた人が、他にさきがけてこの »provincia«(=イタリア)の支配者(signorie)となるだろう。」——Arte della guerra, vol. I, p. 620.

『君主論』第二六章の真只中で軍事論が改めて説かれているのも、その重要性を端的に示している。

(39)　Istorie fiorentine, I-4.

(40)　ibid., III-25.

(41)　ibid., III-29.

(42)　『カストルッツィオ・カストラカーニ伝』の中には、味方に対して忠実、敵に対して不忠で、常に欺瞞(fraude)と力(forze)とによってその »imperio«、»stato« を「拡大」する »virtù« を具えた人間が描かれている。しかも armi proprie の採用(vol. I, p. 656)騎兵に対する歩兵の優位・充実(pp. 660-2, pp. 664-6)が彼の軍事的勝利を支えている。そして彼こそはマケドニアのフィリッポス、ローマのスキピオに勝るとも劣らぬ »virtù« の具現者であると述べられている。以上の如き内容からして、この小品が『君主論』の諸原理を一人の君主の生涯に仮託して具体化したものであることが容易に知られるだろう。なお(29)参照。

(43)　『君主論』の完成を伝える一五一三年十二月二十日のヴェットーリ宛書簡はこれをジュリアーノに献呈する考えを述べている(Lettere, op. cit., p. 304)。更に一五一五年一月三十一日のヴェットーリ宛書簡では、ジュリアーノが Parma, Piacenza, Modana, Reggio の »principe« になったことに言及しつつ、『君主論』のエッセンスを再説している(ibid., pp. 374-5)。

(44)　Legazioni e commissarie, a cura di S. Bertelli, 1964, vol. I, pp. 255-319. Chabod, Scritti su M., pp. 292-7. Sasso, N. Machiavelli, pp. 40-3. id., Sul VII Capitolo del Principe — Rivista storica italiana, LXIV, 1952, pp. 177-83.

(45) Chabod, ibid., pp. 298–306. Sasso, N. M., pp. 52–6., id., Sul VII Capitolo, pp. 183–91.

(46) ボルジアはイタリア人の助けを借りずに »stati« を保持し、かくも大きな »stato« を獲得した。そして自己の地位を安全にすると共に他人から好意を要求するまでに至った。そして今やトスカーナの支配者(imperio di Toscana)たることを狙っている(Del modo di trattare della Valdichiana ribellati, vol. II, pp. 471–2)。

(47) Principe, VII, pp. 21–2.

(48) 「これ(＝ボルジアの行動)からして、新しい支配者(principato nuovo)には次の如き行動の必要性が明白となる。即ち、敵から安全であり、味方を作り、力か欺瞞かによって勝利を獲得し、人々に愛されると共に恐れられ、兵士に親しまれると共に尊敬され、自分に害を加え得る者を殺害し、新しい制度によって旧来の制度を改め、不忠な軍隊を滅亡させて新しい軍隊を創設し、君主や王が喜んで自分を援助し、しかも容易に攻撃しないような形で彼等と友好関係を保つことである。」——Principe VII, p. 26.

(49) Principe, XXVI, p. 82.

(50) ibid., VII, p. 22, XXVI, p. 82.

(51) Legazioni e Commissarie, vol. II, p. 600.

(52) 没落し始めたチェザレ・ボルジアをマキアヴェッリは無視する(ibid., p. 683, p. 698, p. 709. Cfr. Chabod, Scritti su M., pp. 311–5. Sasso, N. M., pp. 68–78. id., Sul VII Capitolo, pp. 191–8)。

なお、『君主論』第七章末尾にこのボルジアの行為に対する批判が存在する(pp. 26–7)。しかし彼の偶像化の後に付加された単なる付録としての性格を持つことは否めない。『十年史第一巻』はボルジアの没落を次のように叙述している。

「(法王)アレクサンデル(六世)が天によって殺された時、ヴァレンチーノ公の »stato« は崩壊し、分解した。……ユリウスはボルジアに期待を持たせておき、公(＝ボルジア)は彼が決して他人に示したことのない慈悲が他人には存在すると考えた。しかしボルジアから離れるためオスチァで数日間過した後、法王はボルジアをローマへ呼び、法王の軍隊に彼を捕縛させた。」

——pp. 463–77. vol. II, pp. 450–1.

(53) このテーゼは、Principe, XXVI(pp. 81–2)に見られる。なお一般的には、Principe, VI(p. 18). Dis. III–16(pp. 380–1)などで論じられている。

(54)　Lettere, op. cit., p. 505.

(55)　一五一二年以降、マキアヴェッリがメディチ家に仕えることを欲し、その結果かかる状況に陥った経緯は思想的にも解明し得る。既に見た如く彼の最大の興味と関心とは》arte dello stato《にあり、「共和国」はこの》arte dello stato《の一つの主体としてその中に包含されていた。そしてこの点が Civic Humanism 的「共和国論」との決定的相違である。一定の状況の下で考える限り、》arte dello stato《を用いる主体が「君主」ともなり得るという事態(本節(36)を見よ)は以上の如き彼の理論的特質に基づいている。このような論理が看過される時、その行動は「変節」として意識される(同時代人も彼の republica への忠誠に対しては疑念を持っている――Baron, Machiavelli, p. 250)。この点で一五二七―三〇年の最後の共和国の書記官であったジャンノッティ行動の様式との比較が興味深い。ジャンノッティは若い頃からマキアヴェッリの熱烈な讃美者であったが、皮肉なことに両者の行動様式は完全に異なっている。即ち、一五三〇年以降ジャンノッティは一貫して反メディチ家的態度を固持し、決して妥協しようと企てなかったのである(Ridolfi R., Sommario della vita di Donato Giannotti — Opuscoli, 1942 所収 pp. 55–164)。この両者の行動様式の相違はその「共和国」論のそれに淵源を有し、ジャンノッティこそ Civic Humanism の伝統の忠実な継承者であった、という仮説がここから出て来る。

結　び

かつてジャン・ボダンはマキアヴェッリを評して、彼は「Éstat(＝État)の事柄 affaires d'Éstat」について巧妙且つ精細に論じたが、決して単なる「暴君の術策 ruses tyrannique」の認識ではあり得ない「政治学 science politique」については探究しなかった、と述べたが、[1]これまでの考察から明らかなようにこの評価はマキアヴェッリの「政治観」の基本的特質を鋭く指摘している。蓋し、マキアヴェッリにおいてこの affaires d'Éstat＝cose di stato は「共和国」という異質な「政治観」を取り込みつつ、一貫して存在しており、この »stato« 的「政治観」こそ西洋政治学史の伝統に対する彼の挑戦を端的に示すものと言うべく、彼の政治学史上の意味はこの点を離れては到底理解し得ない。マルシリウスや「ヒューマニスト」による「政治観」の世俗化は、中世における「恩寵の国」への「自然の国」の従属からの解放の意味を持ち得たが、この「政治観」の世俗化は「ゾーン・ポリティコーン」観を基軸とする古典古代の πόλις, res publica の理念の打破ではなく、正にその復興としての性格を持っていた。これに対して世俗化を感性的人間像の提示にまで推進したマキアヴェッリは、単なる世俗化の量的拡大ではなく「政治観」の質的転換をもたらしたのである。そこに発生したのが「私益 utilità propria」の de facto 且つ無制約的貫徹を意味する »stato« 的支配であり、この新しい「政治観」によって「ゾーン・ポリティコーン」観に基づいた古典古代以来の共同体としての国家観は今や破壊されるに至った。この »stato« 的「政治観」とはアリストテレスが「政治(国政)術 πολιτική」(πόλις の統治に関する術)に対立させた「家政術 οἰκονομική」の一部としての、主人の奴隷支配(δεσποτεία)に他ならず、[2]古典古代の伝統から判断する限り、》stato《的支配関係は決して「国家 πόλις」たり得ず、また》arte dello stato《は「政治(国政)術」ではなかった。この》stato《的「政治観」はマキアヴェッリの場合その人間像に基礎づけられることによって、初めてその新語としての意味を充分に開示し(なぜならこのコトバ自体は当時かなり広汎に用いられており、彼の造語ではない)、最も自覚的にその意義が提示されたのである。しかしこの新しい「政治観」は単なる伝統の破壊のみをもたらしたのではない。その看過すべからざる意味は、「ゾーン・ポリティコーン」観の破壊を通して、政治生活(極めて一般的意味での)が人間にとってもはや自然的なものではなく、作為の産物であることを明示した点にある。そして作為の産物である限り、政治生活の目的とその構成原理とが改めて問われざるを得ないが、》stato《的「政治観」はこの作業の主体を》virtù《を具えた個人または共和国に求め、その目的をこれら主体の「私益」として提示した。その結果、この論理の下で「自由」であるのはこの支配者のみであり、この「自由」は「力」によって他人を圧殺することによってのみ自己貫徹し得る、という感性的「個人主義」の赤裸々な出現に他ならなかった。

以上の如き》stato《的「政治観」と近代国家との関係は大略次の如く考えられる。マキアヴェッリの提示した de facto な》stato《を法理論のレヴェルにおいて弁証し、近代国家論の一要素たらしめたのは言うまでもなくボダンの主権論であった。ところで、マキアヴェッリの「政治学」に対する無知、無関心を批判したボダンは伝統的概念たる「国家 république」を再生させ、その不可欠の構成要件として主権を取り込むという極めて矛盾した論理を展開した。しかしこのボダンの論理の二元性は、一方で共同体としての国家の理念を回復し、他方で国家を人間にとって自然的存在としてではなく作為の産物として弁証する、という近代国家論の課題を端的に提示したとも言い得る。そしてこの課題に対して新しい哲学を背景に画期的回答を試みたのがトーマス・ホッブス(3)に他ならなかった。マキアヴェッリとホッブスという二人の大思想家はそのペシミスティックな人間像において多大の共通性を有するが、しかし両者の哲学の相違に基づく「政治観」の違いを看過することは許されない。即ち、マキアヴェッリの人間像はコスモロギーの解体に対応したエゴイストであり、人間は相互に対立することによってのみ「個人」となる。これに対してホッブスの人間像は存在論に対する認識論の優位の哲学に対応する側面を持ち、人間は単に対他関係においてのみ「個人」となるのではなく、それ自身の裡に「個人」としての自立的根拠を持ち、従って単なるコスモロギーの解体ではなく、新しい秩序観の基礎づけへのポジティヴな展望を有している。この点を最も明瞭に示すのが彼の「自然権 natural right」という概念であり、そこには単なる「ゾーン・ポリティコーン」観の破壊以上の新しい「政治観」への道が開かれている。そしてマキアヴェッリの人間像の有する単なるエゴイズムが「力 forza」という概念のみを発生させたのに対して、ホッブスが権利と「力」との結合概念たる「権力 power」という概念を提示したのはこの点に関連する。更にマキアヴェッリが何等怪しむところなく「力」による人間の統御を主張したの対して、ホッブスがかかる実力説への転落を阻止する内在的要因を持っていたのは両者の哲学の性格の相違に基づいている。このような差異はホッブスが社会契約による「国家 commonwealth」の成立を論ずる点において絶頂に達する。蓋し、ホッブスの国家は個々人の契約に基づき単なるフィクションとして構成され、「処罰の恐怖 paura di pena」にのみ基づいたマキアヴェッリ的「政治観」とは完全に隔絶するのである。(4)

このような思想史的展開における境位を考えると共に、彼が我々に提起した諸問題を同時に考慮する必要がある。第一の問題は世俗主義である。即ち、中世に対する近代の一つのプラス・イメージと考えられるこの特質が、それを担い・支える人間にとって如何に苦悩と重荷とを意味するか(「解放」と同時に)、またそこに現われた「動物化」と「野獣の論理」に如何に耐え得るか、が深刻な問題として生ずる。これを看過した「バラ色」の世俗主義はそもそもその名に値しない。次に「理性」と「社会契約説」とに基づく近代国家理論は、「感性的人間」の問題を果して充分に処理・克服し得たであろうか。科学論に代表される「理性」への信頼と人間行動の所謂「非合理化」という現象を前に、この問題は回避し得ざるものである。そして感性的人間像と「力」の問題との密接な関連の指摘もその際重要な意味を持っている。第三に政治行動の論理に対して、宗教、学問、芸術は如何にしてその形式的自立性を確保し得るかが、重要な問題として提起される。これらの問題点は一般的な問題であると同時に、特殊日本的な争点でもある、という二重構造を持っている。これらの問題を省ることによって、マキアヴェッリは「理性」や「進歩」への安易な信頼に抗議すると共に、何よりも「過政治主義」の限界とその結末とを鋭く教えているのである。

(1) Les six livres de la République, preface.

(2) Politica, I-3(1253 b), I-7(1255 b)などを見よ。

(3) 以下のホッブス解釈は福田歓一教授の次の諸稿を基にしている。
「政治哲学としての社会契約説」(南原繁先生古稀記念論文集『政治思想における西欧と日本』上巻所収)
「道徳哲学としての近世自然法(一)」(『国家学会雑誌』六六巻五・六・七合併号)

(4) 以上の説明ではマキアヴェッリの「政治観」とのコントラストを描き出すために、ホッブスが保持している近代国家論の展開可能性の側面を主として採り上げた。従ってホッブスがこのような論理をどの程度貫徹し得、如何なる点においてマキアヴェッリ的「政治観」へと逆転しているかは、一応別の問題となる。このようなホッブスの論理の屈折と展開とについては(3)の諸稿を参照されたい。

補論　歴史観[1]と原理的・状況的認識の問題

本稿は原理的、状況的というカテゴリーを用いてマキアヴェッリを解釈しているが、このような試みはマキアヴェッリ解釈史上初めてのものであり、ここでこの区別の意味を歴史観・歴史解釈との関連において改めて若干論じておきたい。今日の通説はその「政治観」の抽象化を前提にして、マキアヴェッリの認識を「状況」への適応に収束させて把握している。即ち、一定の状況の下ではかく行動すべし、が極言するならばマキアヴェッリの認識の中核と観念されている。しかし「状況」への単なる適応という論理にのみ注目する限り、一定の「状況」及びそれに作為を加える主体の原理は果して如何なるものか、それらは一つであるか、多数であるか、多数であるならばそれらの相互関係はどうなるか、などについての問題提起はそもそも発生し得ず、また例えば、「共和国」論の持つ意味は単にその実現可能性の問題にすり換えられることになる。本稿はこのような無原則的「適応」論的解釈に対して、有原則的「適応」論の観点から彼を解釈しようとするものである。即ち、この原則的問題を解明するのが所謂「原理的」認識であり、適応の問題は「状況的」認識として処理され、この二つの認識は相互的緊張関係において把握される。そしてこのような解釈上の基本的視座がマキアヴェッリの歴史観の解釈とどう関連しているか、がここでの問題である。以下通説の問題性を指摘しつつ、私の見解を述べてみたい。

マキアヴェッリは次の如く述べている。

「思慮ある人は正当にも、将来の状況を知りたいならば過去の事柄を考究せよ、と述べるのが常である。なぜなならば何時の時代にもこの世の出来事は極めて類似した先例を過去に持っているからである。それというのも同じ情念(le medesime passioni)を有する人間が行為しているからである。」[2](傍点は佐々木)

ここには一定の人間像の時間的普遍性を基に、人間の作為における時間というモメントの意味を抹殺する「歴史意識なき」歴史観が明確に提示されている。[3] そしてこの一定の人間像こそは正に「情念の子」[4]たる感性的人間に他ならず、マキアヴェッリの最も根源的認識が歴史解釈の基本的視角として確立されている。この視点からする限り過去と現在とは全く同じ資格において「模倣」と「教訓」との対象となる(歴史は「技術の宝庫」[5])。しかしながら「模倣」と「教訓」との対象としての歴史という観念は「ヒューマニスト」にも広汎に見られ、[7]何等マキアヴェッリの独創的認識ではない。彼の特質は、何を模倣し、教訓として受容するか、という点にある。[8] それは哲学において彼がルネッサンス哲学の基本的形式を受容しつつ、その内容の独自性によって新しい展開をなし得たという事態に正に対応しており、ここでも論理形式よりも内容が彼の特質を形成している(そして内容が形式に反作用する)。[9] このように感性的人間を基にして歴史的諸事象を普遍妥当性を持った「技術」に解体する試みは、彼の畏友フランチェスコ・グィッチャルディーニによって激しく批判された。[10] また、マキアヴェッリの歴史叙述が一面性と恣意性とに満ちている点はくり返し指摘された。[11] しかしマキアヴェッリの見解の当否はともかく、グィッチャルディーニによって批判された人間像及び「技術」のドグマティズムが彼において占める巨大な地位を、看過するのは決して許されない。[12] 私が彼の原理的認識の最も根本的テーゼと判断したのは、政治理論・歴史解釈に一貫して流れているこの人間像におけるドグマティズムであった。そしてこれこそは単に「技術」の普遍妥当性を担保するのみならず、「政治観」の基本的構造の展望を与えたのであった。これに対して彼の認識を「状況的」論理によって全て相対化し、「絶対的」な主張・認識を消滅させ、単なる「適応」論へと退行させる解釈は、歴史解釈の基本的モメントとしてのこのドグマティズムを矛盾なく処理し得ず、況んやこのドグマティズムの持つ意味を認識することは到底出来ないであろう。ここに通説的見解の持つ致命的欠陥の一つが認識される。(13)

しかしマキアヴェッリの歴史解釈はそれほど単純な構造を持っていない。即ち、彼は感性的人間像のみで歴史解釈が可能だとは考えていなかった。そのことは歴史的諸事象の相違を認識する限り当然自覚化されざるを得ず、例えば「共和政ローマ」に代表される古代世界と現状との想像を絶する相違は彼が鋭く認識したところであり、そこから現状批判も可能となったのである。(14) こうして感性的人間像という共通性にもかかわらずそこに発生した歴史事象の相違の原因が問題とならざるを得ず、ここに歴史解釈は新しい局面を迎えたのである。しかし全ての歴史的事象を「状況的」に解する時、即ち、それらの間の相違を単に所与として受容しつつそれへの「適応」のみを説いていると解する場合には、前提たる「状況」の相違の根拠はもはや問題とされないだろう。

マキアヴェッリにおいてそのドグマティズムと歴史的諸事象間の相違とを結合する環は「教育 educazione」であり、(15) 歴史的諸事象間の相違は人間の作為にその根拠を持っている。そしてこの点に関して最も重要な問題が彼の「共和国」論であることは改めて断るまでもない。それ故彼のローマ史解釈に注目しなければならない。蓋し、マキアヴェッリがロムルス、ヌマ、L・ブルートゥスなどの所業を通じて論じようとしたのは単なる「共和政ローマ」の成立論ではなく、感性的人間を素材とする「共和国」成立論一般である。そしてこの目的を達成するためには古代ローマ史を人間の作為と「技術」との観点から読み直す必要があったのである。このような「共和国」についての解釈は、本稿と通説的見解との対立を極めて明瞭に提示している。即ち、後者においては感性的人間と「善良さ bontà」を具えた公民(cittanino)とは単に並列的関係においてのみ把握され、どちらが基本形態であり、どちらが派生形態であるかはそもそも問われない。そして関心が所与への「適応」に収斂する以上、歴史的諸事象の変化・相違を人間の作為間的事象のみならず、自然的事象にも当てはまる規定を論じながら、しかも人間の主体的作為に基づくものとして考察する態度は消滅し、所謂「時勢 tempo」への埋没論が発生せざるを得ない。従って感性的人間を素材にして「共和国」の樹立を企てる試みの如きは正に狂気の沙汰にして「現実的」でなく、マキアヴェッリの苦渋に満ちた「共和国」成立論は理解不可能な、無用な作業と判断されるだろう。しかし第四章で述べた如く、この「共和国」論こそマキアヴェッリが単に所与への「適応」のみに配慮する所謂「現実主義者」でなく、感性的人間を素材にして》stato《の極限的拡大を図るという理念を掲げる思想家であることを開示するものであった。そして上述の如き通説的見解が歴史的所与自体を変革するという側面を看過して、単に所与へ「適応」するという観点からのみ論ずる限り、このような彼の理念と情熱とが雲散霧消するのは当然の帰結であった。そこから『君主論』第二六章を単なる「詩」と解釈する態度が発生する。所与への「適応」を唱える人間と、社会関係を原理的に把握し直し、作為によって新しく構成しようという人間との相違が、正に通説的解釈と本稿とのマキアヴェッリ像との差異に対応している。

以上の如く、彼の歴史解釈における人間像のドグマティズム、「教育」を媒介とする人間の作為とそこから発生する歴史的事象の転変という二つの論点において、マキアヴェッリの認識を専ら無原則的「状況」主義と解し、その「共和国」論を「適応」の観点から解釈する見解の誤りが明白となった。(16) そして「原理的」というカテゴリーがマキアヴェッリ解釈において持つ意味も逆に明示されたのである。私は勿論、彼における「時勢」への「適応」という論理の存在を否定しはしない。(17) しかし成功・実現の条件としての「適応」を抽象的・一般的に論じ、あたかもマキアヴェッリの全認識の中枢であるかの如く論ずることには賛成し得ない。蓋し、原理的認識が確立されるならばもはや単なる成功・実現ではなく、「如何なる」意味での成功・実現であるかが問題とならざるを得ないからである。そして第五章で述べた如く、「原理的」認識と「状況的」認識との相互規定性は常に具体的・個別的に検討されなければならない。

(1) ここでは彼の歴史観の極めて限定された部分のみを扱う。彼の歴史観全体については次の著作を参照せよ。
Fueter, E., Geschichte der neueren Historiographie, 1911, SS. 61–9.
Mayer, E. W., Machiavellis Geschichtsauffassung und sein Begriff virtù, 1912, SS. 26–82.
Schmidt, R., Die Entwicklung der Geschichtswissenschaft, 1919, SS. 131–50.

(2) Dis. III–43, vol. I, p. 435. 同旨 Dis. I–39, p. 181.

(3) このような歴史観と古典古代のそれとの連続性については、Ellinger, G., Die antiken Quellen der Staatslehre Machiavellis — Zeitschrift für die gesamte Staatswissenschaft, XLIV, 1888, SS. 10–6 を参照せよ。なお両者の断絶・相違の面については、第四章第二節(22)のマキアヴェッリとポリビオスとの比論をみよ。

(4) 「歴史的世界は違う名前の下に同じ力が働く『衝動のメカニズム Triebsmechanismus』である。」——Mayer, op. cit., S. 63.

(5) マキアヴェッリは『君主論』の献呈文でこの著作が、lunga esperienza delle *cose moderne* et una continua *lezione delle antique* に基づく、と述べている(vol. I, p. 3)。一五三〇年十二月十日のF・ヴェットーリ宛書簡は、作業過程における古代の著作家とのディアレクティッシュな関係を鮮かに示している(Lettere, a cura di F. Gaeta, p. 304)。

(6) Butterfield, H., The Statecraft of Machiavelli, 1956, p. 35.

(7) Garin, E., Educazione umanistica in Italia, 1949. id., La storia nel pensiero del Rinascimento — Medioevo e Rinascimento, 1955 所収 pp. 201–10. Gilmore, M. P., The Renaissance Conception of the Lessons of History — Humanists and Jurists, 1963 所収 pp. 1–25. Gilbert, F., Machiavelli and Guicciardini, 1965, pp. 203–36. このような歴史観こそが studia humanitatis の一環としての「歴史」の機能を支えている。

(8) なお、Gilmore, ibid., p. 27 はマキアヴェッリの特質を「説教されたこと」に対して「行なわれたこと」を論じた点に求めている。しかしこの解釈は「行なわれたこと」を無前提的なものとする判断への傾斜を濃厚に持っており、賛成し難い(序説参照)。

(9) 歴史を「模倣」と「教訓」との対象として主張したとしても、何を模倣し、教訓とするかは決して自明でない。その決定的基準は各々の思想にのみ求められ、「ヒューマニスト」とマキアヴェッリとの歴史像の相違は両者の思想のそれに、なかんずくその「政治観」の違いに関連させてのみ初めて充分に理解され得る。そしてマキアヴェッリが同時代人を指してその歴史認識の欠如を口を極めて論難する場合(ex. Dis. I proemio, p. 90)にも、その意味は絶対的無知の批判ではなく、彼の思想・関心に基づいた「歴史像」「歴史認識」の欠如への批判と解されるべきである。このマキアヴェッリの批判は逆に自己の作業に対する彼の自負(前人未踏!――ibid., p. 89)を示すものである。

(10) その『回想録 Ricordi』の中でグィッチャルディーニは次の如く述べている。

「この世の事柄について絶対的且つ無差別に語り、それを書物によって処理しようとするのは非常な誤りである。というのはほとんど全ての事物にその状況の差異に応じてその区別と例外とを認めなければならないからである。そしてこのような状況を一つの且つ同じ規則によって覆い尽すことは出来ない。またこのような区別と例外とは書物に書かれているものではない。それは判断力によって学習されなければならない。」――Ricordi 6. — Opere, 1952, p. 98.

ここから「個別性」「特殊性」への関心が発生し(ibid., 10, 114, 117, 135, 155 など)、「政治理論」から「ヒューマニスト」的形式を離れた「歴史学」が生ずる。そしてボダンもこのグィッチャルディーニの見解を採用している(Methodus ad facilem historiarum cognitionem — Oeuvres philosophiques de Jean Bodin, ed. P. Mesnard, 1951, vol. I, p. 115)。

(11) 例えば、「抽象的にして政治的側面のみを偏重し」(Fueter, op. cit., S. 179)、政治的テーゼのためには「歴史的事実に Gewalt を加える」(ibid., S. 66)のを辞せず、結局「歴史は政治学の侍女である historia ancilla scientiae politicae」(ibid.)ことになる、またその構想力は無制限に働き、「歴史的人物像は恣意的に変えられる。」(Mayer, op. cit., S. 31)

(12) グィッチャルディーニとマキアヴェッリとを対立させ、後者のドグマティズムが「技術論」に対して持つ意味を鋭く指摘したのが、Butterfield, op. cit., pp. 38–40 である。

(13) グィッチャルディーニはマキアヴェッリの基本的テーゼに批判を加え、その「一般理論」の試みに反対し、個別的・具体的状況の考察に自己の使命を設定した。しかるに今日の通説的見解はマキアヴェッリの人間像のドグマティズムを否認せず、しかも何等臆することなく抽象的な状況適応論の観点からの解釈を唱えている。そこにはこの二つの論理が如何に関連し合うかについて微塵も反省がみられない。もし「状況的」考察にその視点を絞るならば、人間像におけるドグマティズムが実は単に相対的認識に他ならないこと、またそれを制約する原理の存在が指摘されなければならない。

(14) ルネッサンスの「ヒューマニスト」も古代人を人間行動の模範として掲げたが、古代を解釈する視座がマキアヴェッリと決定的に異なっている((9)参照)。即ち、「ヒューマニスト」は古代人にコスモロギッシュな「徳 virtus」を発見し、マキアヴェッリは》stato《と不可分に結合した》virtù《を読み取った(Cfr. Dis. II proemio, p. 230)。そして彼の「共和政ローマ」に対する異常な讃美はこの点に関連している(第四章第三節)。従って彼を単に「厳格な古代崇拝者」(バターフィールド)と評することによっては、何も明らかにならないことが判明するだろう。

(15) Dis. III-43, p. 435 など。

(16) マキアヴェッリにおいて歴史の問題はそれ自身としてのみ論じられることは出来ない。蓋し、歴史が独自のカテゴリーとしての地位を承認されない限り、彼の「政治観」の解釈と不可分に結合しており、「政治観」の解釈の欠点はそのまま歴史解釈のそれへと転化する。その意味では今日まで彼の歴史認識の意味が必ずしも充分に解明されていなかったと言い得る。

(17) 第二章第一節二参照。

フランチェスコ・グィッチャルディーニの政治思想

私が死の前に見たいことが三つある。まずフィレンツェにおいて良く組織された共和国が実現すること、次にイタリアが全ての野蛮人から解放されること、全世界が邪悪な僧侶の暴政から解放されること、である。

――グィッチャルディーニ『回想録』より

序説

マコーレィによって「トスカーナのサルスティウス」と呼ばれたフィレンツェの大歴史家にして政治家であったフランチェスコ・グィッチャルディーニ Francesco Guicciardini(一四八三—一五四〇)は、またしばしばかのニッコロ・マキアヴェッリと比較される政治思想家でもあった。彼は大ロレンツォ・デ・メディチ Lorenzo de'Medici(Il Magnifico)治下のイタリア・ルネッサンス(以下単にルネッサンスと呼ぶ)の爛熟期に、フィレンツェの名門[1]に生まれた。父ピエロ Piero[2]は政治家でありながらも学問に深い関心を有し、「プラトン・アカデミー」の大哲学者マルシリオ・フィチーノ Marsilio Ficino の親友であり、彼の三男フランチェスコの洗礼の際代父を務めたのは他ならぬフィチーノであった。[3] フランチェスコは所謂「ヒューマニズム」の課程を終了後、一四九八年から一五〇五年までフィレンツェ、フェラッラ、パドヴァで法学を修得し、一五〇五年からフィレンツェで法学教育に携わり、その後弁護士として活躍し、名声を獲得した。[4] 彼は「アルキビアデス」という綽名を有するほど、[5] 野心的で名誉心の強い貴族の若者であったが、当時のフィレンツェの政治体制はサヴォナローラ Savonarola の遺産たる「民衆政 governo popolare」であり、その「終身執政長官 Gonfaloniere a vita」のピエロ・ソデリーニ Piero Soderini は貴族の権力を抑圧する政策を採用していた。このような状況下、彼は父の反対を押し切り、反ソデリーニ派貴族の巨頭アラマンノ・サルヴィアーティ Alamanno Salviati の娘マリアと婚約した[6](一五〇六年)。以後サルヴィアーティ一門の支持の下、公職への道が開かれることになり、[7] 一五〇八年に I Capitani dello Spedale del Ceppo に選出され、更に一五一一年十月アラゴン王フェルディナンドの許に使節として派遣されることになり、弱冠二十八歳にして政治家としての輝しい歩みを始めた。(8)この間一五〇八年四月から『回想 Ricordanze』を書き始め、同年更に『家門の回想録 Memorie di Famiglia』を書き、一五〇八年から翌年にかけてコジモ・デ・メディチ Cosimo de'Medici からピエロ・ソデリーニの時代にかけての『フィレンツェ史 Storia fiorentina』を完成した。

(9)ところで彼のイスパニア滞在中にソデリーニの追放とメディチ家の帰還とが発生したが(一五一二年)、彼は一方で governo popolare の改革論(Del modo di ordinare il governo popolare)を書きつつ、他方でメディチ家のために政策論(Del governo di Firenze dopo la restaurazione de'Medici)を書き、メディチ家のロレンツォ Lorenzo(一四九二—一五一九)(以下小ロレンツォと呼ぶ)やジュリアーノ Giuliano(一四七八—一五一六)に接近した。一五一四年帰国後にはその下で重職に任じられたが、一方でより厚遇を望み、他方で小ロレンツォの絶対君主化を激しく批判した(Del modo di assicurare lo stato alla Casa de'Medici)。やがて法王レオ十世 Leo X(＝Giovanni de'Medici)は彼を教会領 Modena の総督に任命した(一五一六年)。苛烈な弾圧によって党争に明け暮れる Modena を統治することに成功した彼は Reggio の総督にも任じられ、以後法王庁の有能な行政官としてその辣腕を振ったのである。一方フィレンツェでは小ロレンツォの死後ジュリオ・デ・メディチ Giulio de'Medici(一四七八—一五三四)が統治を行なっていたが、グィッチャルディーニは彼と親しく交際し、この中から彼の政治理論の白眉である『フィレンツェの統治についての対話 Dialogo del reggimento di Firenze』(以下『フィレンツェ統治論』と呼ぶ)が生まれた。ところでレオ十世の死後アドリアーノ六世の許での Parma の英雄的防衛戦の後、彼は Parma の総督にも就任し、一五二三年十一月の法王クレメンテ七世 Clemente VII(＝Giulio de'Medici)の誕生の後には「ロマーニア総督 Presidenza di Romagna」に任じられ、法王庁最高の行政官の名誉を受けるに至った。一五一二年以来イタリアでの勢力を失墜したフランスは、その勢力回復を企て、一五二五年二月フランソワ一世の指揮の下 Pavia において皇帝カール五世に戦闘を挑んだが大敗を喫し、フランソワ一世は捕虜となり、イタリアに対する皇帝の支配は眼前に迫った。クレメンテ七世は一旦皇帝と和を結んだが、モローネ Girolamo Morone の陰謀に加担して皇帝を裏切り、却って自ら窮地に陥った。グィッチャルディーニは皇帝に対する徹底抗戦を勧告したが、優柔不断な法王は皇帝と屈辱的和約を結び、イタリアの危機はいよいよ深まった。一五二六年一月彼はローマに召還され、法王の助言者として反皇帝同盟の結成に尽力し、遂に一五二六年五月、法王、フランスを中核とする「コニャック同盟 Lega di Cognac」の結成に成功し、彼はこの同盟の「全権副官 Luogotenenza generale」として、同盟の実質上の指導者となったのである。しかしこの乾坤一擲の戦争も軍司令官ウルビーノ公の無能、怠慢によって次々と好機を逸し、逆に法王は皇帝軍に強迫されて休戦を約し、同盟結成後五ヵ月にしてその敗色濃厚となった。彼が最も信頼していたイタリア軍の精鋭ジョヴァンニ・デ・メディチ Giovanni de'Medici 軍も、イスパニア・スイス連合軍によって壊滅させられ、ポー川を渡った皇帝軍は怒濤の如く南下した。そして遂に一五二七年五月四日「ローマの劫掠 Sacco di Roma」が発生し、イタリア防衛の最後の一戦は惨めな敗北に終った。このようなイタリアの決定的没落の中にあって、「コニャック同盟」の支柱グィッチャルディーニがその苦衷を吐露する相手として選んだのが他ならぬニッコロ・マキアヴェッリであった。

これより先、一五二七年四月二十六日メディチ家の二人の若者、イッポリート Ippolito(一五一一—三五)、アレッサンドロ Alessandro(一五一〇—三七)を擁する枢機卿パッセリーニ Passerini の支配に不満を懐くフィレンツェは、皇帝軍接近の報を聞きニッコロ・カッポーニ Niccolò Capponi を中心に反乱を起した(「金曜日の騒乱 Il tumulto del Venerdì」)。パッセリーニは「コニャック同盟」に援助を求めたが、グィッチャルディーニはこの反乱を鎮圧するよりも両派の調停を行なった。「ローマの劫掠」の後メディチ家の勢力は衰え、遂に五月十六日その政権を放棄し、フィレンツェはその支配から解放された。「全権副官」の職を退いたグィッチャルディーニはカッポーニを支持し、フィレンツェと法王との調停を試みたが失敗し、しかもpopoloのメディチ派弾圧政策が実施されると彼は重税を課せられ、更にカッポーニの没落後にフィレンツェは彼を政治犯として告発するに至った。彼はこのような中で一五二七年郊外に引退し、一五二九年九月祖国を離れBolognaへ向ったのである。この時期の著作が『慰めConsolatoria』、『告発論Oratio accusatoria』、『弁護論Oratio defensoria』、『フィレンツェの事情Le cose fiorentine』であり、『回想録Ricordi』の第一回訂正加筆が行なわれている。

カッポーニ後の「執政長官」にフランチェスコ・カルドゥッツィFrancesco Carducciを選出したフィレンツェは皇帝・法王連合軍との戦闘を決意し(一五二九年九月)、対内的には貴族・メディチ派への弾圧を敢行し、グィッチャルディーニを初めとする貴族達を共和国に対する陰謀の廉で反乱者と判定し、追放した(一五三〇年三月)。Bolognaに逃れたグィッチャルディーニは法王と再会し、フィレンツェとの和平工作を行なったが不調に終り、祖国フィレンツェは十ヵ月にわたる英雄的抵抗の後遂に皇帝軍に降服した(一五三〇年八月十二日)。同年九月ローマからフィレンツェに帰還した彼は刑事裁判権を有するOtto di Praticaの一員に任じられ、カルドゥッツィ以下の処刑を遂行し、再度政治の舞台に登場した。この亡命生活の間に『回想録』の第二回訂正加筆が行なわれ、『マキアヴェッリのティトゥス・リウィウスの最初の十巻についての論考に対する考察Considerazioni intorno al discorsi del Machiavelli sopra la prima deca di Tito Livio』(以下『考察』と呼ぶ)も書かれた。経済的に疲弊した彼は法王庁の行政官の地位を望み、一五三一年六月「ボローニャ総督」に任じられたが、彼の関心は専らフィレンツェに注がれており、法王の諮問に答えてフィレンツェ改革論を書いている。しかし一五三二年四月彼をも加えたフィレンツェ改革のための「独裁機関Balia」は法王の意志に従って、これまでのフィレンツェの伝統的政治制度を根本的に覆す政治制度を創出した。この改革によってアレッサンドロ・デ・メディチは「フィレンツェ公」となり、メディチ家の絶対主義化は名実共に進行した。一五三四年クレメンテ七世の死と共に反アレッサンドロ感情はメディチ派内部にも昂揚し、この不満と共和国支持の亡命者との攻撃にさらされたアレッサンドロは、その最も信頼し得る助言者としてグィッチャルディーニを選んだ。一五三六年一月カール五世の許でアレッサンドロと亡命者達とはおのおのの主張を陳述し、その裁定を仰いだが、グィッチャルディーニはアレッサンドロ弁護論を巧妙に展開して勝利を獲得し、亡命者達は彼を「ケッレッティエーリCerrettieri」(暴君の忠実な部下の代名詞)と呼んだ。一五三七年一月アレッサンドロはメディチ一門のロレンツォによって暗殺され、フィレンツェは動揺したが、彼は断乎としてかの有名な傭兵隊長ジョヴァンニの息子コジモCosimo de' Medici(一五一九―七四)をその後継者に推し、同時にコジモの権限を削減して彼の地位を「公」でなく「首長 capo」に抑えた。しかし有能なコジモは皇帝の力を背景にグィッチャルディーニ等の貴族を退け、着々と絶対主義化を達成した(後に「トスカーナ大公国」コジモ一世となる)。コジモによって政治家としての機能を奪われた彼は、その晩年を一四九四年のフランス王シャルル八世のイタリア侵入に始まる壮大な大著『イタリア史 Storia d'Italia』の著述に捧げた。グィッチャルディーニは目を病みながらもこの著作の完成に意欲を燃したが、遂に完成に至らないまま、一五四〇年五月二十二日五十七歳で没したのである。

このようにグィッチャルディーニの生涯はコムーネ期から絶対主義への転換期、輝しいルネッサンスからイスパニア(野蛮人!)への隷従の時期に対応している。マキアヴェッリにおける政治理論の転換を引き合いに出すまでもなく、この時代の政治理論の激しい転変はグィッチャルディーニにとっても決して無縁でなかった。しかしこれまでのグィッチャルディーニ解釈は不幸にしてこの使命を充分に達成していない。ここで先行の諸解釈(10)に若干言及し、本稿の特質を提起しておきたい。

グィッチャルディーニ論は彼と同時代の歴史家、例えばナルディ Nardi、ヴァルキ Varchi、セーニュィ Segni などに見られる[11]が、なかんずくヤコポ・ピッティ Jacopo Pitti は『カップッツィ弁護論 Apologia de'Cappucci』の中で popolo の立場に立ち共和国の破滅を惹起した根本原因を貴族の行動に求め、その巨頭グィッチャルディーニを告発した[12]。しかしこれらのグィッチャルディーニ論は本稿の対象である十五世紀から十六世紀にかけてのフィレンツェの激烈な党争の産物であり[13]、伝記史料としての価値はともかく政治思想の解釈としての価値はほとんどない。ところで彼の著作は一五六一年に『イタリア史』が発刊されたものの、これ以外の著作は十九世紀中葉まで未刊であった。一八五七年ジュゼッペ・カネストリーニ Giuseppe Canestrini は『未刊著作集 Opere inedite』の発刊を開始し、十年後に全十巻を発刊した。この第一巻に『回想録』が収録されており、以後の解釈はこの著作を中心に進行することになったのである。既に一八六二年シャルル・ブノワ Ch. Benoist はグィッチャルディーニの思想をあらゆる理念の統一を欠如した「政治的傭兵主義」と解釈した[14]が、その道徳的頽廃をイタリア没落のシンボルとして告発したのが、リソルジメントの史家フランチェスコ・デ・サンクティス Francesco de Sanctis であった。デ・サンクティスによればグィッチャルディーニにおいて「思想」と「行動」とは分裂しており、その生活原理は「私的利益 interesse proprio, il particolare」であって、これを基準に出来る限りの利益を引き出すことが生活の目的であり、そこには良心もなく、品位ある生活目標も存在しない[15]。このような低俗な目的を達成する能力が「賢さ saviezza」であり、マキアヴェッリを支えていたイタリア解放というような「幻想」はもはや存在せず、従って『回想録』はイタリアの腐敗を生活原理にまで高め、定式化した作品であり、「諦観の時代」の例証である[16]。マキアヴェッリに勝る点は「事実」をより忠実に受容している点にあり、従ってより「実証的」である[17]。このようなデ・サンクティスの解釈に対してそれ以後の解釈はグィッチャルディーニ弁護論の形をとった。例えばトレヴェース Treves はデ・サンクティスが承認した「実証的」性格における長所から出発し、グィッチャルディーニにおける永遠の政治学の確立を証明しようとした。[18] ここからマキアヴェッリの「詩」に対するグィッチャルディーニの「科学的」態度の優位が強調され、「理念一般」の不在が高く評価される。[19] しかもこのような彼の思想は実は彼個人の生活と不可分であると解釈されている。[20] これに対してマラゴーリ Malagoli はグィッチャルディーニの思想の統一点を事物と「自我」との結合に求め、事物の具体性への鋭い感覚(歴史叙述の豊かさ)と引照基準の伝統的性格とを彼の政治思想として提示した。[21] しかしこの系列に属する解釈は総じて趣旨不明確で、羅列的・紹介的である。[22]

このようなデ・サンクティスの見解を中心にして形成された解釈に対して、全く異なった観点からするグィッチャルディーニ解釈の系譜が存在している。[23] それは『回想録』よりも政体論から出発するものであって、この中にはクリヴェルッチ Crivelucci やロッシ Rossi などの古典的業績がある。[24] この方向を採用すれば『回想録』の有する amoralism の問題を背後に退かせ得、政治史的叙述に接近しつつ安定した構造を持ち得る。デ・サンクティス流の解釈が基本的には「自己の利益」という視座の下に政体論を強引に心理的に基礎づけたのに対して、ここではグィッチャルディーニにおいて政体論という形式自体の持つ具体的意味が看過され、抽象化される危険性があり、それを補充するために貴族としてのグィッチャルディーニ像が逆流する可能性がある。

このような解釈に対して最近の三つの解釈を紹介してみたい。まずラマ Ramat はマキアヴェッリとの比較を基に、グィッチャルディーニにおけるルネッサンス的人間能力への信仰の没落を鋭く指摘する。[25] 即ち、彼の作品は全面的解体意識と展望を喪失したイタリアの悲劇とを示しており、[26] 運命の支配の増大と混乱との中で到達したのは結局伝統的秩序の維持、保守主義に他ならなかった[27](イタリア商業階級の史的運命に対応)。この解釈はトレヴェースにおいて単純に「現実主義」と呼称されていた側面を展望の消滅と転釈し、デ・サンクティスの見解から道徳的批判を除去した意味を有している。しかし全面的解体意識と保守主義との連関は全く証明されておらず、テーゼの抽象的性格は否定し難い。これに対してアルベルティーニ Albertini[28] は政体論を中心に据え、貴族階級のイデオローグとして解釈する(これは彼の著書全体からして当然の結果である)。即ち、その政治思想は政治集団としての貴族の popolo やメディチ家に対する自己主張の一例として解釈されることになる。従って『回想録』は背後に退き、人間としてのグィッチャルディーニと政体論との関係は、デ・サンクティス的に心理的に処理されるのでなく階級という概念を通して考察される(「名誉」の問題がその場合の核心)。しかしこの解釈ではグィッチャルディーニに独自な視座構造の分析が後退し、なかんずく、彼の政体論自身の持つ意味(具体的内容でなく)は全く不明のままである。[29] デ・カプラリース De Caprariis は『回想録』中心の解釈[30]に反対し、その副題から明らかな如く人間グィッチャルディーニの問題を「政治から歴史」へという著作活動の方向転換の中で解こうとしている。彼は『フィレンツェ史』から一五二七年頃までを「政治の時代」となし、『フィレンツェの事情』以降を「歴史の時代」となし、この転回点に政治的没落と政治理念の「挫折」とを插入した。[31] しかしアルベルティーニの指摘する如く[32]この「政治」から「歴史」への転換という説明は甚だ説得性を欠如しており、更に「挫折」によって政治理念自体が雲散霧消したと解する態度[33]の根底には、トレヴェース的な「現実主義者グィッチャルディーニ」へのコムプレックスが存在している。従ってその内容が統一的視座構造を提示し得ないのは当然の結果である。

このような解釈史を省察するならば、グィッチャルディーニの政治思想の解釈は政体論にその課題を限定する少数の例外を除外すれば、結局二つの方向からするイデオロギー批判に解消していることが判明する。即ち、デ・サンクティスやトレヴェースに代表される解釈はあらゆる理念に無縁な「外交官グィッチャルディーニ」という像を基に、個々の政体論や諸理念を彼自身の「利益」へと解消し、彼の政治思想の統一的把握は最初から断念されている。これに対して『回想録』等に氾濫する「名誉」概念を基に「貴族グィッチャルディーニ」像を創出し、一つの階級の行動様式の中に彼の政治思想を解消する方向が存在する。後者の場合には他の貴族との比較という観点が自覚化されれば、その政治思想の解明は豊かとなり(アルベルティーニの場合)、それが欠如すると抽象的解明にしかならない(ラマの場合)。このような結果は、一つには思想の抽象度の低さに原因を有するが、しかし何よりも重要な要因は『回想録』『慰め』などに氾濫する彼自身の行動の動機の告白にある。この点がマキアヴェッリとの決定的相違の一つであり、確かに彼は政治家の舞台裏を語り過ぎている。次にその最も悪名高い例を挙げてみよう。

「私ほど、僧侶の野心・貪欲・好色を嫌悪している人間を私は知らない。なぜならば、これらの悪徳はそれ自身憎悪すべきものであり、また神に従った生活を送ると公言している人々に全くふさわしくないものだからである。……しかしながら私は多くの法王の許で地位を得たため、私は自分の利益のために per il particolare mio その(ローマ教会の俗権)偉大さを愛さざるを得なかった。もしこのような配慮がなかったならば、私はマルチン・ルターを私自身と同様に愛したに違いなかった。[34]」(傍点　佐々木以下同様)

デ・サンクティスがこのような文言から彼における「思想」と「行動」との分裂を読み取ったとしても不思議はない。この動機の告白の処理の仕方こそグィッチャルディーニ解釈の試金石であり、私はこれに対して次のような操作を加えてみたい。まず形式的観点から動機の問題と思想内容とを区別したい。例えば右の例で言えば、彼がローマ教会に仕えた動機は既成のローマ教会への彼の批判自体を直ちに無意味としない。言うまでもなく動機は思想内容に影響を及ぼすであろうが、しかし後者を前者に解消して満足するのは十九世紀後半以来の高慢な悪弊にすぎない。蓋し、思想史家にとって思想家の動機の分析は精々補助手段にすぎないのであって、この点を忘却すれば伝記による思想解明の代行が生ずることは既に『マキアヴェッリ論』において提示したところである(序説参照)。しかしこのことはグィッチャルディーニの動機の告白を全く無視することを意味するものではない。そこで次の操作が必要となる。即ち、この動機を彼の思想内容から孤立させずに、むしろこの中の一環として了解すべきである。[35] 例えば右の例の「自己の利益」という観念は人間一般論の中で処理されるべきであり、ここから彼の自己表象が人間一般の表象の中で如何なる地位を占めているかが判明し、政治理論の内容と彼の自己表象との関係が確定される。このような迂回を通して彼の政治思想とその自己表象とは豊かになり、「自己の利益」という動物的「奇声」や貴族という抽象的カテゴリーへの思想の解消による貧困化から救済し得る。

以上の如き操作を基にまず彼の哲学を抽出する。その際、引照基準としてマキアヴェッリを用い、その同質性と異質性とを解明し、ここから政治観の相違の問題へと展開させる。そして政体論の根本的意味はここに初めて明らかとなる。この作業は『回想録』等の中から哲学を抽出して政体論へと架橋するという意味を有し、グィッチャルディーニの自己表象は政治観の基盤に存在する人間像と対置させられ、彼における理論と実践との具体的統一の例証として用いられる(以上、第一章)。この抽象的政治観の確立を前提に、次に具体的政体論の内容を二つの時期に分けて解明し(第二、三章)、最後にイタリア論を政治観との連関において分析したい(補論)。そして全体としてマキアヴェッリとの比較論の意味を持つように配慮した。

(1) 若きグィッチャルディーニの『家門の回想録』はこの名門の誇りに満ちている。グィッチャルディーニ家は十五回も「執政長官」を生み出した家柄であり、これ以上の家柄はメディチ家以下五家のみである(Memorie di famiglia — Scritti autobiografici e rari, a cura di R. Palmarocchi, 1936 所収——p. 4. Ridolfi によればそれ以上の家柄とはメディチ Medici、サルヴィアーティ Salviati、ストロッツィ Strozzi、リドルフィ Ridolfi の四家である——Vita di Francesco Guicciardini, 1960, p. 5)。その起源は不明であるが、まずピエロが「執政長官」となり、次いで一三七八年チオンピの乱の際、その子ルイジ Luigi

がサルヴェストロ・デ・メディチ Salvestro de'Medici の後を継いで「執政長官」となり、彼はその後二度にわたってこの官職に就任した(Scritti autobiografici, pp. 4-7)。その第二子ピエロは外交官として活躍後、コジモ・デ・メディチの復帰に協力し、その後、コジモ、ネリ Neri di Gino に次ぐ有力者となり、「執政長官」に三回就任した(ibid., pp. 7-13)。ピエロの長男ルイジはメディチ家の下で華々しく活躍し、特に外交官としてミラノやヴェネツィアに再三派遣され、また「執政長官」を三回務めた(ibid., pp. 15-28)。ルイジの弟ヤコポ Jacopo は大ロレンツォの忠実な助言者であり、兄ルイジと共に外交官や軍事担当官として数知れぬ「名誉」を得、「執政長官」を五度務め、大ロレンツォの死後にはフィレンツェの第一人者 il primo uomo della città となった(ibid., pp. 28-44)。そしてこのヤコポの一人息子がフランチェスコの父ピエロであり、彼も父同様大ロレンツォ及びピエロに仕え、一四九四年にはミラノ大使という重職にあった(ibid., pp. 48-50)。従ってフランチェスコはルイジ、ヤコポの下でのグィッチャルディーニ家の興隆期に生まれたのである。

(2) フランチェスコは父を次のように回想している。ピエロは非常に賢く savio、偉大な判断力を有しており、公平且つ善良でフィレンツェの利益と貧民とを愛し、その資質と家柄とによって一生涯非常な「名声 riputazione」を享受していた。事を企てるに極めて慎重で変革を好まず、党派の首領 capo di parte を望まず、一四九四年のメディチ家追放以後もその stato を維持し続けた。一五一二年のメディチ家帰還の後には「独裁機関」の一員に加えられたが、メディチ家に対しても権威 autorità を有し、公民の安全と公益とのために尽力した。また彼ほどその息子達によって愛された父親もいなかった。——Ricordanze —Scritti autobiografici 所収— pp. 71-3.

(3) Ricordanze, p. 53.

(4) 法律の勉学については、Ricordanze, pp. 54-6. 弁護士としての活躍については、ibid., p. 57, 60, 62-6, 68, 70, 73-5, 78 を見よ。

(5) Oratio accusatoria — Scritti autobiografici 所収— p. 211.

(6) この結婚についての彼の意識は注目に値する。

「その時私は非常に多くの持参金と高貴な家柄の娘とに出会ったのであるが、しかしこの縁組に父のピエロは多くの理由から不満であった。第一にアラマンノとその従兄ヤコポとは『終身執政長官』ピエロ・ソデリーニの敵であり、しかも彼等は先頭に立ってフィレンツェの政治を批判しており、いつか不幸が訪れるかも知れない。第二に父はより多くの持参金を望んだ。

というのは五人の息子と六人の娘とがあるためにその一人(＝フランチェスコ)に多くを与えることが出来なかったのである。第三にサルヴィアーティ家は富裕で贅沢な暮しをしているから、その娘も浪費・贅沢に慣れているだろう。しかし私は断念しようとしなかった。なぜならアラマンノとヤコポとはその姻戚関係、富、慈悲、名声 riputazione においてフィレンツェの如何なる私人よりも勝っており、このような観点から私はどうしても〔サルヴィアーティ家と〕姻戚関係に入りたかった。また五百または六百ドゥカ以上の持参金は私の stato に対応しないと思われた。」——Ricordanze, p. 58.

この他、結婚に関する記録としては一度マリアに会いに行ったということ(ibid., p. 60)と結婚式の簡単な叙述(ibid., p. 61)があり、これらよりも持参金の受領経過についての記述が遙かに詳細である(ibid., pp. 61–2, 65)。ここに見られる姻戚関係、富、名声への端的な注目はその綽名「アルキビアデス」にふさわしい若い貴族の意識を鮮明に提示している。

(7) Ricordanze, p. 62. それ故一五〇九年の義父アラマンノ・サルヴィアーティの死は彼に非常な衝撃を与えたが、そのことはアラマンノ讃に鮮かに示されている(ibid., pp. 66–8)。

(8) この選出に対して彼は弁護士としての自己の地位への執着から直ちに受諾しなかった。しかし父ピエロは前代未聞の若さでかかる「偉大な名誉 onore grande」が与えられたことを説き、また彼自身も謝絶する正当な理由を見出し得ず、その地位に伴う名声と富とが充分であること、更に反ピエロ・ソデリーニ派の意図を考慮して受諾した(Ricordanze, pp. 69–70)。

(9) 以下の時期は本稿第二章以下で詳細に検討する。従ってこの序説では重複を回避するため註を一切省略する。

(10) Luciani, V., Francesco Guicciardini and His European Reputation, 1936 が最も詳細な研究である。なおイタリア語版(Francesco Guicciardini e la fortuna dell'opera sua, 1949)には一九三六年以降の文献も紹介されている。

(11) Luciani, ibid., pp. 49–53. Ridolfi, op. cit., pp. 417–8.

(12) ピッティの批判は政治家としてのグィッチャルディーニと歴史家グィッチャルディーニとの双方に向けられる。まずフィレンツェの貴族の野心がソデリーニ下の governo popolare を破壊したのであって、決して popolo の放縦がその原因でない(Apologia de'Cappucci — Archivio Storico Italiano, 1854 — pp. 272–8)。そしてグィッチャルディーニはイスパニア滞在中にフェルディナンドから金銭を受取り、メディチ家復帰のための陰謀に加担した(ibid., pp. 317–8)。このような人物、階級批判は『イタリア史』の叙述の反 popolo 的性格に対する批判と密接に結合している(ex. pp. 282–3)。Cfr. Pitti, J., Dell'istoria Fiorentina — Archivio Storico Italiano, 1842. Luciani, op. cit., pp. 57–67. Albertini, R. von, Das florentinische Staats-

bewußtsein im Übergang von der Republik zum Prinzipat, 1955, SS. 326–30.

(13) このような歴史叙述については、Albertini, ibid., SS. 299–341 を見よ。

(14) Benoist, C., Guichardin historique et homme d'État, 1862, p. 104.

(15) De Sanctis, F., Storia della letteratura italiana — Opere, 1961 所収— pp. 529–30.

(16) De Sanctis, ibid., p. 530.

この解釈に見られる如くリソルジメント時代のグィッチャルディーニに対する評価は非常に低かった(Luciani, op. cit., pp. 69–81)。

(17) De Sanctis, ibid., pp. 530–2. このことはその秀れた歴史叙述に反映している(ibid., p. 533)。

(18) Treves, P., Il realismo politico di Francesco Guicciardini, 1931, p. 27. マキアヴェッリ以上に「現実」に忠実な彼の政治学はもはや抽象的な「技術」でなく、断片的な「現実」研究(＝科学)となる(ibid., p. 43)。このようなトレヴェースの解釈の意味は全く不可解であるが、この指摘は観点を転回させればラマの解釈へと逆転する。

(19) Treves, ibid., pp. 17–20. かくしてグィッチャルディーニはマキアヴェッリの思想の完成者であり、マキアヴェッリ以上にマキアヴェッリ的な「国家理性 ragion di stato」の師となる(ibid., p. 19, p. 128)。その理論はあらゆる理念や所与の体制を超越しており、その性格は「外交官的」である(ibid., p. 25, p. 39)。このようなトレヴェースの解釈の基本的視座についての私の批判は『マキアヴェッリ論』序説で詳述。

(20) Treves, ibid., p. 26, p. 34.

(21) Malagoli, L., Francesco Guicciardini, 1939.

彼の解釈は多様さの中の統一、即ち、「隠れた情熱 pathos nascosto」の発掘にその特質を有している(ibid., p. 14)。しかし、統一を強調する結果、統一の内容の具体的構造は却って看過され、事物と「自我」との単なる混在への傾向を濃厚に持っている。

(22) Ferraù, A., Il pensiero politico di Francesco Guicciardini, 1930. Nulli, A., Francesco Guicciardini, 1936. Spirito, U., Machiavelli e Guicciardini, 1945. Vitale, V., Guicciardini, 1945.

(23) Crivelucci, A., Del governo popolare di Firenze e del suo riordinamento secondo il Guicciardini — Annali della

R. Scuola Normale Superiore di Pisa, III(1877).

(24) Rossi, A., Francesco Guicciardini e il governo fiorentino dal 1527 al 1540, 1896–9, 2 vols.

(25) Ramat, R., Il Guicciardini e la tragedia d'Italia, 1953, pp. 5–6, pp. 8–9.

(26) Ramat, ibid., pp. 6–7.

(27) Ramat, ibid., p. 10, p. 112.

(28) Albertini, op.cit., SS. 90–107, SS. 222–42.

(29) 当時のフィレンツェにおいて政体論が政治思想の中核を形成していたことは歴史的事実である。しかし、他面マキアヴェッリに見られる如く単純なる政体論と全く異なったレヴェルでの政治理論が成立しつつあり、従って逆に政体論という形式で政治理論を叙述しようとする態度の意味を解明しなければならない。

(30) De Caprariis, V., Francesco Guicciardini, Dalla politica alla storia, 1950, pp. 7–24.

(31) De Caprariis, ibid., p. 101, p. 108. この「挫折」の淵源は『フィレンツェ統治論』において絶頂に達する政治理論の図式化、法則化、換言すればマキアヴェッリ化にあった(ibid., pp. 80–3)。ここにマキアヴェッリ=抽象的、というトレヴェース流のテーゼの安易な肯定がみられる。

(32) Albertini, op. cit., SS. 229–30.

(33) グィッチャルディーニ解釈の要点は彼の政治的失敗がその政治体系の難破であることを浮き彫りにすることにある(De Caprariis, ibid., pp. 20–1)。このような課題の設定自体がトレヴェースの解釈との根本的同質性を明示している。

(34) Ricordi, XXVIII — Opere inedite, a cura di G. Canestrini, vol. I, pp. 96–7.

(35) 即ち、先の例は感性的人間論とキリスト教信仰への執着という二つの要素の関係の問題へと転化される。このように人間グィッチャルディーニを問題にするにしても、徹底的客体化を通して解明すべきであり、単なる「自己の利益」の an sich な肯定のみでは何も明らかにならない。

第一章　哲学と政治観

第一節　哲　　学

マキアヴェッリの哲学は「運命論」と感性的人間論とへ収斂されたが、グィッチャルディーニの哲学はより複雑な構造と豊富な内容とを有しており、今日までその総体的把握は達成されていない。まず、人間像からその手掛りを得ることにしたい。

「全ての人間は生来 per natura 悪 il male よりも善 il bene に志向している。従って、他の配慮が彼を反対へ導かない限り、人間は悪よりも善を進んで行なう。しかし人間の本質は非常に脆弱であり、しかもこの世には悪へ誘惑する機会が多いので、人間は容易に善から離れる。(1)」

この表現に彼のマキアヴェッリに対する反論・対立が全て集約されていると言っても過言でなく、そのことは彼自身も『考察』の中で自覚的に述べている(2)。問題は彼の人間像が不明確なこと、換言すれば一義性を欠如している点にある。人間は生来「善」を好むという方向と人間は「悪」に容易に傾くという二つの観点はどのように調和させられるであろうか。前者の観点を推進すれば、

「生来善を行なうよりも悪を進んで行なう人間が存在するならば、それは人間でなく動物 bestia か怪物 mostro である。なぜなら全ての人間に自然な性向 inclinazione naturale を欠いているからである(3)。」

となり、後者を展開すれば、

「善良な人間より邪悪な人間が多いと言うことは、何か悪意と邪推とに満ち、しかも神の欲しないことを言うようであるが、しかしそれは真実である。(4)」

となる。前者から後者への媒介となるのは「利益 utilità」であり、(5) 後者の世界では「快楽 volutta」「野心 ambizione」「貪欲 avarizia」などの諸情念が人間を支配する。(6) かくして「自然の秩序」は著しくその実効性を喪失し、世界の分裂・混乱は避け難い。マキアヴェッリは「野心」と「貪欲」との世界を「自然の秩序」となしたが、グィッチャルディーニの「自然の秩序」は遙かに「ヒューマニスト」のそれに親近性を有しており、レオン・バッティスタ・アルベルティ Leon Battista Alberti を思わせる叙述が数多く存在している。(7) それ故正に「自然の秩序」と感性的人間の世界との亀裂についての鋭い意識が生ずる。

「『ある人が善良であるとの理由で神はその人を助け、また邪悪であるとの理由でその人を不幸にする』とは言うべきでない。なぜならしばしば人はその反対に出会うからである。しかしこれを理由に神の正義が存在しないと言うべきでない。神の思慮は測り難き深淵 abyssus multa と呼ばれるほど深遠であるからである。(8)」

かかる分裂せる状況下で人間の採り得る道は二つある。一つは実践の世界における闘争から退き、「自然の秩序」と神とに従い、それを観照する生活であり、(9) 他はこの混乱した世界の真只中での人間との闘争にその一生を捧げる生活である。この後者の生活とは言うまでもなく政治の世界の問題であり、活動の対象・素材からしてそこに生み出される「処生訓」は著しくマキアヴェッリのそれに接近することにならざるを得ない。

ここに登場するのはまず神と明瞭に区別された(10)「運命 fortuna」の問題である。しばしばグィッチャルディーニの「運命」論は、マキアヴェッリのそれに比して人間の「運命」克服能力への深いペシミズムに蔽われているとされる(11)

が、果して単純にそう言い得るであろうか。一五三〇年に書かれた『回想録』の中でも、

「事柄をよく考察してみると、人間に関する事柄はいつでも偶然的な事件によって大きな変動が発生するので、そこにおいては運命が非常に大きな力を有しており、それを予見し回避するのは人力のうちにないと言わざるを得ない。言うまでもなく人間の思慮と配慮とは多くの事柄を統制出来るが、それだけでは充分でなく、幸運をも必要とする。[12]」

と述べられている。そしてこの「運命」に対決する人間の諸能力が「賢さ saviezza[13]」「思慮 prudenza[14]」「理性 ragion[15]」「判断力 discrezione[16]」であり、無能力は「無知 ignoranza[17]」「無思慮 imprudenza[18]」「気違い pazzia[19]」である。この中で最も興味深いのは「判断力」という概念である。

「この世の事柄について無差別・絶対的に、即ち、法則によって語ることは非常な誤りである。なぜなら全ての事柄は状況の相違によって区別と例外とを有しており、そこに同じ基準を適用することは出来ない。この区別と例外とは書物の中に書かれておらず、それを認識するには discrezione を必要とする。[20]」

このように「判断力」は事物の状況を鋭く看破して目標を達成するために不可欠の能力であるが、この能力は「自然」から授与され、「経験 esperienza」からはほとんど得られず、況や書物からは全く得られない。[21] 人間はかかる認識能力によって行動の指針を決定し、一旦決断すれば断乎として実行しなければならない。[22] この際マキアヴェッリと同様「時勢 tempo[23]」への適応と「好機 occasione[24]」の掌握とが勧説される。このようにグィッチャルディーニの場合にも人間の能力はこの世界を支配するために決して完全でないが、しかしこのことはマキアヴェッリの場合といえども全く同様である。[25] グィッチャルディーニは人間の「運命」との闘争を動物に対する人間の独自性として把握し、[26] これを断乎として擁護しており、況や占星術を信ずることは彼にとって全く無縁であった。[27]

ところでグィッチャルディーニの勧説する「処世訓」は著しく複合的で、マキアヴェッリの Arte dello 》stato《 の如く明確な支点を有していない。最もマキアヴェッリの主張に親近性を有するものとしては「偽装」の有用性、[28]「アメ」と「ムチ」との併用、[29]などがある。しかし総じてマキアヴェッリよりも著しく倫理的性格が濃厚である。

「善の中の善とは……他人を害さず、出来る限り他人を助けることである。[30]」

「多くの人間が忘恩であるとの理由から他人に恩恵を施すのを止めてはならない。蓋し、何等の下心なく他人に恩恵を施すことはそれ自身高潔にして神的な行為であるばかりでなく、恩恵を施している間には他人の忘恩にも恩恵をもって報いるほど、感謝深い人を見出すからである。[31]」

このようにグィッチャルディーニの思想の中には amoralism への志向と同時に、それに対する反テーゼが存在しており、マキアヴェッリの如く奈落の底に落ち込むよりも、むしろ確固とした人間の理想への信仰が存在する。[32]この「処世訓」の内容に見られる分裂は、人間論に見られた不明確さ・二元性にその原因を有しており、グィッチャルディーニはこの二元性を「経験的才知 ingegno positivo」と「崇高な知性 intelletti elevati」という形式で自覚化している。[33]このような分裂は更に言葉の意味内容にも反映しており、なかんずく、「理性」は一方で単なる「賢さ」と同一視されつつも、他方で「自然の秩序」を体現する資質として解されている。[34]そして彼とマキアヴェッリとの分水嶺であるこの「自然の秩序」への信仰を支える基盤こそ、彼の宗教意識であったのである。[35]

グィッチャルディーニも宗教の政治的効用を論じているが、[36]しかし彼の関心は単なる効用の問題に止まらない。例えば『慰め』の主題は神による魂の浄化、[37]即ち、人間の最大の敵である情念からの解放であり、[38]そこで具体的に唱えられた生活理念は、「尊厳を有する閑暇 ozio con dignita」であった。[40]

「貪欲から解放された美わしき生活とは次のようなものである。即ち、人々の評判でなく自らのみに依存し、好むがままにその時間を配分して使用し、自由意志に従って休息し、他人を攻撃したり危害を加えたりせずに生活し、運命の変転に屈服せず、他人の勢力増大に気をもまず、自己の境遇にふさわしい形で国家や村落と交渉を結び、静穏自足した魂を享受する生活であり、野心的生活を送る人間には全く欠如しているような生活である。(41)」

この古代ローマの cum dignitate otium を模倣した生活理念は必ずしも情念の絶滅でないが、理性によるその「統制」を意味する。(42)従って、言うまでもなく「原罪」観念は完全に欠落している。しかし、グィッチャルディーニの宗教意識にはよりダイナミックな側面が存在する。それは『回想』の中に見られる具体的生活体験と神との緊密な関係の意識である。例えば、そこで神の意にかなうと観念されているのは、自己の身心の幸福、(43)婚約者マリアとの邂逅、(44)自己の名誉と利益、(45)父及び義父の死、(46)良き判断など(47)である。この中で死の問題を除外するならば、甚だ世俗的な内容が情念の肯定を伴いつつ(48)何等の媒介項もなく、恣意的に神の恩寵と結合されているように見える。彼自身はこの媒介項を何等説明せず、専らその直接的結合を述べているにすぎない。(49)この宗教意識は中世的と解釈されるよりもむしろルネッサンス的である。即ち、「神の自然化」という観念の下、人間の諸行為がそのままの形で神の義認を受けるという事態の最も典型的な事例に他ならない(『マキアヴェッリ論』第一章及び第二章第二節二、参照)。しかし同時にルネッサンスの「神の自然化」は決して情念の素朴な肯定ではあり得ず、むしろ理性による「統制」を前提としている。このような観点からする限り ozio con dignita という生活理念は正にルネッサンス的であるが、情念の素朴な肯定に基づく「名誉」や「利益」を神的秩序に位置づける態度はそれからの明白な逸脱である。

人間が情念に屈服していることを前提にする限り、ozio con dignita という理念は人間の自己回心による自己抑制によって初めて成立し得、この転換は社会的関係の視座を欠落しており、そこに存在するのは総じて倫理学の問題にすぎない。(50)これに対して「名誉」や「利益」と神との結合関係の側面は、正に社会的・政治的諸関係への展望を開示している。ここに「運命」との闘争観念と共に、アルベルティに見られた如き(『マキアヴェッリ論』第二章第一節一、参照)神に対する人間の痛切な限界意識も発生し[51]、神はこの不条理な世界から超越させられることによって却ってその本来の意味を保持することになる。[52]他面、この情念の肯定によって「作為」の世界が出現し、マキアヴェッリへの親近性が生ずるが、この情念の解放は同時に神への紐帯を保持しており、ここにグィッチャルディーニの特質が存在する。秩序の解体と世界観の分裂との真只中で希望を託されるのは正にその分裂・解体の根源である情念自体であり、それが果して「自然の秩序」の回復に成功するか否かは政治の問題であり、なかんずく「名誉」の問題である。

このようなグィッチャルディーニの哲学を「ヒューマニズム」の哲学と比較するならば、そこには余りにも甚しい「自然の秩序」の解体、情念への理性の屈服がある。しかし神や理性は依然としてその俤を止めており、「自然の秩序」の回復への希望は微かに存続している。彼の哲学はマキアヴェッリのそれの如く伝統破壊の性格を持たず、極めて中間的な道程を歩んでいる。しかしそれ故に却って危険な「綱渡り」とならざるを得ないのである。

(1)　Ricordi, CXXXIV — Opere inedite, vol. I, p. 133.

(2)　「マキアヴェッリは、人間は必要 necessità に迫られなければ善をなさず、国家 republica を組織する人は全ての人間が邪悪 cattivi であることを前提としなければならぬとしているが、その主張は余りにも絶対的であり、悪をなし得るにもかかわらず善をなす多くの人間が存在しており、決して全ての人間が邪悪なのではない。」——Considerazioni, I-3 — Opere inedite, vol. I, p. 10.

(3)　Ricordi, CXXXV, op. cit., p. 133.

(4)　Ricordi, CCI, ibid., p. 158. 次の例も見よ。

「疑い深いという評判をとることはよいことではない。しかし人間は非常に嘘を言い、策略を用い、非常に間接的で難解な技巧を弄し、自己の利益に貪欲で、他人の判益を顧慮しない。従ってあまり人間を信頼しない人こそ誤りを犯さないのである。」——Ricordi, CLVII, ibid., p. 142.

(5) 「人間は自然的に善へ志向している。即ち、悪から利益や快楽が生じない限り、全ての人間にとって悪よりも善が喜ばしい。」——Ricordi, CCXXV, ibid., p. 167.

(6) Considerazioni, I-3, op. cit., p. 11.
従って、他人の意志と判断とに依存する限り、人間の安全は守られ得ない(Ricordi, XXVII, ibid., p. 96)。

(7) 次の例を見よ。
「フランチェスコよ、お前は既に三十歳になり、お前も知っている如く神から無限に多くの巨大な恩寵を受け、この生活の空しさを知覚すると同時に、邪悪な人間は運命を恐れ、善良な人間は運命に期待すべきであることを認識するだけの知性をお前は有している。従ってお前は、右に述べた理性に適合しつつ、子供や若者の如くでなく老人の如く生活するように配慮しなければならないことが判明するであろう。」——Francesco Guicciardini a se stesso — Scritti autobiografici e rari, *a cura di* R. Palmarocchi, 1936 所収— p. 99.

(8) Ricordi, XCII, op. cit., p. 118. 同旨。
「作戦の勝利が正邪に依存すると信じる人間は誤っている。蓋し、人間は毎日それと反対のことを見ており、作戦に勝利をもたらすのは理性 ragione でなくて、思慮 prudenza、力 forza、幸運 buona fortuna である。言うまでもなく理性を有する人においては、神が正しい作戦に勝利を与えるという見解に基づいて確固とした信念が生じ、これによって人間は勇敢・頑強となり、ここからしばしば勝利が生ずる。このように正しい根拠は間接的に役立つが、それが直接的に役立つと考えるのは誤っている。」——Ricordi, CXLVII, ibid., p. 138.

(9) このような生活理念は『慰め』において展開される。「コニャック同盟」の大敗と彼に対する公金横領とコンタード掠奪扶助との嫌疑との下、「名誉」と「富」とを失ったグィッチャルディーニは自らを支え、慰める目的でこの告白文書を書いた。まず、「名誉」や「富」は運命に依存し(Consolatoria — Scritti autobiografici e rari 所収— pp. 170-1)、運命に対してはより「賢く経験豊富な savi e esperti」人間も失敗すると主張し(ibid., p. 176)、他面この失敗が意志の罪でないと推論される(ibid.)。従ってここで喪失した「名誉」や「富」は些細なもので、このような喪失はむしろ神による人間の浄化の機会と解すべきである(ibid., p. 169)。かくして喪失によって生じた不快は幸福への道へ逆転する。
「幸福と至高善とは徳と魂の善良さにのみ存在する。……このことは非常に真であり、もし我々が理性的にそうであるべきように魂を浄化するならば、我々は全ての病を治療し、常にこの世において幸福であり満足するであろう。観照によって偶然的出来事を感じないほどこの世の事柄から離れた生活を営んでいる人間を、私は称讃に値するのみでなく、驚嘆すべくまた浄福であると考える。」(ibid.)

このような論理によって「名誉」と「富」との与え得る満足の少なさが強調され(ibid., p. 184)、contemplazione の優位が帰結する(ibid., p. 185)。

(10) Palmarocchi, R., Il concetto di fortuna nel Guicciardini — Archivio Storico Italiano, 1941, pp. 16-7. なお、Sarri, F., Guicciardini e la religione — Francesco Guicciardini nel IV centenario della morte(1540-1940). Supplemento I di 》Rinascita《 所収— p. 172 は神と「運命」との結合関係を主張しているが、グィッチャルディーニの「運命」はダンテのそれの如く神の統制下にない。その意味については(32)参照。

以下の叙述は『回想録』を中心に行なわれるが、「運命」の具体的な叙述は彼の『イタリア史』に豊富に存在している。この具体例については、右の Palmarocchi の論文の他、Gilbert, F., Machiavelli and Guicciardini, 1965, Chap. 7 Guicciardini を見よ。

(11) 例えば、Ramat, R., Il Guicciardini e la tragedia d'Italia, 1953, p. 6.

(12) Ricordi, XXX, op. cit., pp. 97-8.

(13) Ricordi, XXIII, ibid., p. 95, LXXV, p. 114, CVIII, p. 124, CXXXVIII, p. 135, CLXXXIII, p. 151, CCCXVIII, p. 194, CCCXXXVI, p. 200.

この能力の具体的内容については次の例を参照せよ。

「全ての賢い Savii 人間は臆病であるという古い格言がある。即ち、彼等は全ての危険を認識するが故に恐れる、というのである。しかし私はこの格言が誤っていると信ずる。なぜならば正当な以上に危険を大きく評価する人間はもはや savio と呼ばれ得ず、savio とは危険の範囲を認識しつつ、正当な限度で恐れる人であるからである。かくして savio は臆病であるよりも勇敢であると言い得る。」——Ricordi, XCVI, ibid., pp. 119-20.

(14) Ricordi, XXXI, ibid., p. 98, LXXX, p. 115, LXXXI, p. 115, LXXXII, p. 115, CCLXXIV, p. 180, CCCXLIV, pp. 202-3, CCCLXIV, p. 209.

この prudenza 概念の「ヒューマニズム」における意味からの乖離については、De Mattei, R., Fortuna e virtù dal Machiavelli al Lottini — Archivio di Storia della filosofia italiana, VII(1938), pp. 341-3を見よ。なお『マキアヴェッリ論』第二章第二節IIのアルベルティの prudenza 概念と比較せよ。

(15) Ricordi, CXXXVI, ibid., p. 134, CXLIV, p. 137, CCCLXXVIII, p. 214, CCCLXXXII, p. 216.

(16) Ricordi, XXVII, ibid., p. 96, CXLIV, p. 137.

その他「良い眼 buono occhio」(Ricordi, LXXVI, p. 113)、「良い鋭い眼 buono e perspicace occhio」(Ricordi, CXVII, p. 128)なども これらに類した能力であろう。

(17) Ricordi, CXXXVII, ibid., p. 134.

(18) Ricordi, CXXXIX, ibid., p. 135.

(19) Ricordi, CXXXVI, ibid., p. 134, CXXXVIII, p. 135.

(20) Ricordi, VI, ibid., p. 89.

(21) Ricordi, CLXXXVI, p. 152.

また彼は他面で「生来の思慮 prudenza naturale」のみでは不充分で「経験」が必要であると述べている(X, p. 90, CCXCIII, p. 186)。この両者は一見矛盾するかの如く見えるが、discrezione は感覚であり、「経験」は具体的内容の提示と解されよう。この discrezione の有する神秘的性格は否定出来ない。ラマはそれを「第六感」と呼んでいる(Ramat, op. cit., p. 7)。また discrezione が書物と無縁な感覚であるならば、『回想録』自体微妙な特殊ケースの検討を断念していると言わざるを得ない。蓋し、それは書物に書かれた「法則」を示し、特殊ケースは「判断力の書物 libro della discrezione」に譲られる(Ricordi, CCLVII, ibid., p. 175)。

(22) 事を企てるに当っては、どんなに多くの考慮も決して過大であり得ないが(Ricordi, CLII, ibid., p. 140)、場合によっては情報の増大が却って混乱を惹起する(CLV, p. 141)。要は一旦決断したならばそれを断乎実行することである(CXCI, p. 154, CXCII, pp. 154-5)。

(23) Ricordi, XXXI, ibid., p. 98, LXXVIII, p. 114, CXLV, pp. 137-8, CCLIX, p. 175, CCLXXIV, p. 180, CCCXX, p. 195, CCCXXXIX, p. 201.

(24) Ricordi, LXXIX, ibid., pp. 114–5, LXXX, p. 115, CXXVI, p. 130, CCL, p. 173, CCXCVIII, p. 188, CCCLX, pp. 207–8.

(25) 『マキアヴェッリ論』第二章第一節II、を見よ。

(26) Ricordi, CCCLXXXII, op. cit., p. 216.
「従って賢い人間は仮りにその結果が悪くても良き判断に従うことを、悪しき判断によって良き結果を得るよりも喜ぶべきである。」——ibid.

(27) 「占星術、即ち、未来の事柄を判断すると称する学問について語るのは気違いである。その学問は真実でないか、あるいは人間の能力はそれに到達し得ないかである。どちらにしても結論は同じである。従って、かかる方法で未来を知り得ると考えるのは夢である。占星術師達は自ら述べることを知らず、彼等は偶然によってのみその正しさを示す。もしあなたが占星術師の預言と誰か他の人間が恣意的に行なったそれとを考察すれば、後者は前者と同様に真理であることが明らかとなることを知っている。」——Ricordi, CCVII, p. 161.
また占星術師達は百に一つでも真理があれば人々の信頼を得、他の人間はそれより多くの中に一つの誤りでもあれば信用を喪失する。それほど占星術師とは幸福な人種である。——Ricordi, LVII, ibid., p. 107, CCCLXVII, p. 210.

(28) 「率直で屈託のないのは人々によって称讃され、全ての人々にとって好ましいものであり、他方偽装は非難されるが、しかし偽装は本人にとって非常に有用であり、率直さは本人よりも他人を制する。しかし偽装が快いものでないことは否定し得ないのであるから、通常は率直であるように生活し、まれにしか生じない重大な場面において偽装を用いる人間を私は称讃する。偽装家でこの場合、既に率直であるとの評判とそれがもたらす好意とを有しており、重大な場面で偽装から利益を享受する。偽装家でないという評判が高ければ高いほど、あなたの言葉はそれだけ容易に信じられるからである。」——Ricordi, CIV, ibid., p. 122, CCLXVII, p. 178, CCLXVIII, p. 178.

(29) 「もし人間が善良で思慮を有していれば、他の人々は当然苛酷さよりも柔和な態度をとるであろう。しかし大部分の人間はほとんど善良でなく、また思慮もないので、苛烈な行動に依存せざるを得ない。……この双方を適度に混合することの出来る人間は最上の驚嘆すべき調和(人間間の)を生み出す。しかしこの恩寵を天は少数の人間にのみ与え、ほとんどかかる人間が存在しないほどである。」——Ricordi, XLI, ibid., p. 102. 同旨、Considerazioni, III–19, op. cit., pp. 75–6.

(30) Ricordi, CLIX, ibid., p. 142.

（31） Ricordi, XI, ibid., p. 90, CCLXV, p. 177.

（32） 確かに彼の場合、「運命」との闘争は極めて重大な意味を有するが、しかしマキアヴェッリの場合と異なって人間の活動は「運命」との闘争においてのみ意味を有するのではない。このような相違は神と「運命」との截然たる区別にその根拠を持っている。かくして「運命」から解放された人間の生き方とそれに対する評価とが生ずる。

「我々の生涯は喜劇に似ている。その場合演技する人に対して称讃が向けられ、各人が演ずるペルソナよりもそのペルソナをよく演ずるか否かが考慮される。……このように世界において我々が担うペルソナは運命によって与えられたものであり、称讃は我々の地位と運命との中での生き方に対してこそ向けられるべきである。」——Consolatoria, op. cit., p. 186. 同旨、Ricordi, CCXVI, ibid., p. 164, CCCLXXIII, p. 212.

（33） 「疑いもなく、崇高な知性よりも経験的才知の方がこの世においてより幸運に恵まれ、長寿で、ある意味でより幸福である。なぜなら高貴な知力はそれを有する人間にむしろ苦悩と苦痛とをもたらすからである。経験的才知は人間よりも動物的魂に通じており、崇高な知性は人間的地位を越え、天の本質に接近している。」——Ricordi, CCCXXXVII, ibid., p. 200, LX, pp. 107–8.

（34） (8)で挙げた例がその典型である。その他、Ricordi, CXXVIII, ibid., p. 131, CXCVI, p. 156 にも見られる。この意味での「理性」は「……すべきである」という文脈において用いられている(Ricordi CLI, p. 139, CCCXIX, p. 195)。

（35） 彼の宗教論はデ・サンクティス以来、懐疑的・異教的・外面的なものと評価され、マキアヴェッリ的な方向に解釈されて来た。これに対して最初に反対を唱え、グィッチャルディーニの宗教論の重要性を提起したのがマラゴーリであり(Molagoli, Guicciardini, 1939, pp. 88–94)、Sarri, op. cit. は彼をカトリック教徒と解している。しかしこの極端な解釈には Palmarocchi の正当な批判がある(Palmarocchi, op. cit., pp. 24–6)。

父ピエロの友人フィチーノの影響は次の奇蹟論に見られる。

「人間はあらゆる時代に自ら接近出来ないものを奇蹟として保持していたことは極めて明らかである。そして全ての宗教はその固有の奇蹟を有していた。従って、奇蹟は一方の信仰が他方に対してより真実であることの証明方法としては、非常に脆弱なものである。恐らく奇蹟は神の力を示すものだが、しかし異教の神もキリスト教の神もその力において区別がない。」——Ricordi, CXXIII, ibid., p. 129

この他、注目すべきは彼のサヴォナローラへの関心であり、グィッチャルディーニ自身この預言者の説教の要約を行なっている(Estratti savonaroliani — Scritti autobiografici 所収— pp. 285-333)。

(36)『考察』の中で国家の基礎としての宗教の有用性を主張するマキアヴェッリの見解に賛意を表している(Considerazioni, I-11 — op. cit., pp. 26-7)。しかしその狡猾な利用に対しては疑問を提出している(ibid., p. 30)。

(37) Consolatoria, op. cit., p. 162.

(38)「人間にとって最大の敵は人間自身である。なぜならば全ての害悪、危険、苦悩はその根拠を巨大な貪欲に有している。」——Ricordi, CCCLXI, op. cit., p. 208.

(39) 従ってそれは魂の善良さへの到達、即ち「自然」の回復である。

(40) Consolatoria, op. cit., p. 186.

スキピオ・アフリカヌス、ディオクレティアヌス帝がかかる生活の例示として挙げられている(ibid., pp. 186-7)。

(41) Consolatoria, ibid., pp. 184-5.

この生活理念はまた次のようにも叙述されている。

「静穏と清廉な閑暇とを讃美した著作は非常に多いが、このような閑暇は決して無為と呼ばれるべきものでなく、野心 ambizione やある種の厄介な仕事によって束縛されないような生活である。それは欲する時に読書をし、また農耕を行ない、徳にかなった仕方で友人達と会話し、談じ、完全に国家生活 vita civile から乖離せず、その中で自由且つ安全に威厳をもって生きることである。」——ibid., p. 187.

(42) Boyance, P., Cum dignitate otium. Wirszubski, C., Noch einmal: Ciceros cum dignitate otium. — Das Staatsdenken der Römer, herausg. von R. Klein, 1966 所収。

(43) Ricordanze — Scritti autobiografici 所収— p. 58.

(44) Ricordanze, ibid., p. 60.

(45) Ricordanze, ibid., p. 66.

(46) アラマンノ・サルヴィアーティについて、Ricordanze, ibid., p. 66, 68. 父ピエロについて、Ricordenze, p. 71, 73.

(47) Ricordanze, ibid., p. 70.

(48)「名誉」の根拠は「野心」である(Consolatoria, op. cit., p. 185)。換言すれば、「名誉」と「富」との根拠は「自己の利益」である(Ricordi, CCXVIII, op. cit., p. 165)。

(49)「神は、この世で祖国フィレンツェの公民達が寛大にもお前の年齢以上の地位と任務とにお前を選出するという恩寵を与え、今日まで神の恩寵はお前にふさわしい以上の名声 riputazione と栄光 gloria とを与えている。」——A se stesso, op. cit., p. 99.

そして「名誉」は人間と神に接近させるものであり(Consolatoria, op. cit., p. 185)、それは「永遠の幸福 felicità perpetua」を約束するものである(ibid., p. 174, p. 175)。

(50) この場合には bene dello animo が唯一の関心事であり、行動の成果は視野の外におかれる。従って「運命」との闘争は最初から関心外である。

(51)「私は聖霊 spiriti の存在を信じ得る。なぜなら私はそれが確実であると思われる経験を有しているからである。しかし、それが如何なるものであるかは、それを知っていると称する人間にとっても全く考えない人間にとっても同様に不明であると信ずる。この聖霊の認識や未来の預言は、自然の隠れた力に属し、全てを動かす上位の力 virtù superiore に属するのであって、これは神には明らかであるが我々には秘密であり、総じて人間の頭脳をもっては近づき得ない。」——Ricordi, CCXI, op. cit., p. 162.

ここから哲学者、神学者に対する皮肉も生ずる(Ricordi, CXXV, p. 130)。また奇蹟も人間知性の彼岸におかれる(Ricordi, CXXIII, p. 129)。従ってフィチーノやピコなどに見られる「宗教の平和 pax religionis」への傾向にもかかわらず((35)を見よ)、政治家としての体験に裏付けられた人間の限界意識が「魔術師」への道を遮断している。

(52) かくして神は正義の根拠として存続し得る。例えば「不正に獲得された財産は三代と保護出来ない」(Ricordi, XXXIII, ibid., p. 99)、「神の正義はロドヴィコ・スフォルツァの息子がミラノの stato を享受するのを許さない」(Ricordi, XCI, p. 118)などがそれである。しかし先にも述べた如く正義は必ずしも勝利を得るとは言えない((8)参照)。「悪徳の栄え」はアレッサンドロ六世に見られる如く(Storia d'Italia, VI-4 — a cura di C. Panigada, 1929 — vol. II, p. 98)、世上数多く存在している。従って宗教の過剰は人間の精神を脆弱にして勇敢な行為の消滅を招き、却って世界を破滅させるが故に、宗教は充分な程度に止められなければならない(Ricordi, CCLIV, op. cit., p. 174)。蓋し、悪徳に満ちた世界で勝利を獲得するのは、理性よりも

「力」や「思慮」だからである。

第二節　政治観

グィッチャルディーニにおける「国家」の問題は次のような言葉によって明示されている。即ち、全ての人間は生来 per natura「悪」よりも「善」に傾いているが、「野心」「貪欲」によって「善」から容易に乖離する。

「それ故賢い立法者達 savii legislatori は、期待と恐れとによって人間がその自然的性向 inclinazione naturale に定着するように、報賞 premii と処罰 pene とを発見した[1]。」

従って国家の問題とは「自然の秩序」への回帰の問題となる。この国家とはより具体的に言えば暴力に起源を有するマキアヴェッリ的》stato《と区別された、「正当な leggitime」起源を持つ、祖国としての republica である[2]。ここから彼の第一の課題が『マキアヴェッリ論』第四章に対応するものであることが判明する[3]。ところでこの republica が機能するためには「政府 governo」を必要とするが、彼の目的とするのは「正しい onesto」「良く組織された bene ordinato」「自由な libero」政府である[4]。このような governo の機能は、「法 leggi」を守り、「正義」を執行し、各人の「身分 grado」を区別しながらも「万人の利益 bene di tutti」に配慮することであり[5]、ルネッサンスの最も多義的な政治象徴であった「自由 libertà[6]」や「平等 equalità[7]」もこの良き governo の目標以外の意味を有しない。この governo の内容から政体論への道が開かれるが、各政体の絶対的優位は否定され、どの政体が右の如き「諸結果」を生み出し得るかが探究の中心となり、この「諸結果」こそが各政体の資格審査の基準となる[8]。その際、機構論が重要な地位を占めるのは当然であるが、彼の関心は如何なる資質の人間が最も重要な任務を遂行するかという点に向けられており、「賢く savio」且つ「善良な buono」人間の支配というテーゼは、彼の「自然の秩序」への志向と堅く結合している。この、神→「自然の秩序」→国家という連続性を前提とすることによって、統治者の獲得する「名誉 onore」が人間を神に類する存在となすという「スキピオの夢」的主張(9)も可能となり、かかる側面からする限り彼の政治思想が Civic Humanist のそれを一歩も出ていないと判断するのも決して誤りではない。

しかし既に第一節で論じた如き人間の悪性の氾濫によって、牧歌的な buono governo 論は根底から動揺を来たさざるを得ない。しかもマキアヴェッリの如く傲然と》stato《的政治観を唱え得ず、かくしてマキアヴェッリの republica 論に内在したと同じ困難に正面からの対決を迫られる。

「人間においては、他人を支配し dominare、他人に対して優位 superiorità を有したいという欲望が自然 naturale であり、支配者 signore や他人に対して優位となる好機が存在するのに進んでそれを行なわないほど、自由を愛する人間は通常非常に少い、と私には思われる。(10)」

即ち、人間の究極目的 ultimo fine は「自由」よりも「優越 superiorità」である。(11) ここに自然概念の二重性と世界観の分裂が赤裸々に吐露されている。この「優越」の観点から人間を考察するならば、「自由」や「平等」の唱導は実は「自己の利益」を隠蔽するイデオロギーとして徹底的に暴露されざるを得ない。(12) 同様に「名誉」も他人に対する「優越」を根拠とする限り(13)、単なる「野心」の発現へと転落する。(14) ここに「名目 nome」と実態とのシェーレの意識が成立する。(15) このような人間の「腐敗 corruttèla」(16)の状況下で、republica は如何にして成立し得、また改革され、保持されるであろうか。

マキアヴェッリの『リウィウス論』第一巻第九章についての『考察』はこの問題について次のように述べている。

一人の人間が多くの人間よりも事柄によりよい秩序を与え得ることは否定出来ず、無秩序化した国家を再建するために「暴力 violenza」「欺瞞 fraude」などの極端な手段を用いたとしても称讃に値する。しかし人間の魂は邪悪で脆弱であるが故に、正義の仮面の下に tirannide を獲得しようとしたり、また仮りに「善意 volontà buona」から出発しつつも時の経過と共に「権力の甘さ dolcezza della potenza」を知り、「悪意」に転化する(tirannide へ)[17]。従ってかかる危険な手段は絶対に必要な necessario 場合にのみ採用すべきであり、何よりもかかる手段によって矯正される必要のない状態こそ望ましい[18]。『フィレンツェ統治論』ではこれと並行して「説得 persuasione」という方式も論じられているが、この方式は全く「運命」によってその有効性が左右される[19]。この「力 forza」と「説得」という二つの手段は、人間の「堕落」を前提とする限り republica の樹立・再建を論理的に解決していない。しかしこの点はマキアヴェッリにおいても同様であり、また「力」を用いる方式に潜む危険性の指摘[20]においても両者の認識はほとんど相違を持たない。両者の相違はこの危険性の有する理論的意味に存し、神的「自然の秩序」の実現を企図するグィッチャルディーニにおいてはこの手段の毒性が目的の端的な破壊を意味していた。従って彼は「力」の使用を「必要 necessità」の場合に厳格に制限するよう繰返し主張せざるを得なかったのである。

「報賞」と軽微な「処罰」[21]とによって人間を「自然の秩序」に回帰させ得ると考えたグィッチャルディーニにとって、「報賞」と「処罰」とは「期待」と「恐怖」とに対応しており、その統治は人間の悪性の根本的絶滅でなく、あくまで情念の権利を認め、その可能な範囲での統制を企図している[22]。ここに「緩和された野心 ambizione moderata」[23]という概念が彼の政治理論の核心として登場する。即ち、republica は「名誉」を与えて「野心」を緩和し、公民はその「名誉」に満足する。

「野心は非難すべきものでなく、正しい、名誉ある仕方で栄光 gloria を求める野心的な人間を罵るべきではない。しかし、君主が通常そうであるような強大さ grandezza を唯一の目的とする野心は有害で嫌悪すべきものである。もし、これを熱望すればその達成のために名誉、人間性、良心、その他の事柄を転覆させるからである。[24]」

ここに見られる「良き野心」と「正義」「公正」との接木は言うまでもなく微妙なバランスの上に成立しており、それ故》stato《の強大さへと志向する「悪しき野心」への批判が存続する。[25] 蓋し、それはマキアヴェッリ的》stato《とprincipeとへの転落を意味するからである。かくしてグィッチャルディーニのrepublicaの課題は「良き野心」を有する人間を為政者として選出し、「悪しき野心」によるrepublicaの破壊を防止し、「正義」と「公共善」とを実現することである。その際、為政者を決定する集団が焦点であり(人事権の帰属主体)、その決定基準はあくまでもbuonoやsavioなどの諸資質である。従って政体において「悪意 malignità」や「無知 ignoranza」などの諸資質が批判の対象となり、ここに「野心」を内包しつつも「自然の秩序」へと志向する彼の政治思想が貫徹している。このような諸前提の了解なくしては、政体論が単なる所与の問題に矮小化されるのは回避し得ない。[26]

このようなrepublica論の外部に》stato《、》dominio《の問題が存在している。republicaが「自然の秩序」に根拠を有する「正当な」秩序であったのに対して、》stato《の根拠は「暴力」である。[27] またその統治の方式も、republicaが「正義」と「公正さ」とを要求したのに対して、ここでは「良心に従ってはそれを保持し得ない」と公然と主張されている。[28] 即ち、》stato《の保持のためには「魂」よりも「祖国」(=republica)を愛さなければならず、キリスト教の原理に従うことは破滅を招来する。[29] かくしてrepublicaの端的な破壊を意味した「力」も「必要」に応じて何等の顧慮なく発動することを容認され、[30] マキアヴェッリ以上に鋭くその手段の非道徳的性格が意識されている。

「私がピサ人を殺害するとか捕虜にするとか語る時、私はキリスト教徒として語っているのでなく、支配者の判断と利益 la ragione e uso degli stati に従って述べている。[31]」

ここに政治学史上初めて「国家理性 ragion di stato」という術語に類似したコトバの用法が現われている。[32] この

≫stato≪論は republica 論と非常に著しい対照をなしており、グィッチャルディーニのマキアヴェッリに対する共通性を最も端的に示している。

以上の如き解釈はグィッチャルディーニの政治思想の骨格を提示したものであるが、不幸なことにこれまでの解釈は彼のエゴイズムに思想問題を全て解消させる傾向を有していた。それ故、ここで彼の自己表象を解明し、その思想と行動との架橋を試みてみたい。

「私は他の全ての人々と同様名誉と利益とを求め、しばしば欲したり期待していた以上に得た。しかし私はそこに予想していた如き満足を見出し得なかった。理性をもってよく考察するならば、理性は人間から空しい貪欲を奪うほど強いものであることが知られる[33]。」

この引用文は彼の実践生活への関心とそれへの幻滅とを示すのに好適な例である。まず前者について考察するならば、「名誉」の「富」に対する優位は明瞭であり、「富」は「名声」を実現するための手段と観念されている[34]。ところで「名誉」には二種類がある。一つは、一五一二年までの「共和国」において得た「名誉」であり、他は彼自身が「二重の暴力」と解する法王庁の許で得た「名誉」である。この二つの「名誉」は彼の「名誉」概念の不安定な性格（二極分解の可能性[35]）に対応しており、「正当な」秩序に基づく「優越」と「正義」に無関係な世界における「優越」との対立を示唆している。この「名誉」概念の不明確さが単純な republica 論者の眼に如何にいかがわしく映ずるかは彼自身も充分に自覚していた[36]。しかし彼は「野心」を否定せず、同時に自己の「善良さ」を弁護している[37]。蓋し、彼こそ「名誉」の追求によって神への接近を試みた人間、即ち、政治家であったのである。しかし同時に彼はその「名誉」のはかなさ、空しさを充分に自覚していた。かくして『慰め』では「野心的生活 vita ambiziosa」に対する理性と神の秩序とに従った静穏・自足した魂の生活の優位が現われ、その叙述はアルベルティの『テオゲニウス』を彷彿とさせる。このような「野心的生活」の空しさの鋭い認識にもかかわらず、人間が「静穏への愛 amore della quieta」のために世俗的活動の完全な放棄を行ない得るとは遂に信じ得ず、[38] 彼自身も閑暇の世界から不安定な「名誉」を通して神への接近を試みたのである。

グィッチャルディーニの政治観の基軸は republica 論であり、》stato《 の問題はあくまでも付随的であった。その点に関する限り彼はマキアヴェッリと異なって遙かに政治学の伝統に忠実である。しかし情念の解放を許容し、しかもそれの「緩和」の上に republica の基礎を据えようと試みたために、その構造全体が著しく不安定化し、崩壊の危機に瀕した。この危機を辛うじて支えたのは正義と「自然の秩序」と神とへの信仰であった。ここに描かれる republica には、情念自体を「教育」によって絶滅したマキアヴェッリの「戦士ツンフト」的 republica と比較して、私的活動の広範な許容が存在し、そこに文化活動や経済活動を包含する可能性を有していた。マキアヴェッリの republica のイメージが「共和政ローマ」であったとするならば、グィッチャルディーニのそれは正に爛熟したルネッサンスのコムーネに他ならなかった。

以上の如き彼の政治観が現実の政治状況と体制とに直面した時、そこには対決と改良との場面が現われる。以下に展開される具体的政体論は、これまで抽象的に「正義」「法」と呼ばれていた概念の解釈の実例(即ち、統治)とそれに対する批判の試みに他ならない。こうしてグィッチャルディーニの理念はその屈折と適応[39]とを余儀なくされつつも批判的機能を維持し続ける。popolo とメディチ家との谷間で彼は何をなし得たであろうか。

（1） Ricordi, CXXXIV — Opere inedite, a cura di G. Canestrini, vol. I, p. 225.
（2） Ricordi, XLVIII, ibid., p. 104, CCCXVII, p. 194.
（3） それ故 tirannide への抵抗が存在する。

「principe は彼等の利益のために任命されたのでない。蓋し、喜んで隷従 servitù へ志向する人間はいないからである。彼等は民衆がよく支配されるように、民衆の利益のために任じられたのである。principe が民衆に関心を払わない時、彼はもはや principe でなく tiranno である。」——Ricordi, CCXIV, ibid., p. 193. 同旨、Dialogo del reggimento di Firenze—Dialogo e discorsi del reggimento di Firenze, a cura di R. Palmarocchi, 1932 所収— p. 41.

(4) Dialogo del reggimento, ibid., p. 4.

(5) Dialogo del reggimento, ibid., p. 16.

なお、「身分」は神の秩序と観念されている(La dicima scalata—Dialogo e discorsi del reggimento di Firenze 所収—p. 209)。

(6) 「国家の自由 la libertà delle republiche は正義の侍女であり、自由とは人間が他の人々によって抑圧されないように、その防衛のために組織されたものである。従って、王政や貴族政が正義を守り、安全が存在する限り、それ以上自由を欲する根拠はない。それ故、古代の賢人や哲学者達は他の governo よりも自由な governo を称讃したのである。蓋し、その許でこそ法と正義とがより良く保持されるからである。」——Ricordi, CCCLXV, op. cit., p. 209. 同旨、Reggimento di Firenze, ibid., p. 18. La decima scalata, ibid., p. 211. Del modo di eleggere gli uffici nel consiglio grande—Dialogo e discorsi di reggimento di Firenze 所収— p. 181.

(7) 「私は republica において equalità が好ましく、また必要であると考える。蓋し、それこそ自由の基礎であるからである。ところでこの平等は次のことを意味する。即ち、如何なる公民も他人を抑圧出来ず、各人が平等に法と役人とに従い、評議会に属し得る各人の投票が同じ価値を有することである。」—La decima scalata, ibid., p. 208.

従って財産の不平等は肯定され、統治も決して各人が平等に行ない得るものとは観念されていない(La decima scalata, pp. 208-9. Reggimento di Firenze, ibid., p. 42)。このような意味に解される「平等」は「自由」に包含され、公民間の身分と区別とはそれに矛盾しない(それ故「平等」は moderatamente に愛されるべきである——La decima scalata, ibid., p. 209)。

(8) 『フィレンツェ統治論』の中で、Pagolantonio Soderini は一四九四年のメディチ家の追放を単なる統治者の交代でなく、「隷従 servitù」から「自由」への転換として把握すべきだと主張する(Reggimento di Firenze, ibid., pp. 8-9)。次に Piero Guicciardini はマルシリオ・フィチーノを基に各政体の長所・欠点を論じ(ibid., pp. 12-3)、グィッチャルディーニ自身の見解を代表すると想定される Bernardo del Nero は同じ君主政でもそこから生ずる状態の相違を挙げ、「諸結果」による政体の是非の判定を主張する(ibid., pp. 13–4)。この視座は Paolantonio に代表される当時のフィレンツェの governo popolare 論にとって壊滅的打撃を意味し、他面一定の限度におけるメディチ弁護論を可能とする。この視座の基礎には「自由」「平等」概念の再解釈が存在しており、self-government の主張に「法」や「正義」が優位している。従って統治能力を有する人間が統治すれば充分であり、フィレンツェ人が「自由」「安全」に満足せず、自ら統治することを欲したが故に混乱が生じた、と解釈されている(Ricordi, CIX, op. cit., p. 124)。アルベルティーニはこの視座構造の中に絶対主義への適合可能性を観取している(Das florentinische Staatsbewußtsein im Übergang von der Republik zum Prinzipat, 1955, SS. 101–2)。

(9) Ricordi, XVI, ibid., pp. 91–2, CCLXXXII, p. 183. Consolatoria—Scritti autobiografici e rari, a cura di R. Palmarocchi, 1936 所収— pp. 183–4, 185.

(10) Reggimento di Firenze, op. cit., p. 37. Ricordi, LXVI, ibid., p. 110, CCCXXVIII, p. 197.

(11) Reggimento di Firenze, ibid., p. 37.

(12) 「自由を非常に熱心に説く人間を信じてはならない。そのほとんど全部が特定の利益を目的としているからである。」——Ricordi, LXVI, op. cit., p. 110, CCCXXVIII, p. 197.

グィッチャルディーニの「自由」「平等」観の企図を理解するためには次の文章が好適である。

「フィレンツェの貴族達 i primi grandi della città の目的は自由よりも自己の権力 potenza を増大させ、出来る限り自己を優越させ、支配者となることである。それが可能な場合、彼等は自己の野心を自由という美しい称号で巧みに隠蔽することを敢て行なう。なぜならフィレンツェには抑圧しようとする人間よりも抑圧されることを恐れる人間が多いために、明白に優越への道を歩む人間よりも平等の保護者を任ずる者の方に支持者が集結するからである。しかし彼等が巧みに自由を用いれば思い通りの結果となる。蓋し、多くの場合大衆はこの欺瞞によって彼を権力者 grandi とするのに奉仕する結果となるからである。……他方 popolo の多くは抑圧され易い身分であり、また国家の名誉や利益に与かっていないので、まず、平等に注意を払い、これによって旧来より以上に多くを確保し、獲得しようとする。……しかし平等に到達した人々がそこに目的を固定せず、強大さを求め、他人に優位しようと企てるのは経験からして証明出来る。」——Reggimento di Firenze, ibid., p. 38.

(13) (9)で挙げた例はいずれも「優越」にその根拠を有している。

(14)「良き名声 buona fama」「良い評判 buona opinione」と区別される単なる「名誉」がそれであろう(Consolatoria, op. cit., p. 182)。

(15) Reggimento di Firenze, op. cit., p. 37.

(16)「公共の事柄 caso comune」に対する「自己の事柄 suo proprio」の優位した状況がそれである(Reggimento di Firenze, ibid., p. 65)。

(17) Considerazioni, I-9 — Opere inedite, vol. I, p. 22. Delle buone leggi e della forza — Opere inedite, vol. X, pp. 379-80. Reggimento di Firenze, ibid., pp. 141-3.

(18) Considerazioni, ibid., p. 22. Delle buone leggi e delle forza, ibid., p. 381.

(19) Reggimento di Firenze, op. cit., pp. 143-4. この方法は modi civili であり、国家生活の通常的な方式である(Delle buone leggi, ibid., p. 381)。

(20)「全ての法は力を除去し、一人の人間の特殊な意志が理性を越え得ないようにするために作られている。自由な国家や自由な判断は自ら決定し、自己の見解に基づいて力を用いることを前提とする。……力によって民衆を導こうとする人間は自由の本質に反する手段を用い、良き生活 buono vivere と法との保持を欲してそれを破壊し始める。このように強制され、暴行を加えられると自覚するほど、自由な国家にとって恥辱・不名誉なことはない。蓋し、そこに自由が存在するという名声と栄光とを奪われるからである。」——Delle buone leggi, ibid., p. 379.

(21) Ricordi, XLVI, op. cit., p. 103, CCLX, p. 176.

(22) マキアヴェッリとグィッチャルディーニとの人間論の相違から、両者の政治観の差異を鋭く分析したのが、エルコーレである(Machiavelli e Guicciardini — Da Carlo VIII a Carlo V, La crisi della libertà italiana, 1932, pp. 291-312 所収— Guicciardini e la "Ragion di Stato" — Rivista internazionale di filosofia del diritto, 1942)。彼は人間に対するマキアヴェッリのペシミズムとグィッチャルディーニのオプティミズムとを対比させ、後者が人間の善への志向に信頼してその個人的利益の追求を容認したのに対して、前者が人間の悪性の断乎たる絶滅を図ったと解する。ここからグィッチャルディーニの国家観がエゴイズムの均衡・妥協であるのに対して、マキアヴェッリの場合には個人に対する共同体としての国家の優位が帰結すると説いている。そのマキアヴェッリ解釈の是非は問わないとしても、グィッチャルディーニの国家観の性格はかかる解釈のみでは不明確である。蓋し、私益の均衡・妥協の原理とそれの実現への担保との問題が完全に視野の外におかれているからである。従って、エルコーレの解釈は印象的な範囲を出ていないと言える。

(23) Reggimento di Firenze, op. cit., p. 119.

(24) Ricordi, XXXII, op. cit., p. 98.

同じ章句はそれ以前には次のように述べられている。

「公民が党派や簒奪によってではなく、善良且つ思慮深い行動によって祖国のために善行をなすような形で、国家において名誉と栄光とを求める場合、その公民は称讃に値いし、また有益である。神はフィレンツェがかかる野心に満ちることを欲している。」――Ricordi, CCXXIII, ibid., p. 166-7.

(25) (24)の引用例の「強大さ」批判はこれを端的に物語っており、ここに反 tiranno 論が存在している。しかしその性格は極めて微妙である。蓋し、統治を支える原動力が「野心」であり、それは基本的に tiranno, stato への傾向を内蔵させており、buona ambizione とは「自然の秩序」の観点からすれば形容矛盾以外の何物でもない。従って、republica の有する根拠と統治者の原動力との間には亀裂が存在している。この危険を認識しつつも敢て「野心」に統治活動の根拠を求めるならば、stato への一定の寛容が生ぜざるを得ないであろう。他面、「諸結果」に基づく政体批判という論理は根拠よりも「機能」に注目する態度である。しかし根拠に対する「寛容」は必然的に「諸結果」に影響を与えざるを得ず、このことは後のメディチ論に現われる。このようなグィッチャルディーニの tiranno に対する態度は、「地位に対する資格の欠如に基づく暴君 tyrannus ex defectu tituli」への寛容と「支配方法からする暴君 tyrannus ex parte exercitu」に対する批判との結合と言い得るであろう(Cfr. Palmarocchi, R., Stato e governo nel pensiero di Francesco Guicciardini — Studi guicciardiniani, 1947 所収)。

(26) 例えば、Treves, P., Il realismo politico di Francesco Guicciardini, 1931, cap. III. Gli »ideali« del Guicciardini を見よ。

(27) 皇帝・ローマ人の支配は正にこれであり、僧侶の支配は世俗的・精神的武器を併用する二重の暴力である(Ricordi, XLVIII, op. cit., p. 104, CCCXVII, p. 194. Reggimento di Firenze, op. cit., p. 162)。

(28) Ricordi, XLVIII, ibid., p. 104. Reggimento di Firenze, ibid., p. 162.

(29) Reggimento di Firenze, ibid

(30)「今日支配権 dominii, stati を保持しようとする人間は、可能な時に敬虔 pietà と善行 bontà とを用いるべきであるが、他に方策が存在しない場合には残酷な、良心に反する行動を用いることが必要である。」――Reggimento di Firenze, ibid.

(31) Reggimento di Firenze, ibid. p. 163.
「このことを認識しない人間は神の許で弁解し得ない。なぜならそれは神父達がしばしば述べる如く全くの無知だからである。またこれを認識しない人間は理性を主張し得ない。蓋し、一方においても良心を保持し得ず、他方においてもそれに注意を払わないからである。私はこの非常に困難な事柄に対して敢て判決を下そうとは思わない。その困難というのは、完全に神に従って生活しようとする人間はこの世の生活から完全に離れざるを得ず、また神を害することなくこの世に従って生きることとは出来ない、ということである。」――Reggimento di Firenze, ibid.

(32) Meinecke, F., Die Idee der Staatsräson in der neueren Geschichte, 1957, S. 54.

(33) Ricordi, XV, op. cit., p. 91, CCLXXXI, pp. 182–3. Consolatoria, op. cit., p. 184.

(34) Ricordi, CCXL, ibid., pp. 170–1. Cfr. Ricordi, CCXVIII, p. 165.

(35) この二種類の「名誉」についての明示的指摘は『慰め』に見える。一方は、buono fama, buona opinione, gloria と対立的に考えられる「名誉」であり、その後の文脈からして具体的には教会国家で得た「名誉」である(Consolatoria, op. cit., p. 182)。他方は、祖国において権威を有し、他人に尊敬され、後世に語り継がれる「名誉」であり、これの獲得は美わしく幸福であり、神に接近すると考えられている(ibid., pp. 183–4)。この二つの「名誉」の基礎は「欲求 appetito」「野心」である。

(36) 熱烈な「共和国」支持者の名を借りて描いた自己表象は『告訴論』に見られる。それによれば彼は野心的で貪欲で、しかも極めて事を好む人間であり、自由と祖国との破壊者、tiranno の愛好者である。特にその法王庁の下での地位からして、フィレンツェ公民よりも principe に類する存在であり(Oratio accusatoria — Scritti autobiografici e rari 所収— pp. 240–1)、その性向は equalità, civiltà と相容れない(ibid., p. 225)。

(37) Oratio defensoria — Scritti autobiografici e rari 所収— p. 254.

(38)「静穏への愛の故に政治活動と権力とを進んで放棄したと述べる人間を信じてはならない。蓋し、それは軽率や必要 necessità から生ずるからである。経験によれば、全ての人間は以前の生活に回帰する機会が生ずるや否や、その非常に称讃した静穏を放棄し、天地を焼き焦がすほど熱烈にそれにしがみつくものである。」――Ricordi, XVII, op. cit., p. 92, CCLXXIX,

p. 182.

(39)　もし、トレヴェースやスピリートの如くグィッチャルディーニを所謂「現実主義者」と解し、その思想を「現実」に還元するならば、政体論は全て、「適応」の問題となるであろう。確かに彼の政体論はほとんどフィレンツェを対象としており、その意味でマキアヴェッリよりもその理論の抽象性が低いと言わざるを得ない。しかし彼は次の如く述べている。即ち、単に多数の人間が欲しているという意味で、ある governo がその場所に「自然的」であるとすれば、確かにその導入は抵抗なく行なわれ得るだろうが、しかしそれが良い「結果」をもたらすか否かは別問題である(Reggimento di Firenze, op. cit., pp. 18-9)。従って単なる「適応」だけが問題なのではないのである。

第二章　政体論（二）　一五〇八―二七

ここでは一四九四年に成立した governo popolare と一五一二年から二七年にかけてのメディチ家の統治とに対する彼の批判と改革案とを論じ、第一章の基本的枠組と現実の政治体制との接触過程を明らかにしたい。

第一節　Governo popolare 論

一四九四年フランス王シャルル八世の侵入と混乱との中で、それ以前に生じていた旧メディチ派貴族の不満(1)と民衆の反感とに加えて、更に外交政策にも失敗した(2)ピエロ・デ・メディチ Piero de'Medici(一四七一―一五〇三)は、十一月九日遂にフィレンツェを追われた。その後、旧メディチ派貴族はメディチ支配の道具であった諸機関を廃止し、新たに二十人の貴族からなる「独裁機関」を樹立した。この機関は全ての人事権を掌握していたが(3)、彼等は popolo に対しては伝統的な Consigli del popolo e del Comune の復活を認めたにすぎず(4)、貴族の絶対的地位(5)は極めて明白であった。これに対してサヴォナローラの支持を得た貴族の一部(6)は、ヴェネツィアを模した governo popolare の樹立を主張し(7)、貴族の抵抗(8)を排して一四九四年十二月その主張の要としての「大評議会 Consiglio grande」を成立させた。こうして公民たる popolo(9) は内政上の全ての人事権(10)を掌握し、更に財政にも関与する権限を得た。その他、古来の「執政官 Signoria」制度は維持され、その諮問機関として外交人事権を握る「八十人評議会 Ottanta」が成立した。しかし、この政治体制は外交・内政問題をめぐって党争を惹起し、貴族は四派に分れ、[11]「大評議会」の内部分裂を促進した。フィレンツェはピサを初めとするコンタードの相次ぐ反乱に困惑し、メディチ家は虎視眈眈その復帰を狙っていた。一四九八年のサヴォナローラ[12]とフランチェスコ・ヴァローリ Francesco Valori[13] との死後のフィレンツェの政治はいよいよ混乱の度を増し、貴族と popolo との相互不信感は人事[14]及び課税問題[15]を基にいよいよ募り、前者は政体変革への道を歩み始めたのである。「執政官」として活躍した大貴族アラマンノ・サルヴィアーティ（グィッチャルディーニの義父）は、現体制の根本的欠陥を理解力の欠如した人間が全ての事柄を決定するという点に求め、外交権及び課税権を掌握する終身の「評議会」を樹立し、これと既成の「十人委員会 Dieci」とに外交・戦争の処理を委ねるように主張し、この「評議会」の設立によって貴族達にそのふさわしい地位を保証しようと試みた。[16] これに対して popolo は「大評議会」の権限削減を恐れて反対し、中間案として既成の「執政長官 Gonfaloniere」の終身制が樹立された（一五〇二年）。この終身の「執政長官」に選任されたのが popolo 派の貴族ピエロ・ソデリーニであり、サルヴィアーティ一門も彼を支持した。[17] しかしソデリーニの統治はいよいよ諸官職の popolo への開放と貴族への重税とを生み出し、サルヴィアーティを中心とする貴族のこの体制に対する反発が強まった。なかんずく、マキアヴェッリの進言になる軍制改革は恐怖を惹起し、[18] 貴族の指導者ベルナルド・ルチェッライ Bernardo Rucellai[19] はフィレンツェから逃亡した。他方、武力によるフィレンツェへの帰還を企てたピエロ・デ・メディチの死後、メディチ家はその弟、枢機卿のジョヴァンニ Giovanni（一四七五—一五二一）とジュリアーノ Giuliano（一四七八—一五一六）との下で宥和政策に転じ、フィレンツェ内にメディチ派創出を試みた。[20] この政策は大貴族フィリッポ・ストロッツィ Filippo Strozzi とピエロの娘との結婚となって現われ、ソデリーニとストロッツィとの対立・抗争を招き、[21] フィレンツェの分裂は激化した。一五一二年、法王ジュリオ二世 Giulio II とイスパニア軍との支持を得たメディチ家のソデリーニ体制攻撃が進展する中で、軍事的に敗北したソデリーニはメディチ派貴族によってフィレンツェを追われ、governo popolare は樹立後十八年にして崩壊し、その再生は一五二七年を待たなければならなかった。

グィッチャルディーニのこの政体に対する批判と改革案とは『governo popolare を統制する方法について Del modo di ordinare il governo popolare』(以下、その著述された場所から『ログローニュ論考』と呼ぶ)と『フィレンツェ統治論』とに示されているが、まず「政治批判書」とも呼ばれる彼の『フィレンツェ史』に見られるこの政体に対する批判を紹介してみたい。

「終身執政長官」制の成立以前のフィレンツェの全ての害悪の淵源は次のような点にある。まず、公共の事柄に継続的に配慮し、有益だと判断した場合にそれを執行するに足る手段としての権威を有する人間の欠如、次に執政官を初めとする官職の任期が短く、公共の事柄はそれほど大切に処理されず、また再任禁止規定のためにそれらの官職に知恵を欠如した、支配に未経験な、無能な人間が就任し、彼等は貴族 i primi cittadini に対する疑心暗鬼から「賢く経験豊富な savi ed esperti」公民を政治から遠ざけて自ら支配を行なおうと欲し、それらの諸欠陥に更に「大評議会」の混乱・無秩序が加重される。(22)「終身執政長官」制は明らかに国事の継続的且つ断乎たる執行に足る権威の創出を目的としていた。(23) しかしこの最高官職が如何なる結果をもたらすかは全くソデリーニの双肩にかかっており、tirannide と popolo の「放縦 licenza」とに対して「自由」を防衛することは他の改革が伴わない限り不可能である。(24) この制度的な欠陥は更にソデリーニの統治様式によって増幅された。即ち、彼は貴族を嫌い、無能な人間と相謀り、popolo の支持の下に全ての決定を自己の思うがままになし、(25)「独裁者 solo」となったのである。

このようなグィッチャルディーニの批判は、「有能な」人間の排除→「放縦」→tiranno という過程に向けられているが、「報賞」と「処罰」という価値配分を行なう主体はこの政体の下では popolo であり、従ってこの体制への批判は何よりもまず popolo 批判となって現われざるを得ない。

「popolo とは何か。それは正に幾千の誤りと幾千の混乱とに満ち、趣味と快適さと安定とを欠如した、気違い動物である。[26]」

「気違い pazzi」と「無知 ignoranza」とには誤りと混乱とが本来的に付随する。[27] 従って、誰を一定の官職に就任させるかについての判断力を根本的に欠如している。[28] ここに「名誉」の不適切な配分が生ずる。[29] しかも「平等」の意味を誤解して官職の広汎な人間への「開放 larghezza」を進行させ、[30] その結果、「自由」と「正義」及びコンタードに対する「支配権 stato」が危険に瀕する。[31]

この欠陥を是正するためにはまず「大評議会」の大幅な権限削減が必要不可欠である。まず、課税決定権は特に外交・軍事との関係が密接であり、従って外交権を掌握する機関に属すべきであり、また立法問題も「大評議会」で議論するに適当でない。[32] また、「終身執政長官」を「大評議会」でのみ決定するのはソデリーニの如き人間の再現を惹起する危険性を有しており、この人事権は制限されざるを得ない。[33] しかし「大評議会」は党派と派閥とに対する防壁であり、[34]「自由」の守護者としての意味を有しており、[35] 依然としてその他の人事権を掌握しつつ存続すべきである。[36] 次に「執政官」の権限も削減の必要がある。特に刑事裁判権や外交人事権は恐怖と期待とを恣意的に操作する可能性を与えるが故に、放棄されるべきである。[37] また「終身執政長官」の権限を他の「執政官」と同列となし、単に行政の継続性の確保という観点からのみ任期の長期化が有用である。[38]

このように「大評議会」や「執政官」から奪われた諸権限は一体如何なる機関に所属することになるであろうか。その機関は「元老院 Senato」である。この機関は外交・戦争に関する人事権を有し、外交関係を全て論じ、課税を決定し、立法が「大評議会」において表決される以前に論議してその是非を決し、更に国事犯を裁判し、役人の行為を審理する。[39] その他、「終身執政長官」の予備選挙を行ない、「大評議会」の決定を一定の枠内に制約する。[40] その員数は『フィレンツェ統治論』によれば百五十名と言われており、三千余名を擁する「大評議会」に対して遙かに巨大な権限を有している。このような「元老院」の構想の基底には次のような思想が潜んでいる。

「良く組織された国家 republica bene ordinata においては次のようなことが常に見られる。即ち、少数の公民の virtù こそが国家を支配したし、またしており、栄光に満ちた行為や偉大な作業は少数の人々によって達成された。[41]」

この少数の人々とはその才能(virtù, ingegni, qualità)を祖国のために用いる人々であり、「善行 buona opera」と才能とを兼備せる人である。換言すれば「賢く savio」しかも「愛国者 amatore della sua città」である。[42] 前章で述べたグィッチャルディーニの「正義」の実現としての国家像と比較するならば、ここに現われた才能と善良さとを兼備する人間こそ最も「自然の秩序」の解釈者・実行者として適格な人間であることは言をまたない。「無知」な popolo は必ずしも「悪意 malignità」でないにしても、明らかにこの少数者の能力の前に屈服せざるを得ない。この機関の設立により重要な決定は理解力ある(potere intendere)人々によって処理され、「終身執政長官」の権威と popolo の「放縦」とへの傾向を「緩和」し、[43] ここに真の内実ある「自由」の維持が可能となる。[44] かかる少数の人々こそ「国家の花 fiore della città」[45] なのである。従ってかかる少数者が「平等」の原理に違反せずに、その能力の卓抜さによって「名誉」と「名声」とを得ることは、却って「自由」を強固にし、ますます完全化させる結果を持つ。[46]

しかしながらこの少数者の裏面には「野心」が存在する。従って才知において勝るとも「党派」や「暴力」によって行動する限りそこには「悪意」が存在し、[47] そのような人間は「強大さ grandezza」や「権力 potenza」へ一直線に志向して国家を破壊する。[48] ここに「元老院」構成員の複雑さがある。即ち、この機関には tiranno と「放縦」とへの傾向の「緩和」の役割の他に、才知ある人間を満足させ、「緩和された野心 ambizione moderata」を創出するという使命も有している。[49] しかし、この地位への就任が野心の「緩和」を前提にすることなく、結果的にこの「緩和」が生じ得るにすぎないとすれば、非常に甚しい危険を内包していると言わざるを得ない。蓋し、この地位に満足しない人間は tiranno と「放縦」との傾向を「緩和」するどころか、むしろ促進し、国家を破滅に導くであろう。それ故、この「元老院」の構成員の任期と選出方法とが愁眉の問題とならざるを得ない。『ログローニュ論考』では過去の高職経験者が自動的に終身制を享受するが、[50]『フィレンツェ統治論』では明示的に述べられていない。この不明確性は所与の貴族への依存という解釈へと導き得るが、しかし彼はあくまでも能力を生誕に優先させ、「元老院」に対する自己の希望を守護している。[51]

このような彼の政体改革論を governo popolare と解するか、「混合政体」とするか、「貴族政」[52] とするか諸々の論争が行なわれている。[53] しかし肝要な点はその名辞でなく、彼の構想の核心の構造にある。そしてこの核心は言うまでもなく「元老院」の構成員の資質である。そこに生ずる既述の如き諸困難は、「自然の秩序」への感性的人間の収斂をそれ自身主観的な恐怖と期待とによって強行しようとした点にその根源を有しており、結局「緩和された野心」への信仰が辛うじてその強行を担保しているにすぎない。このように機構論を媒介にして彼の政治観の基本的問題が再現している。

(1)　一四九二年、父大ロレンツォの stato を継承したピエロの統治は、父の支持者にして義兄弟であった Bernardo Rucellai や Paolantonio Soderini の助言に支えられて非常に好調に進行した。Rucellai は stato を「緩和」し、tiranno の蔭を除去することこそ却ってその強化に導くと主張したが、Francesco Valori 等はかかる方策こそ stato の喪失を招来すると勧説し、ピエロは後者に傾いた。その結果、Rucellai, Soderini はメディチ家の旧敵ストロッツィ家と結び、更にメディチ一門の Giovanni, Lorenzo と結託し、ここにメディチ派は大分裂を遂げ、ピエロは滅亡への第一歩を歩み始めたのである。——Guicciardini, Storia fiorentina, a cura di R. Palmarocchi, 1931, pp. 84–6, p. 90.

(2) Guicciardini, Storia fiorentina, pp. 86–9, pp. 90–101. id., Storia d'Italia, I–14 — a cura di C. Panigada, vol. I, pp. 80–6.

(3) Guicciardini, Storia fiorentina, p. 106.

(4) Anzilotti, A., La crisi costituzionale della repubblica fiorentina, 1912, p. 40.

(5) ここで言う貴族とは次のような人々である。元来彼等の経済基盤はアルテ(=ギルド)にあったが、十五世紀中葉からアルテの活動は衰退に向い、彼等は土地へ投資し始めた。ここに彼等は不動産への課税に一貫して抵抗することになる。その政治行動は自己の利益を基準にした機会主義を特色とし、極めて変革を好んだ。そして互いに姻戚関係を軸に相統合し、コムーネの経済的制度を私用した。従って彼等はフィレンツェの政治闘争の主体であり、あるいはメディチ家と結びあるいは popolo と結び、自己の地位の上昇と利益の増大とを図った。こうして彼等は伝統的制度を変形させ、絶対主義への道を準備した。——Anzilotti, ibid., pp. 1–22.

(6) 二十人の「独裁機関」から排除された Paolantonio Soderini がその代表であり、彼の排除は Piero Capponi との個人的対立に原因を有していた(Guicciardini, Storia fiorentina, pp. 106–7)。

(7) サヴォナローラはフィレンツェの tiranno からの解放を神の御業となし、神はフィレンツェが「自由」を維持することを欲すると説き、そのためには governo popolare の樹立が不可欠の条件であると主張した(Guicciardini, ibid., p. 109)。

　グィッチャルディーニの『イタリア史』には popolo 派の Paolantonio Soderini の演説が紹介されている。その大略は次のようなものであった。フィレンツェの如く「自由」と「平等」との伝統を有する国家において、最も完全な政体とは popolo の権力が全てを決定するような政体であり、「大評議会」が人事権と立法への関与とを有すべきである。このような人事権の確立によって、全ての人間は virtù と meriti とによって「名誉」への道を歩むことが可能となる。これを欠如すればメディチ家の如き tirannide や貴族の野心と大衆 moltitudine による「変革 mutazione」が発生し、フィレンツェの幸福と静穏とが奪われ、追放・弾圧が常道となる。このような制度は決して外交問題が経験豊富な人々によって処理されることを妨げるものでない。しかし popolo の組織こそが肝要であり、今こそ神の慈悲がそれを可能にしている。——Storia d'Italia. II–2. vol. I.

pp. 123–7.

(8)　(7)の Soderini の主張に反対するのが Guidatonio Vespucci の演説である。popolo の権力が絶対的な統治形態の下で人間の徳 virtu、長所 meriti、価値 valore に対して果して正当な称讃が与えられるであろうか。蓋し、大衆はかかる事柄を判断するに足るだけの「思慮 prudenza」「経験 esperienza」を持たず、従ってそこからは混乱と無知とが生じ、悪意に従って人間を判断することによって一種の tirannide となり、結局「放縦」と tirannide という両極端の間を動揺する結果となる。アテナイ、ローマの例に照しても明らかな如く、popolo が絶対的に支配すれば「変革」が連続し、国家は遂に滅亡する。—Storia d'Italia, II–2, vol. I, pp. 127–30.

(9)　この popolo とは近代政治理論における「人民」と異なった伝統的概念であり、況や日本の「人民大衆」とは縁もゆかりもない概念である。フィレンツェ内の住民には「課税される者 aggravezzati」と「課税されない者 non aggravezzati」との区別が存在する。後者は所謂「賤民 plebe」であり、チオンピの乱の一時期を除いて全く政治への参加資格を有していなかった。前者の中には官職に就任し得る者と単に経済的特権を享受するにすぎない者とが存在し、この官職に就任し得る者が statuale と呼ばれる。この statuale の中で曾祖父、祖父、父または本人のいずれかが「執政官」、Dodici Buonuomini, Sedici Gonfaloniere di Compagna という三つの高職に就任した経験を有する家柄の者が beneficiati と呼ばれ、それ以外の statuale は semplice statuale と呼ばれた。そして「大評議会」を構成したのはこの beneficiati のみであり、semplice statuale は官職に選出され得る能力を有していたが、選挙権を有していなかった。従って popolo と呼称される集団とは実はこの beneficiati に他ならず、その特権的性格は極めて明瞭であった。——Crivellucci, A., Del governo popolare di Firenze 1494–1512 e del suo riordinamento secondo il Guicciardini — Annali della R. Scuola Normale Superiore di Pisa, III (1877), pp. 266–8. Anzilotti, op. cit., p. 24. Cfr. Pitti, J., Apologia de' Cappucci — Archivio Storico Italiano, IV, p. 277.

(10)　フィレンツェにおける「自由」の伝統的観念は立法権よりも人事権にその基礎を有していた(Crivellucci, ibid., pp. 286–8)。

(11)　厳格なメディチ派は Palleschi、メディチ派ながらも popolo に適応するのが Pigi、寡頭政を目論むのが Arrabbiati またはCompagnacci、サヴォナローラ及び popolo 派は Piagnoni とそれぞれ呼ばれていた。

(12)　グィッチャルディーニはサヴォナローラについて次の如く述べている。彼は多くの virtù を伴った「宗教人 uomo religioso」としてこの時代の卓抜な存在である。特に聖書、哲学に深い知識を有し、あの世のあらゆる事柄に通暁し、更に生来雄弁であった。しかし彼の「善良さ bontà」については疑問と意見の相違とが存在している。即ち、もし彼に悪徳があったとすればそれは傲慢と野心とから生じた偽装である、という意見がある。しかし長い間その生活と習慣とを観察した人間はそこに貪欲、好色その他の欲望やもろさの如何なる痕跡も見出さなかった。彼が行なった習俗の矯正策は非常に称讃に値するものであり、フィレンツェにこれほどの「善良さ」と宗教とが存在したことはかつてなかった。その上更に公共の利益のために多くのことをなした。ピエロ追放後のフィレッツェの分裂と混乱とを制圧したのは彼であり、「大評議会」を創出し、権力の増大を求める人間に手綱をつけ、フィレンツェに平和を創り出した。そして人々は彼を神の使徒、預言者と考えていた。

「もし彼が善良であったならば我々はこの時代に偉大な預言者を持ったと言い得るが、もし、邪悪であったならば、彼は偉大な人間であった。蓋し、文芸の他、長期間にわたって虚偽であることを暴露されることなく公に欺瞞出来た人間は、深い思慮と才知、捏造の才を有していたと言わざるを得ないからである。」――Storia fiorentina, pp. 156-9. マキアヴェッリのサヴォナローラ評価(『マキアヴェッリ論』第四章第二節(33))と比較せよ。

(13)　彼はサヴォナローラ派の指導者であり、一四九七年にメディチ派の処刑を断行し、その後「国家の首長 capo della città」となった。しかしサヴォナローラの没落の際、Arrabbiati によって殺害された(Guicciardini, ibid., p. 150)。彼は情熱家であると同時に「賢く savio」「公益 bene publico」に絶対的に献身したが、野心家であった(ibid., p. 152)。このヴァローリ評価の中に「野心」と「公益」との調和という彼の視座が現われている。同様の評価は Paolantonio Soderini についても言われる(賢く雄弁な、自由の愛好者、しかし野心家――ibid., p. 183)。

(14)　グィッチャルディーニはこの問題について『大評議会における諸官職の選出の方法について Del modo di eleggere gli uffici nel Consiglio grande』という小論文を書いている。これは選出を多数決によるか、もっと緩和するか、という二つの立場の「理念型」を提示している。このうち官職への就任条件を緩和し、「開放」する主張は明らかに popolo のそれであり、現行の如く多数決による選出を護持するのがグィッチャルディーニ自身の主張と思われる。popolo の主張は広汎な人間の官職への就任を「自由」と解し、それへの制約を「隷従」と観念している点に特質を有している。同時に家柄や財産、名声に対する能力主義の主張が存在し、貴族批判が行なわれている(Dialogo e discorsi del reggimento di Firenze, pp. 175-95)。

この popolo の「開放 larghezza」への要求に現われている如く、当時のフィレンツェの官職配分はそれほど貴族にとって不利な状況になかったことは、グィッチャルディーニ自身も認めるところである(Storia fiorentina, pp. 134-5)。

(15) 所謂 decima scalata という税制及び当時のフィレンツェの富の集中状況については、『マキアヴェッリ論』第五章第一節(5)を参照せよ。グィッチャルディーニはこの問題についても全く相異なる立場からする二つの小論を書いている。popolo の立場を代表する decima scalata 支持論者の論拠は、公共の利益 bene universale、popolo の利益に求められ、ラケダイモンの例を模した財産の制約論を唱えている。特に批判の対象となっているのは土地貴族であり、彼等の有閑生活の国家に対する有害性が告発される。これに対して商業活動は保護されるべきであると主張する。——La decima scalata — Dialogo e discorsi del reggimento di Firenze 所収— pp. 196–206. ここで注目すべき点は第一に貴族の商業活動からの引退と土地投資への傾向であり(Anzilotti, op. cit., pp. 7–9)、第二にソデリーニを中心とする popolo の租税政策が圧倒的に商業階級の保護へ向ったことである(Guicciardini, Storia fiorentina, p. 286. Anzilotti, ibid., p. 18)。

(16) Guicciardini, Storia fiorentina, pp. 242–3.

(17) Guicciardini, ibid., p. 252.

(18) 『マキアヴェッリ論』第五章第一節Ⅰの叙述を見よ。

(19) 彼は有能で非常に賢い人間であったが、如何なる統治にも満足せず、騒乱の原因となり、底知れぬ野心家で巨大な権力への執着を有していた(Guicciardini, Storia fiorentina, pp. 283–5)。Cfr. Gilbert, F., Bernardo Rucellai and the Orti Oricellari: A Study on the Origin of Modern Political Thought — Journal of the Warburg and Courtauld Institutes, 1957.

(20) Guicciardini, ibid., p. 323.

(21) この結婚は政治問題化したが、ソデリーニは法を遵守し、ストロッツィを処罰しなかった(Guicciardini, ibid., pp. 326–32)。

(22) Guicciardini, ibid., pp. 238–9.

(23) Guicciardini, ibid., p. 243.

(24) Guicciardini, ibid., p. 253.

(25) uomo popolare であったソデリーニは「執政長官」時代にその政策諮問機関として貴族の集りである Pratiche を軽視し、軽輩と無能な人間との集まりである Collegi と専ら談合し、全てを自己の欲するがままに政策を決定し、この Collegi と「大評議会」とによって支配した(Guicciardini, ibid., pp. 209–10)。この方策は「終身執政長官」になってからも採用され、実質的政策決定に対する貴族の影響力は大幅に減少した(ibid., pp. 270-1)。

(26) Ricordi, CXL — Opere inedite, vol. I, p. 135, CCCXLV, p. 203.

(27) Reggimento di Firenze — Dialogo e discorsi del reggimento di Firenze 所収— p. 48.

(28) popolo は無根拠な意見によって人間を判断し、精々良く言ったところで「喝采 gridi」によって決定する(Reggimento di Firenze, ibid., p. 43)。

(29) 「善良に見える parere buono」人間によって欺かれる(Reggimento di Firenze, ibid., p 44)。

(30) Reggimento di Firenze, ibid., p. 42. ここにグィッチャルディーニの「自由」「平等」概念のポレミッシュな機能が鮮かに現われている。

(31) 「governo popolare の欠陥とは次の諸点である。重要な事柄がそれを決定したり、統治したり出来ない人々の手中におかれ、その結果国家は誤った判断をなし、悪しく統治される。また支配権 dominio を保持し、拡大する任務を負う人々も誤る。蓋し、それに継続的関心を払う人間が存在せず、それを導く舵が欠如しているからである。また正義も良く行なわれない。蓋し、その任にあたる人々が無能であったり、個々的な事柄に頭を悩まし、正義を防衛する確固たる頭脳が不在であるからである。各人の権威と尊崇とが小さいために情念や感情が暴走し、popolo の判断は人間の間の区別、思想、経歴などに配慮せずに進行する。」——Reggimento di Firenze, p. 101.

(32) Del modo di ordinare il governo popolare — Dialogo e discorsi di reggimento di Firenze 所収— pp. 230-2.

(33) Del modo, ibid., pp. 239-40.

(34) Del modo, ibid., pp. 223-4.

(35) Reggimento di Firenze, ibid., p. 102.

(36) 勿論多くの危険がここから発生し得るが、これは官職毎にそれに必要な票数制限を加えることによって是正可能である(Del modo, ibid., pp. 288-30)。

(37) Del modo, ibid., pp. 234-6. Reggimento di Firenze, ibid., pp. 114-5.

(38) Del modo, ibid., pp. 238-9. Reggimento di Firenze, ibid., p. 104.

(39) Del modo, ibid., pp. 243-4. Reggimento di Firenze, ibid., p. 116.

(40) まず「元老院」の三分二の賛成によって三名を候補者として選び、「大評議会」がこの中から一名を決定する。これによって「終身執政長官」は「元老院」と popolo との双方に依存することになり、一方との結託の危険性が消滅する。更に「元老院」の判断力が作用しつつも「名誉」の淵源は依然として popolo に存する。」――Del modo, ibid., pp. 239–40. Reggimento di Firenze, ibid., pp. 130–40.

(41) Del modo, ibid., p. 238. 同旨、Reggimento di Firenze. ibid., p. 114.

(42) Del modo, ibid., pp. 250–1.

(43) Reggimento di Firenze, ibid., p. 118.

(44) Del modo, ibid., p. 227.

(45) Del modo, ibid. また「国家の舵 timone della città」とも呼ばれている(ibid., p. 240)。

(46) Del modo, ibid., pp. 249–50.

(47) Del modo, ibid., pp. 250–1.

(48) Reggimento di Firenze, ibid., pp. 111–2.

(49) Del modo, ibid., p. 227., Reggimento di Firenze, pp. 118–9.

(50) Del modo, ibid., pp. 42–3.

(51) 「名声」は家柄の高貴さや父祖の外套に従って配分されるのでなく、当人の業績と virtù とを基準に配分されるべきである。従って、賤しい生れの人間でも卓抜な才能を有しておれば平凡なままに止まることなく、高貴な生れの人間でも平凡な能力の持主であれば、至高の「名声」を得たりしないようにすべきである。」――Del modo, ibid., p. 250.

(52) グィッチャルディーニは『フィレンツェ史』の中でマーゾ・デリ・アルビッツィ Maso degli Albizzi に始まる貴族政を、フィレンツェの有した最も「賢い savio」「光栄な glorioso」「幸福な felice」政体としている(Storia fiorentina, pp. 2–3. uomini da bene e buoni e valenti の支配)。しかし彼はこの時期の貴族政がチオンピの反乱に対する共通の恐怖と対外的強敵の出とによって団結し、初めてかかる結果が生じ得たと解釈している(Reggimento di Firenze, ibid., pp. 23–4)。従って、このような特殊な条件を除外して貴族政の樹立を企てるならば、貴族は互いに優越者の地位を求めて闘争し、そこから内部分裂が生じ、無秩序に陥り、ここから結局 popolo の「放縦」かメディチ家の支配かに転落する(ibid., pp. 20–1)。このようにグィッチャルディーニは自己の身分の行動様式を鋭く認識しており、貴族政自体を構想しないのみならず、所与への退行の色彩を濃厚に有する「元老院」の主張の際にも、「大評議会」を「自由」の守護者、党派対立への防壁と把握し、その他位を承認している。彼の貴族政批判は次の一節に見られる如く極めて痛烈である。

「一人、少数、多数という三つの統治形態の中で、フィレンツェにおいて最悪の政体は貴族政であると信ずる。なぜならば、それはフィレンツェに適合的でなく、tirannide 同様に受容し難いものである。蓋し、彼等の間の野心と不和とは tirannide の生み出す害悪と同程度のそれを発生させ、tirannide 以上に早く国家を分裂させ、tiranno が行なうほどの善行さえも生じないからである。」――Ricordi, CCXII, op. cit., pp. 162-3.

(53)　Luciani, V., Francesco Guicciardini and his European Reputation, 1936, pp. 373-5.

第二節　メディチ家統治論

一五一二年八月、貴族の反抗と迫り来るイスパニア軍のプラート劫掠との中で、「終身執政長官」ピエロ・ソデリーニはフィレンツェを去り、九月七日、貴族は「大評議会」の権限を削減し、「八十人評議会」に重要な権力を集中してこれを自己の勢力の牙城となし、「執政長官」の任期を一年とし、帰還したメディチ家のジュリアーノを「八十人評議会」の一員に加えてメディチ家の権力を抑制しようとした(1)。これに対してメディチ派 Palleschi は不満を表明し、枢機卿ジョヴァンニ・デ・メディチはイスパニア軍を率いてフィレンツェに入城し、「独裁機関 Balia」を実力で創設した(九月十六日)。以後、この「独裁機関」を基に一四九四年以前と同様の統治体制が整備されるに至ったのである(2)。かかる Palleschi の独裁は一五一三年三月のジョヴァンニの法王への就任(レオ十世 Leo X)と共にいよいよ強化され(3)、フィレンツェの支配はロレンツォ・デ・メディチ Lorenzo de'Medici (一四九二―一五一九)の手に委ねられた。このメディチ家の統治原理は法王レオ十世から小ロレンツォに与えられた助言の中に典型的に現われている。第一に忠実な「支持者 amici」への官職の配分と貴族への配慮とに基づく党派の形成、第二に貧民及びコンタードの住民に対する正義の執行とその支持の調達、という二つがこの助言の核心をなしている。(4) これらは言うまでもなくコジモ以来のメディチ家の統治様式を再説したものに他ならない。しかるに小ロレンツォの政策は必ずしも amici の増大や貴族への配慮を伴うものでなかった。(5) 彼は「力」による支配を主張する若い貴族(6)とコンタード出身の秘書官(7)とから「宮廷」を形成し、フィレンツェにおける自己の護衛を強化し、更に一五一六年にはフィレンツェの軍事権をも掌握した。(8) そして一五一七年には法王の援助の下にウルビーノを占領して「ウルビーノ公 Duca di Urbino」となり、メディチ家の伝統的統治様式を突破して「絶対君主」への道を歩み始めた。かかる小ロレンツォの統治は、従来 amici の名の下にメディチ家から相対的に自立した政治勢力であった貴族の不満を招き、(9) 対外政策の費用の必要に基づく重税は popolo の反発を助長したのである。一言にして言えば小ロレンツォの政策は amici への依存から「力」への移行であった。このような小ロレンツォの支配は一五一九年の彼の死と共に終りを告げ、代って法王の従弟、枢機卿ジュリオ・デ・メディチ Giulio de'Medici（一四七八—一五三四）がフィレンツェの統治を行なった。彼は小ロレンツォの失政に省み、メディチ家の赤裸々な支配の顕現を差控え、諸々の意見を寛容し、フィレンツェの政体についてピエロ・ソデリーニ下の秘書官ニッコロ・マキアヴェッリにさえも諮問をした。(10) しかし一五二二年の「オリチッラーリの園」を中心とする反メディチ陰謀(11)によってかかる寛容の時期も終った。このジュリオの統治は一五二三年十一月の彼の法王就任（クレメンテ七世 Clemente VII）と共に終焉し、以後フィレンツェは枢機卿パッセリーニ Passerini によって支配されることになった。これ以後フィレンツェの政治は全てローマ法王の意志によって外在的に決定され、公民の自治というコムーネの伝統は消滅し、(12) しかもパッセリーニはフィレンツェの内部関係への配慮を全く怠り、(13) サルヴィアーティ、ストロッツィ、グィッチャルディーニなどの名門はニッコロ・カッポーニ Niccolò Capponi の下にその不満を結集させた(14)。更に法王と皇帝との戦争は法王によるフィレンツェへの重税となって現われ、popolo の不満を惹起した(15)。それに一五二七年の「コニャック同盟」の敗北とフィレンツェに対する皇帝軍の外圧とが加わり(16)、事態は一四九四年に酷似するに至った。一五二七年四月二十六日の騒乱(所謂「金曜日の騒乱 tumulto di Venerdì」)は「コニャック同盟」の軍事的支援による武力弾圧を可能ならしめたが、時の同盟軍「全権副官 Luogotenenza generale」たるフランチェスコ・グィッチャルディーニはこれに反対し、両派の仲介によって流血を回避し、またメディチ家はその支配を継続することになった(18)。しかし五月四日から四日間にわたる「ローマの劫掠」と法王の没落とはメディチ家の支配の中枢を破壊する結果となり、メディチ家の政策転換も時期を失し(19)、彼等は五月十六日その統治権の放棄を宣し(20)、翌日パッセリーニとイッポリート・デ・メディチ Ippolito de'Medici、アレッサンドロ・デ・メディチ Alessandro de'Medici はフィレンツェを去り、メディチ家の第二次支配は十五年にして終りを告げたのである。

一五一二年メディチ家の復帰が成就した時グィッチャルディーニはイスパニア滞在中であり、彼はこの事件を九月二十五日フェルディナンド王から知らされたが(21)、その後一年以上もイスパニアの閑職で過した。彼はこの間メディチ家に接近し(22)、父ピエロに対するメディチ家の好意を基に帰国後高職に任命されたが(23)、それを兄のルイジに譲り(24)、専ら弁護士として活動していた。彼は既にイスパニア滞在中に『メディチ家帰還後のフィレンツェの政府について Del governo di Firenze dopo la restaurazione de'Medici nel 1512』を書き、その後小ロレンツォの政策に対する批判論文として『メディチ家の支配権の安定策について Del modo di assicurare lo stato alla casa de'Medici』(一五一六年)を書いている。その後、彼は専ら法王庁に仕え、フィレンツェ論は『フィレンツェ統治論』という理論的形式において叙述され、その具体的評価は背後に退いている。[25] その彼がパッセリーニ治下のフィレンツェの現状を知ったのは、「金曜日の騒乱」の直前であった。

グィッチャルディーニのメディチ論の分析にはコジモ以来のメディチ家の支配構造の認識が必要である。一四三三年リナルド・デリ・アルビッツィ Rinaldo degli Albizzi によって追放されたコジモは、翌年メディチ派の「集会 Parlamento」[26] によって成立した「独裁機関 Balìa」[27] によって帰国を許された。このコジモの支配は官職を自己の意のままに配分することによって行なわれたが、それは「籤」による官職への任命というギリシャ以来のデモクラシーの伝統を逆用することによって行なわれた。即ち、この「籤」を引く役人 Accopiatori を自己の党派によって固めることによって、このような配分が可能となったのである。[28] 従って、コムーネの伝統的政治制度は何等の変化も蒙らず、また「力」による征圧も存在せず、その支配は「集会」→「独裁機関」→Accoppiatori の樹立、に全て依存していた。[29] このような支配構造は大ロレンツォ下においても変化しなかったが、彼は党派的支配をより制度化して「七十人評議会 Settanta」を創設した。[30] このようなメディチ家の支配には、第一に強固な党派の形成と強力な敵党派の追放、第二に民衆 popolo の好意が必要であった。第一の目的を達成するためにメディチ家はコジモ以来フィレンツェの名門を追放し、他面で身分の賤しい人間を登用した。[31] 第二の目的はメディチ家が元来 popolo 派であった故に、一五一二年以降と比較して極めて容易に達成し得た。メディチ家当主の関心は何よりも官職の配分に注がれるが、その意志の貫徹にはこの「閉じたサイクル」の範囲に自足する人間を前提とする。蓋し、党派の分裂は一四六五年の如くメディチ家の権力を危機に陥らせ、一四九四年にはその追放を惹起したのである。それと共にメディチ家の統治能力も党派の運営に影響する。グィッチャルディーニの『フィレンツェ史』のメディチ家の支配者像はこの関係を鋭く指摘している。

即ち、コジモの「賢さ」[32]、大ロレンツォの「才知 virtù」[33] はメディチ家の支配を強固ならしめた。これに対してコジモの子ピエロは「善良 buono」且つ「慈悲深い clemente」[34] 人間であったがその権力 stato は危機に瀕し、大ロレンツォの子のピエロは「高慢 altiero」「動物的 bestiale」「残酷 crudele」な人間であり[35]、その「狂気 pazzia」[36] によって権力 stato を喪失した。

かかるメディチ家の統治能力への要求は「力 forza」を振りかざす支配と異なった党派支配の形態への要求とも言うべく、ここから支配の「根拠」はともかくその「様式」「機能」の法への合致がメディチ支配の特質として生ずる。従ってコジモに代表される如くメディチ家の当主は支配者でなく、単なる「私人」にすぎないというイメージが流布する。しかしこのユニークな支配は極めて微妙なバランスの上に初めて成立し得、本章で対象とする時期以降のメディチ家の支配は著しく「力」への依存の色彩を濃厚に有するようになった(次章参照)。その嚆矢たる存在が小ロレンツォに他ならなかったのである。

グィッチャルディーニの小ロレンツォ批判は、彼がフィレンツェとそのコンタードとを顧慮せず、対外的「権力 potenza」と名声とに狂奔した点に向けられる[37]。その結果、「党派」は消滅し、popolo は敵意に満ち、メディチ家の stato は危機に瀕している[38]。まず「党派」の問題から論ずるならば、彼は「強大さ grandezza」に眼を奪われてメディチ派の人々から名声を奪い、何等の利益をも与えなかった[39]。「党派」の再建のためには「名誉」を与えて人間の「私益」に訴えることが必要である[40]。その際、個々の人間の行動様式を詳細に観察し、「思慮 prudenza」に従ってこれを配分することが必要である[41]。このような方策によってメディチ家への執着と支持とが増大することは疑問の余地なく、これを怠れば一四九四年が再現する[42]。次に popolo に対しては大ロレンツォの如く、より平等に、より公民的に(絶対君主の如くでなく)行動することが肝要であり、彼等に「愛情 amore」を懐かせ得ないとしても「憎悪 odio」に至らせないようにし、また仮りに「憎悪」が存する場合でも「絶望 despere」を生じないように配慮しなければならない。[43] その具体策としては財政の公正且つ健全な運営によって過大な負担が彼等に転嫁されないようにし、[44] 次に「安全」を確保してやるために正義を厳格に執行し、役人の横暴や情実の介入を阻止することが必要である。[45] そして最後にコンタードに対する役人及び公民の暴政・掠奪を防ぎ、その住民を保護すべきである。[46]

このような批判の中で popolo に対する政策論は「正義」の問題であり、グィッチャルディーニの政治観の直接的な表明であって、特にその意味を究明する必要はない。問題は小ロレンツォの集権化政策に対する「名誉」の開放要求の意味の解明にある。通常、この主張は貴族のメディチ家に対する寄生化の要求と解されており、その理論的意味は全く看過されている。グィッチャルディーニのこの要求の根底に存在するのは、コジモ・大ロレンツォ時代への郷愁である。その支配は小ロレンツォの如く「力」を前面に登場させることなく、amici の「好意」に対する「名誉」の配分を基礎とする支配であり、メディチ家は「私人」であるかの如く(als ob)行動しながら統治していた。前章で述べた如く「力」は「自由」の端的な破壊であり、「国家」の最大の敵であった。それに対して伝統的なメディチ家の支配は「好意」と「同意」とに依存する性格を示しており、その統治様式はより「自由」への適合性を有していた。従って、amici 創出への勧告は確かに「名誉」と「名声」とを求める人間の主張であったにしても、同時にメディチ家の統治様式の「力」への志向を防止する意図を持っていたのである。即ち、統治様式の「緩和化」への期待がこの主張に託されていたのである。従って、人間の「利益」への傾向を「力」によって圧殺することなく、これを一定の限界内で寛容しつつ統御するという「知恵」への要求がこの主張の背後に潜んでいると解し得る。かかる統治様式こそが civilmente, con modo civile に支配するということの意味なのである。

しかし以上の議論は統治様式の問題であり、統治根拠の問題ではない。グィッチャルディーニはメディチ家が

tirannoであったことを承認している。[47] 従って「悪意 malignità」[48] がその根本的特質である。即ち、自己の stato の維持のために危険な人間を排除するという一定の誤りが必然的 necessità に生ずる。[49] しかし、「無知」と異なり、「悪意」には一定の限界と規律との可能性がある。[50] 一四九四年前のメディチ家は「必要」以外に悪をなさず、それ以外に善を行なったのであり、その結果この支配は「温和な tiranno」となったのである。[51] その根拠は彼等が総じて「善良な性格 buone sangue」であり、「高潔な魂 animo prudente」を有し、且つ「賢い prudente」人間であったことに存する。[52] このような根拠によってメディチ家はその「悪意」に歯止めをかけ、tiranno を善用し得たのである。[53] 誰が支配するかの問題よりもそこに生ずる「諸結果」に従って統治の是非を判断するという彼の態度は、このメディチ家の統治の解釈に典型的に現われている。しかし「正義」と「自然の秩序」とに端的に敵対する根拠を有する tiranno を、その機能において辛うじてこれに拘束し得る究極的根拠は統治者の「資質」に存する。そして「悪意」が暴走する時如何なる結果が生ずるかは小ロレンツォにおいて一つの現実となって現われた。その際唱え得る唯一の防壁はメディチ家の「権力」の安定という口実の下に amici 創出を勧告し、その統治様式の「緩和」を図ることであった。しかし、「力」による stato の維持が一つの統治様式として自立して行く状況の下では、「悪意」が文字通りの「絶対君主」へと志向するのを阻止する手段はもはや存在しない。「野心」自体を批判せず、「強大さ」を唯一の目的とする「野心」を批判するというグィッチャルディーニの立場の危険性と困難とはここに極めて明瞭となった。しかしこの微妙なバランスこそがメディチ統治受容の根拠でもあったのである。

(1) 人事権、立法権、課税権を「八十人評議会」に集中し、popolo からほとんど全ての権限を奪った。この「八十人評議会」の構成員は「執政長官」「十人委員会」、外交使節の経験からなり、貴族の通常の経歴及び役職に極めて適合的な性格を有していた。この際、governo popolare の基礎を完全に破壊するか否かの問題をめぐって貴族間に対立が発生したが、結局「大評議会」は若干の問題に関して拒否権の発動を許されることになった。——Anzilotti, A., La crisi costituzionale della repubblica fiorentina, 1912, pp. 51-2.

(2) Anzilotti, ibid., pp. 53-6. そして翌一五一三年には一四九四年以前の「七十人評議会」「百人評議会」とが再建され、「独裁機関」の制度化が進行した(ibid., pp. 57-8)。

(3) これはメディチ家に対するフィレンツェの支持を、法王庁へのフィレンツェ貴族の政治的・経済的寄生によって確保することを可能としたからである(Albertini, R. von, Das florentinische Staatsbewußtsein im Übergang von der Republik zum Prinzipat, 1955, SS. 34-5)。

(4) Anzilotti, op. cit., pp. 60-1. Albertini, ibid., SS. 35-6. このレオ十世の統治論は機構の変更よりも、個々人の操作による統治の原理を端的に示している。従ってフィレンツェの伝統的制度の外観が党派支配を両立し得ることになり、コジモ以来のメディチ家の統治様式の伝統を提示している。貧民とコンタードに対する保護政策を通じての正義の平等な執行という第二の側面は、フィレンツェとコンタードとの間の法的支配服従関係を撤廃し、統一的支配への方向を示唆している。この政策の根底に存在する特質はフィレンツェの「公民」を「臣民」に転化させてコンタードの住民と「平等化」し、その上にメディチ家の支配の絶対性を樹立しようとする企図に他ならず、絶対主義への転回の一指標である。そして一五三〇年以降のメディチ家の統治はこの方向を明瞭に打ち出して行くのである。

なおレオ十世と全く同様な見解はメディチ家の秘書官 Goro Gheri の書簡にも見える(Instruktion für Rom — Albertini, ibid., SS. 347-52 所収。Cfr. Anzilotti, ibid., pp. 61-2. Albertini, ibid., SS. 37-40)。

(5) Gilbert, F., Machiavelli and Guicciardini: Politics and History in 16th Century Florence, 1965, pp. 133-5.

(6) Gilbert, ibid., pp. 136-8. この中の典型的な例である Paolo Vettori のフィレンツェ統治論については、『マキアヴェッリ論』第五章第一節IIを参照せよ。

(7) (5)で述べた Goro Gheri di Pistoia や Ser Giovanni da Poppi がその代表的例であり、彼等はその主人のため粉骨砕身し、主に個々の amici の行動分析とそれに基づく官職適任者の判定とを行なっている(Anzilotti, op. cit., pp. 62-3)。

(8) 小ロレンツォ治下のフィレンツェの Palleschi には、権力の少数者への集中を主張する一派と、amici にその統治の基礎を求めるべきであるとする一派とがあり、レオ十世及びジュリアーノは後者の立場を支持していたが、小ロレンツォは前者の見解に傾いていた。軍隊創設問題が発生すると貴族達はこれに反対し、法王は軍隊創設を支持したが司令官については指示しなかった。そして小ロレンツォがその指揮官の地位を希望していたのに対して、法王、ジュリアーノ、貴族達は反対した。フランチェスコ・ヴェットーリ Francesco Vettori はこの小ロレンツォの行為を彼の法王、ジュリアーノに対する自立性の確立と解釈している。——Giorgetti, A., Lorenzo de'Medici capitano generale della republica fiorentina — Archivio Storico Italiano, 1883. Cfr. Vettori, F., Sommario della Storia d'Italia dal 1511 al 1527 — Archivio Storico Italiano, 1848, pp. 306-7. id., Sommario della vita di Lorenzo Medici — Tommasini, O., La vita e gli scritti di Niccolò Machiavelli, 1893-1911, vol. II 所収、pp. 1055-63.

(9) Jacopo Salviati, Piero e Luigi Ridolfi, Giovanni Vespucci などが反対派となり、Filippo Strozzi, Francesco Vettori, Benedetto Buondelmonte, Bartolomeo Valori などは小ロレンツォを支持し(但し、Filippo Strozzi はパッセリーニの下では反メディチとなる)、貴族は二派に分裂し、前者は一五二七年のメディチ家追放の先導者となる。前者の立場からする小ロレンツォ批判の代表としての Niccolò Guicciardini(フランチェスコの甥)の議論については、『マキアヴェッリ論』第五章第一節二を参照せよ。

(10) Albertini, op. cit., SS. 46-7.

マキアヴェッリの改革論については、『マキアヴェッリ論』第五章第一節二を見よ。この諮問に対して「オリチッラーリの園」の一員であった Alessandro de'Pazzi の議論は極めて反小ロレンツォ派貴族の主張に近いものであった。彼は一方で「大評議会」の再開とそれへの若干の人事権の付与を主張し、他方でメディチ家の権力を名目化し、その決定を「百人評議会」という貴族の集会によって拘束し、この「評議会」に人事権・立法権・課税権を集中させた。この政体論のモデルはヴェネツィアであり、彼はこれによってメディチ家をドージェ化し、他面 popolo の暴発を防止し得ると主張している。——Discorso di Alessandro de'Pazzi, al Cardinale Giulio de' Medici — Archivio Storico Italiano, I(1842), pp. 420-32. Cfr. Albertini, ibid., SS. 85-7.

(11) 『マキアヴェッリ論』第五章第一節(40)を見よ。

(12) Roth, C., The Last Florentine Republic(1527-30), 1925, pp. 11-4. Anzilotti, op. cit., p. 67. Albertini, ibid., S. 47.

(13) パッセリーニは非常に貪欲且つ高慢であり、しかも外国人支配であるために不満を高めた。その統治様式も「執政官」という既成の制度を明らかに無視してメディチ家の宮殿で全てを決定し、外交文書も彼に宛てられることになった。かくしてメディチ家がコジモ以来有していたフィレンツェの伝統的制度への尊厳は全く消滅したのである。――Roth, ibid., pp. 14-5. Anzilotti, ibid., pp. 67-8.

(14) Anzilotti, ibid., p. 68.

(15) メディチ家の法王の出現によってフィレンツェの経済力は国際政治の重要な要素となり、法王はその必要を満たすために特別税その他の方法によって金銭の調達を図り、しかもこれによってフィレンツェに生ずる経済的・政治的利益は皆無であった(Roth, op. cit., pp. 15-6)。

(16) フィレンツェの無防備状態の出現とパッセリーニの重税とは反乱への動きとなり、亡命者及び Filippo Strozzi などの外国滞在者とフィレンツェ内の反抗的貴族とは相結託し、皇帝軍との陰謀も進展していた(Roth, ibid., pp. 17-23)。

(17) 皇帝軍の進出と共にフィレンツェの若者達は武器貸与を要求したが、「執政長官」Luigi Guicciardini (フランチェスコの兄)はパッセリーニと反メディチ派との間を動揺し、遂に四月二十六日騒乱が発生した。パッセリーニは同盟軍の援助を求めてフィレンツェを去り、他方反乱者達はメディチ家の追放と「共和国」の成立とを宣言した。その後パッセリーニは同盟軍を率いてフィレンツェに帰還し、両派の武力衝突が生じた。――Roth, ibid., pp. 23-9.

(18) グィッチャルディーニはパッセリーニの反対を押切り、反乱者達の自由放免を条件にこの衝突を回避させ、同盟軍司令官ウルビーノ公をこの約定の保証者となした(Roth, ibid., pp. 29-31)。この時の彼の行動については諸〻の議論が存在しているが、これについては、Roth, ibid., Appendix I, pp. 341-2. Walz, D., Zur Rettung des Geschichtschreibers Francesco Guicciardini — Historische Zeitschrift, LXXVIII(1897), SS. 207-16 を見よ。

(19) 「執政官」をメディチ派で固め、次に公民権をコンタードの人間にまで拡大し、フィレンツェの有する特権の削減を図った(Anzilotti, op. cit., pp. 69-70)。

(20) 「ローマの劫掠」の後、貴族達はパッセリーニに退去を勧告したが、彼は頑強に抵抗した。パッセリーニに反感を懐く小ロレンツォの姉妹の Clarice とその夫 Filippo Strozzi もその退去を要求し、調停を行なった。その結果、メディチ家及びその一派の公民としての身分と財産との保証を条件に、メディチ家は自発的にフィレンツェを去ったのである。――Roth, ibid., pp. 41-5

(21) Ridolfi, R., Vita di Francesco Guicciardini, 1960, p. 58.

(22) メディチ復帰の報を知らされた後、彼は兄のルイジに次のように書き送っている。
「このメディチ家の人々が善良な精神に従って行動するのみでなく、更に国内において統一と平和とを増大させ、人々に彼等が大ロレンツォの子供であることを証明しているのは私にとって非常に喜ばしい。今後我々が苦悩に陥らないように神の加護あらんことを。そのような変革の際に個人に対して害悪が加えられなかったことは偉大な事柄である。その結果、フェルディナンドや宮廷の人々の許では、枢機卿の名声とジュリアーノの思慮と善良さとに対する評価が高まっている。彼等はメディチ家があらゆる障害を克服し得ると信じており、神もまたそう欲している。」――Opere inedite, vol. VI, pp. 168-9.
ここに彼のメディチ家に対する信頼感情が吐露されているが、レオ十世(ibid., vol. VI, pp. 195-7)及び小ロレンツォ(ibid., vol. VI, pp. 266-70)への書簡は彼のメディチ家への忠勤の例証である。なお、ジュリアーノが彼に対する深い信頼を現わした返書も存在している(ibid., vol. VI, pp. 175-6)。イスパニア滞在中の彼の行動については、Palmarocchi, R., L'ambasceria di Spagna — Studi guicciardiniani, 1947 所収が秀れた分析を行なっている。

(23) ピエロは「独裁機関」の一員に加えられていた。

(24) レオ十世の選出後、彼は父に代って「独裁機関」の一員に加えられた(Ricordanze — Scritti autobiografici e rari, a cura di R. Palmarocchi, 1936 所収— pp. 74-5)。しかし一五一五年以降の小ロレンツォとの関係は決して快適なものでなかった(Ricordanze, ibid., pp. 76-7)。

(25) 一五二七年四月二十四日の書簡で次のように述べている。フィレンツェの状態は予想以上に悪化しており、対策が講じられない限りメディチ家の破滅は回避し難い。メディチ家に対する不満は大衆 universale のみならず、メディチ派及び祖国の支持者達の間にも満ちている。このような不満は支配様式の悪さから生じており、何よりも重大な事柄が個人的な事柄であるかの如く処理されているのは根本的欠陥である。「コルトーナ(=パッセリーニ)は全てを行なおうと欲しつつ、何事をも行なう仕方を知らない。」この不満を解消するためには Pratiche e Consulte(諮問機関)を拡大し、公民の間に政策決定への託身の意識を生じさせ、また金銭調達を力によらず自発的意志に基づいて行なうように転換させることが必要である。――Opere inedite, vol. V, pp. 417-20.

(26) これは元来全公民の集金を意味していたが、その後一党一派による既成権力の打倒の正当化のための手段として用いられるに至った。グィッチャルディーニはこのフィレンツェ特有の制度について次のように述べている。

「フィレンツェの如く自由で popolo が統治する国家では、その同意なくして重大な事柄をなし得ないところから成立した制度であるが、権力者になろうとする人々が tirannide の確保を欲し、しかも自由を完全に破壊し得ずその外観を保持する必要があると認識した場合、また、民衆と元老院との同意が法の定立や新権力の樹立とにとって必要であり、しかも通常の方式でそれを達成し得ないと判断された場合、武力によって popolo を広場に集め、彼等によって提示された事柄を喚声によって決定するという方式が発見された。これは武器と力とによって、popolo が提示された事柄に全て同意し、承認するように強制する方法に他ならない。」――Del modo di ordinare il governo popolare ― Dialogo e discorsi del reggimento di Firenze, a cure di R. Palmarocchi, 1932 所収 ― pp. 248–9.

(27)　これは Parlamento で勝利を占めた党派の委員会であり、通常政体の再組織権と人事権とを掌握する(Anzilotti, op. cit., p. 27)

(28)　Schevill, F., The Medici, 1949, pp. 69–70.

(29)　Anzilotti, op. cit., pp. 26–8.

(30)　Anzilotti, ibid., pp. 26–38.

(31)　コジモについては、Guicciardini, Storia fiorentina, pp. 4–5. 大ロレンツォについては、Guicciardini, ibid., pp. 78–9.

(32)　Guicciardini, ibid., p. 11.

(33)　Guicciardini, ibid., pp. 73–4.

(34)　Guicciardini, ibid., p. 13, 17, 20.

(35)　Guicciardini, ibid., p. 94.

(36)　Guicciardini, ibid., p. 100.

(37)　レオ十世及びジュリアーノのフィレンツェ軽視を小ロレンツォも継承し、フィレンツェの主人 padrone の如く欲するがままに行動している。しかしフィレンツェを軽視してロンバルディアに stato を得たとしてもその保持は非常に困難であり、それへの精力集中は何等確実な成果を生み出し得ない(Del modo di assicurare lo stato alla casa di Medici ― Dialogo e discorsi di reggimento di Firenze 所収 ― pp. 268–70)。

(38) Del modo di assicurare, ibid., pp. 267-8.

(39) 「今日までこの governo を有していた人(=小ロレンツォ)には、彼の強大化と共にますます他の人々の権力が低落するように思われたので、フィレンツェとそのコンタードとの事柄を全て自ら行なった。そして公民や臣民達が何事をもなし得ず、公民達でなく彼のみを首長とすることが必要であることを理解するように欲した。そして権力者から名声を奪い、何らの恩恵も与えなかった。」――Del modo di assicurare, ibid., p. 272.

(40) Del modo di assicurare, ibid.

「フィレンツェには、reggimento popolare で得られる以上のものを他の政体(=メディチ家の支配)で得られる時、それに心を向けないほど自由と reggimento popolare とを愛する人間はいない。しかも政体が変化するならば、彼がその権力を喪失するのみならず、破滅の危険が生ずるのは極めて明瞭である(それ故、決して変革に加担せず、メディチ家への忠節を守る)。」

――Del modo di assicurare, ibid., p. 274.

(41) まず「善良な人間 uomini buoni」の思慮ある使用が勧告され(Del modo di assicurare, ibid., p. 273)、次に「名誉」と「利益」とを求める貴族達(ここでは「我々 noi」と呼ばれている)を私益によってメディチ家の支配に結合させるべきことが主張される(ibid., pp. 274-5)。また、従来からのメディチ家と governo popolare とに対する態度に従って、その信頼度を決定すべしと勧告する(Del governo di Firenze dopo la restanrazione de'Medici nel 1512 — Dialogo e discosi del reggimento di Firenze 所収— pp. 263-4)。

「これらについての結論は次のようになる。即ち、amici を誤りなく選び、思慮深く操作し、状況に応じて好意的に扱えば、彼等の間に支配者に対する信従、愛情、志向が生ずることは確実であり、支配者にとって非常に好ましい結果と恩恵とをもたらすであろう。」――Del modo di assicurare, ibid., p. 276.

(42) Del modo di assicurare, ibid., p. 275.

(43) Del modo di assicurare, ibid., p. 276.

この popolo に対する配慮の必要性の主張の背後には次のような認識が存在していた。

「メディチ家はその強大さに関わらず、その父祖が私人としてフィレンツェの支配を獲得したよりも今日その保持に困難を有している。当時フィレンツェは自由と官職の開放との味を知らず、それらは常に少数者の手中に存した故に、支配権を行使する人間は大衆を敵とすることはなかった。蓋し、大衆にとって支配権が誰の手中に存するかは重要な問題ではなかったからである。しかし一四九四年から一五一二年まで続いた governo popolare の記憶は、少数者の支配下で他に勝り得ると信ずる若干の人間を除いて popolo の間に広汎に定着し、支配権の主人 padrone dello stato の敵となる。蓋し、彼等は自分からそれが奪われたと考えるからである。」――Ricordi, CCLXXVI-Opere inedite, vol. I, p. 213. Ricordi, XXXVIII, p. 101.

(44)　「宮廷」を作ったりする不用な経費の使用を廃すべきである。さもなければ「疑惑」と「嫉妬」とが生じ、そこから「憎悪」と「絶望」とが発生する。その上、重税は商工業を疲弊させ、支配者の経済的基礎を弱化させ、その名声と強大さとを消滅させる。従ってこの問題には不断の注意が必要である。――Del modo di assicurare, ibid., pp. 276–8.

(45)　刑事問題よりも財産関係の問題において、厳格な正義の実行が不可欠である(Del modo di assicurare, ibid., pp. 278–9)。

(46)　Del modo di assicurare, ibid., pp. 279–80.

(47)　自由であるという名称、表現、イメージにもかかわらず、それは党派と力とによって得られた簒奪権力であり、stato tirannico であった(Reggimento di Firenze — Dialogo e discorsi di reggimento di Firenze 所収— p. 25)。

(48)　Reggimento di Firenze, ibid., p. 46.

(49)　Reggimento di Firenze, ibid., pp. 48–9.

(50)　Reggimento di Firenze, ibid., p. 48.

「悪意」から生ずる攻撃は目標と規則とを有しており、これに対して「無知」は目的・規則・基準を持っておらず、これに対する盲人を扱う如きものである(Ricordi, CLXVIII, op. cit., p. 145)。

(51)　Reggimento di Firenze, ibid., p. 25.

(52)　Reggimento di Firenze, ibid.

(53)　グィッチャルディーニの次の如き大ロレンツォ観はこのような論理を端的に示している。

「そこには自由な国家と一人の公民とが存在していたのでなく、一人の tiranno とそれに隷従する国家とが存在していた。従って彼の下で国家はもはや自由でなかったが、しかしこれ以上に善良な、快適な tiranno を有することは不可能と思われる。その性向と自然的善意とから無限の善が生じ、tirannide に必然的に伴う害悪の発生にもかかわらず、必要が強制する範囲にそれは緩和され、制限されており、恣意に発する害悪は非常に少なかった。」――Storia fiorentina, p. 80.

第三章　政体論(二)　一五二七—四〇

この時期はフィレンツェ史上未曾有の転換期であり、コムーネの最後の輝きは一転してメディチ家の「絶対王政」へと転回する。そこで第一にこの政治状況の激変の過程を辿りつつ、その展開の意味を解明し、次に前章で解明されたグィッチャルディーニの政治思想が晩年の彼の政治体制批判に如何に貫徹しているかを提示したい。

第一節　ニッコロ・カッポーニからコジモ・デ・メディチへ

一五二七年五月十七日のメディチ家の追放以来、フィレンツェの統治は「百二十人委員会」によって代行され、(1)popolo は「大評議会」の再開を要求した。こうして五月二十日に一五一二年以前と同様の権限を有する反メディチ的な(2)「大評議会」が創設され、他の諸制度も旧来に復し、五月三十一日、任期一年の「執政長官」にニッコロ・カッポーニが選出された。(3)(4)それ以後のフィレンツェでは四つの党派の激烈な政争が続くことになる。第一はサヴォナローラ派、一五一二年以前の体制の信奉者達であり、この党派は数的に最も優勢であった(Piagnoni)。第二は反メディチ派の急先鋒で過激な popolo 派であり、彼等は小アルテの出身者を大量に含む暴力的集団であり、バルダッサーレ・カルドゥッツィ Baldassare Carducci がその首領であった(Arrabbiati)。第三はカッポーニに率いられる貴族であり、彼等は popolo への根強い不信感からメディチ派と相結んだ(Ottimati)。第四はメディチ派であり、彼等は公然たる活動が不可能となったために中立を装ったが、下層民とコンタードにおいて支持を得ており、「大評議会」の六分の一を制していた(Palleschi)。[5] カッポーニは Piagnoni の獲得に全力を傾注し、体制の宗教的義認を行ない、[6] サヴォナローラ的生活引締め政策にも同調せざるを得なかった。[7] 他方、Arrabbiati の主張にも一定の限界内で譲歩し、一五一二年以降公財政の毀損において利益を得た者の追求のために全権を有する「五人委員会 Tribolanti」が創設され、[8] 更に富裕な公民への特別税(balzello)が課せられた。[9] 同時に Arrabbiati の主張は刑事裁判権を掌握する「四十人委員会 Quarantia」となって現われた。[10] しかしこのような反メディチ的政策は外交の面からも制約を受けざるを得なかった。「ローマの劫掠」によって没落したメディチ家の法王クレメンテ七世は、フランスと皇帝との抗争に中立を守りつつ、メディチ家の財政的再建を基礎にその勢力回復を目論んだ。[11] その際、メディチ家及び教会のフィレンツェにおける財産の保護と五月十六日の約定の遵守を希望し、フィレンツェに対する宥和政策を開始し、[12] カッポーニもこれに応じて国内の Palleschi 弾圧を抑制し、Piagnoni もメディチ家の暴力的帰還を回避するという観点からこれを支持したが、Arrabbiati はカッポーニの政策に嫌疑を懐き、いよいよ暴力化した。[13] カッポーニは一方でこの宥和政策を採用しつつ、他方で政体改革を考案していたが、[14] この宥和政策は法王に対する popolo の不信感によって継続不可能となり、Arrabbiati を先頭とする苛酷な Palleschi 弾圧と教会財産への重税とが発生した。[15] しかしフランスは皇帝軍によって打破され、フィレンツェの国際的地位は著しく弱化し、カッポーニは皇帝と法王との同盟結成を恐れた。このような内政上の混乱の下、「執政長官」の選挙が行なわれたが、カッポーニはカルドゥッツィを破り、再選された[16](一五二八年六月十日)。その後もカッポーニは法王との和解、更には皇帝への接近を開始したが、反メディチ・親仏感情の攻撃によって挫折し、[17] 彼への不信は増大し、その威信は失墜した。一五二九年二月彼は「大評議会」に辞任を申し出たが受理されず、[18] Palleschi 及び貴族への弾圧はいよいよ強化された。[19] 同年四月、反カッポーニ派が「執政官」に就任し、彼の法王との秘密交渉が暴露され、その責任追及の罵倒の中で四月十八日彼は「執政長官」の地位を追われたのである。[20] そしてこの「執政長官」の職に新たに選出されたのは、Arrabbiati の巨頭フランチェスコ・カルドゥッツィ Francesco Carducci に他ならなかった。彼は Arrabbiati に官職を開放し、言論・集会を統制して貴族を弾圧し、[21] 軍備を整えて法王との対決姿勢を強化した。[22] 更にサヴォナローラ的宗教的熱狂が再現し、キリストが「フィレンツェの王」と宣言され、governo popolare への忠誠はキリストへの誓約によって強化され、政治と宗教との癒着が生じたのである。[23]

　カッポーニの没落を知った法王はフィレンツェとの和解を断念して「バルセロナ条約」[24] を締結し(一五二九年六月二十九日)、フランスもフィレンツェとの従来の関係を放棄して皇帝との間に「カンブレイ条約」[25] を結び(同年八月五日)、フィレンツェの孤立は深まった。フィレンツェはその後皇帝の許へカッポーニ等を派遣したが時既に遅く、使節間の分裂・対立も加わって惨めな失敗に終った[26](八月下旬)。九月に入るや否やオレンジ公麾下の皇帝軍はフィレンツェへの進撃を開始し、Cortona, Arezzo を占領した。皇帝はオーストリアに対するトルコの攻撃に気を配り法王にフィレンツェとの和解を勧告したが、両者の反感と要求過大とによって当然の如く失敗し、オレンジ公はフィレンツェに一マイルと迫った。[27] このような対外的孤立と Arrabbiati の支配との中で、Palleschi 及び貴族達はフィレンツェから逃亡し、[28] フィレンツェに在住していた Palleschi には弾圧と暴行とが相次いだ。[29] かくして温和な見解は消滅し、極端な主張[30] が全てを支配するに至った。以後対外的危機の昂進はいよいよ「裏切り者」への対内的弾圧の強化となる。オレンジ公は Pistoia, Prato, Volterra などのフィレンツェ領を次々と占領し、一五三〇年に入るとフィレンツェへの包囲は完成に近づき、五月にはフィレンツェへの食料供給路が完全に遮断されるに至った。[31] フィレンツェは傭兵隊と新たに組織された公民軍[32] とをもってこれに対決したが、遂に決定的勝利を得られず、食料事情の悪化は病気と死者とを増大させた。戦闘と並行して亡命者への復讐と財産没収とが徹底的に行なわれ、[33] これらの亡命者はメディチ家へと接近した。軍事状況の悪化によって動揺した傭兵隊長マラテスタ・バリョーネ Malatesta Baglione は秘かに法王及び皇帝と交渉を開始し、政府と軍隊との関係は悪化した。(34) このような軍隊の動揺の中でフィレンツェは七月末に「執政長官」を先頭に最後の突撃を計画し、ピサに滞在していたフィレンツェの英雄フランチェスコ・フェッルッツィ Francesco Ferrucci の遊撃作戦に期待してバリョーネの出動を要請したが、バリョーネは逆に和平を勧告した。八月三日フェッルッツィとオレンジ公とは Volterra で共に戦死し、その後バリョーネは公然と離反して皇帝・法王と交渉し、更に軍事的にフィレンツェを征圧した。八月十二日フィレンツェは遂に「自由」に対する保証と政治指導者に対する不処罰とを条件に、法王及び皇帝に降服したのである。(35)

八月二十日 Parlamento が召集され、十二人からなる「独裁機関」が成立し、従来の諸機関の廃止と新しい「執政官」の選出とが行なわれた。法王はバルトロメオ・ヴァローリ Bartolomeo Valori をその代理として支配し、亡命貴族は続々高職に任命された。そこでの第一の緊張の課題は皇帝軍への戦費の支払いであり、戦争で疲弊したフィレンツェに過重な課税が行なわれた。(36) 次にグィッチャルディーニやヴェットーリなどからなる「八人委員会」はカルドゥッツィ以下の旧政府の指導者を処刑した。(37) しかし最大の問題は過激な governo popolare 圧殺後の政体改革問題であった。既に小ロレンツォの下で見られた貴族の分裂はここに再現し、「絶対君主政」を主張する一派とそれに対して何らかの留保を唱える一派とに分裂した。一五三一年二月、アレッサンドロ・デ・メディチは「独裁機関」によってあらゆる官職の人事への介入権を認められ、七月には「フィレンツェの首長 capo」となった。このような状況の進展の下に多くの改革論が現われたが、「絶対王政」の樹立を目論む法王は一五三一年から翌年にかけてメディチ派貴族にその見解の提出を要求した。その結果、伝統的諸制度の廃止と「絶対王政」の樹立とが大勢を占めるに至った。(38) 一五三二年四月、改革を担当する十二人の「独裁機関」が成立し、約一ヵ月の作業の後、フィレンツェの政体は次のように改められた。即ち、「執政官」「執政長官」制は廃止され、貴族を代表する「四十八人評議会」と「二百人評議会」とが新たに成立し、「四十八人評議会」とアレッサンドロとによって選出された「顧問官 Consiglieri」とアレッサンドロとが旧来の「執政官」の職務を執行し、人事権は「四十八人評議会」にも属したが、アレッサンドロはあらゆる人事への介入権を得、しかも二つの評議会の召集権を握り、コンタードの支配を独占した。[39] この改革によってアレッサンドロは「フィレンツェ公 Duca della repubblica fiorentina」と称することになり、コジモ以来コムーネの伝統的制度を温存して来たメディチ家は百年後遂にそれを解体し、制度的にも「君主」としての地位を確立したのである。

アレッサンドロは下層階級を経済的に保護し、他方で貴族的特権層を抑圧し、コンタードとフィレンツェとの区別を消滅させて正義の平等な執行を行なったが、[40] 軍事力の個人的目的への使用や恣意的裁判を伴ったために、貴族の一部は彼に反発した。[41] この反感は一五三四年のクレメンテ七世の死と共に公然となり、メディチ派は分裂の危機に陥った。アレッサンドロはルイジ、フランチェスコというグィッチャルディーニ家の兄弟、ロベルト・アッチアイウォリ Roberto Acciaiuoli、フランチェスコ・ヴェットーリ Francesco Vettori などを顧問として招き、他方、枢機卿イッポリート・デ・メディチやストロッツィ、サルヴィアーティを中心とする一派は法王ピオ三世 Pio III の援助の下、ローマに結集した。後者には「共和国」再生を希望する人々の一団も加わり、「亡命者 Fuorusciti」[42] としてアレッサンドロ攻撃を行なった。一五三六年一月、この両派は皇帝カール五世の下で自己の主張を述べ、皇帝による決定を仰いだ。[43]「亡命者」側の主張の要点は次の二つであった。即ち、アレッサンドロの支配は「自由」を保証するという一五三〇年の降服条件に違反し、その根拠は非正当的なものであり、第二にアレッサンドロの統治は tirannide であり、皇帝はかかる統治を承認すべきでない。[44] 第一の点に対してアレッサンドロ側は「自由」と governo popolare とが同義でなく、しかも Parlamento, Balia という手段もフィレンツェの伝統に照して極めて正当的であり且つ適合的であると主張した。[45] また第二の点に対しては、邪悪な政治指導者の処罰も行政官の当然の責務であり、城砦の構築も祖国防衛のため止むを得ない措置であると反論した。[46] 親仏派の「亡命者」に対して皇帝はアレッサンドロを支持し、これと代償にフィレンツェに対する支配権の確立を目論んだが、失敗に帰した。[47] このナポリでの論戦によって、フィレンツェはアレッサンドロと皇帝の娘との婚約を基に「亡命者」から防衛すると同時に、辛うじてその独立を維持したのである。[48] この論争を通じてグィッチャルディーニ、ヴェットーリなどの貴族達はいよいよアレッサンドロの信任を得、フィレンツェは一応安定化への道を歩み始めたのである。

一五三七年一月、アレッサンドロはメディチ一門のロレンツォによって暗殺され、[49] フィレンツェは動揺した。皇帝のフィレンツェ支配を目論む一派は皇帝軍をフィレンツェに集結させ、アレッサンドロの遺子ジュリオ擁立を図り、またパッラ・ルチェッライ Palla Rucellai は governo popolare の再建を主張したが、グィッチャルディーニやヴェットーリなどはかの有名な傭兵隊長ジョヴァンニ・デ・メディチの遺子コジモを推した。[50]「四十八人評議会」はコジモを選出すると同時にその権限を削減し、[51]「公」の称号を奪って「首長 capo」「第一人者 primario」となした。このような貴族達の行動は皇帝支配への抵抗とメディチ家の「絶対王政」への動きに対する一定の制約の設定とを意味している。一方、「亡命者」達はフランスの援助の下にフィレンツェに対して武力攻撃を試みたが、Montemurlo で大敗を喫し、他方フィレンツェではイスパニア派の勢力が増大してグィッチャルディーニ等の貴族達は遠ざけられた。[52] コジモはこの「亡命者」の攻撃に際して皇帝への依存を強めつつ、同時に自己の独立を確保しながらコムーネから絶対王政的領域国家への脱皮を開始した。第一にフィレンツェとその支配領域との法的・政治的差別を解消して「臣民」を普遍的に創出し、「法的平等」を実現した。[53] 第二にコンタードの人間からなる軍隊を創設してフィレンツェを征圧し、傭兵隊を解散した。[54] そして更に行政機構を完全に掌握して中央集権的行政組織を整え、全てを自己の Werkzeug と化した。[55] このようなコジモの政策によって彼を選出した「四十八人評議会」は無力化され、コジモに対する権力制限策も失敗し、貴族達は amici の地位から「官職貴族」「宮廷貴族」へと変貌して行ったのである。[56] また「亡命者」集団は一五三七年の敗北と翌年のフィリッポ・ストロッツィ Filippo Strozzi[57] の自殺とによってその組織的行動能力を喪失し、ヴェネツィアへ、あるいはフランスへ、あるいはローマへと離散して行った。これに対してコジモは一五三七年に「公」の称号を得、一五七〇年には「トスカーナ大公」となり、猖獗を極めた党争も終焉し、「平和」と「安全」とが時代の政治シンボルとなった。こうしてコムーネは滅亡し、アルプスの彼方と同様に「絶対王政」の時代を迎えるのである。

(1)　Roth, C., The Last Florentine Republic, 1925, p. 46. この「百二十人委員会」はメディチ家に対して非常に寛大であり、権限の縮小された「大評議会」の再建を企図していた(Anzilotti, A., La crisi costituzionale della repubblica fiorentina, 1912, pp. 70–1)。

(2)　前章第一節(9)で述べた如く「大評議会」の構成員となるためには、本人・父・祖父・曾祖父のいずれかが三高職に就任したことが必要であったが、この「大評議会」では一五一二年以降のメディチ支配の下でのみかかる高職に就任した人間はそこから排除されることになった(Roth, ibid., p. 49. Anzilotti, ibid., p. 71)。

(3)　彼はフィレンツェの名門の出身で、ストロッツィ家との姻戚関係を通じてメディチ家と結びついた。小ロレンツォ及びジュリオの統治の下ではそれに協力したが、パッセリーニの統治の開始と共にその公然たる敵となった。そして「金曜日の騒乱」以降常に反メディチ派の先頭に立ち、popolo の間にも人気を博した(Roth, ibid., pp. 59–60)。

(4)　カッポーニの競争者は Alfonso Strozzi, Tommaso Soderini, Baldassare Carducci であったが、これらはいずれもカッポーニ以上に反メディチ的・popolo 的であった(Roth, ibid., p. 54)。

(5)　Roth, ibid., pp. 60–1. Albertini, R. von, Das florentinische Staatsbewußtsein im Übergang von der Republik zum Prinzipat, 1955, S. 111.

（6）Roth, ibid., pp. 61-3.

（7）Roth, ibid., p. 64.
同時に反ユダヤ感情が昂揚し、ユダヤ人の経済活動への弾圧が再現した(ibid., pp. 63-4)。

（8）Roth, ibid., p. 65. Anzilotti, op. cit., p. 73. この措置は一五二七年のメディチ家のフィレンツェ退去の際の約定に明瞭に違反している。前章第二節(20)参照。

（9）これも明らかにメディチ派に向けられており、担税能力を越えた苛酷な税であった。その犠牲となったのが Francesco Guicciardini や Roberto Acciaiuoli であったのである。——Roth, ibid. Anzilotti, ibid.

（10）特に政体変革の嫌疑ある者の裁判所となり、党派的弾圧への突破口となった(Roth, ibid., pp. 65-7. Anzilotti, ibid., pp. 74-5)。

（11）Roth, ibid., pp. 84-5.

（12）Roth, ibid., pp. 86-8.

（13）Roth, ibid., pp. 88-9.
この当時のカッポーニの顧問団を形成していたのは、Francesco Guicciardini, Roberto Acciaiuoli, Francesco Vettori, Filippo Strozzi などのメディチ家と親しい貴族達であり、Soderini は Alfonso Strozzi と結び過激化した(ibid., pp. 91-2)。

（14）カッポーニは popolo＝「大評議会」の政治的能力に不信を懐き、特にフィレンツェが過激な popolo 派のデマゴーグの支配に陥り、「賢人 Savi」の指導が拒否され、内政・外交において非常な危機にあると判断した(一五二八年七月八日の Dispaccio Guarini 宛書簡——Rossi, A., Francesco Guicciardini e il governo fiorentino dal 1527 al 1540, 1896-9, vol. I, p. 279 所収——を見よ。Cfr. Albertini, op. cit., S. 113)。彼の命によってその秘書官ドナート・ジャンノッティ Donato Giannotti は、Discorso sopra il fermare il governo di Firenze を書いた。そこに現われた政体論は百人の「元老院」に外交・課税権を与えて「大評議会」の権限を削減するという内容を有し、貴族の外交におけるリーダーシップの確立を企図している(Albertini, ibid., SS. 114-5. Roth, ibid., pp. 92-4)。
このようなカッポーニの政体論を支持しつつ、それをより詳細に論じたのがフランチェスコの甥ニッコロ・グィッチャルディーニ Niccolò Guicciardini であった(Discursus de Florentinae Rei publicae ordinibus. Quemadmodum civitas optime

gubernari possit et de Monarchia, Aristocratia et Democratia Discursus. — Albertini, ibid. 所収)。彼は「大評議会」の人事権を承認するが、同時にその矯正を主張し、そのために「元老院」の中から nominatori(＝accoppiatori)を選出することを提案する。この「元老院」は終身であり、「執政官」の過大な権限を吸収し、更に財政・外交問題を専断的に処理する権限を有する。また彼等は「執政官」の諮問に応じて立法問題を議し、「執政長官」の選出にも参加する。かくして全ての重要な案件は「元老院」で論議・決定され、行政監察所及び上級裁判所としての機能も有する。この「賢人 Savi」の集合体こそ政体の「真髄 nervo」であり、ローマの「元老院」同様の卓抜した機能が期待される(Albertini, ibid., SS. 116–20, SS. 377–94)。

(15) Roth, ibid., pp. 95–102.

(16) Arrabbiati の過激な行動への反発がカッポーニの再選を可能にした(Roth, ibid., pp. 107–8)。

(17) 一五二七年以降フィレンツェは「コニャック同盟」へ正式に加入してフランスへの支持を継続したが、その後もフランス軍は皇帝軍に敗北し、法王は旧敵皇帝に接近を開始した。他方、フランスの援助に疑惑を感じたカッポーニは皇帝との和解を達成しようとしたが、サヴォナローラ以来の親仏感情の前に屈したのである(Roth, ibid., pp. 121–2. Albertini, op. cit., SS 115–6. Rossi, op. cit., vol. I, pp. 106–15)。

(18) Roth, ibid., p. 123.

(19) Arrabbiati は Lucrezia Salviati, Rafaello Girolami, Tommaso Soderini, Alfonso Strozzi などを告発した(Roth, ibid., pp. 123–4)。この告発が典型的に示すように Arrabbiati は Soderini, Strozzi などの popolo 派に対しても疑惑を感じ、いよいよ Extremist としての性格を暴露していく。

(20) Roth, ibid., pp. 124–7

(21) Roth, ibid., pp. 133–5.

(22) Roth, ibid., pp. 135–9.

(23) サヴォナローラの説教はそのままの形で受用され、特に popolo の間で絶大な共鳴を得た。メディチ家の追放は「神の御業」とされ、法王庁の頽廃への批判がくり返され(これは結果的にメディチ批判となる)、フィレンツェ内の道徳的頽廃に峻厳な規制・弾圧が加えられた。しかも governo popolare が神の賜物であるという信念がそれと結合し、popolo はサヴォナローラの中に政治行動の支柱を見出した。一五二九年六月二十六日の「大評議会」はキリストを「フィレンツェの王」と正式に宣言し、このような宗教的熱狂はその絶頂に達したのである。ここからフィレンツェの防衛は神の秩序の護持と観念され、以後の戦時期間中常に「天佑神助」への信仰がフィレンツェを支配した(Albertini, op. cit., SS. 137–40. Roth, ibid., pp. 140–2)。

(24)　この条約の中で法王は北ヨーロッパ及びイタリアにおける皇帝の利益を支持し、皇帝はあらゆる手段を用いてメディチ家をフィレンツェに復帰させることを約し、同時にアレッサンドロ・デ・メディチと皇帝の娘との婚約も整った(Roth, ibid., p 139)。

(25)　この条約でフランスはイタリアから完全に撤退することを約し、皇帝はその代償として人質のフランス王子を返還し、かくしてフランス王子のためにイタリアが犠牲にされたのである(Roth, ibid., pp. 142–4)。

(26)　Roth, ibid., pp. 144–51.

(27)　Roth, ibid., pp. 176–8.

(28)　Francesco Guicciardini, Alessandro de' Pazzi, Roberto Acciaiuoli, Palla Rucellai などの貴族達の他、Michelangelo Buonarotti も一時逃亡した。彼等は Filippo Strozzi などと共にルッカに集結し、Bartolomeo Valori 等はオレンジ公を積極的に援助し、一部の戦闘に参加した。——Roth, ibid., pp. 204–5. Rossi, op. cit., vol. I, pp. 141–4.

(29)　Roth, ibid., pp. 205–6.

(30)　かかる状況の下では当然の如く「自由」、popolo, tiranno 等のシンボルを操作するデマゴーグが出現する。Arrabbiati のリーダーの多くはフィレンツェの名門の若者であったが、その典型的言動は Pier Filippo Pandolfini に見られる。彼によれば popolo に所属するだけで完全に善であり、貴族であれば直ちに悪である。そして貴族こそ「自由」の敵、tiranno の手先である。従って popolo と貴族との融合・共治は不可能であり、「自由」の擁護のためには貴族と名のある者を徹底的に弾圧しなければならない。——Albertini, op. cit., SS. 127–9.

(31)　その結果、苛酷な食料の供出、価格統制が開始された(Roth, ibid., pp. 263–6)。そして六月末には防衛に無益な人間六千人がピサに強制送還された(ibid., pp. 266–7)。

(32)　一五二七年からマキアヴェッリの構想に従った軍隊の再建が開始され、翌年公民軍が成立した。この公民軍は一万に達したが、これはコンタードの臣民からなる軍隊と異なり強烈な忠誠意識を有していた。即ち、それへの参加は「自由」の防衛のための闘争のシンボルであり、武器を執ることは自由な公民の権利・義務と意識された。このような軍隊こそが公民の平等の具現であり、公民の差別よりも平等の意識を生み出し、能力による名誉の獲得を開放的にする。そしてこの軍隊はスパルタやローマへの引照によって、古代の再生の意識をも有していた。このような Civic Humanism の実現にもかかわらず、実際の戦闘を担当したのは依然として傭兵であった。——Albertini, op. cit., SS. 129–37. Cfr. Oratione di Piero Vetori, fatta alla militare ordinanza fiorentina — Albertini, ibid., SS. 404–11 所収。

(33) Roth, op. cit., pp. 241–2.

(34) Roth, ibid., pp. 302–10.

(35) その内容は次のようなものであった。皇帝は「自由」を維持しながら四ヵ月以内に新政府の形態を定め、フィレンツェは巨額の賠償金を支払い、コンタードはフィレンツェに返還され、政治指導者の処罰を行なわない。——Roth, ibid., p. 320.

(36) 「人々は財産を失い、フィレンツェの周囲数マイル及びコンタードの多くの場所で家が破壊され、非常に多くのコンタードの住民が減少し、平民は欠如し、この年の生活に充分な食料を有する人間は甚だ少なく、来年の生産への見通しはない。」——Guicciardini, Dall'assedio di Firenze al secondo convegno di Clemente VII e Carlo V (28 giugno 1530–2 dicembre 1532): Lettere inedite a Bartolomeo Lanfredini, pubblicata per cura di A. Otetea, 1927, p. 3 (一五三〇年九月二十九日の書簡)また毛織物の工場も五分の一に減少している(ibid., p. 28——一五三〇年十二月二十七日の書簡)。

(37) Roth, op. cit., pp. 335–6.

(38) Filippo Strozzi などの如く絶対王政樹立に賛意を表した貴族は多数存在したが、最も注目の的になるのは Guicciardini, Vettori, Acciaiuoli などのカッポーニ支持派の貴族の動向であった。一五三〇年の復帰以降、法王は君主政を欲したが、これらの貴族達はメディチ家の権力の外見化を目論んだ。一五三一年春に法王はこれらの貴族に政体改革について諮問したが、「君主政」の樹立には消極的であった。アレッサンドロのフィレンツェ到達とその統治の進展を見ながら、法王は自己の見解を支持する貴族にその意見を求め、Luigi Guicciardini がメディチ家の君主化を公然と承認する見解を明らかにしたのを機に他の貴族にも諮問し、Francesco Guicciardini を除き(後述)Vettori, Acciaiuoli も大体法王の見解に同意した。Gilbert, F., Alcuni discorsi di uomini politici fiorentini e la politica di Clemente VII per la restaurazione medicea — Archivio Storico Italiano, 1935. Cfr. Anzilotti, op. cit., pp. 81–2.

(39) Rossi, op. cit., vol. II, pp. 33–7. Albertini, op. cit., S. 199.

この体制は徐々にConsiglieri と公との活動の評議会の拘束から解放、二つの評議会の外見化・翼賛化を通じて完全な君主政への道を歩むことになる。しかしかかる転化が判然と生ずるのは後のコジモの下においてである。——Anzilotti, A., La costituzione interna dello stato fiorentino sotto il duca Cosimo I de'Medici, 1910, pp. 25-40.

(40) 彼の政策の詳細な分析については、Rossi, ibid., vol. II, pp. 218-65 を見よ。なお、貧民・コンタードの保護政策、経済復興のための諸施策は後のコジモの政策の先駆的内容を有している(Anzilotti, ibid., pp. 55-65, pp. 93-111)。

(41) Albertini, op. cit., S. 201.

(42) 従って当然「亡命者」の間には深刻な分裂が伏在していた。即ち、ストロッツィやサルヴィアーティなどの貴族は君主政自体を拒否せずアレッサンドロ個人を拒否し、その地位にイッポリートを配しようと企てた。従って、総じてグィッチャルディーニ等のアレッサンドロ支持者との間に政治理念における根本的相違は存在しない。それに対して一五二七―三〇年の再興を求める反メディチ論者は「自由」を唯一の目標とし、君主政自体を否定する。かくして両者は反アレッサンドロという一点において辛うじて一致していた。——Albertini, ibid., SS. 202-4.

(43) これは一五三〇年の降服条件の中で、皇帝がフィレンツェの政体に配慮するという一項に基づいている。

(44) まずこの権力は降服条項に違反して Parlamento によって「自由」を転覆し、前任者を処罰し、降服条件に反した課税を行なっている。「自由」の消滅は制度的に明瞭であり、アレッサンドロは名誉と利益とを全く恣意的に配分し、公金を横領し、自由な国家で許容されない権力を得、恣意的な裁判を数多く行なっている。従ってこのように明瞭な tirannico な権力は皇帝の保護を受ける資格を持たない。また popolo に権力の根拠を求める方法としての Parlamento は全く暴力的で、決して正当な根拠となり得ず、仮りに正当的であったとしてもその統治様式は tiranno のそれであり、如何なる意味でも降服条項にかなった「自由」は不在である。——Querele dei Fuorusciti fiorentini contro al duca Alessandro de' Medici, Opere inedite. vol. IX, pp. 331-46.

(45) フィレンツェは一四三四―九四年の間メディチ家と貴族とによって支配されたが、そこでは「自由」と Republica の形態とを有していた。その政府の下でフィレンツェは静穏、権力、繁栄を享受していた。これに対して一四九四―一五一二年の governo popolare は分裂と対立とに満ちており、一五二七―三〇年の期間は最悪の政体であった。メディチ家の下で「自由」はよく保存されている。蓋し、「自由」とは平民の暴政と同義でなく、「亡命者」の唱える「自由」は全く暴政のための口実にすぎない。ところで一五三二年の変革は正当である。第一に Parlamento は正当的根拠を与えており（フィレンツェの自治の証明）、更に governo popolare の権力濫用の再発を防止するために必要な改革であった。またアレッサンドロの統治は governo popolare のもたらした「諸結果」と比較するならば遙かに秀れている。——Querele, ibid., pp. 354–65.

(46) 前政府の指導者達は祖国の劫掠と殺害とに専念し、全世界に比べるものなく豊かで美しい国家を甚しい貧困に陥れた。このように彼等は祖国に対して甚しい危害行為を繰返したのであり、彼等がメディチ派への加害行為の故にでなく何よりも祖国への侵害の故に処罰されるのは正当である。——Querele, ibid., pp. 365–70.

(47) 皇帝側の要求は、Querele, ibid., pp. 381–3. アレッサンドロ側の回答は、ibid., pp. 384–6.

(48) Rossi, op. cit., vol. II, pp. 137–46.

(49) ロレンツォの『弁護論』と行動様式については、Albertini, op. cit., SS. 209–12 を見よ。

(50) Albertini, ibid., SS. 206–7.

(51) コジモの自由に処理し得る財政上の権限を制約し（金額の制限）、それによってその活動の自由を拘束しようと試みた (Rossi, op. cit., vol. II, pp. 277–8)。

(52) コジモとの対立はまず「亡命者」の帰還問題について生ずる。貴族達は Strozzi 等の帰国によってコジモへの対抗勢力を強化しようと図ったが、コジモは「亡命者」の無条件降服を要求した。次にフィレンツェの城砦の皇帝軍による占有問題において対立が生じた。フィレンツェにおける自己の地位を皇帝によって強化しようとするコジモはこれを承認したが、グィッチャルディーニ等は外国支配の恐れからそれに反対した。——Rossi, ibid., vol. II, pp. 280–314.

(53) Albertini, op. cit., SS. 275–6. Anzilotti, La costituzione interna, p. 56.

(54) Albertini, ibid., S. 276.

(55) Albertini, ibid., SS. 276–7. Anzilotti, La costituzione interna, pp. 41–53.

(56) Albertini, ibid., SS. 277–9.

(57) 彼の思想と行動とについては、Albertini, ibid., SS. 212–21 を見よ。

第二節　グィッチャルディーニの政体批判論

「コニャック同盟」の指導者グィッチャルディーニは一五二七年六月カッポーニを「執政長官」とするフィレンツェに帰国した。彼に対して Arrabbiati は公金横領とコンタード劫掠との責任[1]を追及したが無罪であった[2]。またアルテからの彼の排除工作も失敗し[3]、彼はカッポーニの政治顧問として特にその外交政策に尽力した[4]。そして彼はカッポーニと姻戚関係を結び[5]、いよいよその政策に密着して行った。法王の下で高職を歴任した彼に対して Arrabbiati は再三にわたって重税を課したが[6]、カッポーニが健在である限り彼に対する政治的攻撃はそれほど激しくなかった[7]。カッポーニ没落後の一九二九年九月、生命の危機が迫ったことを一つの理由に彼はフィレンツェを去り[8]、ボローニャに向い、そこで法王に再会した[9]。ボローニャでフィレンツェと法王との和解に尽力したが成功せず[10]、却ってフィレンツェは彼への猜疑を深め、出頭を命令したが遂にそれに応ぜず[11]、Quarantia で審理の後一五三〇年三月反乱罪で追放を宣言され、財産を没収された。その後彼は法王を頼りにローマへ赴き、そこで亡命貴族《エミグレ》の中心人物になったのである。同年九月末荒廃したコンタードとフィレンツェとに驚きながらフィレンツェに帰還した彼は、刑事裁判権を掌握する「八人委員会」の一員に加えられた。彼は stato の安定のためにカルドゥッツィ等の共和国指導者の処罰を主張したが、法王の代理のヴァローリは反対派に対する「寛容」を主張し、ここに両者は激突し[12]、結局法王の裁断で十月に処刑判決を下した。その後も彼とヴァローリとは諸〻の問題を機に対立したが、ヴァローリの解任とニッコロ・ショーンベルク Niccolò Schomberg の就任とによってその不満も一応収まった[13]。経済的に疲弊した[14]彼はローマ滞在中から法王庁への就職工作を行なっていたが、「ロマーニャ総督」の地位をヴァローリに奪われ、不満ながらも[15]「ボローニャ総督」に就任した(一五三一年六月)。以後彼はフィレンツェの政治に関与せず、法王からの政体改革論に対してのみ回答(後述)を行なっている。一五三二年四月の改革委員会には発足後にその任命通知を受け、その作業に携わった。[16] その後彼は法王の忠実な外交官として皇帝との交渉にあたり、[17] またフランソワ一世の第二王子(=アンリ二世)と小ロレンツォの娘カテリーナ(「サンバルテルミー虐殺」の当事者)との結婚問題に関与している。[18] 法王の死後彼は「ボローニャ総督」の地位を去り、しばしば彼に助言を仰いでいたアレッサンドロの統治するフィレンツェに帰還した。[19] その後の彼はナポリでの論争の主役を務め、コジモ選出を推進したがやがてコジモによって遠ざけられ、余生を『イタリア史』の完成に傾注したのである。

以上の如き彼の後半生を顧みる時、その政治思想は一五二七年から三〇年までの共和国論とメディチ家論とに大別される。前者についてみるならば彼はその初期の統治を称讃しているが、[20] 一五二九年のフィレンツェ退去の際にはその「善良さ bontà」を根本的に疑い、もはや許容し得ない統治であると判断している。[21] かかる直接的批判の根底には理論的考察が進行していた。その考察は直接に政体論の形成を採用していないが、間接的な形式で数多く存在している。まず『回想録』の一五三〇年の訂正加筆版では、popolo=「狂気 pazzia」「無知 ignoranza」という判断が急激に増加する。[22]

「悪しき統治から生ずる害悪が明らかであれば、それを知らない人間は学ぼうとし、あるいはより良く知っている人間に進んで統治を委ねるであろう。しかし人間、特に popolo は無知 ignoranza の故に無秩序の原因を知らず、無秩序の根拠をそれを生み出した誤りに求めず、統治能力のない人間の統治から生ずる害悪を認識出来ないために、統治能力を欠如する人間に統治させたり、無経験な人間に統治させたりする誤りを続ける。そこからしばしば国家の最終的破滅が生ずる。[23]」

この認識能力の欠如の他に、その「自由」の偽瞞的性格も鋭く認識されている。

「governo popolare は正義と平等とに従って歩むべきであり、そこから全ての人々の安全と大多数の人々の満足とが生ずる。……もし reggimento popolare が他の種類の統治に変化するのでなければ、それを支配者の利益 uso di stato によって保持することは不可能である。蓋し、uso di stato による支配は自由の保持でなく破壊であるからである。[24]」

『回想録』に見られた popolo 批判は『フィレンツェの事情 Le cose fiorentine』の中で貴族達の口を通しても語られているが、[25] 最も理論的考察は『考察』に見られる。popolo はその「無知」の故に重要な事柄を決定する能力を持たず、従って popolo の手中に重要な事柄の決定権が存する限り国家は滅亡する。[26] また popolo は浮動的で変革を好み、野心的・煽動的な人間によって容易に動かされ、有能な人間を追放する。[27] 従って重要な案件は「元老院」によって扱われるようにしなければならない。[28] このような popolo 批判を基にグィッチャルディーニはマキアヴェッリの popolo への同調を激しく批判する。まず、ローマの「護民官」制度の無用性を主張し、[29] またその内部対立を批判し、[30] ローマを governo popolare と解することに反対した。[31] 更に「自由」の守護者として貴族よりも popolo 及び plebe を推奨するマキアヴェッリに対して、「思慮 prudenza」の「無知」に対する優位という論理によって正反対の結論を引き出している。[32] この両者の対立は「大衆は君主よりも賢く、確固としている」(『リウィウス論』第一巻五八章)という見解をめぐって絶頂に達する。即ち、君主や貴族には統一と思慮及び秩序とが存し、大衆は疑惑と噂とによって動かされ、そこからは混乱しか生じない。[33]

「それ故、大衆を秩序なく堅固さなく風のままに浮動する海の波に喩えるのは理由のないことでない。要するに popolo とは正に無知と混乱との群であり、従って popolo の統治は如何なる場所においても継続しない。それが続いている間にも無限の騒乱と無秩序とが生じ、結局 tirannide が国家の破滅を生ずるものである。」[34]

「自由」を再獲得した場合には「温和な政体」の樹立が必要であるという彼の主張[35]は無惨にも打ち砕かれ、popolo は「自由」の仮面の下に uso di stato に従って支配し、tirannide を生み出した。政体の評価を「諸結果」から行なう彼にとってこの三年間の経験は governo popolare に対する最終的絶縁を強制した。以後彼は再度 governo popolare の改革論を書くことなく、「より少い悪」として tiranno のメディチ家へと接近する。機構論をもってする governo popolare 改革論は popolo への罵詈雑言の嵐によって吹き払われたのである。

この時期の彼のメディチ論は前章と異なり極めて具体的な問題を中心に行なわれる。一五三〇年後のフィレンツェ統治に対する彼の視座は、ローマから帰還直後に既に極めて明確に述べられている。

「フィレンツェ及びコンタードの悲惨さと破壊とは筆舌に尽し難いほどで、我々の想像を遙かに越えている。……その状態はこの地方が耐え得ると信じ難いほどの破滅に陥っている。特殊性と利益に基づく目論見とを放棄してフィレンツェとコンタードとが生気を得るように、出来るだけ援助するだけの非常な愛情と大変な勤勉とによって統治しない限り、旧状に復すことは不可能であり、〔このような統治を欠如すれば〕この団体は非常な病気の中に停滞し、小さな出来事によって崩壊し、何らの治療なく見離されるであろう。」[36]

このようなフィレンツェの疲弊に対して望まれるのは「公正且つ温和な honesto et moderato」統治[37]である。この観点から彼は法王の代理者バルトロメオ・ヴァローリの統治様式を批判する。ヴァローリはその特殊利益と野心とによって行動し、法王の権威を借りて全ての人々に命令し、小ロレンツォの如く「宮廷」を作り、多くの人々に恐怖を与え、その統治は「法外に extraordinariamente」行なわれている。[38] グィッチャルディーニのヴァローリ批判はその財政政策批判において絶頂に達する。即ち、傭兵への支払負担を挙げて経済的に疲弊したフィレンツェに課すという政策に対して、グィッチャルディーニは利子所得者や土地貴族の保護に対して商工業の再建を進言する。[39] 蓋し、商工業の興隆こそ尽きざる税源であり、もしこれが枯渇すれば stato はその基礎を喪失し、崩壊する。[40] 以上の如きヴァローリ批判は正に小ロレンツォ批判と対応しており、ヴァローリが法王の傀儡である限りメディチ家に対する批判としてこれ以後も継承されることになる。

しかし、この時期のグィッチャルディーニは governo popolare への希望と幻想とを持たず、カッポーニ体制の悲惨な結末はメディチ家への固執を生み出した。[41] この観点からする限り、ヴァローリの行動は「権力 stato」(メディチ家の)への有害性と解釈され、不満は反メディチ的行動とならずに法王への提言という形式をとらざるを得なくなる。[42] かくして問題は如何なる形でメディチ家の権力を容認するか、となる。この問題が現実化したのは一五三二年の改革問題においてであった。二度の追放を経験したメディチ家は旧来のコムーネの諸制度の抜本的変革を試み、法王はメディチ派貴族にこの問題について諮問した。[43] この際最も微妙な立場におかれたのが、一五二七年にカッポーニを支持した貴族であった。法王の見解に最も接近した見解はフランチェスコの兄ルイジ・グィッチャルディーニによって述べられた。彼によれば大ロレンツォ的な amici の好意に基づくメディチ家の統治は、敵党派の強力さとフィレンツェの状況の変化とによって半年も継続し得ず、[44] 次に「絶対君主 Signore assoluto」案はそこに生ずる巨大な転変と混乱との予想から妥当でない。[45] 彼の主張はこの第一・第二の方式の折衷であり、[46]「執政官」及び「執政長官」制の廃止とアレッサンドロへの権力の集中とを主張し、[47]「二百人評議会」をその翼賛機関として樹立するように勧告した。[48] フランチェスコ・ヴェットーリの見解は「執政官」を廃止し、[49] 実質上はアレッサンドロが支配しつつも伝統的な諸制度の外観を保持し、[50] 敵党派に対する「力」の行使の公然たる容認と共に amici の増大を勧告する内容を有していた。[51] またロベルト・アッチアイウォリはメディチ家の世襲的統治を承認し、[52] 同時に amici の代表機関を設置して両者の緊密な[53]

関係を確立し[54]、他面で全ての公民の「安全」を平等に確保すべきであると説いた[55]。以上の如き諸見解に対してフランチェスコ・グィッチャルディーニの改革案は著しい対照をなしている。彼はまず「君主政」樹立の困難さを説得する。即ち、それを急激に試みることは全面的無秩序を惹起する。従って長期間にわたってその前提条件を整えることが必要であり、そのためには「思慮 prudenza」の行使が不可欠であるが、アレッサンドロにその作業を期待するのは無謀であり、且つローマからの指令によってかかる微妙な問題を処理することは不可能である[56]。従ってアウグストゥスや大ロレンツォの如く「共和国の陰影 ombra di Republica」の保存こそが有益である[57]。次に「力」による統治は一般原理として危険であり、特にフィレンツェの如き国家においては危険である[58]。従って残る統治方式としては amici の獲得・維持に基づくコジモ＝大ロレンツォ体制しかあり得ない[59]。グィッチャルディーニはこの伝統的方式の説得のために一五二七年との状況の相違を主張し、amici に依存する統治がメディチ家の stato にとって危険でないと説明する[60]。この amici による統治は「独裁機関」の成員から「二百人評議会」を創出し、そこから更に「七十人(八十人)評議会」を選出し、後者に大ロレンツォ下で「七十人評議会」が有していた如く統治の全権を集中するという方式によって行なわれる[61]。人事権はこの「評議会」に属し、重要官職は「二百人評議会」の成員の間に配分され、大部分の外交官職は amici 創出の手段として残され、その他「諮問機関 Pratiche」も官職への欲求緩和のために用いられる[62]。そしてフィレンツェの住民及び臣民は「善き正義 buona guistizia」によって統治されるだけで充分であり、この際特に重税を回避するようにしなければならない[63]。

この政体論にはアレッサンドロの制度上の特殊な地位への言及が全く存在せず、大ロレンツォの統治様式がそのままの形で主張されている。しかし一五三二年四月の改革はほぼ兄ルイジの主張の実現であり、彼は不満を吐露しながらも[64]、アレッサンドロが「理性的 ragionevole」に統治し、amici の保護を実行することを期待している[65]。この不満はその後個人的昇進と「亡命者」との対決との中で緩和されたが、アレッサンドロの死後コジモの権限を削減するという形で再現したのである。このように執拗なメディチ家の権力の制限の試みを支えていたのは次のような意識であった。

「善良な公民と愛国者 amatore della patria とは自己の安全のため——嫌疑を受ければ危険だから——のみならず、祖国の利益のためにも tiranno と良好な関係を保持すべきである。このようにして統治することによって、助言や行動を通して多くの善を引き立て、多くの悪を防止し得るからである。彼を非難する人間は気違いである。蓋し、それは tiranno の周囲に邪悪な人間が集まれば国家が栄えると言うようなものだからである。[66]」

この時期のグィッチャルディーニのメディチ論はここに存在するレトリックによって欺かれない限り、前章のそれと全く同一であることが容易に判明する。彼の政治理念は依然として脈々と流れている。彼はメディチ家の支配を「自由」との調和の中に「緩和」するという主張を頑強に固執し、あくまで制度的にその行動を拘束する保証を求めた。stato=tirannide を公然と肯定したマキアヴェッリと異なり、彼は「正義」と「自然の秩序」とを感性的人間像の肯定にもかかわらず、依然として護持しようと試み、苦悩に満ちた政体論の中でその実現を企図したのである。晩年には更にイスパニアのフィレンツェ支配の暗い影が彼の理念を脅したが、彼はそれに敢然と抵抗しつつ祖国の自立性の保持に努力した。彼の思想と行動とは転換期の中で適応と共に常にフィレンツェの伝統の保持を忘却しなかった、執拗な保守主義の存在を示している。マキアヴェッリが伝統を破壊した新時代の旗手であったとするならば、グィッチャルディーニこそ没落する誇り高いフィレンツェの名門を代表する思想家・政治家として、その生命を燃焼させた最後の偉大な人間であったのである。

(1) Oratio accusatoria — Scritti autobiografici e rari, a cura di R. Palmarocchi, 1936 所収— pp. 193–207.

(2) 訴追機関(Sindaci)の調査の結果無実が判明したが、このような告訴の原因は popolo の憎悪であった(Rossi, A., Francesco Guicciardini e il governo fiorentino dal 1527 al 1540, 1896–9, vol. I, pp. 80–9)。

(3) Opere inedite, vol. IX, p. 129. Rossi, ibid., vol. I, pp. 89–94.

(4) 彼は「大評議会」に出席し(Opere inedite, vol. IX, p. 136)、カッポーニの諮問に応じていた(Rossi, ibid., vol. 1, pp. 100–4. Roth, The Last Florentine Republic, 1925, p. 115)。彼は外交政策において親仏政策の有する危険性を指摘し、フランス王の意図がフィレンツェの援助にないと判断していた(Opere inedite, vol. IX, pp. 126–7)。その見解はカッポーニとほぼ同一であった(Rossi, ibid., vol. I, pp. 115–8)。

(5) Roth, ibid., p. 91.

(6) 彼は五度にわたって特別税を課せられている(Rossi, op. cit., vol. I, pp. 94–6)。

(7) カッポーニとの姻戚関係が彼に対する防壁となっていた(Rossi, ibid., vol. I, p. 97. Cfr. Opere inedite, vol. IX, pp. 145–6)。

(8) 私がフィレンツェに在住してフィレンツェとその自由とのためになし得ることがあるならば、私が生命を賭してそれを行なうであろうことは神も知っている。しかし今や私に対して嫌疑を有する人々が私を脅迫するのをフィレンツェの役人が支持していると聞いている。私は自己の行動が正しかったと信ずるが故に私に対するかかる扱いは全く不当である。そこで悪意からでなく恐怖というより少い悪に従って行動すべきであると判断し、フィレンツェを退去する。——Opere inedite, vol. IX, pp. 135–7.

(9) 一五二七年の変革以来、法王との関係は一時的に冷却している。即ち、一五二七年六月十五日の法王宛書簡では法王への忠誠を誓っているが(Opere inedite, vol. IX, p. 85)、他面 Roberto Acciaiuoli 宛書簡では法王がこの変革に満足すると述べたと伝え(ibid., p. 101)、また法王はカッポーニ下のフィレンツェの力による変革を考えないだろうと判断している(ibid., p. 118)。一五二七年のこのような見解は法王の没落とメディチ家の復帰の不可能性との認識に基づくカッポーニ派貴族の自信を現わしている。

なおボローニャでの法王との再会は決して意図的・作為的なものでなかったと彼自身弁解している(Opere inedite, vol. X, p. 137)。

(10)　Opere inedite, vol. X, pp. 137–8.

(11)　一五二九年十二月以降の手紙には自己の無実の主張とフィレンツェ政府への不信感とが露骨に見られ、出頭命令に応ずることは全く無意味であると判断している（一五二九年十二月三—四日、十四日、十九日の兄ルイジ宛書簡及び一九三〇年三月二日の Otto di Guardi e Balìa 宛の釈明書）。

(12)　ヴァローリは彼等を矯正するために若干の肉体的苦痛を与えれば充分であり、絶望に陥っている人間を好意によって服従させ得ると判断しているが(Dall'assedio di Firenze al secondo convegno di Clemente VII e Carlo V (28 giugno 1530–2 dicembre 1532)：Lettere inedite a Bartolomeo Lanfredini, a cura di A. Otetea, VII, p. 12)、しかし stato を安定させるためにはかかる欲望から解放されなければならない(ibid., VI, p. 11)。諸悪の根源としてのこれらの人間は断乎処罰されるべきである(Opere inedite, vol. IX, p. 158)。Cfr. Rossi, op. cit., vol. I, pp. 212–35. id., Studi guicciardiniani — Archivio Storico italiano, Tom. VII, ser. VI, pp. 24–6.

(13)　Dall'assedio, XLII, p. 72.

(14)　グィッチャルディーニは再三生活が維持出来ない状態を訴え、法王からの「恩寵」を期待している(Dall'assedio, III, p. 5, VII, p. 14)。

(15)　彼は弟のヤコポにロマーニャを統治させ、自らはフィレンツェの政治に参与し、娘を結婚させようと考えていた(Opere inedite, vol. IX, p. 159)。これに対してボローニャは生活費用がかさみ、宮廷風の生活を余儀なくされるが、ヴァローリこそかかる生活に適任である、と主張している(Dall'assedio, XIV, pp. 24–5)。Cfr. Rossi, Francesco Guicciardini, vol. I, pp. 269–75. id., Studi guicciardiniani, pp. 51–60.

(16)　彼は発足後に加入を知らされ(Dall'assedio, CII, p. 136)、しかも改革は甚だ簡単に完了した(ibid., CIX, p. 146)。ここに彼がこの改革作業において比較的冷遇されていたことが示されている。なお(65)参照。

(17)　Ridolfi, R., Vita di Francesco Guicciardini, 1960, pp. 349–51.

(18)　Ridolfi, ibid., pp. 352–7.

(19)　法王の死の直前にアレッサンドロはフィレンツェの情勢の不穏さを伝え、不安を表明しているが(Opere inedite, vol. X, p. 260, p. 266, p. 267)、グィッチャルディーニはこれに対して無用な不安の除去と皇帝との関係の強化とを助言している(ibid., vol. IX, pp. 302-5)。

(20) 「私は他の人々と同様に governo popolare と自由とを愛しており、国家がよく bene 且つ静穏に導かれるのを見て非常に喜んでいる。」——一五二七年五月三十日カッポーニ宛書簡(Opere inedite, vol. IX, pp. 43-4)。
また Jacopo Salviati にもフィレンツェが非常によく且つ静穏に統治されていると伝え、称讃している(ibid., vol. IX, p. 118)。

(21) フィレンツェでは parte が全てを支配し(Opere inedite, vol. IX, p. 138)、猜疑が全てを包み込み、もはや自由は存在しない(ibid., vol. IX, p. 139)。

(22) 例えば、LXII, CXXXVII, CXXXIX, CLXVIII などが新たに付加されたものである。

(23) Ricordi, CXXXVII — Opere inedite, vol. I, p. 134.

(24) Ricordi, XXI, ibid., pp. 94-5.
それ以前のこれに対応する章句においては、uso di stato による「自由」の破壊という鋭い批判は見られず、単に「制限的政体 governo stretto」による統治の下では「自由」の保持は困難であると述べているにすぎない(CDII, pp. 223-4)。

(25) Le cose fiorentine, a cura di R. Ridolfi, 1945, p. 42, 44, 48, 69, 150, 152, 209 などに見られる(Cfr. De Caprariis, V., 《Le cose fiorentine》di Francesco Guicciardini — Rivista Storica Italiana, 1949. id., Francesco Guicciardini, 1950, pp. 98-102)。

(26) Considerazioni, I-2 — Opere inedite, vol. I, p. 9.

(27) Considerazioni, I-2, ibid., pp. 9-10.

(28) Considerazioni, I-2, ibid., p. 10. その権限は前章で述べたものと同一である(ibid., pp. 8-9)。このように改良された政体が「混乱政体 governo misto」であり、彼はこれを全ての人々が「自由」の防衛義務を有する最善の政体と呼んでいる(Considerazioni, I-5, ibid., pp. 15-6)。

(29) マキアヴェッリが「護民官」の成立によってローマの混合政体が完成したと主張するのに対して、グィッチャルディーニは「護民官」の機能が「自由」の防衛のために創設されたのでなく、平民の防衛のために設立されたと解する(Considerazioni, I-5, ibid., pp. 14-5)。従ってこの制度は貴族の権力の緩和に役立ったが、平民の「放縦 licenza」を増長させたに過ぎなかった(Considerazioni, I-3, ibid., pp. 11-2)。

(30) ローマの内紛は貴族が権力と名誉とを独占していたために生じた。従って彼等がこれらを平民に開放すれば「護民官」の如き有害な制度は不用であった。このような内部闘争がローマを強力にし自由にしたというマキアヴェッリの主張は誤りであり、それはあたかも治療技術のよさを示すために病気を称讃する如き行為に他ならない。従って国家の内部組織に関する限りローマは決して模範とすべきでない。このようなローマの欠陥を補っていたのはその偉大な軍事的徳であり、ローマの運命を決するのは軍隊である。――Considerazioni, I-4, ibid., pp. 12-4.

(31) Considerazioni, I-5, ibid., p. 16, I-58, p. 57.

(32) Considerazioni, I-5, ibid., p. 16.

(33) Considerazioni, I-58, ibid., pp. 55-6.

(34) Considerazioni, I-58, ibid., p. 56.

(35) 新しく「自由」を得た場合にそれを維持するためには、「緩和された形式 modo temperato」で政府を組織すべきである。即ち、一方で「自由」に抵抗する者を速かに処罰し、他方で tirannide の支持者 amici が改心出来るだけの余裕を有することが必要である。ここから平和と統一とが生ずる。フィレンツェの場合にも tirannide に続く政府が理性的 ragionevole で良く組織され bene ordinato、各人に安全を保証すれば同様の結果を生じ得る。これに対して猜疑がはびこる時には闘争と追放とが必ず生ずる。従って何よりも分裂をさせないことが必要であり、もし分裂が生ずれば弱小党派は旧来の tirannide と結託することになる。――Considerazioni, I-16, ibid., pp. 33-4.

(36) Dall'assedio, III, pp. 3-4.

(37) Dall'assedio, ibid., p. 4.

(38) Dall'assedio, IV, pp. 6-7.

かくして人々はフィレンツェの役人よりも法王の紋章に配慮しなければならない状況が生じている(ibid.)。

このような事実から判断するならばグィッチャルディーニのヴァローリの行動に対する批判は、メディチ家が primus inter pares の地位を超越する行動様式を公然と採用した事実に向けられており、総じて小ロレンツォの行動様式の再現への批判と言い得る。

(39) Dall'assedio, XIX, pp. 38–40. Cfr. Rossi, Francesco Guicciardini, vol. II, pp. 242–54. id., Studi guicciardiniani, pp. 27–31.
(40) Dall'assedio, XX, p. 43.
(41) Dall'assedio, LXXXVII, p. 118.
　そしてこのメディチ家の権力への依存は次のような意識によって支えられていた。

「何よりも私の思考を混乱させ、困惑させるのは、私がフィレンツェに止まり得ない状況が発生し得ると考える時である。それ故、私は頭の中からかかる幻想が消滅するにふさわしいあらゆる決定を欲し、称讃する。」――ibid.
(42) 例えばカルドゥッツィ等の処罰問題に関しても彼とヴァローリとは対立したが(12)、彼はstatoの安定性の増大のために自己の主張の採用を要求し、Filippo Strozziをローマに派遣して法王の賛同を求めている(Dall'assedio, VI, p. 11, VII, p. 12など)。
(43) この時のフランチェスコ・ヴェットーリ(三論文)、ロベルト・アッチアイウォリ(二論文)、両グィッチャルディーニの回答は、Archivio Storico Italiano, I (1842)に収録されているが、フランチェスコ・グィッチャルディーニにはそれと異なる四論文がある(Opere inedite, vol. II 所収)。Gilbertはこれらの見解の内容に潜む矛盾を整理し、法王が一五三一年春と一五三二年初頭との二回にわたって諮問したと解釈している(Gilbert, F., Alcuni discorsi di uomini politici fiorentini e la politica di Clemente VII per la restaurazione medicea — Archivio Storico Italiano, 1935)。
(44) 一四三四年のコジモの時と今日とでは人々のメディチ家に対する態度は水と火との如く異なっており、名誉と利益との配分に基づくamiciによる支配は敵党派を吸収し得ず、結局少数のamiciをもって統治しなければならないだろう。従ってかかるmodi civiliによる統治は早晩倒壊する。――Discorsi di Luigi Guicciardini al duca Alessandro, pp. 462–3.
(45) ibid., p. 464.
(46) 第二の方式を緩和し、第一の方式を変化させた性格を有する(ibid., p. 461)。
(47) これらはParlamentoの召集機関であり、再変革の防止のために廃止する(ibid., p. 463)。
(48) 彼はアレッサンドロと四十人の公民とに人事権を初めあらゆる権限を承認する(ibid., p. 464)。またアレッサンドロは必要と思われる事柄を行ない、自己の保持及び権力statoのためにあらゆる事柄を変更したり、除去したりし得る(ibid., p. 465)。

その他、彼は amici に武器を与え、軍事権を掌握する(ibid.)。

(49) この評議会に提出される法案・政策は全てアレッサンドロと四十人の公民とによって決定され、この評議会はこれに対して拘束力を有しない(ibid.)。

(50) Tre pareri di Francesco Vettori, p. 433, 439.

(51) 大ロレンツォ的方式は amici の減少のため不可能であり、武力による恐怖を基に統治しなければならない(ibid., pp. 439–40)。

(52) ibid., pp. 434–5, pp. 440–1.

(53) Due pareri di Roberto Acciaiuoli, 448.

(54) ibid., pp. 450–1. 従って強制による統治には疑問を提出している(ibid., p. 452)。

(55) ibid., p. 451.

(56) Opere inedite, vol. II, pp. 373–4, 378–80

(57) ibid., p. 354, 373.

(58) ibid., p. 363, 369.「力」はコンタードの防衛に専ら用いられる(ibid., p. 364)。

(59) ibid., pp. 364–5. Discorsi di Francesco Guicciardini, pp. 454–6.

(60) Opere inedite, vol. II, pp. 369–71.

(61) ibid., p. 354. Discorsi di F. Guicciardini, p. 457.

(62) Opere inedite, vol. II, pp. 355–7. Discorsi di F. Guicciardini, pp. 457–8.

(63) Opere inedite, vol. II, p. 357. Discorsi, pp. 457–8.

(64) 彼は改革の最中にそれが甚だ満足すべき状態でないと伝えているが(Dall'assedio, CVI, p. 141)、改革後にはこれについて次の如く論評している。人々は自己の見解に従ってかかる変革を実現したのでなく、そうさせられたのであり、満足している人間は非常に少い。まず「執政官」「執政長官」の如く三百年も継続した制度を廃止したことに対して反発が生ずるのは人間の性向からして当然である。次にこの改革はメディチ家が新しい権力を確立するための出発点に過ぎないのではないかという疑いがある。また amici たらんと欲する人々はそれにふさわしい扱いを受けていないため、事情の変更によって離反する可能性が強い。――Dall'assedio, CIX, pp. 146-7.

（65） ibid.

（66） Ricordi, CCCXXX, op. cit., p. 198. CCXX, p. 165.

補論　イタリア論

彼の晩年の大著『イタリア史』はフランス王シャルル八世のイタリア侵入に始まる。これ以後イタリアは荒れ狂う海に投げ込まれ、そこから無数の転変と害悪とが生じた。[1]

「彼と共に無数の害悪や恐るべき事件の種が蒔かれ、全ての事柄の転変が生じた。蓋し、彼の通過は権力達 stati の変化、王国の転覆、農村の荒廃、都市の殺戮の開始となったのみならず、血腥い戦闘の習慣・方式や今日まで見られなかった病気をもたらした。そしてイタリアの静穏と調和との方式は乱れ、それが以後再建され得なかったために、野蛮な外国の軍隊はイタリアを悲惨な状態に陥れ、破壊した。[2]」

この原因は支配者達が空虚な誤りや眼前の貪欲に執心して運命の転変を恐れ、他の権力者を犠牲にして共通の利益よりも自己の権力を追及し、「思慮」の欠如と過大な野心とによって行動したことに存在する。[3] これに対して大ロレンツォはヴェネツィアの強大化の防止のためにミラノ、ナポリと同盟を結び、全イタリアに「力の均衡」を創出し、ここからイタリアの平和が発生した。[4] しかしこの三国内においても相互は競争と嫉妬とが存在し、真の友好関係は成立していなかった。[5] 大ロレンツォの死はミラノとナポリとの対立に轡をかける人間の消滅を意味し、[6] ロドヴィコ・スフォルツァによるシャルル八世の勧誘を生み出した。

グィッチャルディーニは既に『フィレンツェ史』において、大ロレンツォの下での「全イタリアの均衡」を論じているが、[7] 大ロレンツォ時代のこの「力の均衡」を支えていた大前提には、強力な外国勢力のイタリアへの不介入という事実がある。しかしルイ十一世及びフェルディナンドの下で強力な絶対王政の基礎を一応樹立したフランスとイスパニアとは、このシャルル八世の侵入を契機に次々とイタリア侵入を企てた。従って仮りに「力の均衡」という方式によるイタリアの平和を企図する場合にも、十六世紀のイタリアの状況は一変していた。グィッチャルディーニは一方で大ロレンツォの方策の意味を再認しつつ、他方でこの新しい状況に対応する方策を考察した。この新しい方策とはフランスとイタリアとの「力の均衡」を中心に据える。即ち、一方が完全にイタリアの支配権を掌握するのを防ぎ、イタリアの諸国家はこの目的を達成するために合従し、最終的に外国勢力の撃退を達成しようとする方策である。[8] このような彼の思想はかの「コニャック同盟」の条項にも反映している。その意図は皇帝をイタリアから追放してナポリにイタリアの君主を据え、ミラノをスフォルツァに与え、フランスにジェノヴァ等を与えつつもイギリス王を操作してここからフランスを退去させることにあった。[9] しかもこの同盟はヴェネツィアの全イタリアへの野望を封じ、法王を同盟の中核に据えたのである。[10]

以上の如き彼の思想と行動との根底には依然として大ロレンツォ以来の「力の均衡」への執着と、ヴェネツィアによるイタリア統一への嫌疑とが存在している。[11] このような思想は『考察』の中でマキアヴェッリ批判となって現われる。第一に教会の復権がイタリア統一を阻害し、他面自ら統一を達成し得ないという点に関しては彼とマキアヴェッリとは一致する。[12] 次に tirannide d'Italia の担い手を republica と王とに分裂する。republica による統一は「不幸」である。蓋し、この際には「自由」と権力 imperio との成果は一つの republica の公民にのみ属し、他の人々は全て悲惨な状態に陥り、かくして多くの繁栄した都市国家の存在は不可能となる。[13] 第二に王による統一は全ての人間を平等に「臣民」となし、その抑圧は第一の場合と比較して甚しくなく、「幸福」であり得る。[14] しかしイタリア人は「自由」を欲求し、一つの権力の下に陥る事態は容易に生じ得ず、また教会の統一への抑止もイタリアにとって不幸であ

るとは判定し得ない。(15)

ここに見られる一つの権力の下への全イタリアの従属というマキアヴェッリの見解に対する消極的態度の根源には彼の政治観が存在している。彼によれば唯一の正当的政治体とは「国家 repubulica」であり、それ以外の支配は暴力に基づく stato に他ならなかった(第一章第二節)。この republica は現実の政治単位として考察する限りコムーネであり、統一問題はこの「正義の秩序」との衝突を惹起した。マキアヴェッリは republica を「自然の秩序」ともはや評価せずに一定の目的に従って創出された作為の産物となし、stato 的政治観の優位の下でこの衝突を克服したが、グィッチャルディーニにとって暴力は「理性」「自由」の端的な破壊であり、統一が暴力的秩序の推進を意味する限りそれを拒否せざるを得なかったのである。換言すれば彼の「正義」と「自由」とに対する執着がかかる結果を生み出したのである。このような執着をコムーネの枠から解放する作業は後の近代政治理論の課題となる。このようにマキアヴェッリとグィッチャルディーニとの対立は、決して所謂「理想主義」と「現実主義」との相違に基づくものでなく、何よりも政治秩序自体に対する観念の相違から生じたのである。グィッチャルディーニの悲劇は彼が他面で人間の非合理的性格を鋭く認識(16)しつつも、依然としてかかる人間と「正義」との調和を企図した点にある。『イタリア史』はこの調和の赤裸々な崩壊であり、「正義」は神への訴えにおいて辛うじてその地位を維持せざるを得なかったのである。

(1) Storia d'Italia, I-1, a cura di C. Panigada, 1929, vol. I, p. 1.
(2) Storia d'Italia, I-9, vol. I, pp. 67-8. 同旨、Storia fiorentina, a cura di R. Palmarocchi, 1931, p. 93.
(3) Storia d'Italia, I-1, vol. I, p. 1.
(4) Storia d'Italia, I-1, vol. I, pp. 2-4.
(5) Storia d'Italia, I-1, vol. I, p. 5.

（6）Storia d'Italia, I-2, vol. I, pp. 5-6.

（7）Storia fiorentina, p. 73.

（8）ラヴェンナの戦闘後のフランスの後退とイスパニアの進出とを前に彼は次のように述べている。イスパニアはミラノを思いのままに処理しようとしているが、この強大さは甚だ不快である。イタリアはフランスから解放されるために戦闘したのであり、決して「主人 podrone」を変えるためでなかった。従って以後イスパニアとの同盟は危険である。——Opere inedite, vol. VI, p. 235.

またイスパニアは独力でイタリアに覇を唱えようとしているが、かかる行動は以前のフランスの強大さからと同様の危険を生み出す。——ibid., pp. 239-40.

（9）Palmarocchi, R., La politica dell'equilibrio — Studi guicciardiniani, 1947 所収— pp. 94-5.

（10）Palmarocchi, ibid., p. 94.

（11）Storia fiorentina, p. 6, 254.

（12）Considerazioni, I-12 — Opere inedite, vol. I, pp. 27-8.

（13）Considerazioni, I-12, ibid., p. 28.

（14）Considerazioni, I-12, ibid., pp. 28-9.

「臣民に生まれないのは望ましいことであるが、もし臣民であるならば republica よりも principe の臣民であるのがよい。蓋し、republica は全ての臣民を抑圧し、その公民のみに権力を与える。これに対して principe は全ての人々に対してより一般的に対応し、臣民として各人を平等に取扱う。従って各人は彼から恩恵を受けたり、用いられることを期待し得る。」——Ricordi, CVII — Opere inedite, vol. I, p. 124.

（15）Considerazioni, I-12, ibid., pp. 29-30.

（16）モンテーニュは『イタリア史』を次のように評している。

「彼はあれほど多くの人々と事実とを判断し、多くの行動と動機とを考察したが、一度もそれを道徳や宗教や良心に帰したことがなかった。あたかもこれらのものが全くこの世に跡を絶ったかの如くに。全ての行為について、如何にそれ自身が正しく見えても、彼は必ずその原因を何らかの不徳な動機、何らかの利益にこじつけた。彼が判断しているこれらの数限りない行為の中に、道理の道に従って生み出された行為が何一つ存在しなかったということは到底考えられない。如何なる悪風と言えども唯の一人もその感染を免れ得なかった程までに、普遍的であることはあり得ないことである。」――『エセー』二の十、関根秀雄訳（一部改語）。

メディチ家系図

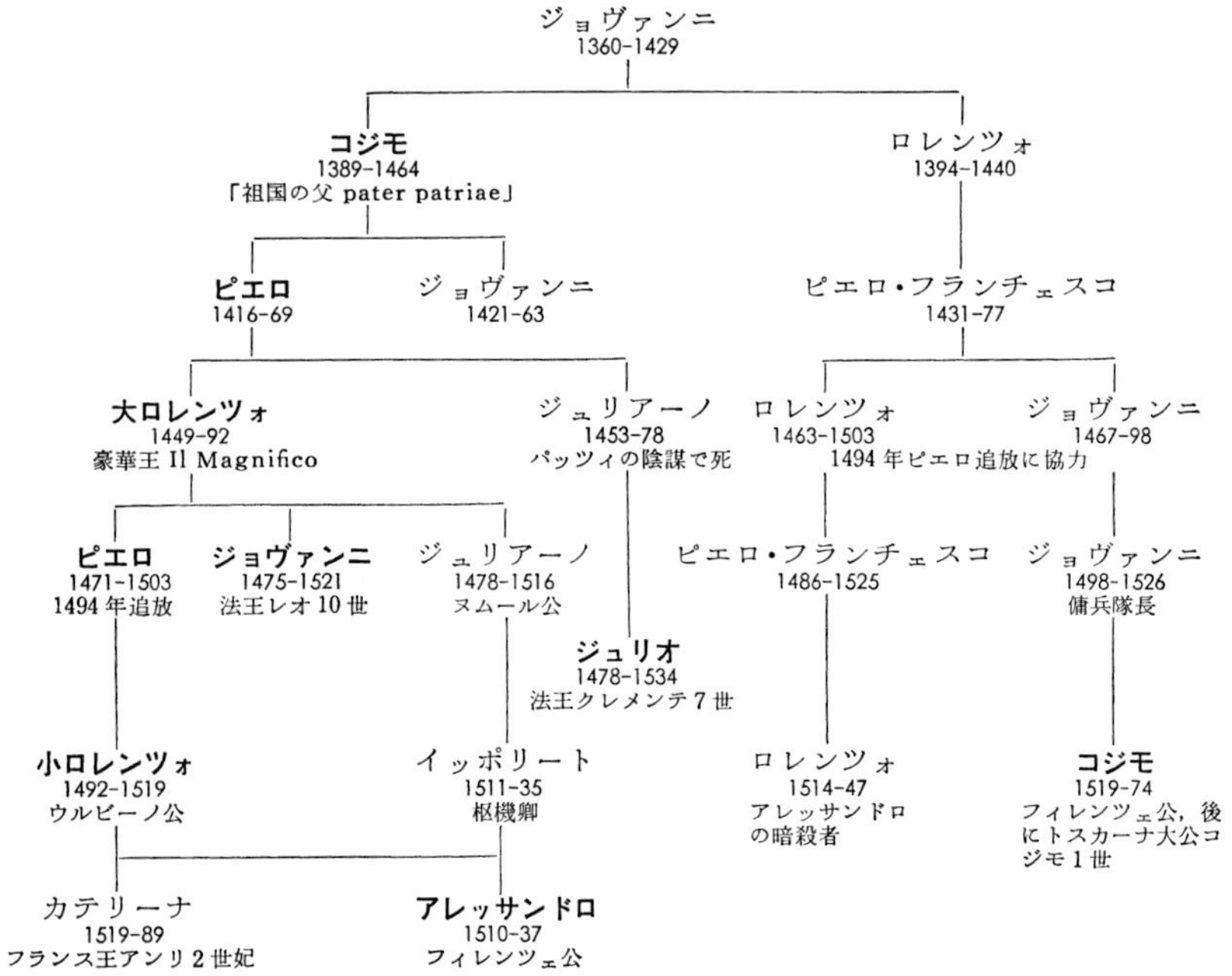
ジョヴァンニ 1360-1429
コジモ 1389-1464 「祖国の父 pater patriae」
ロレンツォ 1394-1440
ピエロ 1416-69
ジョヴァンニ 1421-63
ピエロ・フランチェスコ 1431-77
大ロレンツォ 1449-92 豪華王 Il Magnifico
ジュリアーノ 1453-78 パッツィの陰謀で死
ロレンツォ 1463-1503
ジョヴァンニ 1467-98
1494 年ピエロ追放に協力
ピエロ 1471-1503 1494 年追放
ジョヴァンニ 1475-1521 法王レオ 10 世
ジュリアーノ 1478-1516 ヌムール公
ピエロ・フランチェスコ 1486-1525
ジョヴァンニ 1498-1526 傭兵隊長
ジュリオ 1478-1534 法王クレメンテ 7 世
小ロレンツォ 1492-1519 ウルビーノ公
イッポリート 1511-35 枢機卿
ロレンツォ 1514-47 アレッサンドロの暗殺者
コジモ 1519-74 フィレンツェ公，後にトスカーナ大公コジモ 1 世
カテリーナ 1519-89 フランス王アンリ 2 世妃
アレッサンドロ 1510-37 フィレンツェ公

16世紀初頭のイタリア

あとがき

一

本書の第一論文の主題と先行諸解釈に対する批判とは、その序説において詳細に論じたので再説の必要はないと考えられるが、ここで視点を変えて若干の補説をしておきたい。私が序説で強調したのは、マキアヴェッリ解釈において政治技術のみへ関心を集中することはしばしば政治観との有機的連関を看過する結果を招き、彼の政治思想の把握が表面的、断片的、未規定的に終らざるを得ない、ということであった。この批判は実は次のような問題提起として言い換え得る。即ち、マキアヴェッリは国家ないし政治権力の行動様式の非道徳的性格を単に認識しただけなのか、あるいはこの非道徳的行動を敢て勧説したのか、という問題に対してどれだけの根拠を基に回答を与え得るか、という点に関わる。もしマキアヴェッリの思想を前者の課題にのみ対応するとするならば、彼の独創性を云々することは歴史の知識の無知以外の何物でもない。蓋し、ツキューディデースやタキトゥスを若干でも読んだ経験を有する人間にとって、これらの史家のこの問題に関する認識の鋭さとマキアヴェッリに対する歴史的先行とには疑問の余地がない(特に、マキアヴェッリがタキトゥスを再三にわたり引用している点に注目されたい)。政治権力の行動様式に対するこのような観察眼の正当な継承者は、十六—十七世紀のイタリア・フランスのタキトゥス主義であり、それは毒を抜いた形でのマキアヴェッリの継承であった(例えば、Toffanin, G., Machiavelli e il "Tacitismo"; la "politica storia" al tempo della Controriforma, 1921 を見よ)。

次にマキアヴェッリを第二の側面から評価する解釈がある。例えば、カッシーラーやフライヤーであり、二人は共にこのようなマキアヴェッリの思想の性格を「仮言的命法 der hypothetische Imperativ」と評している(序説、註(28)(29))。頭脳明晰で知られるこの二人が「仮言的命法」という表現の持つ意味を、この場合どれほど考慮して用いたかは不明であるが、これによって一般に「技術的」判断と称せられるものの性格を、カントの分析の範型によって言い換えたと解するのが常識的である。それ故、暗黙のうちにマキアヴェッリ以前の政治思想が「定言的命法 der kategorische Imperativ」の集積と判断されていると解し得よう。しかし、実践理論において「仮言的命法」が如何に重大な問題を提起しているかは、この二人が分析の範型を仰いだ(と推定される)カントにおいて極めて明瞭である。それ故、私はこの二人にカントの実践理論とは正に反対な次の問いを発せざるを得ないのである。一体、政治権力の行動原理を「仮言的命法」の形で提示することは、如何なる根拠によって可能か、と。しかし、この二人はこのような問題に対して回答を与え得なかったし、また与えようともしなかった。

第一論文は、視角を変えて言えば、マキアヴェッリにおけるこのような「仮言的命法」と称せられる原理の出現の哲学的可能性とそこから帰結する政治観・国家観の具体的確定、更にはそこに成立する政治技術の体系の提示と言い得る。マキアヴェッリの著作を一読して当惑させられることは、「正義」観念の不在であり、そこに存在するのは人間の感性の暴発と「力」や「教育」による統合の問題である。カントの「仮言的命法」が「熟達 Geschicklichkeit」と「幸福 Glückseligkeit」とを含意していたのに正に対応して、そこには人間の諸情念の素朴な解放、それの実現能力としての virtù が存在しており、この根底には人間の「選択 elezione」の問題が伏在している。情念の解放という形で出現したこの「選択」という観念は、政治社会を自然の秩序とする思惟様式、及びその中核たる「ポリス的動物」

としての人間という観念を破壊し、最も伝統的秩序のイメージの濃厚なrepublicaをも、一定の目的の下に創出される「作為」の産物へと転化させたのである。これが如何に巨大な思想史的意味を有するかは改めて述べるまでもない。この巨大な展開が彼の場合にstatoという形で具体化したのは、「選択」が未だ権利として弁証されず、しかもその内容が全く「野心」と「貪欲」であった点に原因を有している。かくして、情念解放の代償としての暴力が統治の要となり、統治者も臣民も権利のレヴェルでの弁証を一切有しないこの統治体制が、単なる事実状態を暗示するstatoというコトバで表現されるのも由なしとしない。

マキアヴェッリによって提起されたこの「選択」の形式と内容とをめぐる問題は、実はそれ以後の政治理論の中心課題であり、種々の変装を伴いつつも現代の思想にまで一条の金糸の如く光を投げかけている。全てが好ましく進行するということがあり得ないのが此岸の宿命である。破壊の反面に創造の必要を見ないのは浅薄と言うものである。しかも創造は破壊よりも何百倍も困難であることは自明のことである。政治権力が自然の秩序の一環としての自明性を持ち得なくなった時、人間社会の自己規律の保持は、今や課題として重くのしかかる。その際、マキアヴェッリのstatoを拒否するのも、ホッブスのリヴァイアサンを拒否するのも、ルソーの国家宗教を拒否するのも、それに代る代案(勿論見苦しくない)を提示し得る限り、その課題への責任ある回答となるであろう。しかし、しばしば「解放」は自己自身への惑溺によって単なる「放縦」に転落する。そこからは「更なる解放を」という罵声が生ずる。政治権力を感覚的に嫌悪することは極めて容易であり、なかんずく、被害者意識で生きている人間にとっては生活の糧である。しかし真に被害者にのみ止まり得るのは神か野獣である。人間社会の自己規律の厳しさを忘却した結構づくめのモザイク画は疑惑の対象となって当然である。蓋し、この種の結構づくめとはしばしば「お気に召すまま」と同義であり、「お気に召すまま」とは神や野獣ならいざ知らず、人間にとっては不遜で、低劣なものであるからである。新しい政治認識の旗手であるマキアヴェッリの悽惨な政治社会像は、かかる「甘え」への格好な良薬となり、意識の成長にとってこよなき資となるであろう。

二

本書に収録された第一論文は、私が東京大学法学部助手時代に執筆し、『国家学会雑誌』(八一巻一一・一二号から八二巻七・八号)に連載した論文に若干の加筆を行なったものである。また、第二論文は今年の初めに脱稿したものであり、第一論文との連関に充分に考慮を払いつつ、執筆したつもりである。以上の二論文についての読者諸兄の御批判・御意見を切に希望したい。

なお、私の碧海教授に対する批判に対して、最近教授が反批判を発表され(『国家学会雑誌』八三巻一・二号)、私としては望外の喜びとするところであるが、この論文は教授の以前の論文からの引用が大きな比重を占めていることからも容易に知られる如く、それほど目新しい議論を展開しておられるとも思われない。また、私の問題提示の仕方にも責任の一端があるかとも思われるが、不幸にも問題の焦点が不明確となったという感を免れ得ない。今の私にとってこの種の問題についてそれほどの重要性を見出し得ず、暫時棚上げにしたいと考えている。勿論、第三者がこの問題について教授と議論を行われるのは御自由である。

学生時代にマキアヴェッリについての「作文」を書いて以来、私は東京大学の福田歓一先生に測り知れない学恩を蒙っている。先生が御多忙の折にも私の幼稚な質問に対して快く対話に応じて下さったことは、忘れ得ない思い出として私の中に残っている。特に第一論文を執筆する過程においては先生から多大の御教示をいただき、この論文を完成に導くことが出来た。また丸山真男先生を初めとする法学部の諸先生や助手や大学院の同僚諸兄も種々の機会を通じて貴重な指導や助言を与えて下さった。ここに深く感謝の意を表する次第である。最後に、岩波書店の石崎津義男、高林良治両氏の御尽力に感謝したい。

一九七〇年盛夏

佐々木 毅

■岩波オンデマンドブックス■

マキアヴェッリの政治思想

1970年 9月19日 第1刷発行
1998年 9月25日 第5刷発行
2017年10月11日 オンデマンド版発行

著　者　佐々木《ささき》毅《たけし》

発行者　岡本　厚

発行所　株式会社 岩波書店
〒101-8002 東京都千代田区一ツ橋2-5-5
電話案内 03-5210-4000
http://www.iwanami.co.jp/

印刷／製本・法令印刷

ISBN 978-4-00-730676-1　　Printed in Japan